AGENTES PÚBLICOS

COMENTÁRIOS À LEI 8.112/1990

Matheus Carvalho
João Paulo Oliveira

AGENTES PÚBLICOS

COMENTÁRIOS À LEI 8.112/1990

2ª edição | revista atualizada ampliada

2019

EDITORA JusPODIVM
www.editorajuspodivm.com.br

EDITORA
*Jus*PODIVM
www.editorajuspodivm.com.br

Rua Mato Grosso, 164, Ed. Marfina, 1º Andar – Pituba, CEP: 41830-151 – Salvador – Bahia
Tel: (71) 3045.9051
• Contato: https://www.editorajuspodivm.com.br/sac

Diagramação: Lupe Comunicação e Design (*lupecomunicacao@gmail.com*)

Capa: Ana Caquetti

C331a Carvalho, Matheus
Agentes Públicos - Comentários à Lei 8.112/90 / Matheus Carvalho e João Paulo Oliveira – 2. ed., rev., atual. e ampl. – Salvador: Ed. Juspodivm, 2019.
336 p.

Bibliografia.
ISBN: 978-85-442-2768-8

1. Direito. 2. Direito Administrativo. I. Carvalho, Matheus. II Oliveira, João Paulo. III. Título.

CDD 340

NOTA À SEGUNDA EDIÇÃO

Nesta edição da obra, foram atualizados todos os dispositivos legais e trazidos os novos precedentes judiciais, bem como súmulas emanadas dos tribunais superiores, e questões recentes foram incluídas. Aqueles que buscam atualização sobre a interpretação do Estatuto do Servidor Federal terão um livro que visa facilitar e trazer novos conhecimentos sobre tão importante lei.

Agradecemos imensamente a acolhida que a obra teve em toda a comunidade. A tarefa de escrever é, por certo, uma das mais gratificantes, pelo que foi uma imensa alegria redigir este livro, que contempla os comentários mais atualizados sobre o tema.

Esperamos que esta obra continue servindo como auxílio exato para todos que buscam alcançar seu tão almejado cargo e àqueles que já o possuem, para que queiram aprofundar seu conhecimento sobre seus direitos e deveres.

Bons estudos!!!

Os Autores

APRESENTAÇÃO

Esta obra tem como público-alvo todos aqueles que se submetem a concursos federais e que, portanto, precisam estudar obrigatoriamente o estatuto. Mais do que isso, é útil também para o pleno conhecimento do conjunto de normas que regem a vida funcional do servidor.

A ideia do livro é facilitar e ao mesmo tempo aprofundar alguns temas que passam muitas vezes desapercebidos pelo concursando e pelo servidor federal e que são de suma importância.

Para melhor fixação do conteúdo e também para proporcionar um estudo com rendimento, foram inseridas **jurisprudência atualizada** e também **questões de concursos**, visto que auxiliam na preparação para concursos federais.

Esperamos que esta obra sirva como auxílio exato para aqueles que buscam alcançar seu tão almejado cargo e para aqueles que já o possuem, para que possam perceber corretamente seus direitos e deveres.

Bons estudos!!!

Os Autores

SUMÁRIO

LEI 8.112/1990

COMENTÁRIOS À LEI 8.112/1990

Capítulo 1
AGENTES PÚBLICOS

Dispõe sobre o regime jurídico dos servidores públicos civis da União, das autarquias e das fundações públicas federais.

TÍTULO I
CAPÍTULO ÚNICO
DAS DISPOSIÇÕES PRELIMINARES

Art. 1º Esta Lei institui o Regime Jurídico dos Servidores Públicos Civis da União, das autarquias, inclusive as em regime especial, e das fundações públicas federais.

Comentários

Agentes públicos são pessoas físicas que exercem atividade própria de Estado. Não importa se essa atividade é remunerada ou não, se é permanente ou temporária. Todo aquele que exerce atividade própria de Estado é denominado de agente público. É evidente que agente público se constitui em um gênero. As espécies que surgem de sua divisão, no entanto, não encontram consenso na doutrina. Entendemos, no entanto, que o gênero Agente Público se subdivide nas seguintes espécies:

Agentes políticos são aqueles que ocupam os cargos da mais elevada hierarquia de um Estado. Realizam a função política primária do Estado, possuindo um vínculo de natureza política com o Estado.

Segundo o professor Hely Lopes Meirelles (p. 77), os agentes políticos são **"os componentes do Governo nos seus primeiros escalões, investidos em cargos, funções, mandatos ou comissões, por nomeação, eleição, designação ou delegação para o exercício de atribuições constitucionais."**

Pela definição da doutrina mais tradicional, os agentes políticos são aqueles ocupantes das funções de chefes dos Poderes Executivos da União, Estados-Membros, Distrito Federal e Municípios, bem como os seus assessores diretos.

De igual forma, são considerados como agentes políticos, os membros dos Poderes Legislativos da União, do Distrito Federal, dos Estados-Membros e dos Municípios.

No entanto, existe uma tendência atual de se considerar os Magistrados, os Membros do Ministério Público e do Tribunal de contas como Agentes Políticos. Vale, no entanto, ressaltar que o STF já teve oportunidade de negar a qualidade de agentes políticos aos membros dos Tribunais de Contas, como se observa da seguinte decisão:

> EMENTA: AGRAVO REGIMENTAL EM RECLAMAÇÃO CONSTITUCIONAL. DENEGAÇÃO DE LIMINAR. ATO DECISÓRIO CONTRÁRIO À SÚMULA VINCULANTE 13 DO STF. NEPOTISMO. NOMEAÇÃO PARA O EXERCÍCIO DO CARGO DE CONSELHEIRO DO TRIBUNAL DE CONTAS DO ESTADO DO PARANÁ. NATUREZA ADMINISTRATIVA DO CARGO. VÍCIOS NO PROCESSO DE ESCOLHA. VOTAÇÃO ABERTA. APARENTE INCOMPATIBILIDADE COM A SISTEMÁTICA DA CONSTITUIÇÃO FEDERAL. PRESENÇA DO FUMUS BONI IURIS E DO PERICULUM IN MORA. LIMINAR DEFERIDA EM PLENÁRIO. AGRAVO PROVIDO. **I – A vedação do nepotismo não exige a edição de lei formal para coibir a prática, uma vez que decorre diretamente dos princípios contidos no art. 37, caput, da Constituição Federal. II – O cargo de Conselheiro do Tribunal de Contas do Estado do Paraná reveste-se, à primeira vista, de natureza administrativa, uma vez que exerce a função de auxiliar do Legislativo no controle da Administração Pública. III – Aparente ocorrência de vícios que maculam o processo de escolha por parte da Assembleia Legislativa paranaense. IV – À luz do princípio da simetria, o processo de escolha de membros do Tribunal de Contas pela Assembleia Legislativa por votação aberta, ofende, a princípio, o art. 52, III, b, da Constituição. V – Presença, na espécie, dos requisitos indispensáveis para o deferimento do pedido liminarmente pleiteado. VI – Agravo regimental provido.** (Rcl 6702 MC-AgR / PR – PARANÁ. AG.REG.NA MEDIDA CAUTELAR NA RECLAMAÇÃO Relator(a): Min. RICARDO LEWANDOWSKI Julgamento: 04/03/2009

Preferimos considerar os militares como uma categoria apartada de agentes públicos em virtude de diversas peculiaridades presentes. Assim, os militares não podem filiar-se a partido político, sindicalizar-se ou fazer greve. Por outro lado, a prisão disciplinar continua sendo possível para os militares, o que não ocorre mais para as demais categorias de agentes.

Os terceiros em colaboração com o Poder Público são aqueles que mesmo não fazendo parte da intimidade de órgão ou entidade da Administração Pública, acabam exercendo atividade própria de Estado.

Consideram-se terceiros em colaboração com o Poder Público:

A – Os agentes honoríficos. São aqueles que exercem atividade de Estado em virtude de um dever cívico. É o que ocorre com mesários, jurados e conscritos no serviço militar obrigatório. Esses últimos são os brasileiros convocados para o serviço militar inicial. Eles só passam a ser considerados militares se, após o período da conscrição acabam incorporados no serviço militar. Exatamente por isso, o STF editou a Súmula Vinculante 6 do STF, estabelecendo que o pagamento de valor equivalente ao salário mínimo não é garantia para os conscritos no serviço militar obrigatório e isso porque ainda não são os conscritos militares.

B – Os que voluntariamente auxiliam o Estado em momentos de crise, como acontece com voluntários que ajudam o trabalho dos bombeiros em desastres naturais.

C – os contratados para prestação civil de serviços são aqueles convocados para o exercício de certa atividade específica, através de contrato de natureza civil, como acontece com um grande escritório de advocacia contratado para defender certo município em um processo de muita repercussão perante os Tribunais Superiores. Essa situação também se aplica aos terceirizados. Assim, os que trabalham em atividades-meio de órgãos da administração e que estão ligados a empresas de terceirização de serviços também são terceiros em colaboração com o Poder Público, até mesmo porque o vínculo desses últimos é estabelecido com a empresa de terceirização de mão de obra e não diretamente com a Administração Pública.

D – os delegados de função, que são particulares que exercem atividade própria do estado, que lhes foi delegada na forma da lei. São exemplos de delegados os titulares de cartório de registro, os diretores de faculdades particulares, os concessionários e os permissionários de serviços públicos.

Servidores Estatais, por seu turno, mantêm com o Estado um vínculo profissional. Eles possuem com os Entes Estatais uma relação jurídica contratual ou institucional. O vínculo que os liga ao Estado é profissional e, por isso, devem ser remunerados. Os Servidores Estatais se subdividem em:

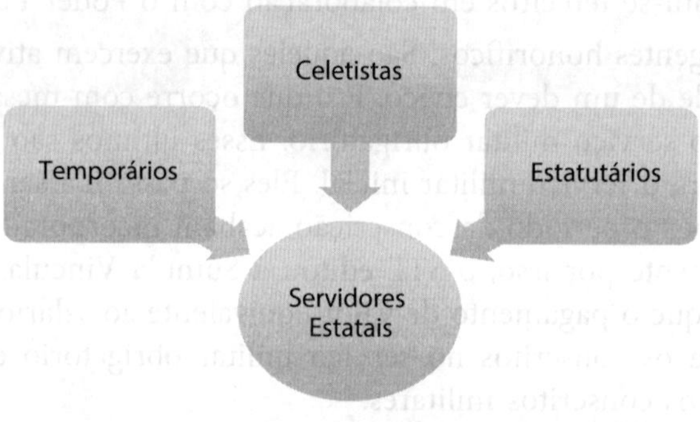

Servidores Temporários são aqueles que exercem atividade temporária de excepcional interesse público. Os servidores temporários exercem uma função especial e seu vínculo permanece apenas enquanto durar a necessidade que o fundamentou. Normalmente não há concurso para admissão desse pessoal, embora não seja estranha a realização de processo simplificado de avaliação para tanto. Não há, por óbvio, qualquer direito a estabilidade para esses servidores. Em nível federal, os servidores temporários estão tratados na Lei 8.745/1993.

Os servidores celetistas são aqueles que trabalham perante empresas públicas, sociedades de economia mista e fundações governamentais de direito privado, ou seja, têm com as pessoas de direito privado componentes da Administração Pública indireta um vínculo empregatício, regido pela Consolidação das Leis do Trabalho – CLT. Possuem empregos públicos. Por isso também são chamados de empregados públicos.

A eles é aplicada a legislação trabalhista comum. É o caso dos servidores da Caixa Econômica Federal, da Petrobrás e do Banco do Brasil.

Os servidores das pessoas jurídicas de direito público da Administração Pública são denominados de Servidores Públicos ou servidores estatutários.

Segundo o Supremo Tribunal Federal, através de deferimento de liminar na ADIN 2135, as pessoas jurídicas de direito público só podem ter em seus quadros servidores estatutários. As pessoas jurídicas de direito público são: A União, os Estados-Membros, o Distrito Federal e os Municípios, bem como as suas autarquias e fundações públicas.

A Lei Federal 8.112/90 é aplicada apenas aos servidores públicos civis da União, aí incluídas suas autarquias, inclusive as em regime especial, e as fundações constituídas pela União sob o Direito Público. Evidentemente, a citada lei não se aplica a militares, ou ainda a servidores de outras entidades federativas, nem a servidores de empresas públicas, sociedades de economia mista, ou fundações de direito privado, ainda que sejam federais.

Art. 2º Para os efeitos desta Lei, servidor é a pessoa legalmente investida em cargo público.

Art. 3º Cargo público é o conjunto de atribuições e responsabilidades previstas na estrutura organizacional que devem ser cometidas a um servidor.

Parágrafo único. Os cargos públicos, acessíveis a todos os brasileiros, são criados por lei, com denominação própria e vencimento pago pelos cofres públicos, para provimento em caráter efetivo ou em comissão.

Art. 4º É proibida a prestação de serviços gratuitos, salvo os casos previstos em lei.

Capítulo 2

CARGOS, EMPREGOS E FUNÇÕES

2.1. CONCEITO

Para que alguém possa exercer função pública faz-se necessário que exista Lei expressa. É o princípio da Legalidade Estrita, previsto no art. 37 da Constituição Federal, que dispõe:

> **"Art. 37: A administração pública direta e indireta de qualquer dos Poderes da União, dos Estados, do Distrito Federal e dos Municípios obedecerá aos princípios da legalidade, impessoalidade, moralidade, publicidade e eficiência e, também, ao seguinte: (...)."**

A lei, então, define uma série de atribuições a serem exercidas pelos servidores públicos. Como as atribuições são muitas, necessário se faz que exista a definição de quem fará as funções em critérios de divisão do trabalho.

A cada conjunto de atribuições definido por Lei, caberá um vínculo com um servidor público, que terá o dever institucional de cumprir escrupulosamente suas funções.

Aquele conjunto de atribuições é denominado de cargo público. O professor Celso Antonio Bandeira de Mello (p. 259) afirma que cargos públicos **"são as mais simples e indivisíveis unidades de competência a serem expressadas por um agente, previstas em número certo, com denominação própria, retribuídas por pessoas jurídicas de Direito Público e criadas por lei, salvo quando concernentes aos serviços auxiliares do Legislativo, caso em que se criam por resoluções, da Câmara ou do Senado, conforme se trate de serviços de uma ou de outra destas Casas."**

De toda a sorte, a Lei 8.112/90 também define cargo público, em seu art. 3º como sendo: **"Cargo Público é o conjunto de atribuições e responsabilidades previstas na estrutura organizacional que devem ser cometidas a um servidor."**

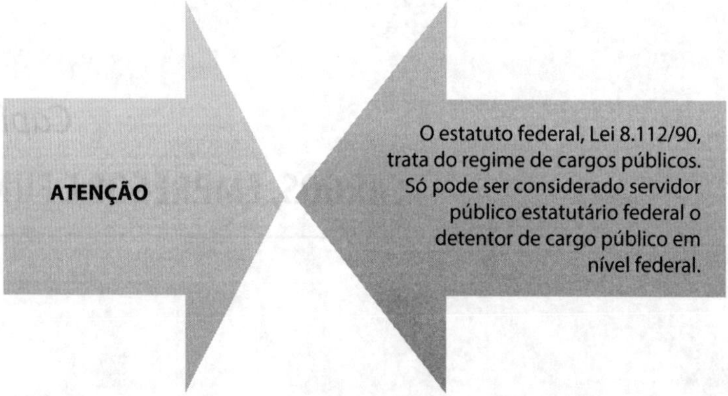

O vínculo entre o servidor ocupante de cargo público e o Estado é legal, ou seja, **não há contrato estabelecido entre as partes**, mas sim relação jurídica que advém diretamente da Lei, sendo a sua natureza institucional.

Esta é uma das diferenças existentes entre cargos e empregos públicos. Estes são estabelecidos através de contrato de trabalho, regido pela CLT, enquanto que aqueles são ocupados nos termos da lei, através de um ato administrativo denominado de provimento, como mais tarde será visto.

Como o vínculo do servidor estatutário é profissional, é necessário o pagamento pelos seus serviços. A Lei 8.112/90 proíbe a prestação de serviços gratuitos através de cargos, salvo as exceções previstas em lei.

2.2. CLASSIFICAÇÃO DOS CARGOS PÚBLICOS

Os cargos públicos podem ser classificados:

I – Quanto à situação perante o quadro funcional;

A – Cargos em carreira;

B – Cargos Isolados.

Carreira, segundo o professor Jose dos Santos Carvalho Filho, pode ser entendida como "**o conjunto de classes funcionais em que seus integrantes vão percorrendo diversos patamares de que se constitui a progressão funcional. As classes são compostas de cargos que tenham as mesmas atribuições. Os cargos isolados que, embora integrando o quadro, não ensejam o percurso progressivo do servidor.**"

Se assim o é, os quadros em carreira permitem que ocorra um avanço profissional através de um provimento denominado promoção. O que não ocorre com os cargos isolados.

Em uma segunda classificação, <u>quanto às garantias e características dos cargos</u>, temos:

A – Cargos Vitalícios;

B – Cargos Efetivos;

C – Cargos de Provimento em Comissão.

Nessa classificação, os cargos estão divididos em relação à garantia de permanência de seus ocupantes. A garantia contra perda de cargos públicos respeita ao princípio democrático, ao não se permitir que ocorram disputas políticas, em prejuízo dos Princípios Constitucionais, proibindo a manipulação dos servidores públicos pelo agente político inescrupuloso.

Os cargos vitalícios são os mais protegidos contra a perda, uma vez que seus ocupantes só poderão perdê-los por sentença judicial transitada em julgado, ou seja, sentença judicial da qual não caiba mais nenhuma espécie de recurso. Fora esta hipótese, nenhum detentor de cargo vitalício poderá ser forçado a deixar o seu cargo.

Atualmente, são cargos vitalícios, o de magistrado, de membro do Ministério Público e os membros dos Tribunais de contas. Verifica-se que pela definição de agentes políticos adotada pelas provas para tribunais, que todos os ocupantes de cargos vitalícios são definidos como agentes políticos, apesar, como visto, de posicionamento em contrário do STF. Nem todo cargo vitalício é acessível através de concurso. Os magistrados de Tribunais, bem como os membros dos Tribunais de Contas (Conselheiros e Ministros) são nomeados e empossados nos cargos através de procedimento previsto na Constituição Federal e demais normas pertinentes.

Os servidores ocupantes de cargos efetivos são a maioria no quadro funcional da União. Os cargos efetivos têm como característica garantirem a seus ocupantes, após 3 anos de efetivo exercício, estabilidade.

Após a aquisição da estabilidade, o ocupante de cargo efetivo só poderá perdê-lo em quatro hipóteses: sentença judicial transitada em julgado, processo administrativo disciplinar, onde seja assegurada ampla defesa e contraditório, além de processo periódico para avaliação de desempenho e excesso de despesa com funcionalismo público (no caso da União, se a despesa com o funcionalismo ultrapassar 50% da receita corrente líquida, poderá haver exoneração de servidores estáveis, desde que cumpridas todas as formalidades legais para tanto).

Por último, os ocupantes de cargos de provimento em comissão, também denominados de cargos de confiança, são aqueles livremente nomeáveis e exoneráveis pelas autoridades competentes. Ou seja, não necessitam de concurso público para ingressar no serviço público, como também não há qualquer processo especial para que sejam exonerados.

Vale ressaltar que o Supremo Tribunal Federal editou Súmula Vinculante, portanto de obrigatória obediência, acerca da nomeação para cargo de provimento em comissão e funções de confiança, visando limitar o nepotismo. A Súmula Vinculante de número 13 tem a seguinte redação:

> **"A nomeação de cônjuge, companheiro ou parente em linha reta, colateral ou por afinidade, até o terceiro grau, inclusive, da autoridade nomeante ou de servidor da mesma pessoa jurídica investido em cargo de direção, chefia ou assessoramento, para o exercício de cargo em comissão ou de confiança ou, ainda, de função gratificada na administração pública direta e indireta em qualquer dos Poderes da União, dos Estados, do Distrito Federal e dos Municípios, compreendido o ajuste mediante designações recíprocas, viola a Constituição Federal."**

ATENÇÃO: a Súmula Vinculante de número 13 do STF não se aplica à nomeação de ministros e secretários estaduais e municipais, por se tratarem de agentes políticos. Tal nomeação, no entanto, só seria proibida se não houvesse razoabilidade, como no caso do nomeado claramente não possuir qualificação técnica ou idoneidade moral. Dessa forma, o prefeito poderia nomear seu cônjuge para o cargo de secretário municipal, em regra.[1]

São parentes de 3º grau: tios e sobrinhos do servidor ou autoridade ou de seus cônjuges.

---

1 Esse é o entendimento consagrado pelo STF, como se percebe da Reclamação 157604: A nomeação do cônjuge de prefeito para o cargo de secretário municipal, por se tratar de cargo público de natureza política, por si só, não caracteriza ato de improbidade administrativa. É cabível o ajuizamento de reclamação para impugnar acórdão do Superior Tribunal de Justiça (STJ) que manteve decisão condenatória por ato de improbidade administrativa em desacordo com o Enunciado 13 (1) da Súmula Vinculante do Supremo Tribunal Federal (STF). Com base nessa orientação, a Segunda Turma, por maioria, deu provimento a agravo regimental para julgar procedente reclamação. A reclamação seria cabível desde que a decisão condenatória proferida em primeira instância, ou mesmo diante da mera iniciativa postulatória do Ministério Público, porquanto o STF tem afastado a aplicação do referido enunciado a cargos públicos de natureza política, ressalvados os casos de inequívoca falta de razoabilidade por manifesta ausência de qualificação técnica ou de inidoneidade moral. Vencido o ministro Edson Fachin, que negou provimento ao agravo regimental por entender que o controle jurisdicional da decisão reclamada deveria ser realizado pelas vias recursais ordinárias. (1) Enunciado 13 da Súmula Vinculante do STF: "A **nomeação** de cônjuge, companheiro ou parente em linha reta, colateral ou por afinidade, até o terceiro grau, inclusive, da autoridade nomeante ou de servidor da mesma pessoa jurídica investido em cargo de direção, chefia ou assessoramento, para o exercício de cargo em comissão ou de confiança ou, ainda, de função gratificada na administração pública direta e indireta em qualquer dos Poderes da União, dos Estados, do Distrito Federal e dos Municípios, compreendido o ajuste mediante designações recíprocas, viola a Constituição Federal." Rcl 22339 AgR/SP, rel. Min. Edson Fachin, red. p/ o ac. Min. Gilmar Mendes, julgamento em 4.9.2018. (Rcl-22339)

Estes cargos, tradicionalmente no Brasil, são denominados de nomeáveis e exoneráveis *ad nutum*. Os cargos de provimento em comissão podem ser ocupados por servidor de carreira ou não. Não é necessário que seu ocupante seja previamente servidor. No entanto, a Constituição Federal dispõe que tais cargos serão ocupados por servidores de carreira nos termos, condições e percentuais mínimos previstos em Lei.

Ou seja, em regra podem os cargos de confiança ser ocupados por quem seja servidor anteriormente ou não. No entanto, caberá à Lei definir um percentual mínimo em que tais cargos serão ocupados por servidores de carreira.

É claramente o quanto afirma o inciso V do art. 37 da Constituição Federal, com a seguinte redação: "**as funções de confiança exercidas exclusivamente por servidores ocupantes de cargo efetivo, e os cargos em comissão, a serem preenchidos por servidores de carreira nos casos, condições e percentuais mínimos previstos em lei, destinam-se apenas às atribuições de direção, chefia e assessoramento**".

ATENÇÃO: não confundir funções de confiança com cargos de confiança (cargos de provimento em comissão), aqueles só podem ter como ocupantes servidores de carreira, o que não acontece com esses últimos.

De qualquer forma, só podem ser criados cargos de provimento em comissão, em se tratando de atividades de **chefia, direção e assessoramento.** Qualquer cargo em comissão criado fora dessas três atividades estará contaminado por vício de inconstitucionalidade, conforme será melhor discriminado no item seguinte.

2.3. CRIAÇÃO E EXTINÇÃO DE CARGOS PÚBLICOS

Os cargos públicos são criados e extintos por Lei. Essa é a regra. No entanto, existem algumas exceções. Os cargos da Câmara dos Deputados e do Senado Federal são criados através de Resolução Legislativa.

Os cargos no Poder Executivo Federal que estiverem vagos podem ser extintos através de decreto do Presidente da República, conforme preceitua o art. 84, VI, "b" da Constituição Federal.

Apesar das exceções, a CESPE já cobrou na questão abaixo indicada que os cargos públicos só podem ser criados e extintos por lei.

De qualquer forma, os cargos públicos sempre possuem número certo, não se podendo, em regra, exercer funções sem que existam cargos públicos para serem ocupados. Isto era mais frequente no passado, onde inúmeras pessoas exerciam funções sem ocuparem cargos públicos, eram os chamados extranumerários.

Hoje essas hipóteses são bem reduzidas. Só pode haver exercício de funções sem que investidura em cargo público com autorização legal ou constitucional. Assim pode-se afirmar que a todo cargo público corresponde uma função, mas o contrário já não é verdadeiro.

Por outro lado, todo cargo tem uma denominação que lhe é própria, geralmente a denominação de um cargo vem com um nome e um número. Exemplo, Procurador Federal Segunda Classe. Isto serve para identificar a colocação do cargo no quadro funcional, bem como as suas funções, direitos e deveres inerentes.

Vale ainda ressaltar que apesar de seguir um regime próprio de direito público, o chamado regime estatutário, os servidores públicos têm aplicação de alguns direitos previstos para os trabalhadores em geral. Com efeito, dispõe a Constituição Federal, em seu art. 39, § 3º, que: **"Aplica-se aos servidores ocupantes de cargo público o disposto no art. 7º, IV, VII, VIII, IX, XII, XIII, XV, XVI, XVII, XVIII, XIX, XX, XXII e XXX, podendo a lei estabelecer requisitos diferenciados de admissão quando a natureza do cargo o exigir."**

O aludido dispositivo significa a aplicação aos servidores públicos dos seguintes direitos:

> **IV – salário mínimo, fixado em lei, nacionalmente unificado, capaz de atender a suas necessidades vitais básicas e às de sua família com moradia, alimentação, educação, saúde, lazer, vestuário, higiene, transporte e previdência social, com reajustes periódicos que lhe preservem o poder aquisitivo, sendo vedada sua vinculação para qualquer fim;**
>
> **VII – garantia de salário, nunca inferior ao mínimo, para os que percebem remuneração variável;**
>
> **VIII – décimo terceiro salário com base na remuneração integral ou no valor da aposentadoria;**
>
> **IX – remuneração do trabalho noturno superior à do diurno;**
>
> **XII – salário-família pago em razão do dependente do trabalhador de baixa renda nos termos da lei;**
>
> **XIII – duração do trabalho normal não superior a oito horas diárias e quarenta e quatro semanais, facultada a compensação de horários e a redução da jornada, mediante acordo ou convenção coletiva de trabalho;**
>
> **XV – repouso semanal remunerado, preferencialmente aos domingos;**
>
> **XVI – remuneração do serviço extraordinário superior, no mínimo, em cinquenta por cento à do normal;**
>
> **XVII – gozo de férias anuais remuneradas com, pelo menos, um terço a mais do que o salário normal;**
>
> **XVIII – licença à gestante, sem prejuízo do emprego e do salário, com a duração de cento e vinte dias;**

XIX – licença-paternidade, nos termos fixados em lei;

XX – proteção do mercado de trabalho da mulher, mediante incentivos específicos, nos termos da lei;

XXX – proibição de diferença de salários, de exercício de funções e de critério de admissão por motivo de sexo, idade, cor ou estado civil;

Como visto no item anterior, revela-se importante no Direito Administrativo a diferença entre cargo, emprego e função. Com relação aos cargos, revela a doutrina que trata-se de um complexo de atribuições criados e extintos por lei, em regra, com número certo, denominação própria e vencimentos pagos pelos cofres públicos.

Por conta disso, dispõe o art. 4º da Lei 8.112/90, que, em regra, é proibida a prestação de serviços gratuitos através de cargos públicos, salvo exceção legalmente prevista.

Pelo princípio da legalidade estrita, já estudado no presente curso, exige-se, em regra, que os cargos públicos sejam criados por lei, ou por ato equivalente. Os cargos pertencentes ao Congresso Nacional, como aplicação da tripartição de poderes, segundo a qual os Poderes da República são independentes e harmônicos entre si, são criados e extintos por resolução do Senado Federal ou da Câmara dos Deputados, dependendo de qual Casa Legislativa o cargo se encontra lotado.

Por outro lado, os cargos pertencentes ao Poder Executivo Federal podem ser extintos por decreto, isso desde que estejam vagos.

Os cargos públicos estão insertos em uma relação jurídica denominada investidura. Tal relação está subordinada ao Direito Público e possui uma natureza unilateral. Isso significa que a vontade do servidor só será necessária na formação do vínculo, quando ele aceita submeter-se a concurso público, nomeação e posse. Também se admite a vontade na extinção, quando pode o servidor renunciar ao seu cargo, o que é denominado de exoneração a pedido. Mas, no entanto, não tem o servidor direito adquirido à manutenção de todos os direitos do vínculo, pois a prestação do serviço através do cargo pode ser modificada.

A doutrina, portanto, seguindo extensa jurisprudência dos Tribunais Brasileiros, tem entendido que se torna possível, através de lei, os direitos, os deveres, as atribuições e as responsabilidades inerentes ao cargo ocupado, respeitando-se apenas aquelas que já aderiram ao patrimônio do serviço e que, portanto, tornaram-se direito adquirido. Conforme leciona Regis Fernandes de Oliveira: **"O ingresso no funcionalismo opera-se por meio de sujeição a um estatuto, isto é, o servidor recebe, pronto, um plexo de normas que vai disciplinar sua vida no âmbito da Administração Pública. Tal circunstância não outorga ao servidor a inalterabilidade do Estatuto. Nem a isso**

se obriga a Administração. Como inalteráveis são os interesses públicos, mutável é o vínculo que une servidor e Administração."[2]

Como exemplo do quanto afirmado, o servidor público federal tinha direito a um adicional por tempo de serviço, segundo o qual a cada 5 anos de efetivo exercício, tinha ele direito a 5% de adicional sobre o seu vencimento. Tal gratificação foi extinta por medida provisória. No entanto, aqueles que já tinham pelo menos 5 anos de serviço e que já recebiam tal adicional por tempo de serviço, continuaram a recebê-lo, pois tal parcela integrou-se a seu patrimônio como direito adquirido. Apesar disso, não tem mais direito a acréscimos a esse adicional se completar outros 5 anos de serviço após a extinção da referida vantagem pecuniária, permanecendo apenas com aquela já anteriormente recebida que vai ser aumentada apenas nas revisões gerais de remuneração para o servidor público para manter o seu valor real.

2 OLIVEIRA, Regis Fernandes. *Servidores públicos.* 2 ed. São Paulo: Malheiros Editores, 2008, p. 34.

Capítulo 3

PROVIMENTO E VACÂNCIA

3.1. REQUISITOS BÁSICOS

TÍTULO II
DO PROVIMENTO, VACÂNCIA, REMOÇÃO, REDISTRIBUIÇÃO E SUBSTITUIÇÃO

CAPÍTULO I
DO PROVIMENTO

SEÇÃO I
DISPOSIÇÕES GERAIS

Art. 5º São requisitos básicos para investidura em cargo público:

I – a nacionalidade brasileira;

II – o gozo dos direitos políticos;

III – a quitação com as obrigações militares e eleitorais;

IV – o nível de escolaridade exigido para o exercício do cargo;

V – a idade mínima de dezoito anos;

VI – aptidão física e mental.

§ 1º As atribuições do cargo podem justificar a exigência de outros requisitos estabelecidos em lei.

§ 2º Às pessoas portadoras de deficiência é assegurado o direito de se inscrever em concurso público para provimento de cargo cujas atribuições sejam compatíveis com a deficiência de que são portadoras; para tais pessoas serão reservadas até 20% (vinte por cento) das vagas oferecidas no concurso.

§ 3º As universidades e instituições de pesquisa científica e tecnológica federais poderão prover seus cargos com professores, técnicos e cientistas estrangeiros, de acordo com as normas e os procedimentos desta Lei. (Incluído pela Lei nº 9.515, de 20.11.97)

Comentários

Investidura é o início da relação jurídica entre o servidor e a entidade pública. A investidura acontece através de um ato administrativo denominado de PROVIMENTO.

Segundo doutrina o professor Marçal Justen Filho, provimento **"consiste em ato administrativo unilateral, por meio do qual o Estado investe um particular na condição de titular de um cargo, de provimento efetivo ou discricionário."**

Vale destacar que esse posicionamento não é unânime na doutrina. Di Pietro destaca que

> "Provimento é o ato do poder público que designa para ocupar cargo, emprego ou função a pessoa física que preencha os requisitos legais. Distingue-se da investidura, que é o ato pelo qual o servidor público é investido no exercício do cargo, emprego ou função, abrangendo a posse e o exercício." (p. 741).

Ousamos discordar da ilustre professora por entender que o sentido utilizado pela Lei 8.112/90 foi o de trazer a investidura como relação jurídica institucional que vincula o servidor estatutário à Administração Pública. Difere do provimento, por este ser o ato que cria ou modifica a relação de investidura. Como toda relação, há requisitos que devem estar presentes para a sua concretização. Esses requisitos básicos encontram-se presentes no art. 5º da norma.

Como já visto anteriormente, necessário se faz a nacionalidade brasileira, seja nata ou através de naturalização. Excetua-se o caso dos professores técnicos e cientistas estrangeiros a serem investidos em cargos de instituições técnicas e científicas, bem como as universidades federais, nos termos do parágrafo 3º do art. 5º do Estatuto Federal.

De igual sorte, se faz necessário que a pessoa esteja em gozo de seus direitos políticos. Não pode ocorrer a suspensão ou cassação dos direitos políticos, penas essas geralmente advindas de condenações judiciais ou administrativas, nos termos do art. 15 da Constituição Federal, que dispõe:

> **"É vedada a cassação de direitos políticos, cuja perda ou suspensão só se dará nos casos de:**
>
> **I – cancelamento da naturalização por sentença transitada em julgado;**
>
> **II – incapacidade civil absoluta;**
>
> **III – condenação criminal transitada em julgado, enquanto durarem seus efeitos;**
>
> **IV – recusa de cumprir obrigação a todos imposta ou prestação alternativa, nos termos do art. 5º, VIII;**
>
> **V – improbidade administrativa, nos termos do art. 37, § 4º."**

Além disso, deve a pessoa, para ser investida em cargo público, comprovar a quitação de suas obrigações eleitorais e de alistamento militar, esta última é exigência para pessoas do sexo masculino.

Deve ser comprovado quando da investidura, possuir o servidor o nível de escolaridade exigido para o cargo, bem como a idade mínima de 18 anos. Ainda deve ter aptidão física e mental para ser investido no cargo público.

Em virtude deste último quesito, é obrigatória a submissão do servidor, antes que se complete a investidura, a prévia inspeção médica, realizada por órgãos oficiais, não se permitindo a sua substituição por inspeção realizada em clínicas particulares, sem Lei que a preveja. Não será empossado aquele que não for considerado apto física e mentalmente para o exercício do cargo.

Além dos requisitos apontados pelo art. 5º, certos cargos podem exigir outros, sendo que essas novas exigências devem ser justificadas para que não desatendam o princípio da isonomia. Como exemplo, um cargo de guarda de penitenciária feminina pode exigir para sua investidura, que a candidata seja do sexo feminino, pois essa exigência advém da natureza do cargo a ser ocupado.

ATENÇÃO: Outros requisitos podem ser exigidos, desde que o sejam por Lei. O edital não é instrumento hábil para trazer outros requisitos, além daqueles previstos em Lei.

De qualquer forma, os requisitos para investidura em cargo público só podem ser exigidos na posse. Como exposto mais adiante, quando se trata do ato de provimento denominado nomeação, a investidura só ocorre com a assinatura do termo de responsabilidade denominado posse. É importante destacar que o exame psicotécnico não pode ser exigido sem que lei que o autorize. Nesse sentido, o STF editou a Súmula Vinculante 44:

> **"Só por lei se pode sujeitar a exame psicotécnico a habilitação de candidato a cargo público."**

Existe um entendimento jurisprudencial acerca do momento da exigência desses requisitos ser a posse, como se verifica da Súmula 266 do Superior Tribunal de Justiça que:

> **"O diploma ou habilitação legal para o exercício do cargo deve ser exigido na posse e não na inscrição para o concurso público."**

3.1.1. Nacionalidade brasileira

Conforme já analisado, a nacionalidade brasileira é requisito básico para ingresso em cargos, empregos ou funções públicas. Ressalte-se que a lei não pode distinguir entre brasileiros natos e naturalizados. Somente a Constituição Federal pode fazer distinção. Neste sentido, para ingressar em cargo público federal, o candidato deve ser brasileiro (nato ou naturalizado).

As exceções ficam a cargo do próprio estatuto dos servidores públicos civis da União que, em respeito ao disposto no art. 37, I da Carta Magna, prevê que as universidades públicas e instituições de pesquisa científica e tecnológica federais poderão prover seus cargos com professores, técnicos e cientistas estrangeiros.

Por sua vez, o art. 12, §3º da Constituição Federal define que somente os brasileiros natos poderão assumir os cargos de Presidente e Vice-Presidente da República, de Presidente da Câmara dos Deputados, de Presidente do Senado Federal, de Ministro do Supremo Tribunal Federal, da carreira diplomática, de oficial das Forças Armadas e de Ministro de Estado da Defesa". O art. 89, VII, da Carta Magna, ainda limita a composição do Conselho da República a seis cidadãos brasileiros natos, com mais de trinta e cinco anos de idade, sendo dois nomeados pelo Presidente da República, dois eleitos pelo Senado Federal e dois eleitos pela Câmara dos Deputados, todos com mandato de três anos, vedada a recondução.

3.1.2. O gozo dos direitos políticos

Aqueles que, de alguma forma, não estiverem em pleno gozo dos direitos políticos não poderão ingressar na carreira pública federal, consoante exposto no art. 5º, II, da lei 8.112/90. Ressalte-se que a Constituição Federal e a legislação infraconstitucional definem algumas hipóteses de cassação ou suspensão dos direitos políticos no Brasil.

A título de exemplo, o art. 37, §4º da Constituição Federal, elenca a suspensão dos direitos políticos como sanção decorrente da prática de ato de improbidade, além de outras definidas na legislação aplicável.

3.1.3. A quitação com as obrigações militares e eleitorais

Este é requisito estampado no art. 5º, III, da Lei 8.112/90, para assunção de cargo público estatutário civil, no âmbito federal, devendo ser demonstrado por meio de certidões extraídas nos respectivos órgãos, que demonstrem a ausência de pendência do cidadão.

Evidentemente, a quitação militar é exigida apenas das pessoas do sexo masculino que tenham mais de 18 anos. Por outro lado, a quitação eleitoral surge do fato de ter o cidadão cumprido com suas obrigações eleitorais. Em verdade, no direito brasileiro, o voto é, em regra, obrigatório. A obrigação eleitoral estará cumprida caso o cidadão vote, justifique ou pague a multa devida.

3.1.4. O nível de escolaridade exigido para o exercício do cargo

A exigência de escolaridade deve ser determinada por meio de lei e deve ser compatível com as funções a serem atribuídas aos servidores dos cargos a serem providos. É importante ressaltar a vinculação direta ao princípio da razoabilidade, não se admitindo exigências superiores às necessidades da função, sob pena de se caracterizar uma forma indevida de restrição ao acesso de cargos e funções públicas.

Da mesma forma, a legislação não pode deixar de exigir escolaridade mínima para agentes que deverão assumir atribuições de responsabilidade e complexidade elevada, sob pena de se prejudicar o bom andamento da atividade pública.

Além da previsão legal, o edital do concurso deve especificar claramente qual a escolaridade mínima exigida para exercer atividades naquele cargo público que se pretende preencher, dando ampla publicidade a esta informação.

3.1.5. Aptidão física e mental para o exercício das funções do cargo

Este requisito limita o ingresso em cargos, empregos e funções públicas, àqueles que tenham condições de exercer as atribuições definidas para os agentes integrantes da carreira, não se admitindo critérios discriminatórios, ou com a intenção de frustrar e limitar a participação na competição.

Assim, a vedação pode decorrer de quaisquer impedimentos físicos ou mentais, desde que seja amparada nas funções específicas do cargo a ser assumido, sob pena de afronta direta ao princípio da isonomia.

Só será empossado aquele que for considerado apto física e mentalmente para o exercício do cargo.

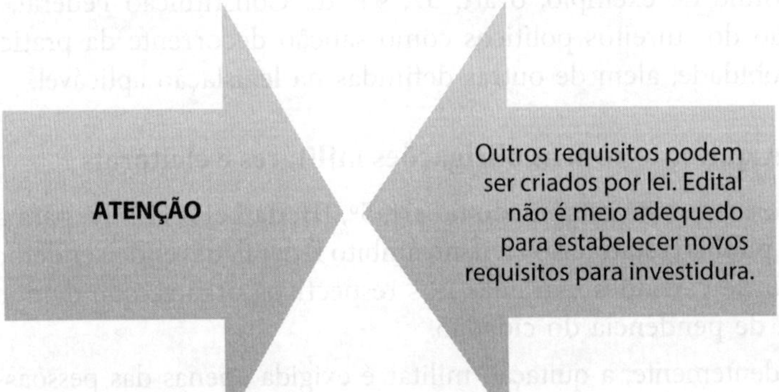

3.1.6. Portadores de necessidades especiais

Primeiramente, é importante ressaltar que as pessoas portadoras de necessidades especiais não devem, por esta razão, estar impedidas de exercerem funções públicas, haja vista a plena possibilidade de compatibilização desta limitação com as funções inerentes às atividades de interesse da coletividade. Sendo assim, uma pessoa que tenha deficiência visual, por exemplo, poderá exercer as atribuições definidas para os cargos públicos, a despeito de sua limitação física e qualquer limitação de ingresso configuraria violação direta aos princípios da impessoalidade e isonomia, em virtude da garantia de ampla acessibilidade às carreiras públicas.

No entanto, é cediço que determinadas deficiências, em situações específicas, poderão ensejar a impossibilidade de o agente exercer algumas atribuições, o que justifica a necessidade de se obstar o ingresso de so, em certas carreiras, de particular com deficiência grave, haja vista o fato de que tal deficiência tornará inviável o exercício das funções atribuídas aos servidores desta carreira e, portanto, permitir a participação em concurso e posterior nomeação poderia causar transtornos à regular prestação do serviço público. É o que ocorreria em relação a alguém com deficiência visual grave a concorrer para o cargo de motorista. A mesma deficiência, contudo, não poderia justificar a impossibilidade de realização de concurso para preenchimento de cargos de magistrado ou procurador.

Com efeito, pode-se dizer que a impossibilidade de ingresso na carreira por qualquer necessidade especial deve-se justificar plenamente em virtude das atribuições dispostas na lei que organiza a carreira. Qualquer outra espécie de restrição se configuraria fraude à garantia de ampla competição para ingresso na atividade estatal.

Neste sentido, a Lei 8.112/90 reserva **até 20% das vagas** aos portadores de deficiência, desde que essa deficiência não impeça o exercício da função do cargo a ser assumido. Sendo assim, a lei não dispõe acerca do percentual, definindo somente um percentual máximo a ser garantido, competindo ao edital do concurso definir com exatidão a quantidade de vagas que serão destinadas a estes candidatos.

Uma vez que o estatuto pertinente definiu somente o percentual máximo a ser garantido pelo edital, a jurisprudência do Superior Tribunal de Justiça, por sua vez, em julgados esparsos, estabeleceu que o edital deve respeitar um percentual mínimo de 5% das vagas destinadas a estes candidatos. Essa mesma determinação consta do Decreto 9.508/2018, em seu art. 1º, § 1º.

Dessa forma, o edital do certame público definirá, respeitados os limites estipulados pela legislação e jurisprudência, o percentual de vagas do concurso que serão reservadas às pessoas com deficiência. Trata-se de consagração da isonomia material, ensejando tratamento jurídico diverso àqueles que têm situação fática diferente.

Em relação ao tema, o Superior Tribunal de Justiça define que o portador de visão monocular tem direito de concorrer, em concurso público, às vagas reservadas aos deficientes (Súmula 377), mas o portador de surdez unilateral não se qualifica como pessoa com deficiência para o fim de disputar as vagas reservadas de concursos públicos (Súmula 552).

3.1.7. Limite de idade

Ainda em relação à aptidão física e mental para o exercício do cargo público, um tema relevante a ser discutido é a possibilidade de se estabelecer idade máxima para que as pessoas possam ingressar em determinadas carreiras.

Frise-se que não se trata de discussão sobre a regra de idade mínima, haja vista estar definida expressamente em lei, de forma incontroversa. Observe-se que o art. 5º, V da Lei 8.112/90 determina a idade mínima de 18 anos para ingresso em cargos públicos federais, marco que coincide, atualmente, com a maioridade civil.

Por sua vez, em relação à discussão travada acerca da exigência de idade máxima, é relevante relembrar que a determinação legislativa de aptidão física e mental para o exercício do cargo não pode restringir o acesso aos cargos, empregos e funções públicas, de forma indevida, somente sendo admitida, caso a exigência seja compatível com a função a ser exercida pelo agente. Dessa forma, a princípio a definição de idade máxima para participação em concursos públicos deve ter justificativa previamente estipulada pelo ente estatal, em razão das atribuições do cargo, e se restringe a situações excepcionais.

Neste sentido, o Supremo Tribunal Federal editou a súmula 683 que dispõe acerca do tema, como se segue:

SÚMULA N. 683 DO STF: O limite de idade para a inscrição em concurso público só se legitima em face do art. 7º, XXX, da Constituição, quando possa ser justificado pela natureza das atribuições do cargo a ser preenchido.

O entendimento sumulado deve ser ampliado, não somente para restrição referente a idade, mas também em relação a sexo (masculino ou feminino), altura mínima, entre outras restrições e precisa ser lido à luz do disposto no art. 7º, XXX, combinado com o art. 39, §3º, ambos da Constituição Federal.

Com efeito, o art. 39, §3º da Carta Magna dispõe acerca da extensão, aos detentores de cargos públicos, de determinadas garantias constitucionais definidas para os empregados em geral, incluindo o art. 7º, XXX que define a "*proibição de diferença de salários, de exercício de funções e de critério de admissão por motivo de sexo, idade, cor ou estado civil*". Ocorre que, o próprio art. 39, §3º estabelece que pode "*a lei estabelecer requisitos diferenciados de admissão quando a natureza do cargo o exigir*".

Realizando uma leitura sistemática dos dispositivos constitucionais e da súmula transcrita alhures, pode-se estipular que a limitação de ingresso em cargos públicos por motivo de idade, sexo, estado civil, altura é possível desde que devidamente embasada nas funções a serem exercidas pelo servidor que preencher o cargo objeto do concurso.

Neste sentido, por exemplo, para ingressar nas forças armadas de determinado estado é necessário ter ao menos 1,70 m de altura, conforme estipulação por lei. Um cidadão foi aprovado em concurso público para cargo de médico da polícia militar deste estado e, por não ter a altura mínima exigida para o exercício da função, foi considerado inapto, consoante disposição legal previamente definida. Considerando que o requisito não é indispensável ao exercício da função, a exigência é ilegal, para o cargo de médico.

Ademais, mesmo diante de situações que justifiquem as restrições de ingresso, estas regras devem ser estipuladas por meio de lei, não sendo suficiente a disposição no edital do certame, como forma de impedir o acesso daqueles que se enquadrarem na vedação explícita. De fato, somente a lei tem competência para definir os requisitos de ingresso, não podendo ser suprida a ausência de determinação legal, por previsão em ato administrativo.

A matéria já foi alvo de análise pelo Supremo Tribunal Federal[1] que se posicionou no sentido de que somente a lei pode estabelecer os limites e

---

1. O Supremo Tribunal Federal, no julgamento do RE 600.885?RS, publicado no DJe de 01.07.2011 definiu que "*o art. 142, §3º, inciso X, da Constituição da República, é expresso ao atribuir exclusivamente à lei a definição dos requisitos para ingresso nas Forças Arma-*

requisitos para acesso aos cargos públicos, não devendo ser substituída por mera regulamentação editalícia.

No mesmo sentido, o Superior Tribunal de Justiça admite a definição de idade máxima para acessibilidade em determinadas carreiras, mais uma vez, deixando clara a determinação de que este limite tenha previsão expressa de lei. Cabe, para ilustrar o entendimento da Corte, a análise de ementa acerca do tema.

> RECURSO ORDINÁRIO EM MANDADO DE SEGURANÇA. ADMINISTRATIVO. SERVIDOR PÚBLICO. CONCURSO PÚBLICO. POLÍCIA MILITAR. IDADE. LIMITE MÁXIMO. POSSIBILIDADE. PREVISÃO LEGAL. RAZOABILIDADE. NATUREZA DO CARGO. PRECEDENTES.
>
> 1. **A lei ordinária pode, *ex vi* da interpretação dos art. 7.º, inciso XXX, 39, § 2.º, 37, inciso I, da Constituição Federal, estabelecer limites mínimo e máximo de idade para ingresso em funções, empregos e cargos públicos, desde que pautada no princípio da razoabilidade.**
>
> 2. Considerando-se as especificidades da carreira militar, não pode ser tida por desarrazoada, despropositada ou discriminatória a idade máxima de 25 anos para o ingresso na Polícia Militar do Estado do Mato Grosso.
>
> 3. Agravo regimental desprovido.
>
> AgRg no RMS 30047 / MT
>
> AGRAVO REGIMENTAL NO RECURSO EM MANDADO DE SEGURANÇA
>
> 2009/0144646-9. Julgamento em 09/02/2010

A regra admitida pela jurisprudência e amparada pela doutrina abalizada ganhou ainda respaldo legal com a edição da Lei n. 10.741/03, conhecida por introduzir o Estatuto do Idoso no ordenamento jurídico brasileiro. Em uma tentativa de se evitar a existência de discriminações desarrazoadas e com a finalidade de garantir-se o mercado de trabalho àqueles que já atingiram idade avançada, o diploma legislativo prevê, em seu art. 27, que a definição de limites máximos de idade para ingresso em cargos, empregos e funções públicas deve ser previamente justificada. Analise-se a literalidade do dispositivo legal.

> Art. 27. Na admissão do idoso em qualquer trabalho ou emprego, é vedada a discriminação e a fixação de limite máximo de idade, inclusive para concursos, ressalvados os casos em que a natureza do cargo o exigir.

---

das...". A matéria foi recebida como repercussão geral e o entendimento da Corte foi respaldado no mérito do julgamento.

Está pacificada, assim, a possibilidade de limitação de idade máxima para ingresso em cargos públicos, em razão das necessidades justificadas pela Administração Pública, em virtude da natureza das atribuições inerentes ao cargo.

3.1.8. Exame psicotécnico

Existe muita divergência entre os doutrinadores acerca da possibilidade de realização dos psicotestes e dos limites de atuação do poder público na condução destes exames, dado o grau de subjetivismo de que se revestem as decisões tomadas nesta seara.

O Decreto 6.944/09 regulamenta a realização de exames psicotécnicos em concursos públicos realizados pelo Poder Executivo da União e define, em seu art. 14, §1º, que o exame de avaliação psicológica consiste "*no emprego de procedimentos científicos destinados a aferir a compatibilidade das características psicológicas do candidato com as atribuições do cargo*". No mesmo sentido, o decreto garante que exames de avaliação psicológica devem ser realizados mediante previsão legal específica.

Por sua vez, o Conselho Nacional de Justiça e o Conselho Nacional do Ministério Público regulamentam a possibilidade de realização destes exames para provimento de cargos nas carreiras da magistratura e, para ingresso nos quadros do *parquet*, respectivamente, nos moldes definidos pelo edital do concurso.

Em todos os casos, a realização do exame psicotécnico fica submetida à autorização por meio de lei, consoante orientação estampada nos diplomas que regulamentam o tema que, inclusive, já foi objeto de deliberação pelo Supremo tribunal Federal concluída com a edição da súmula 686 que estabelece que "*Só por lei se pode sujeitar a exame psicotécnico a habilitação de candidato a cargo público*".

Ademais, além da exigência de **previsão legal**, a doutrina e jurisprudência vêm-se orientando no sentido de que a realização do psicoteste deve ser definida no edital do concurso com **regras objetivas** que justifiquem a aptidão ou não para o exercício do cargo. Qualquer margem de subjetivismo pode significar uma restrição ilícita de acesso às funções estatais. Neste sentido, o Decreto 6.944/09 define, nos parágrafos de seu art. 14 que "*Os requisitos psicológicos para o desempenho no cargo deverão ser estabelecidos previamente, por meio de estudo científico das atribuições e responsabilidades dos cargos, descrição detalhada das atividades e tarefas, identificação dos conhecimentos, habilidades e características pessoais necessários para sua execução e identificação de características restritivas ou impeditivas para o cargo*" e, ainda, que "*A avaliação psicológica deverá ser realizada mediante o uso de instrumentos de avaliação psicológica, capazes de aferir, de forma objetiva e padronizada, os requisitos psicológicos do candidato para o desempenho das atribuições inerentes ao cargo*".

Por derradeiro, para que se garanta a lisura do exame psicotécnico, após o resultado acerca da aptidão ou não para o exercício das funções, deve ser concedido ao candidato prazo para interposição de **recurso administrativo** da decisão. Nesta esteira, o art. 14-A, §2º do Decreto 6.944/09 estabelece que "*Os prazos e a forma de interposição de recurso acerca do resultado da avaliação psicológica serão definidos pelo edital do concurso*". Dessa forma, a possibilidade de recurso se mostra como forma de garantia dos princípios do contraditório e da ampla defesa.

Neste sentido, cumpre analisar o entendimento do Supremo Tribunal Federal acerca do tema que, juntamente com a doutrina majoritária, define que a regularidade do exame de avaliação psicológica depende da previsão legal, assim como da garantia de requisitos objetivamente definidos para decisão de aptidão.

> Ementa: MANDADO DE SEGURANÇA. CONSELHO NACIONAL DO MINISTÉRIO PÚBLICO. CONTROLE DE LEGALIDADE DE ATO PRATICADO PELO MINISTÉRIO PÚBLICO DE RONDÔNIA. CONCURSO PÚBLICO. EXAME PSICOTÉCNICO. PREVISÃO EM LEI. CRITÉRIOS OBJETIVOS. ORDEM DENEGADA. I – O art. 5º, I, da Lei 12.016/2009 não configura uma condição de procedibilidade, mas tão somente uma causa impeditiva de que se utilize simultaneamente o recurso administrativo com efeito suspensivo e o *mandamus*. II – A questão da legalidade do exame psicotécnico nos concursos públicos reveste-se de relevância jurídica e ultrapassa os interesses subjetivos da causa. III – **A exigência de exame psicotécnico**, como requisito ou condição necessária ao acesso a determinados cargos públicos, somente é possível, nos termos da Constituição Federal, **se houver lei em sentido material que expressamente o autorize, além de previsão no edital do certame.** IV – É necessário **um grau mínimo de objetividade** e de publicidade dos critérios que nortearão a avaliação psicotécnica. A ausência desses requisitos torna o ato ilegítimo, por não possibilitar o acesso à tutela jurisdicional para a verificação de lesão de direito individual pelo uso desses critérios V – Segurança denegada. (MS 30822 / DF – DISTRITO FEDERAL MANDADO DE SEGURANÇA; Relator (a): Min. RICARDO LEWANDOWSKI; Julgamento: 05/06/2012 Órgão Julgador: Segunda Turma).

Tal posicionamento fundamentou a edição da Súmula Vinculante 44, segundo a qual: "Só por lei se pode sujeitar a exame psicotécnico a habilitação de candidato a cargo público."

3.1.9. Atividade jurídica

Para o preenchimento de cargos, em determinadas carreiras públicas, a Constituição Federal exige a demonstração de prazo de atividade na área jurídica, como forma de se verificar a experiência necessária para execução das funções inerentes à atividade estatal a ser preenchida pelo candidato. De fato, ao menos na teoria, o sujeito que já vivenciou situações práticas diversas, na área do Direito, terá maiores condições de proferir decisões justas, de modo a garantir a paz social ou analisar a necessidade de intervenção na sociedade, mediante a propositura de ações civis públicas, por exemplo, com mais maturidade e embasado em seus conhecimentos empíricos adquiridos ao longo do tempo.

A Emenda Constitucional n. 45/04, alterou o texto da Carta Magna, definindo a obrigatoriedade de atividade jurídica de três anos para que seja possível o ingresso nas carreiras da Magistratura e do Ministério Público. Nesse sentido, o art. 93, I define que a nomeação para assumir cargo de magistrado, será feito "*mediante concurso público de provas e títulos, com a participação da Ordem dos Advogados do Brasil em todas as fases, exigindo-se do bacharel em direito, no mínimo, três anos de atividade jurídica e obedecendo-se, nas nomeações, à ordem de classificação*". Da mesma forma, o art. 129, §3º, da Carta Magna estabelece que "*O ingresso na carreira do Ministério Público far-se-á mediante concurso público de provas e títulos, assegurada a participação da Ordem dos Advogados do Brasil em sua realização, exigindo-se do bacharel em direito, no mínimo, três anos de atividade jurídica e observando-se, nas nomeações, a ordem de classificação*".

A leitura do texto constitucional acima transcrito é clara no sentido de que a exigência de atividade jurídica para estas duas carreiras não depende de lei, decorrendo diretamente de regramento constitucional. Em relação às demais carreiras da área jurídica, a exigência não é estampada na Constituição da República, no entanto, poderá ser feita mediante lei específica, desde que justificada em razão das atribuições inerentes ao cargo objeto da norma. Com efeito, a exigência de atividade jurídica não se esgota na disposição constitucional, sendo admitida, mediante imposição legislativa, para as demais carreiras públicas.

Em relação à norma constitucional, a discussão doutrinária e jurisprudencial começou a ser travada no sentido de se definir o que pode ser considerado atividade jurídica para fins de acessibilidade aos cargos nas carreiras da Magistratura e do Ministério Público, haja vista a indeterminação do conceito estabelecido.

Acerca do tema, na Ação Direta de Inconstitucionalidade 3460, em que analisava a adequação da norma estipulada em Resolução do Conselho Nacional de Justiça - CNJ, o Supremo Tribunal Federal expôs o que se segue.

> EMENTA: CONSTITUCIONAL. AÇÃO DIRETA DE INCONSTITUCIONALIDADE. ARTIGO 7º, CAPUT E PARÁGRAFO ÚNICO, DA RESOLUÇÃO N. 35/2002, COM A REDAÇÃO DADA PELO ART. 1º DA

> RESOLUÇÃO N. 55/2004, DO CONSELHO SUPERIOR DO MINISTÉRIO PÚBLICO DO DISTRITO FEDERAL E TERRITÓRIOS. A norma impugnada veio atender ao objetivo da Emenda Constitucional 45/2004 de recrutar, com mais rígidos critérios de seletividade técnico-profissional, os pretendentes à carreira ministerial pública. **Os três anos de atividade jurídica contam-se da data da conclusão do curso de Direito e o fraseado "atividade jurídica" é significante de atividade para cujo desempenho se faz imprescindível a conclusão de curso de bacharelado em Direito.** O momento da comprovação desses requisitos deve ocorrer na data da inscrição no concurso, de molde a promover maior segurança jurídica tanto da sociedade quanto dos candidatos. Ação improcedente. (ADI 3460 / DF – DISTRITO FEDERAL; AÇÃO DIRETA DE INCONSTITUCIONALIDADE; Relator(a): Min. CARLOS BRITTO; Julgamento: 31/08/2006 Órgão Julgador: Tribunal Pleno)

Sendo assim, diante do julgado proferido, qualquer tempo de atividade, ainda que na área jurídica, não poderá ser assim assumido, caso tenha sido exercido antes da colação de grau como bacharel em Direito. De fato, o bacharelado é necessário ao exercício da atividade jurídica profissional, sendo qualquer outra atividade considerada extensão universitária necessária à conclusão do curso. Neste sentido, o art. 59, §1º da Resolução n. 75 do CNJ dispõe que "*É vedada, para efeito de comprovação de atividade jurídica, a contagem do estágio acadêmico ou qualquer outra atividade anterior à obtenção do grau de bacharel em Direito*".

O julgado ainda estabeleceu norma já consolidada por decisões anteriores de que a Administração Pública pode exigir o requisito na data de inscrição definitiva do concurso e não somente no momento da posse para exercício no cargo. Sendo assim, os candidatos aprovados na primeira fase podem ser instados a demonstrar essa comprovação de experiência para se inscreverem e realizarem a prova seguinte. Em assim sendo, quebra-se a rigidez, em certas situações, da Súmula 266 do STJ, que determina a exigência dos requisitos legais para investidura na data da posse.

Diante da constitucionalidade declarada pelo STF, atualmente a definição de atividade jurídica para ingresso nas carreiras de magistratura é, assim, definida na Resolução n. 75/09 do Conselho Nacional de Justiça. O diploma define como atividade jurídica aquela exercida com exclusividade por bacharel em Direito, abarcando ainda o efetivo exercício de advocacia, inclusive voluntária, mediante a participação anual mínima em 5 (cinco) atos privativos de advogado em causas ou questões distintas, o exercício de cargos, empregos ou funções, inclusive de magistério superior, que exija a utilização preponderante de conhecimento jurídico, o exercício da função de conciliador junto a tribunais judiciais, juizados especiais, varas especiais, anexos de juizados especiais ou de varas judiciais, ao menos, por 16 (dezesseis) horas mensais e durante um ano, assim como também admite como atividade jurídica o exercício da atividade de mediação ou de arbitragem na composição de litígios.

Sendo assim, a conclusão em cursos de pós-graduação na área jurídica que, à luz do entendimento anterior, poderia ser considerado como tempo de atividade jurídica, não mais é admitida para esse fim pela regra atual.

Em relação ao ingresso nas carreiras do Ministério Público, a matéria se encontra regulamentada pela Resolução n. 40/09 do Conselho Nacional do Ministério Público – CNMP, que admite como tempo de atividade jurídica os cursos de pós-graduação, desde que respeitadas algumas regras expostas. O diploma estabelece, em seu art. 2º, que "Também serão considerados atividade jurídica, desde que integralmente concluídos com aprovação, os cursos de pós-graduação em Direito ministrados pelas Escolas do Ministério Público, da Magistratura e da Ordem dos Advogados do Brasil, bem como os cursos de pós-graduação reconhecidos, autorizados ou supervisionados pelo Ministério da Educação ou pelo órgão competente". Ainda em relação à matéria, o parágrafo único deste dispositivo dispõe que "Os cursos referidos no caput deste artigo deverão ser presenciais, com toda a carga horária cumprida após a conclusão do curso de bacharelado em Direito, não se admitindo, no cômputo da atividade jurídica, a concomitância de cursos nem de atividade jurídica de outra natureza".

Por sua vez, em relação às demais carreiras, a lei poderá exigir a comprovação de atividade jurídica como requisito para ingresso e, nestes casos, compete ao edital do concurso ou ao próprio texto legal definir como será feita a análise do requisito.

3.1.10. Vedação ao nepotismo

Deve-se exigir, em respeito ao princípio da moralidade e da impessoalidade das nomeações, que o agente não possua vínculo familiar com o nomeante. Trata-se de requisito negativo de acesso e que deve ser tratado com muito cuidado.

A princípio, analise-se que, em decorrência do princípio da indisponibilidade do interesse público, toda a atuação do administrador deve-se pautar, unicamente, na busca pelo interesse da coletividade, não dando margem a escolhas pessoais, com a intenção de beneficiar a si mesmo ou aos seus parentes. Nesse sentido, todos os atos praticados pelos agentes estatais respeitam a impessoalidade, ou seja, não são definidos em razão da pessoa que será atingida pela conduta pública, além de visar a uma maior eficiência na execução da atividade administrativa. As atividades públicas se pautam ainda pela moralidade e isonomia, como princípios orientadores da atuação do Estado.

Dentro deste sistema, a nomeação de parentes ou cônjuge da autoridade pública nomeante vai de encontro a todos estes princípios e não encontra qualquer respaldo no ordenamento constitucional vigente. Em suma, consoante entendimento de Marçal Justen Filho[2], "*O sujeito titular da competência para promover a investidura em cargo em comissão ou função gratificada não pode exercitá-la em favor do cônjuge, companheiro ou parente até o terceiro grau (em linha reta, colateral ou por afinidade)*. Trata-se de garantia, portanto, da vedação de atuação do agente, visando interesses privados.

A matéria já era objeto de regulamentação legal. A Lei 8.112/90, em seu art. 117, VIII define que é punível com advertência a prática do nepotismo, expondo que configura infração administrativa "*manter sob sua chefia imediata, em cargo ou função de confiança, cônjuge, companheiro ou parente até o segundo grau civil*".

A matéria continuou sendo alvo de discussão doutrinária e a vedação ao nepotismo foi inserida em resoluções do Conselho Nacional de Justiça e do Conselho Nacional do Ministério Público, as quais vedam a prática nas carreiras sujeitas a sua regulamentação.

Em 2008, o Supremo Tribunal Federal expediu a Súmula Vinculante n. 13 que dispõe que "*A nomeação de cônjuge, companheiro ou parente em linha reta, colateral ou por afinidade, até o terceiro grau, inclusive, da autoridade nomeante ou de servidor da mesma pessoa jurídica, investido em cargo de direção, chefia ou assessoramento, para o exercício de cargo em comissão ou de confiança, ou, ainda, de função gratificada na Administração Pública direta e indireta, em qualquer dos Poderes da União, dos Estados, do Distrito Federal e dos municípios, compreendido o ajuste mediante designações recíprocas, viola a Constituição Federal*".

Perceba que a súmula veda a realização de designações recíprocas, ou seja, não se admite que, de forma indireta se garanta a nomeação do parente do agente público, por meio de troca de favores ou favorecimentos pessoais para parentes de outros agentes. Neste sentido, não é possível que o juiz "B" nomeie a esposa do juiz "A" para exercer a função de assessoria em seu gabinete e, em troca, o juiz "A" garanta a nomeação da esposa ou companheira do Juiz "B" para exercer função gratificada em seu gabinete. Essa reciprocidade de nomeações, conhecida como "nepotismo cruzado" é vedada expressamente pelo texto da súmula, impedindo qualquer expediente que, ainda de forma indireta, atente contra a impessoalidade das nomeações. Lembre-se, ainda, que o texto da súmula abrange a nomeação de companhei-

2. JUSTEN FILHO, Marçal – Curso de Direito Administrativo.São Paulo:Editora Forum,14ª ed.2009

ros, assim entendidos aqueles que possuam relação de união estável com a autoridade nomeante.

É importante ressaltar que as Súmulas Vinculantes têm o poder de determinar a atuação da Administração Pública e do Poder Judiciário, entretanto não vincula a atuação política de Estado, ou seja, os atos políticos praticados pelo ente público não se sujeitam às regras definidas nas orientações judiciais. Como já afirmado anteriormente, a nomeação a cargos políticos é vedada em hipóteses em que há inequívoca falta de razoabilidade por manifesta ausência de qualificação técnica ou idoneidade moral.

Sendo assim, o Supremo Tribunal Federal já se manifestou no sentido da inaplicabilidade da vedação ao nepotismo quando se tratar de nomeação de agentes para o exercício de cargos políticos, como é o caso de secretário ou de ministro de estado, situação na qual a nomeação do parente não encontra óbice, desde que o sujeito tenha condições técnicas de exercer o *munus* público a ele transferido por meio da nomeação. O julgado tratou de situação na qual o prefeito de determinado município nomeou seu irmão (parente de segundo grau civil na linha colateral) para o exercício do cargo de Secretário de Transporte.

> Ementa: AGRAVO REGIMENTAL EM MEDIDA CAUTELAR EM RECLAMAÇÃO. NOMEAÇÃO DE IRMÃO DE GOVERNADOR DE ESTADO. CARGO DE SECRETÁRIO DE ESTADO. NEPOTISMO. SÚMULA VINCULANTE Nº 13. INAPLICABILIDADE AO CASO. CARGO DE NATUREZA POLÍTICA. AGENTE POLÍTICO. ENTENDIMENTO FIRMADO NO JULGAMENTO DO RECURSO EXTRAORDINÁRIO 579.951/RN. OCORRÊNCIA DA FUMAÇA DO BOM DIREITO. 1. **Impossibilidade de submissão do reclamante, Secretário Estadual de Transporte, agente político, às hipóteses expressamente elencadas na Súmula Vinculante n. 13, por se tratar de cargo de natureza política**. 2. Existência de precedente do Plenário do Tribunal: RE 579.951/RN, rel. Min. Ricardo Lewandowski, DJE 12.9.2008. 3. Ocorrência da fumaça do bom direito. 4. Ausência de sentido em relação às alegações externadas pelo agravante quanto à conduta do prolator da decisão ora agravada. 5. Existência de equívoco lamentável, ante a impossibilidade lógica de uma decisão devidamente assinada por Ministro desta Casa ter sido enviada, por fac-símile, ao advogado do reclamante, em data anterior à sua própria assinatura. 6. Agravo regimental improvido. (Rcl 6650 MC-AgR / PR – PARANÁ; AG.REG.NA MEDIDA CAUTELAR NA RECLAMAÇÃO; Relator(a): Min. ELLEN GRACIE; Julgamento: 16/10/2008 Órgão Julgador: Tribunal Pleno)

Por sua vez, o Supremo Tribunal Federal já se manifestou no sentido de que a vedação ao nepotismo configura aplicação direta dos princípios previstos no art. 37 da Carta da República e, sendo assim, não depende da edição de lei formal para que seja aplicado a todos os entes federados, em qualquer dos seus poderes.[3] É, pois, dispensável a exigência de lei para a aplicação de regra que proíbe a realização de nepotismo no âmbito da Administração Pública.

No âmbito federal, a matéria é regulamentada por meio do Decreto 7.203/10. O texto estabelece as regras aplicáveis para a vedação do nepotismo no âmbito dos órgãos e entidades da administração pública federal direta e indireta.[4]

Interessante ressaltar, contudo, que a jurisprudência do Superior Tribunal de Justiça definiu que a nomeação de parentes nos moldes vedados pela Súmula Vinculante n. 13, além de configurar ato ilícito, pode ser rotulado como ato de improbidade administrativa.

Porém, caso a contratação indevida tenha ocorrido em data anterior à lei ou ao ato administrativo do ente federativo que veda a referida nomeação e antes da vigência da súmula mencionada, não estará configurada a prática de ato de improbidade, ante a ausência de dolo ou culpa do agente que praticou o ato ilegal.

Sendo assim, nestes casos, o ato de nomeação deverá ser anulado, mas a responsabilização por ato de improbidade não estará configurada em razão da ausência do elemento subjetivo. Eis o julgado que trata da matéria.

> *DIREITO CONSTITUCIONAL E ADMINISTRATIVO. NÃO CONFIGURAÇÃO DE ATO DE IMPROBIDADE ADMINISTRATIVA.*
>
> ***Não configura improbidade administrativa a contratação, por agente político, de parentes e afins para cargos em comissão ocorrida em data anterior à lei ou ao ato administrativo do respectivo ente federado que a proibisse e à vigência da Súmula Vinculante 13 do STF.*** *A distinção entre conduta ilegal e conduta ímproba imputada a agente público ou privado é muito antiga. A ilegalidade e a improbidade não são situações ou conceitos intercambiáveis, cada uma delas tendo a sua peculiar conformação estrita: a improbidade é uma ilegalidade qualificada pelo intuito malsão do agente, atuando com desonestidade, malícia, dolo ou culpa grave. A confusão conceitual que se estabeleceu entre a ilegalidade*

---

3. A Suprema Corte proferiu a decisão em 2008, no Recurso Extraordinário n. 579.951, anulando a nomeação de um parente de determinado agente público para o exercício de cargo em comissão.
4. O art. 3º do Decreto 7.203/10 define que "*No âmbito de cada órgão e de cada entidade, são vedadas as nomeações, contratações ou designações de familiar de Ministro de Estado, familiar da máxima autoridade administrativa correspondente ou, ainda, familiar de ocupante de cargo em comissão ou função de confiança de direção, chefia ou assessoramento, para: I – cargo em comissão ou função de confiança; II – atendimento a necessidade temporária de excepcional interesse público, salvo quando a contratação tiver sido precedida de regular processo seletivo; e III – estágio, salvo se a contratação for precedida de processo seletivo que assegure o princípio da isonomia entre os concorrentes*".

e a improbidade deve provir do caput do art. 11 da Lei 8.429/1992, porquanto ali está apontada como ímproba qualquer conduta que ofenda os princípios da Administração Pública, entre os quais se inscreve o da legalidade (art. 37 da CF). Mas nem toda ilegalidade é ímproba. Para a configuração de improbidade administrativa, deve resultar da conduta enriquecimento ilícito próprio ou alheio (art. 9º da Lei 8.429/1992), prejuízo ao Erário (art. 10 da Lei 8.429/1992) ou infringência aos princípios nucleares da Administração Pública (arts. 37 da CF e 11 da Lei 8.429/1992). A conduta do agente, nos casos dos arts. 9º e 11 da Lei 8.429/1992, há de ser sempre dolosa, por mais complexa que seja a demonstração desse elemento subjetivo. Nas hipóteses do art. 10 da Lei 8.429/1992, cogita-se que possa ser culposa. Em nenhuma das hipóteses legais, contudo, se diz que possa a conduta do agente ser considerada apenas do ponto de vista objetivo, gerando a responsabilidade objetiva. Quando não se faz distinção conceitual entre ilegalidade e improbidade, ocorre a aproximação da responsabilidade objetiva por infrações. Assim, ainda que demonstrada grave culpa, se não evidenciado o dolo específico de lesar os cofres públicos ou de obter vantagem indevida, bens tutelados pela Lei 8.429/1992, não se configura improbidade administrativa. ***REsp 1.193.248-MG, Rel. Min. Napoleão Nunes Maia Filho, julgado em 24/4/2014.***

3.1.11. Vagas reservadas para negros e pardos

Em 09 de junho de 2014, foi publicada a lei 12.990/14, definindo a reserva de um percentual de 20% das vagas de concursos públicos, no âmbito da Administração Direta e Indireta da União, para os candidatos negros e pardos, desde que o número de vagas estipulado no edital seja igual ou superior a três.

Inicialmente, pode-se verificar que a regra não se aplica para concursos no âmbito estadual, distrital e municipal, os quais dependem da publicação de leis específicas, publicadas no bojo dessas entidades.

Ressalte-se que, diferentemente do que ocorre com a destinação de cargos reservados para candidatos que possuam necessidades especiais, o texto legislativo determinou a aplicação de um percentual fixo de 20% (e não de até 20%). Dessa forma, não há qualquer margem de discricionariedade conferida ao administrador público, quando da publicação do instrumento convocatório do certame.

O art. 2º da referida lei dispõe que poderão concorrer às vagas reservadas a candidatos negros aqueles que se autodeclararem pretos ou pardos no ato da inscrição no concurso público, conforme o quesito cor ou raça utilizado pela Fundação Instituto Brasileiro de Geografia e Estatística – IBGE. Ocorre que, caso seja constada a falsidade da declaração, o candidato será eliminado do concurso e, até mesmo se houver sido nomeado, ficará sujeito à anulação da sua admissão ao serviço ou emprego público, mediante procedimento administrativo no qual lhe sejam assegurados o contraditório e a ampla defesa.

O diploma legal ainda determina que os candidatos negros concorrerão concomitantemente às vagas reservadas e às vagas destinadas à ampla concorrência, de acordo com a sua classificação no concurso e, em razão do caráter protetivo da norma, os candidatos negros aprovados dentro do número de vagas oferecido para ampla concorrência não serão computados para efeito do preenchimento das vagas reservadas.

Importa salientar, todavia, que, caso não haja número de candidatos negros aprovados suficiente para ocupar as vagas reservadas, as vagas remanescentes serão revertidas para a ampla concorrência e serão preenchidas pelos demais candidatos aprovados, observada a ordem de classificação.

Outrossim, o art. 4º da Lei 12.990/14 dispõe que *"A nomeação dos candidatos aprovados respeitará os critérios de alternância e proporcionalidade, que consideram a relação entre o número de vagas total e o número de vagas reservadas a candidatos com deficiência e a candidatos negros"*. Neste ponto, a legislação concedeu ao agente público responsável pela nomeação de candidatos uma margem de escolha a ser exercida com base em critérios de conveniência de oportunidade, sempre de acordo com os princípios constitucionais que regem a atuação estatal.

Por derradeiro, o art. 6º da lei multimencionada estabelece sua imediata vigência – sem a concessão de *vacatio legis* – bem como estabelece sua inaplicabilidade para os concursos públicos cujos editais tenham sido publicados anteriormente, mesmo que as provas ainda não tenham sido realizadas.

> "Art. 6º Esta Lei entra em vigor na data de sua publicação e terá vigência pelo prazo de 10 (dez) anos.
>
> Parágrafo único. Esta Lei não se aplicará aos concursos cujos editais já tiverem sido publicados antes de sua entrada em vigor".

Com efeito, a norma se baseia na busca pela isonomia material e enseja algumas discussões no bojo da sociedade, principalmente, entre aqueles que estão se preparando para a participação em concursos públicos.

É cediço que a prestação de serviços públicos deve ser feita de forma isonômica e universal, com a finalidade de alcançar a maior quantidade de pessoas possível e a exclusão social dos negros atinge o serviço público que, em sua maioria, é composto por servidores brancos. Sendo assim, com a intenção de igualar juridicamente aqueles que se encontram faticamente desiguais, foi expedida a regra ora discutida. Por sua vez, o critério de ingresso no serviço público, qual seja, a meritocracia, é excepcionalizado de forma discutível, uma vez que os indivíduos têm capacidade intelectual similar, independentemente da cor da pele.

Enfim, a matéria ensejará algumas discussões, mas, dificilmente, essa prerrogativa concedida aos negros será retirada do ordenamento jurídico em momento posterior. Entretanto, é importante ressaltar que a Lei 12.990/14 foi publicada com prazo determinado, vigorando por 10 (dez) anos, somente, consoante disposto em seu art. 6º, supratranscrito.

3.1.12. Jurisprudência

Súmula 266 STJ: O diploma ou habilitação legal para o exercício do cargo deve ser exigido na posse e não na inscrição para o concurso público.

Súmula 377 STJ: O portador de visão monocular tem direito de concorrer, em concurso público, às vagas reservadas aos deficientes.

Súmula 552 STJ: O portador de surdez unilateral não se qualifica como pessoa com deficiência para o fim de disputar as vagas reservadas em concursos públicos.

3.2. PROVIMENTO

Art. 6º O provimento dos cargos públicos far-se-á mediante ato da autoridade competente de cada Poder.

Art. 7º A investidura em cargo público ocorrerá com a posse.

Art. 8º São formas de provimento de cargo público:

I - nomeação;

II - promoção;

III - (Revogado pela Lei nº 9.527, de 10.12.97)

IV - (Revogado pela Lei nº 9.527, de 10.12.97)

V - readaptação;

VI - reversão;

VII - aproveitamento;

VIII - reintegração;

IX - recondução.

Comentários

Como visto, a investidura é relação jurídica que vincula o servidor à Administração Pública. Essa relação jurídica inicia-se ou modifica-se por um ato administrativo denominado de provimento. Assim, provimento pode ser conceituado como o ato administrativo que cria ou modifica a relação denominada de investidura.

Os atos administrativos, para serem válidos, possuem uma série de requisitos. Segundo doutrina majoritária, são requisitos ou elementos dos atos administrativos: competência, forma, objeto, motivo e finalidade. Desses elementos, nos interessa, para o art. 6º da Lei 8.112/90 a competência.

Competência é o poder legal de atuar. Quando se trata de Administração Pública, a manifestação ocorre através de agentes públicos, que são pessoas físicas que exercem a atividade própria de estado. Normalmente, para produzir um ato administrativo, é necessário que o agente possua tal atribuição legal. É essa atribuição que se denomina competência.

A competência sempre advém de lei, é de exercício obrigatório, irrenunciável e imprescritível. Como o provimento é ato administrativo, só pode ser produzido por quem tenha poder legal para tal, o que é expressão do princípio da Legalidade, insculpido no art. 37 da Carta Magna. Por isso, é que enuncia o art. 6º que o provimento deve ocorrer através de ato da autoridade competente de cada Poder.

A investidura em cargo público ocorrerá com a posse. Assim, sem a posse, que é ato formal de aceitação do cargo, não se completa a relação denominada investidura. Como a posse ocorre com a assinatura de um documento, que contém os direitos, deveres, atribuições e responsabilidades inerentes ao cargo ocupado, só há realmente posse nos casos de provimento por nomeação.

Em assim sendo, quando há nomeação, a investidura, que é a relação jurídica, vai ser completada apenas com a posse. Nos outros provimentos, a posse não será necessária.

São 7 espécies de provimento que a Lei 8.112/90 estabelece, nos termos do seu art. 8º:

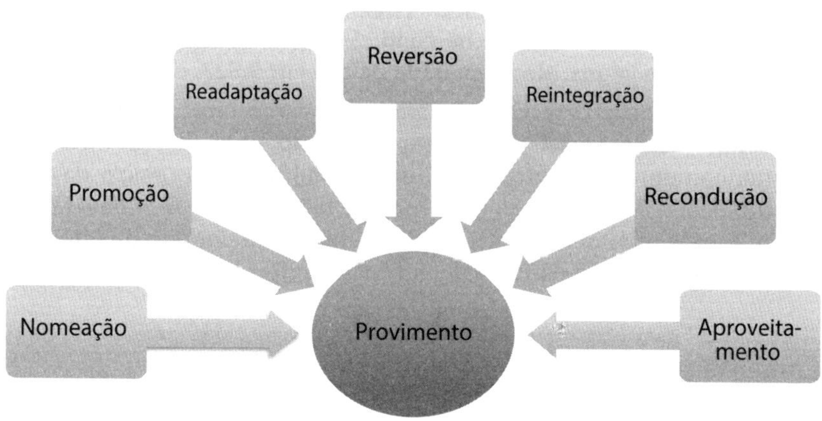

A doutrina classifica as formas de provimento como sendo: **originárias e derivadas**.

Segundo a professora Maria Sylvia Zanella Di Pietro, o provimento originário "**é o que se vincula inicialmente o servidor ao cargo, emprego ou função; pode ser tanto a nomeação como a contratação, dependendo do regime jurídico de que se trate.**" (p. 742).

Para aquela professora, ainda, o provimento derivado pressupõe: "**um vínculo anterior do servidor com a Administração.**" (p. 742).

Cada forma de provimento será analisada de per si. Começaremos com o provimento originário, denominado nomeação.

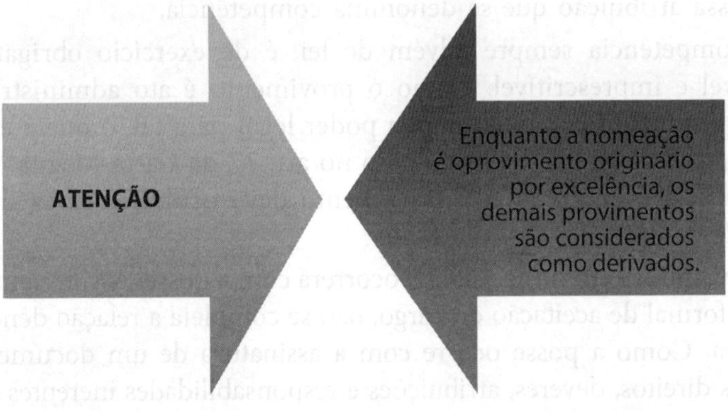

3.2.1. Nomeação

SEÇÃO II
DA NOMEAÇÃO

Art. 9º A nomeação far-se-á:

I – em caráter efetivo, quando se tratar de cargo isolado de provimento efetivo ou de carreira;

II – em comissão, inclusive na condição de interino, para cargos de confiança vagos. (Redação dada pela Lei nº 9.527, de 10.12.97)

Parágrafo único. O servidor ocupante de cargo em comissão ou de natureza especial poderá ser nomeado para ter exercício, interinamente, em outro cargo de confiança, sem prejuízo das atribuições do que atualmente ocupa, hipótese em que deverá optar pela remuneração de um deles durante o período da interinidade. (Redação dada pela Lei nº 9.527, de 10.12.97)

Comentários

A nomeação é forma de provimento originário por não pressupor anterior vínculo do servidor com o serviço público ou com a carreira na qual está sendo investido.

A norma traz dois tipos de nomeação. A nomeação efetiva e a nomeação em comissão. A nomeação efetiva vai ocorrer em cargos de provimento efetivo. Esses, por sua vez, podem ser cargos em carreira ou isolados. A nomeação efetiva deve ser sempre precedida de concurso público, como afirma o art. 37, II, da Constituição Federal.

Cargos em carreira são aqueles estruturados de uma forma tal que permitem o desenvolvimento do servidor no serviço passando de uma classe para outra através de promoção. Com a promoção, o servidor passa a ocupar um cargo com maiores responsabilidades e remuneração, de acordo com os requisitos previstos em lei. Por outro lado, o cargo isolado impede o progresso do servidor por não constituir carreira. Com a introdução do princípio da Eficiência, os cargos em carreira passaram a ser a regra na Administração Pública, por trazerem um maior incentivo ao servidor que quanto mais se atualizar e melhorar no exercício de suas atribuições, mais rápido ascenderá na carreira.

Já a nomeação em comissão ocorre nos cargos de confiança, também chamados de cargos de provimento em comissão. Nestes casos, a nomeação não é precedida de concurso, uma vez que os cargos de confiança são de livre nomeação e exoneração. É importante observar que os cargos em comissão só podem ser criados para as atribuições de chefia, direção e assessoramento.

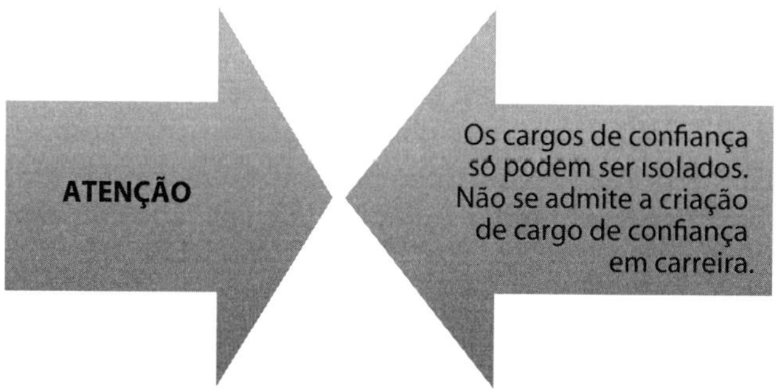

É possível, ainda, o exercício de cargo em comissão na qualidade de interino. Ocorre quando o ocupante de um cargo em comissão deve exercer outro cargo em comissão por certo tempo, até que seja nomeado o novo ocupante deste segundo cargo em comissão. Mas nesses casos, não se permite a remuneração pelos dois cargos.

Cabe ao servidor escolher qual remuneração receberá durante o período. Se a do seu cargo, ou se a do cargo que exerce na qualidade de interino. Essa é a única forma do servidor exercer mais de um cargo em comissão ao mesmo tempo.

3.2.1.1. Concurso Público

Art. 10. A nomeação para cargo de carreira ou cargo isolado de provimento efetivo depende de prévia habilitação em concurso público de provas ou de provas e títulos, obedecidos a ordem de classificação e o prazo de sua validade.

Parágrafo único. Os demais requisitos para o ingresso e o desenvolvimento do servidor na carreira, mediante promoção, serão estabelecidos pela lei que fixar as diretrizes do sistema de carreira na Administração Pública Federal e seus regulamentos. (Redação dada pela Lei nº 9.527, de 10.12.97)

SEÇÃO III
DO CONCURSO PÚBLICO

Art. 11. O concurso será de provas ou de provas e títulos, podendo ser realizado em duas etapas, conforme dispuserem a lei e o regulamento do respectivo plano de carreira, condicionada a inscrição do candidato ao pagamento do valor fixado no edital, quando indispensável ao seu custeio, e ressalvadas as hipóteses de isenção nele expressamente previstas. (Redação dada pela Lei nº 9.527, de 10.12.97)

Art. 12. O concurso público terá validade de até 2 (dois) anos, podendo ser prorrogado uma única vez, por igual período.

§ 1º O prazo de validade do concurso e as condições de sua realização serão fixados em edital, que será publicado no Diário Oficial da União e em jornal diário de grande circulação.

§ 2º Não se abrirá novo concurso enquanto houver candidato aprovado em concurso anterior com prazo de validade não expirado.

Comentários

Como já afirmado, os cargos efetivos devem ter a sua nomeação precedida de concurso público por determinação constitucional. O concurso público é realizado em cumprimento ao princípio da impessoalidade. Segundo tal princípio, é necessário que haja um tratamento igualitário, em relação aos que se relacionam com a Administração Pública.

Em assim sendo, o concurso acaba surgindo como uma forma de escolha impessoal, daqueles que são mais habilitados a travar com a Administração uma relação de investidura.

A Constituição federal impõe a realização de concurso público, ao afirmar, em seu art. 37, II, que:

"a investidura em cargo ou emprego público depende de aprovação prévia em concurso público de provas ou de provas e títulos, de acordo com a natureza e a complexidade do cargo ou emprego, na forma prevista em lei, ressalvadas as nomeações para cargo em comissão declarado em lei de livre nomeação e exoneração."

O concurso público terá prazo de validade de até 2 anos, permitindo uma única prorrogação pelo igual período. Seguindo a dicção da norma, a prorrogação nunca poderá ser por período maior ou menor, mas apenas, caso ocorra, pelo mesmo período do prazo de validade fixado. O Decreto 9.739/2019 determinou que, nos concursos para cargos do poder executivo federal, a prorrogação só poderá ocorrer se prevista expressamente no edital do certame. Por outro lado, entre a publicação do edital e a realização das provas deve haver um período mínimo de 4 meses. Essa nova regra veio em boa hora, evitando assim a surpresa que ocorre em relação a muitos certames de publicar o edital em período muito próximo ao da realização das provas, às vezes 45 dias apenas. O inconveniente é que tal regra só é aplicada às provas para cargos vinculados ao poder executivo federal.

Vale, ainda, ressaltar que o concurso público poderá ser de provas ou de provas e títulos, não se admitindo, portanto, o concurso apenas de títulos. Nesse sentido:

> Ementa: ADIN – CONSTITUIÇÃO DO ESTADO DO RIO DE JANEIRO (ADCT, ARTS. 69 E 74) – PROVIMENTO DERIVADO DE CARGOS PÚBLICOS (TRANSFERÊNCIA E TRANSFORMAÇÃO DE CARGOS) – OFENSA AO POSTULADO DO CONCURSO PÚBLICO – USURPAÇÃO DO PODER DE INICIATIVA CONSTITUCIONALMENTE RESERVADO AO CHEFE DO EXECUTIVO – PROCEDÊNCIA DA AÇÃO. – Os Estados-membros encontram-se vinculados, em face de explicita previsão constitucional (art. 37, caput), aos princípios que regem a Administração Pública, dentre os quais ressalta, como vetor condicionante da atividade estatal, a exigência de observância do postulado do concurso público (art. 37, II). A partir da Constituição de 1988, a imprescindibilidade do certame público não mais se limita a hipótese singular da primeira investidura em cargos, funções ou empregos públicos, impondo-se as pessoas estatais como regra geral de observância compulsória. – A transformação de cargos e a transferência de servidores para outros cargos ou para categorias funcionais diversas traduzem, quando desacompanhadas da previa realização do concurso público de provas ou de provas e títulos, formas inconstitucionais de provimento no Serviço Público, pois implicam o ingresso do servidor em cargos diversos daqueles nos quais foi ele legitimamente admitido. **Insuficiência, para esse efeito, da mera prova de títulos e da realização de concurso interno. Ofensa ao princípio da isonomia.** – A iniciativa reservada das leis que versem o regime jurídico dos servidores públicos revela-se, enquanto prerrogativa conferida pela Carta

Politica ao Chefe do Poder Executivo, projeção especifica do princípio da separação de poderes. Incide em inconstitucionalidade formal a norma inscrita em Constituição do Estado que, subtraindo a disciplina da matéria ao domínio normativo da lei, dispõe sobre provimento de cargos que integram a estrutura jurídico-administrativa do Poder Executivo local. – A supremacia jurídica das normas inscritas na Carta Federal não permite, ressalvadas as eventuais exceções proclamadas no próprio texto constitucional, que contra elas seja invocado o direito adquirido. Doutrina e jurisprudência. (ADI 248 / RJ – RIO DE JANEIRO; AÇÃO DIRETA DE INCONSTITUCIONALIDADE; Relator(a): Min. CELSO DE MELLO; Julgamento: 18/11/1993; Órgão Julgador: Tribunal Pleno.)

ATENÇÃO

Não se admite concurso público apenas de títulos.

Ainda sobre o concurso público, o Decreto Federal 6.593/2008 estabelece que nos concursos realizados pela Administração Direta, autarquias e fundações públicas do Poder Executivo Federal, os editais deverão prever a isenção de taxa de inscrição para o candidato que estiver inscrito no Cadastro Único para Programas Sociais do Governo Federal ou ainda se for membro de família de baixa renda, de acordo com a definição estabelecida pelo Decreto Federal 6.135/2007.

Nesses casos, o edital do concurso deve definir os prazos limites para apresentação do requerimento de isenção, assim como da resposta ao candidato acerca do deferimento ou não de seu pedido. Em caso de indeferimento do pedido, o candidato deverá ser comunicado antes do encerramento do prazo previsto para as inscrições.

3.2.1.1.1. Concurso público e Impessoalidade

A lei definirá as exigências a serem determinadas para o ingresso em cada carreira pública, sendo que o mérito do sujeito será o único critério a ser avaliado na escolha dos servidores, devendo-se estipular os requisitos de ingresso sempre em respeito ao princípio da razoabilidade. De fato, a complexidade da prova e o nível de exigência deve ser compatível com a carreira a ser preenchida mediante o processo seletivo.

Haja vista a exigência de realização de concurso público para ingresso na atividade pública permanente: não se admite qualquer espécie de provimento derivado que permita ao servidor assumir cargo em outra carreira que não aquela em que foi regularmente investido por meio de concurso. Por exemplo, o servidor que é aprovado em concurso para assumir cargo de técnico do Tribunal Regional do Trabalho da 5ª Região não pode ser promovido a analista deste tribunal, já que o ingresso na nova carreira depende de aprovação em outro concurso público com exigências específicas, de acordo com as atribuições do novo cargo. Esse é o entendimento estampado na súmula vinculante 43 do Supremo Tribunal Federal.

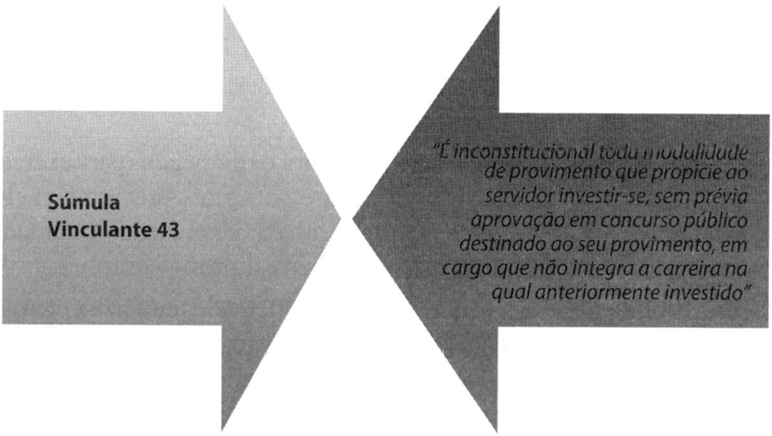

No mesmo sentido, não se admitem os chamados concursos internos, por meio dos quais antigos servidores poderiam assumir cargos em nova carreira, criada por lei, que não guarda uniformidade com aquela carreira na qual o servidor ingressou mediante concurso.

Da mesma forma, o aproveitamento de cargos não poderá ser feito aos servidores em disponibilidade para assumir novos cargos em carreiras não compatíveis com aquele que havia assumido mediante aprovação em procedimento seletivo. Com efeito, o servidor em disponibilidade somente poderá ser aproveitado em cargo com atribuições e atividades compatíveis com aquelas que exercia antes da extinção do cargo ou da declaração de desnecessidade do mesmo, nos termos do art. 41, §3º da CF, como será visto adiante.

3.2.1.1.2. Exceções ao concurso público

No entanto, é cediço que a exigência de concurso público pode ser excepcionalizada por disposição constitucional. De fato, para assunção de determinados cargos ou funções, a realização de concurso não atende às necessidades de interesse público, o que enseja a possibilidade de ingresso mediante nomeação direta. Podem ser listadas as exceções, espraiadas em diversos dispositivos da Constituição Federal.

a) **Cargos em comissão**: o próprio art. 37, II da Carta Magna define que estes cargos são ocupados para exercício de funções de direção, chefia e assessoramento e, em virtude da necessidade de confiança pessoal que possuem estas atividades, são cargos de livre nomeação e livre exoneração.

b) **Servidores Temporários**: ao dispor acerca da contratação de servidores para prestação de serviços temporários de excepcional interesse público, a Constituição da República não estabelece o concurso público como exigência para ingresso. De fato, por tratar-se de situação excepcional, transitória e pela necessidade de se atender uma situação urgente, a realização de procedimento seletivo poderia ensejar prejuízos aos interesses da Administração.

c) **Cargos eletivos**: trata-se de agentes políticos nomeados para exercerem função de representação da sociedade e, como tais, precisam ser eleitos pelo povo, como forma de manifestação da democracia. A vontade do povo, nestes casos, não pode se submeter a provas e títulos.

d) **Ex-combatentes**: desde que tenham participado, de forma efetiva, de operações na Segunda Guerra Mundial, nos termos definidos pelo Ato das Disposições Constitucionais Transitórias, em seu art. 53, I. Situação que, pelo tempo passado, na prática, não tem mais como ser efetivamente aplicada.

e) **Agentes comunitários de saúde e agentes de combate às endemias**: consoante previsão no art. 198, §4º da Carta Magna. De fato, a Lei 11.350/06 prevê a realização de um processo seletivo público diferenciado, de provas ou de provas e títulos, em respeito aos princípios constitucionais. Este processo tem regulamentação específica, devendo respeitar as atribuições do cargo para definição do nível de exigência, e não se confunde com o concurso público para provimento de cargos efetivos.

Além destas ressalvas elencadas, a Constituição Federal ainda prevê a nomeação direta, sem a necessidade de realização de concursos públicos para os Ministros dos Tribunais de Contas, do Supremo Tribunal Federal e o Superior Tribunal de Justiça, além dos ministros dos demais tribunais superiores (STM, TST, TSE).

No mesmo sentido, há a previsão do quinto constitucional, admitindo a nomeação, mediante indicação dos advogados ou membros do Ministério Público que se tornarão membros dos Tribunais Regionais Federais e Tribunais de Justiça. Em todos estes casos, há a previsão constitucional de nomeação por decisão política, sem a necessidade de realização de provas de concursos ou quaisquer processos seletivos.

Em relação às empresas públicas e sociedades de economia mista, é sabido que se trata de entidades de direito privado, integrantes da Administração Indireta e, por este motivo os agentes que atuam na prestação de serviços na estrutura destas entidades são agentes públicos, classificados como empregados, regidos pela Consolidação das Leis do Trabalho, prestando serviço mediante a celebração de contrato de emprego, não se admitindo a regulação da atividade por meio de regime estatutário de servidores, com exceção dos seus dirigentes, uma vez que estes são servidores detentores de cargo em comissão, nomeados livremente pelo ente da Administração Direta responsável pela instituição da empresa.

Com efeito, por serem detentores de cargos em comissão, os dirigentes das empresas estatais não dependem de concurso público para sua nomeação. Por sua vez, em relação aos demais agentes destas entidades, não obstante sejam empregados, contratados pelo regime da CLT, com vínculo empregatício, por meio de relação contratual de emprego, estes servidores se submetem a algumas restrições aplicáveis aos servidores públicos em geral, inclusive no que tange à necessidade de aprovação em concurso público.

Sendo assim, para que sejam admitidos na relação de emprego, esses empregados devem ter sido previamente aprovados em concurso público de provas ou de provas e títulos, consoante disposto no art. 37, II da Constituição Federal, salvo as hipóteses de contratação excepcional para prestação de serviços temporários, nos moldes definidos pelo art., 37, IX da Carta Magna, quando, então, a contratação pode ser feita mediante procedimento seletivo simplificado.

Todavia, em relação a estas **empresas estatais**, a doutrina ainda admite a **contratação direta**, sem a necessidade de concurso, em situações excepcionais, para situações de **contratação de profissionais qualificados**, em determinados ramos de atividade de interesse da entidade, que não estariam dispostos a se submeter a concurso. Nestes casos, a exigência do concurso iria de encontro à busca pelo interesse público e a burocratização na contratação poderia ensejar a perda de um determinado profissional para o mercado.

Uma outra discussão a ser travada diz respeito aos **conselhos profissionais**, ou conselhos de classe. Em relação a estas entidades, a lei 9.649/98 dispunha, em seu art. 58, que os serviços de fiscalização de profissões regulamentadas serão exercidos em caráter privado, por delegação do poder público, mediante autorização legislativa. O texto legal ainda definia que a organização, a estrutura e o funcionamento dos conselhos de fiscalização de profissões regulamentadas serão disciplinados mediante decisão do plenário do conselho federal da respectiva profissão, garantindo-se que na composição deste estejam representados todos seus conselhos regionais.

Por derradeiro, a disposição legal ainda determina que os conselhos de fiscalização de profissões regulamentadas, dotados de personalidade jurídica de direito privado, **não manterão com os órgãos da Administração Pública qualquer vínculo funcional ou hierárquico.**

A matéria foi objeto de análise pelo Supremo Tribunal Federal que, ao julgar a Ação Direta de Inconstitucionalidade n. 1717, que analisava a constitucionalidade do art. 58 da Lei 9.649/98, declarou que os conselhos reguladores de profissão têm **natureza jurídica de autarquia**, uma vez que atuam no exercício do poder de polícia, ao estabelecer restrições ao exercício da liberdade profissional e que tal poder é indelegável a particulares.

Sendo assim, estas entidades ostentam natureza jurídica autárquica, em relação a todas as prerrogativas e limitações, inclusive em relação ao regime de pessoal, que, indiscutivelmente, deve seguir o Regime Jurídico Único, previsto na Lei 8.112/90 para todos os servidores da União, incluindo as suas autarquias.

Saliente-se que o art. 58, §3º da Lei 9.649/98 dispunha que

> "*Os empregados dos conselhos de fiscalização de profissões regulamentadas são regidos pela legislação trabalhista, sendo vedada qualquer forma de transposição, transferência ou deslocamento para o quadro da Administração Pública direta ou indireta*". Ocorre que esta norma não subsiste após a decisão judicial acerca da matéria.

O Superior Tribunal de Justiça já se manifestou no sentido de que o regime de pessoal das autarquias deve ser aplicado aos conselhos profissionais.

> AGRAVO REGIMENTAL EM RECURSO ESPECIAL. ADMINISTRATIVO. SERVIDOR PÚBLICO. VIOLAÇÃO DO ART. 535 DO CPC. NÃO OCORRÊNCIA. PRETENSÃO DE PREQUESTIONAMENTO DE DISPOSITIVOS CONSTITUCIONAIS. INADMISSIBILIDADE. CONSELHOS DE FISCALIZAÇÃO PROFISSIONAL. NATUREZA JURÍDICA. AUTARQUIAS CORPORATIVAS. REGIME JURÍDICO DE CONTRATAÇÃO DE FUNCIONÁRIOS. CONVERSÃO DO REGIME CELETISTA PARA O ESTATUTÁRIO. INCIDÊNCIA DA LEI N. 8.112/90. DEMISSÃO IRREGULAR. NECESSIDADE DE PRÉVIO PROCESSO ADMINISTRATIVO. INAPLICABILIDADE DA LEI Nº 9.649/98.
>
> 1. Não há vício consistente em omissão, contradição ou obscuridade quando o Tribunal de origem decide, fundamentadamente, todas as questões postas ao seu crivo. O mero inconformismo da parte com o julgamento contrário à sua pretensão não caracteriza falta de prestação jurisdicional.
>
> 2. Não cabe a esta Corte Superior, na via especial, a análise de violação a dispositivos constitucionais, ainda que com o objetivo de prequestionamento visando à interposição do apelo extraordinário, sob pena de haver a usurpação de competência do Supremo Tribunal Federal.

> 3. Este Tribunal Superior consagrou o entendimento de que, por força no disposto no Decreto-Lei n. 968/69, o regime dos funcionários dos Conselhos de Fiscalização de Profissões era o celetista. Após a Constituição Federal de 1988 e com o advento da Lei n. 8.112/90, foi instituído o regime jurídico único, sendo os funcionários dessas autarquias alçados à condição de estatutários, situação que perdurou até a Emenda Constitucional n. 19/98 e a entrada em vigor da Lei n. 9.649/98, a qual instituiu novamente o regime celetista.
>
> 4. No julgamento da ADI n. 1.717/DF, o Supremo Tribunal Federal declarou a inconstitucionalidade do art. 58 e seus §§ 1º, 2º, 4º, 5º, 6º, 7º e 8º, da Lei n. 9.649/98, afirmando que os conselhos de fiscalização profissional possuem natureza de autarquia de regime especial, permanecendo incólume o art. 58, § 3º, que submetia os empregados desses conselhos à legislação trabalhista.
>
> 5. Posteriormente, no julgamento da ADI n. 2.135 MC/DF, foi suspensa a vigência do caput do art. 39 da Constituição Federal, com a redação dada pela EC n. 19/98. **Dessa forma, subsiste, atualmente, para a Administração Pública direta, autárquica e fundacional, a obrigatoriedade de adoção do regime jurídico único, ressalvadas as situações consolidadas na vigência da legislação editada nos termos da aludida emenda declarada suspensa.**
>
> **6. No caso dos autos, a autora foi admitida pelo Conselho Regional de Engenharia, Arquitetura e Agronomia do Estado do Rio de Janeiro por concurso público em 1º/3/1965, pelo regime da Consolidação das Leis do Trabalho (CLT), e, com o advento da Lei n. 8.112/1990, passou à condição de servidora pública federal estatutária, de modo que não poderia ter sido demitida em 6/3/1997 sem a observância das regras estatutárias então vigentes.**
>
> 7. Agravo regimental a que se nega provimento. (AgRg no REsp 1164129/ RJ; AGRAVO REGIMENTAL NO RECURSO ESPECIAL; 2009/0214127-4/ DJe 15/02/2013)

Saliente-se, por fim, que essas regras não se aplicam à **Ordem dos Advogados do Brasil**. Em relação a esta entidade, o Supremo Tribunal Federal já se manifestou no sentido de que não ostentam a qualidade de autarquias e, portanto, **não se submetem à exigência de concurso público para nomeação de seus empregados**. Com efeito, conforme entendimento da corte, a OAB é serviço público independente, não sendo integrante da Administração Indireta, o que, inclusive, afasta a incidência do controle orçamentário, financeiro, operacional e patrimonial exercido pelo Tribunal de Contas da União. Veja-se o julgado do Supremo Tribunal Federal acerca da matéria.

> Ementa: AÇÃO DIRETA DE INCONSTITUCIONALIDADE. § 1º DO ARTIGO 79 DA LEI N. 8.906, 2ª PARTE. "SERVIDORES" DA ORDEM DOS ADVOGADOS DO BRASIL. PRECEITO QUE POSSIBILITA A OPÇÃO PELO REGIME CELETISTA. COMPENSAÇÃO PELA ESCOLHA DO REGIME JURÍDICO NO MOMENTO DA APOSENTADORIA. INDENIZAÇÃO. IM-

POSIÇÃO DOS DITAMES INERENTES À ADMINISTRAÇÃO PÚBLICA DIRETA E INDIRETA. CONCURSO PÚBLICO (ART. 37, II DA CONSTITUIÇÃO DO BRASIL). INEXIGÊNCIA DE CONCURSO PÚBLICO PARA A ADMISSÃO DOS CONTRATADOS PELA OAB. AUTARQUIAS ESPECIAIS E AGÊNCIAS. CARÁTER JURÍDICO DA OAB. ENTIDADE PRESTADORA DE SERVIÇO PÚBLICO INDEPENDENTE. CATEGORIA ÍMPAR NO ELENCO DAS PERSONALIDADES JURÍDICAS EXISTENTES NO DIREITO BRASILEIRO. AUTONOMIA E INDEPENDÊNCIA DA ENTIDADE. PRINCÍPIO DA MORALIDADE. VIOLAÇÃO DO ARTIGO 37, CAPUT, DA CONSTITUIÇÃO DO BRASIL. NÃO OCORRÊNCIA.

1. A Lei n. 8.906, artigo 79, § 1º, possibilitou aos "servidores" da OAB, cujo regime outrora era estatutário, a opção pelo regime celetista. Compensação pela escolha: indenização a ser paga à época da aposentadoria. 2. Não procede a alegação de que a OAB sujeita-se aos ditames impostos à Administração Pública Direta e Indireta. 3. A OAB não é uma entidade da Administração Indireta da União. A Ordem é um serviço público independente, categoria ímpar no elenco das personalidades jurídicas existentes no direito brasileiro. 4. A OAB não está incluída na categoria na qual se inserem essas que se tem referido como "autarquias especiais" para pretender-se afirmar equivocada independência das hoje chamadas "agências". 5. Por não consubstanciar uma entidade da Administração Indireta, a OAB não está sujeita a controle da Administração, nem a qualquer das suas partes está vinculada. Essa não vinculação é formal e materialmente necessária. 6. A OAB ocupa-se de atividades atinentes aos advogados, que exercem função constitucionalmente privilegiada, na medida em que são indispensáveis à administração da Justiça [artigo 133 da CB/88]. É entidade cuja finalidade é afeita a atribuições, interesses e seleção de advogados. Não há ordem de relação ou dependência entre a OAB e qualquer órgão público. 7. A Ordem dos Advogados do Brasil, cujas características são autonomia e independência, não pode ser tida como congênere dos demais órgãos de fiscalização profissional. A OAB não está voltada exclusivamente a finalidades corporativas. Possui finalidade institucional. 8. Embora decorra de determinação legal, o regime estatutário imposto aos empregados da OAB não é compatível com a entidade, que é autônoma e independente. 9. Improcede o pedido do requerente no sentido de que se dê interpretação conforme o artigo 37, inciso II, da Constituição do Brasil ao caput do artigo 79 da Lei n. 8.906, que determina a aplicação do regime trabalhista aos servidores da OAB. 10. Incabível a exigência de concurso público para admissão dos contratados sob o regime trabalhista pela OAB. 11. Princípio da moralidade. Ética da legalidade e moralidade. Confinamento do princípio da moralidade ao âmbito da ética da legalidade, que não pode ser ultrapassada, sob pena de dissolução do próprio sistema. Desvio de poder ou de finalidade. 12. Julgo improcedente o pedido. (ADI 3026 / DF – DISTRITO FEDERAL; AÇÃO DIRETA DE INCONSTITUCIONALIDADE; Relator (a): Min. EROS GRAU; Julgamento: 08/06/2006; Órgão Julgador: Tribunal Pleno).

Nestes termos, de uma análise do julgado acima transcrito, pode-se verificar que a Ordem dos Advogados do Brasil não ostenta a qualidade de autarquia, destacando-se dos demais conselhos de profissão, sendo um serviço público independente, nas próprias palavras do Supremo Tribunal Federal, uma "*categoria ímpar no elenco das personalidades jurídicas existentes no direito brasileiro*". **Em virtude desta qualificação diferenciada, é constitucional a contratação direta de seus empregados, sem a necessidade de realização de concurso público.**

Repita-se que a exceção à regra do concurso se apresenta somente em relação à Ordem dos Advogados do Brasil. Em relação aos demais conselhos de profissão, **a jurisprudência e doutrina majoritária apontam no sentido de que a ausência do concurso enseja a nulidade do ato de ingresso dos seus agentes.**

Além da exigência de concurso público, a legislação define outras regras a serem exigidas para ingresso na atividade pública.

3.2.1.1.3. Regras definidas pelo edital

Inicialmente, cumpre ressaltar que o prazo de validade do concurso público é de até dois anos, admitindo-se uma única prorrogação por mesmo período, nos moldes do art. 37, III da Constituição Federal, competindo ao edital do certame, desde que obedecidos os limites e parâmetros constitucionalmente estipulados, a definição do seu prazo efetivo de validade. Neste sentido, o edital poderá dispor acerca de concurso com prazo inferior a dois anos.

O texto da Carta Constitucional ainda define a possibilidade de prorrogação, somente por uma vez e desde que seja feito por um prazo idêntico ao prazo originalmente definido. Dessa forma, caso o edital do concurso preveja a duração de um ano para o certame, a prorrogação deverá respeitar esse limite temporal.

Compete ao administrador público, em cada caso concreto, definir se há interesse na prorrogação do concurso, com base em critérios de oportunidade e conveniência, devidamente motivados, devendo a eventual prorrogação ocorrer antes do término de vigência originário, sob pena de se tornar impossível.

O edital é ato administrativo discricionário expedido pela Administração Pública para definir regras básicas de ingresso em determinados cargos ou empregos públicos, devendo suas normas se adequar à lei e aos princípios constitucionais aplicáveis à atuação do Estado. Sem dúvida, a discricionariedade sempre se encontra limitada pela lei e, neste sentido, o edital não pode estipular regras e requisitos de ingresso que extrapolem as reais necessidades daquele cargo ou emprego, sob pena de violação aos princípios constitucionais de isonomia, impessoalidade e moralidade administrativa.

Ademais, uma vez publicado o edital, seus termos vinculam todos aqueles que pretendem participar do certame, assim como a própria Administração Pública que ficará obediente aos ditames ali estabelecidos. Trata-se do princípio de vinculação ao instrumento convocatório que norteia a realização de concursos públicos.

Dentro deste contexto, a alteração das regras dispostas no instrumento de convocação para o concurso público, a princípio, configura afronta direta ao princípio da isonomia e da segurança jurídica, não sendo admitida, salvo em situações excepcionais devidamente justificadas em alterações legislativas que modificam o regime de cargos e empregos na carreira a ser preenchida pelo procedimento. Com efeito, qualquer outra mudança imposta pela Administração Pública seria abusiva e ilegal.

O Supremo Tribunal Federal já se posicionou neste sentido e veda a modificação editalícia que não seja embasada em alteração legislativa e, ainda assim, restringe a mudança do edital, enquanto não concluído e homologado o certame[5], como se observa do aresto ora colacionado:

> Ementa: MANDADO DE SEGURANÇA. PROCEDIMENTO DE CONTROLE ADMINISTRATIVO. CONSELHO NACIONAL DE JUSTIÇA. CONCURSO PARA A MAGISTRATURA DO ESTADO DO PIAUÍ. CRITÉRIOS DE CONVOCAÇÃO PARA AS PROVAS ORAIS. ALTERAÇÃO DO EDITAL NO CURSO DO PROCESSO DE SELEÇÃO. IMPOSSIBILIDADE. ORDEM DENEGADA. 1. O Conselho Nacional de Justiça tem legitimidade para fiscalizar, inclusive de ofício, os atos administrativos praticados por órgãos do Poder Judiciário (MS 26.163, rel. min. Carmem Lúcia, DJe 04.09.2008). 2. **Após a publicação do edital e no curso do certame, só se admite a alteração das regras do concurso se houver modificação na legislação que disciplina a respectiva carreira.** Precedentes. (RE 318.106, rel. min. Ellen Gracie, DJ 18.11.2005). 3. No caso, a alteração das regras do concurso teria sido motivada por suposta ambiguidade de norma do edital acerca de critérios de classificação para a prova oral. Ficou evidenciado, contudo, que o critério de escolha dos candidatos que deveriam ser convocados para as provas orais do concurso para a magistratura do Estado do Piauí já estava claramente delimitado quando da publicação do Edital n. 1/2007. 4. A pretensão de alteração das regras do edital é medida que afronta o princípio da moralidade e da impessoalidade, pois não se pode permitir que haja, no curso de determinado processo de seleção, ainda que de forma velada, escolha direcionada dos

5. A obrigatoriedade de ser feita a modificação anterior à homologação do certame foi decidida pelo Supremo Tribunal Federal, no RE 318.106/RN, publicado no DJe de 18.11.05, no qual a Corte dispôs que *"enquanto não concluído e homologado o concurso público, pode a Administração alterar as condições do certame constantes do respectivo edital, para adaptá-la à nova legislação aplicável à espécie"*.

> candidatos habilitados às provas orais, especialmente quando já concluída a fase das provas escritas subjetivas e divulgadas as notas provisórias de todos os candidatos. 5. Ordem denegada. (MS 27160 / DF – DISTRITO FEDERAL; MANDADO DE SEGURANÇA; Relator(a): Min. JOAQUIM BARBOSA; Julgamento: 18/12/2008; Órgão Julgador: Tribunal Pleno).

Por se tratar de ato discricionário, conforme estipulado anteriormente, o instrumento convocatório e o concurso público, em si, não se sujeitam a controle jurisdicional amplo, no que tange aos aspectos de mérito, sendo possível, no entanto, a análise do Poder Judiciário de regularidade do certame e adequação aos princípios constitucionais inerentes à espécie.

Com efeito, é pacífico o entendimento de que o Poder Judiciário não pode substituir-se à banca examinadora, definindo critérios de seleção e reavaliando provas e notas atribuídas a candidatos, sob pena de adentrar no mérito da atuação discricionária da Administração Pública, em clara violação ao princípio constitucional da separação de poderes.

Por sua vez, é cediço que o instrumento convocatório não pode definir critérios de escolha e requisitos de admissão que extrapolem os princípios da razoabilidade e isonomia e, por óbvio, a ocorrência de tais abusos exige a possibilidade de correção, na via judicial, desde que haja provocação para atuação deste Poder.

Neste sentido, o Supremo Tribunal Federal admite o controle das regras do concurso público, desde que não sejam examinados os critérios da banca examinadora, seja na elaboração das questões, seja na avaliação das respostas dos candidatos. Seguindo essa orientação, admite-se que o Poder Judiciário verifique a cobrança de itens da matéria não previstos no conteúdo programático disponibilizado pela banca, entre outras regras objetivas.

Cumpre, acerca do tema, analisar julgamento do Supremo Tribunal Federal que regulamenta a matéria.

> Ementa: MANDADO DE SEGURANÇA. CONCURSO PÚBLICO. ANULAÇÃO DE QUESTÕES DA PROVA OBJETIVA. DEMONSTRAÇÃO DA INEXISTÊNCIA DE PREJUÍZO À ORDEM DE CLASSIFICAÇÃO E AOS DEMAIS CANDIDATOS. PRINCÍPIO DA ISONOMIA OBSERVADO. LIQUIDEZ E CERTEZA DO DIREITO COMPROVADOS. PRETENSÃO DE ANULAÇÃO DAS QUESTÕES EM DECORRÊNCIA DE ERRO GROSSEIRO DE CONTEÚDO NO GABARITO OFICIAL. POSSIBILIDADE. CONCESSÃO PARCIAL DA SEGURANÇA. 1. A anulação, por via judicial, de questões de prova objetiva de concurso público, com vistas à habilitação para participação em fase posterior do certame, pressupõe a demonstração de que o Impetrante estaria habilitado à etapa seguinte caso essa anulação fosse estendida à totalidade dos candidatos, mercê dos princípios constitu-

cionais da isonomia, da impessoalidade e da eficiência. 2. **O Poder Judiciário é incompetente para, substituindo-se à banca examinadora de concurso público, reexaminar o conteúdo das questões formuladas e os critérios de correção das provas, consoante pacificado na jurisprudência do Supremo Tribunal Federal.** Precedentes (v.g., MS 30433 AgR/DF, Rel. Min. GILMAR MENDES; AI 827001 AgR/RJ, Rel. Min. JOAQUIM BARBOSA; MS 27260/DF, Rel. Min. CARLOS BRITTO, Red. para o acórdão Min. CÁRMEN LÚCIA), **ressalvadas as hipóteses em que restar configurado, tal como in casu, o erro grosseiro no gabarito apresentado, porquanto caracterizada a ilegalidade do ato praticado pela Administração Pública.** 3. Sucede que o Impetrante comprovou que, na hipótese de anulação das questões impugnadas para todos os candidatos, alcançaria classificação, nos termos do edital, habilitando-o a prestar a fase seguinte do concurso, mediante a apresentação de prova documental obtida junto à Comissão Organizadora no exercício do direito de requerer certidões previsto no art. 5º, XXXIV, "b", da Constituição Federal, prova que foi juntada em razão de certidão fornecida pela instituição realizadora do concurso público. 4. Segurança concedida, em parte, tornando-se definitivos os efeitos das liminares deferidas. (MS 30859 / DF – DISTRITO FEDERAL; MANDADO DE SEGURANÇA; Relator(a): Min. LUIZ FUX; Julgamento: 28/08/2012; Órgão Julgador: Primeira Turma).

3.2.1.1.4. Nulidade do Concurso

Caso o concurso público para provimento de cargos ou de empregos na Administração Pública sofra de alguma irregularidade, a sua invalidação induz a invalidação da nomeação efetivada ou da contratação feita. Sendo assim, o agente público investido no exercício de suas funções em virtude de procedimento seletivo inválido não tem legitimidade para o exercício das suas funções e deve ser desligado dos quadros do órgão público.

Com efeito, acerca do tema, a doutrina e jurisprudência não admitem a aplicação da teoria do fato consumado, haja vista a impossibilidade de se convalidar procedimento irregular, em respeito aos princípios da isonomia, impessoalidade e moralidade administrativa. Dessa forma, não obstante trate-se de matéria em que há divergência entre os estudiosos, em decorrência do princípio da segurança jurídica a proteger os particulares de boa fé, o entendimento dominante é de que o particular deverá ser afastado das funções e declarada a nulidade do ato de nomeação baseado no concurso irregularmente conduzido.

Importa ainda ressaltar que, a despeito de não se poder convalidar o ato de nomeação decorrente de concurso ilegal, os atos praticados por este agente irregularmente investido, por se revestirem de legalidade aparente, devem ser mantidos para se evitar prejuízos a terceiros que acreditaram na atuação estatal.

De fato, neste sentido, aplica-se a teoria do funcionário de fato ou a **teoria da aparência** que, em nome da boa fé de terceiros que travaram relações com a Administração Pública, mantém válidos os efeitos produzidos pelos atos praticados por estes agentes putativos, que ostentavam aparência de agente público no exercício da atividade.

Ressalte-se que a teoria garante a manutenção dos efeitos de atos praticados por estes agentes, mas não permite a regularização da situação do particular como servidor público, sendo mantido o entendimento de que a anulação do ato de nomeação é imperativa.

Por óbvio, a anulação da nomeação em decorrência da irregularidade do concurso público deve respeitar o devido processo legal em que se observe o contraditório e a ampla defesa, haja vista se tratar de decisão que restringe os direitos do agente. Com efeito, se o ato administrativo pode repercutir no campo dos interesses individuais, não deve ser praticado sem o conhecimento e manifestação dos interessados.

Importante frisar que José dos Santos Carvalho Filho[6] defende a desnecessidade de garantia de contraditório ou ampla defesa se a anulação do certame ocorrer antes da investidura dos candidatos no cargo, caso em que a simples atuação administrativa já legitima o ato de anulação, desde que demonstradas as irregularidades ocorridas no certame, somente sendo garantida a oitiva do interessado, caso já tenha sido empossado no cargo. Esse entendimento, no entanto, não é seguido pela jurisprudência. Com efeito, essa situação já foi analisada pelo Superior Tribunal de Justiça que, seguindo o entendimento adotado pela doutrina majoritária, garante a defesa do particular, mesmo que a anulação do concurso público ocorra antes do ato de nomeação dos candidatos. Vejamos:

> AGRAVO REGIMENTAL EM RECURSO ORDINÁRIO – INVALIDAÇÃO DE EXAME DE APTIDÃO FÍSICA EM CONCURSO PÚBLICO – NECESSIDADE DE MOTIVAÇÃO – GARANTIA DO CONTRADITÓRIO E DA AMPLA DEFESA IMPERATIVA – DIREITO LÍQUIDO E CERTO – ORDEM CONCEDIDA PARCIALMENTE – AGRAVO DESPROVIDO.
>
> 1. Para invalidação de atos ampliativos de direitos dos cidadãos, isto é, atos cuja nulidade importe diminuição da esfera patrimonial dos indivíduos, ainda que o exercício da competência administrativa esteja respaldado pelo poder de autotutela, não se afasta a necessidade imperiosa de instauração do devido processo administrativo, garantindo-se o contraditório e a ampla defesa aos interessados, nos termos do art. 5º, inciso LV, da CR/88.
>
> 2. Todos os atos administrativos, inclusive, os discricionários são passíveis de controle jurisdicional (art. 5º, XXXV, CR/88). Esse controle, mormente

6. CARVALHO FILHO, José dos Santos – Manual de Direito Administrativo. Rio: Lumen Juris. 23ª ed.2012

nos atos discricionários, depende da devida motivação, como condição de sua própria validade.

3. Segurança concedida, em parte, para assegurar ao Impetrante – Agravado o direito líquido e certo da motivação do ato que invalidou seu teste de aptidão física, bem como as garantias do contraditório e da ampla defesa.

4. Agravo regimental desprovido. (AgRg nos EDcl no RMS 17718 / AC; AGRAVO REGIMENTAL NOS EMBARGOS DE DECLARAÇÃO NO RECURSO EM MANDADO DE SEGURANÇA; 2003/0236684-0. Julgamento em 11/04/2006)

Dessa forma, a anulação do concurso enseja a invalidade dos atos de nomeação dele decorrente e justifica a retirada do servidor dos quadros da Administração Pública. Caso o concurso tenha sido concluído com a definição dos aprovados, a sua declaração de nulidade deve ser precedida de processo administrativo com as garantias de contraditório e ampla defesa.

Por fim, cabe ainda salientar que a nulidade do ato de nomeação de servidores não pode justificar o não pagamento das remunerações pelos serviços efetivamente prestados pelo agente, **sob pena de enriquecimento sem causa do poder público que se valeu da força de trabalho e não pode retornar ao *status quo ante*.**

Caso se trate de anulação de concurso público para contratação de empregados, a jurisprudência do Supremo Tribunal Federal definiu que, além da percepção da remuneração pelos dias trabalhados, o agente faz jus ao saldo do Fundo de Garantia por Tempo de Serviço – FGTS, cujos depósitos devem ser efetivados pelo Estado.

Nesse sentido, analise-se o julgado abaixo transcrito, proferido pela Suprema Corte, em julgamento de Recurso Extraordinário, no ano de 2012.

Ementa: Recurso extraordinário. Direito Administrativo. Contrato nulo. Efeitos. Recolhimento do FGTS. Artigo 19-A da Lei n. 8.036/90. Constitucionalidade. 1. É constitucional o art. 19-A da Lei n. 8.036/90, o qual dispõe ser devido o depósito do Fundo de Garantia do Tempo de Serviço na conta de trabalhador cujo contrato com a Administração Pública seja declarado nulo por ausência de prévia aprovação em concurso público, desde que mantido o seu direito ao salário. 2. **Mesmo quando reconhecida a nulidade da contratação do empregado público, nos termos do art. 37, § 2º, da Constituição Federal, subsiste o direito do trabalhador ao depósito do FGTS quando reconhecido ser devido o salário pelos serviços prestados.** 3. Recurso extraordinário ao qual se nega provimento. (RE 596478 / RR – RORAIMA; RECURSO EXTRAORDINÁRIO; Relator(a): Min. ELLEN GRACIE; Relator(a) p/ Acórdão: Min. DIAS TOFFOLI; Julgamento: 13/06/2012; Órgão Julgador: Tribunal Pleno).

3.2.1.1.5. Realização de novo concurso na vigência do certame anterior

A Lei 8.112/90 estabelece, em seu art. 12, §2º, que "*Não se abrirá novo concurso enquanto houver candidato aprovado em concurso anterior com prazo de validade não expirado*". Dessa forma, o texto expresso de lei proíbe expressamente a realização de novo concurso público para preenchimento de cargos em uma determinada carreira, enquanto estiver vigente concurso anterior com o mesmo propósito, desde que não tenha sido esgotada a lista de aprovados do certame em andamento.

Nestes termos, o poder público deveria esgotar a lista de aprovados do concurso anterior para, posteriormente, analisar a necessidade de realização de novo certame. Tal situação engessava a Administração que, muitas vezes, tinha a previsão orçamentária para nomeação de candidatos durante aquele ano específico, ficando sujeito a prévia nomeação de todos os candidatos do certame anterior para iniciar novo processo seletivo para escolha de novos servidores.

Com a intenção de corrigir as discrepâncias legais sem, contudo, atingir os direitos dos candidatos, a Emenda Constitucional n. 19/98, alterando o art. 37, IV da Constituição da República, admite a realização do novo processo seletivo, desde que seja respeitada a ordem de preferência aos candidatos aprovados no concurso anterior.

O dispositivo passou a definir que "*durante o prazo improrrogável previsto no edital de convocação, aquele aprovado em concurso público de provas ou de provas e títulos será convocado com prioridade sobre novos concursados para assumir cargo ou emprego, na carreira*". É importante verificar que os dois dispositivos não são contraditórios. Explica-se. O art. 12 da Lei 8.112/90 traz norma voltada ao administrador proibindo-o de abrir novo concurso enquanto ainda existir um anterior vigente com aprovados não nomeados.

Obviamente, aquele administrador que descumprir tal norma acaba se submetendo a possibilidade de responder a processo administrativo. Por outro lado, a norma constitucional citada vem para proteger os terceiros de boa fé que se submetem ao novo concurso, determinando que o certame não será anulado. A exigência que o texto constitucional faz nesse ponto é que os aprovados no concurso anterior terão prioridade na nomeaçao em relação aos novos concursandos.

3.2.1.1.6. Direito subjetivo à nomeação

Durante muito tempo, a doutrina e a jurisprudência dominante definiram que os candidatos aprovados em concursos públicos não teriam direito subjetivo à nomeação, tratando-se de mera expectativa de direito. Da mesma forma, o candidato teria a garantia de não preterição, ou seja, não poderia admitir a contratação de temporários ou terceirizados para exercer as funções inerentes ao seu cargo e, menos ainda, seria admitida a convocação de um candidato aprovado e classificado com nota inferior à que lhe fora atribuída.

Nestes casos, seria garantida a nomeação do candidato em casos de preterição, consoante disposto na Súmula n. 15 do Supremo Tribunal Federal, a qual dispõe que "*Dentro do prazo de validade do concurso, o candidato aprovado tem o direito à nomeação, quando o cargo for preenchido sem observância da classificação*".

Da mesma forma, o direito à nomeação surgiria em situações em que o poder público, em desrespeito à norma estampada no art. 37, IV da Constituição Federal, analisada em tópico supracitado, efetivasse a nomeação de candidato aprovado em novo concurso antes de esgotar a lista de aprovados do concurso anterior.

Em 2007, o Supremo Tribunal Federal proferiu uma decisão que se tornou *leading case* da nova posição adotada pela jurisprudência dominante no Brasil de que o candidato que for aprovado, em concurso público, dentro do número de vagas previamente definido no instrumento convocatório, terá direito subjetivo à nomeação. A argumentação se fundamenta no princípio da vinculação ao instrumento convocatório e se justifica pelos abusos cometidos historicamente pela Administração Pública em relação ao tema.

A previsão editalícia de número de vagas presume, conforme entendimento moderno, a necessidade de nomeação, consoante ementa a seguir transcrita, proferida pelo Superior Tribunal de Justiça, em sede recursal.

> Ementa: ADMINISTRATIVO – SERVIDOR PÚBLICO – CONCURSO – APROVAÇÃO DE CANDIDATO DENTRO DO NÚMERO DE VAGAS PREVISTAS EM CARGO – RECURSO PROVIDO.
>
> 1. **Em conformidade com jurisprudência pacífica desta Corte, o candidato aprovado em concurso público, dentro do número de vagas previstas em edital, possui direito líquido e certo à nomeação e à posse.** 2. A partir da veiculação, pelo instrumento convocatório, da necessidade de a Administração prover determinado número de vagas, a nomeação e posse, que seriam, a princípio, atos discricionários, de acordo com a necessidade do serviço público, tornam-se vinculados, gerando, em contrapartida, direito subjetivo para o candidato aprovado dentro do número de vagas previstas em edital. Precedentes. 3. Recurso ordinário provido. (RMS 20718 / SP; RECURSO ORDINÁRIO EM MANDADO DE SEGURANÇA 2005/0158090-4. Julgamento em 04/12/2007).

Sendo assim, em observância aos princípios da boa-fé e segurança jurídica a Administração Pública se obriga a realizar a nomeação dos candidatos aprovados em colocação condizente com o número de vagas que estava prevista no edital do certame, dentro do prazo de validade do concurso público, sob pena de omissão ilícita.

Ocorre que não se pode esquecer que a atuação administrativa se pauta na busca do interesse público e que o agente público tem o dever de compatibilizar as necessidades sociais com as possibilidades orçamentárias e financeiras, além de outros obstáculos postos à boa condução da atividade estatal. Também convém relembrar que compete ao administrador público, e somente a ele, estabelecer as regras, dentro das possibilidades fáticas que ensejam a menor perda possível aos interesses da sociedade, em razão de limitações concretas. Pode-se dizer que essa compatibilização e atuação concreta se configuram a verdadeira função administrativa.

Sendo assim, não obstante seja o edital norma vinculante da atuação do Estado, o instrumento convocatório é um ato administrativo e, como tal pode ser modificado ou revogado por motivo de interesse público superveniente, devidamente justificado. Trata-se da aplicação do princípio da autotutela, regulamentado, inclusive pela edição das súmulas 346 e 473 do Supremo Tribunal Federal.[7]

Em decorrência disso, diante da demonstração de situações excepcionais, nas quais, por motivo de necessidade pública superveniente, devidamente comprovada e justificada, a Administração Pública poderá deixar de nomear candidatos aprovados em concurso público, ainda que dentro do número de vagas, sob pena de se priorizar o direito do aprovado em detrimento do interesse geral. Nestes casos, não seria admissível que o Poder Judiciário pudesse determinar, a qualquer custo, a nomeação do candidato, diante da impossibilidade fática apresentada pelo ente público.

Este entendimento vem sendo adotado pela jurisprudência mais moderna, diante da impossibilidade de invasão do mérito administrativo, por decisões judiciais típicas. Nesse mesmo sentido, entende o Supremo Tribunal Federal que:

> Ementa: RECURSO EXTRAORDINÁRIO. REPERCUSSÃO GERAL. CONCURSO PÚBLICO. PREVISÃO DE VAGAS EM EDITAL. DIREITO À NOMEAÇÃO DOS CANDIDATOS APROVADOS. I. DIREITO À NOMEAÇÃO. CANDIDATO APROVADO DENTRO DO NÚMERO DE VAGAS PREVISTAS NO EDITAL. Dentro do prazo de validade do concurso, a Administração poderá escolher o momento no qual se realizará a nomeação, mas não poderá

---

7. Nesse sentido, como corolário do princípio da autotutela, dispõe a Súmula 346 do STF que "*A administração pública pode declarar a nulidade dos seus próprios atos*". De forma ainda mais ampla, a Súmula 473 da Suprema Corte estabelece que "*A administração pode anular seus próprios atos, quando eivados de vícios que os tornam ilegais, porque deles não se originam direitos; ou revogá-los, por motivo de conveniência ou oportunidade, respeitados os direitos adquiridos, e ressalvada, em todos os casos, a apreciação judicial*".

dispor sobre a própria nomeação, a qual, de acordo com o edital, passa a constituir um direito do concursando aprovado e, dessa forma, um dever imposto ao poder público. Uma vez publicado o edital do concurso com número específico de vagas, o ato da Administração que declara os candidatos aprovados no certame cria um dever de nomeação para a própria Administração e, portanto, um direito à nomeação titularizado pelo candidato aprovado dentro desse número de vagas. II. ADMINISTRAÇÃO PÚBLICA. PRINCÍPIO DA SEGURANÇA JURÍDICA. BOA-FÉ. PROTEÇÃO À CONFIANÇA. O dever de boa-fé da Administração Pública exige o respeito incondicional às regras do edital, inclusive quanto à previsão das vagas do concurso público. Isso igualmente decorre de um necessário e incondicional respeito à segurança jurídica como princípio do Estado de Direito. Tem-se, aqui, o princípio da segurança jurídica como princípio de proteção à confiança. Quando a Administração torna público um edital de concurso, convocando todos os cidadãos a participarem de seleção para o preenchimento de determinadas vagas no serviço público, ela impreterivelmente gera uma expectativa quanto ao seu comportamento segundo as regras previstas nesse edital. Aqueles cidadãos que decidem se inscrever e participar do certame público depositam sua confiança no Estado administrador, que deve atuar de forma responsável quanto às normas do edital e observar o princípio da segurança jurídica como guia de comportamento. Isso quer dizer, em outros termos, que o comportamento da Administração Pública no decorrer do concurso público deve se pautar pela boa-fé, tanto no sentido objetivo quanto no aspecto subjetivo de respeito à confiança nela depositada por todos os cidadãos. III. SITUAÇÕES EXCEPCIONAIS. NECESSIDADE DE MOTIVAÇÃO. CONTROLE PELO PODER JUDICIÁRIO. **Quando se afirma que a Administração Pública tem a obrigação de nomear os aprovados dentro do número de vagas previsto no edital, deve-se levar em consideração a possibilidade de situações excepcionalíssimas que justifiquem soluções diferenciadas, devidamente motivadas de acordo com o interesse público. Não se pode ignorar que determinadas situações excepcionais podem exigir a recusa da Administração Pública de nomear novos servidores. Para justificar o excepcionalíssimo não cumprimento do dever de nomeação por parte da Administração Pública, é necessário que a situação justificadora seja dotada das seguintes características: a) Superveniência: os eventuais fatos ensejadores de uma situação excepcional devem ser necessariamente posteriores à publicação do edital do certame público; b) Imprevisibilidade: a situação deve ser determinada por circunstâncias extraordinárias, imprevisíveis à época da publicação do edital; c) Gravidade: os acontecimentos extraordinários e imprevisíveis devem ser extremamente graves, implicando onerosidade excessiva, dificuldade ou mesmo impossibilidade de cumprimento efetivo das regras do edital; d) Necessidade: a solução drástica e excepcional de não cumprimento do dever de nomeação deve ser extremamente necessária, de forma que a Administração somente pode adotar tal medida quando absolutamente não existirem outros meios menos gravosos para lidar com a situação excepcional e imprevisível.** De toda

> forma, a recusa de nomear candidato aprovado dentro do número de vagas deve ser devidamente motivada e, dessa forma, passível de controle pelo Poder Judiciário. IV. FORÇA NORMATIVA DO PRINCÍPIO DO CONCURSO PÚBLICO. Esse entendimento, na medida em que atesta a existência de um direito subjetivo à nomeação, reconhece e preserva da melhor forma a força normativa do princípio do concurso público, que vincula diretamente a Administração. É preciso reconhecer que a efetividade da exigência constitucional do concurso público, como uma incomensurável conquista da cidadania no Brasil, permanece condicionada à observância, pelo Poder Público, de normas de organização e procedimento e, principalmente, de garantias fundamentais que possibilitem o seu pleno exercício pelos cidadãos. O reconhecimento de um direito subjetivo à nomeação deve passar a impor limites à atuação da Administração Pública e dela exigir o estrito cumprimento das normas que regem os certames, com especial observância dos deveres de boa-fé e incondicional respeito à confiança dos cidadãos. O princípio constitucional do concurso público é fortalecido quando o Poder Público assegura e observa as garantias fundamentais que viabilizam a efetividade desse princípio. Ao lado das garantias de publicidade, isonomia, transparência, impessoalidade, entre outras, o direito à nomeação representa também uma garantia fundamental da plena efetividade do princípio do concurso público. V. NEGADO PROVIMENTO AO RECURSO EXTRAORDINÁRIO. (RE 598099 / MS – MATO GROSSO DO SUL; RECURSO EXTRAORDINÁRIO; Relator (a): Min. GILMAR MENDES; Julgamento: 10/08/2011; Órgão Julgador: Tribunal Pleno).

3.2.1.1.7. Cláusula de barreira

A matéria vem sendo objeto de discussão nos tribunais superiores e ocorre todas as vezes em que o edital limita a quantidade de classificados, tomando por base o número de vagas do concurso.

Suponha-se, a título de exemplo, que o edital de determinado concurso público traga a seguinte dissertação *"serão habilitados na primeira fase do concurso público os candidatos que obtiverem nota igual ou superior a 70 pontos, sendo classificados para a fase seguinte somente 5 vezes o número de vagas definidas neste edital"*.

Neste caso, a Administração Pública limita o acesso às fases seguintes do certame, proibindo a participação daqueles candidatos classificados fora do quantitativo definido no instrumento convocatório, o qual sempre é calculado com base no número de vagas para o cargo.

A matéria enseja algumas discussões doutrinárias, haja vista o fato de alguns doutrinadores defenderem o entendimento de que a referida cláusula restringe e limita de forma inconstitucional o princípio do livre acesso aos cargos públicos, assim como o princípio da impessoalidade, restringindo a competição nos certames públicos, de forma indevida.

Todavia, em 2014, o Supremo Tribunal Federal declarou constitucional a referida regulamentação em editais de concursos públicos, dispondo que a cláusula de barreira utiliza, como forma de limitação, o desempenho meritório dos concorrentes nas etapas anteriores do concurso, o que estaria de acordo com os propósitos constitucionais.

Para fins de ilustração, passa-se à transcrição de parte do julgado proferido pelo Supremo Tribunal Federal na análise do pleito formulado no RE n. 635.739/Al.

> "É constitucional a regra denominada "cláusula de barreira", inserida em edital de concurso público, que limita o número de candidatos participantes de cada fase da disputa, com o intuito de selecionar apenas os concorrentes mais bem classificados para prosseguir no certame. Essa a conclusão do Plenário, que proveu recurso extraordinário no qual se discutia a legitimidade da aludida cláusula à luz do princípio da isonomia. Preliminarmente, a Corte rejeitou questão de ordem, suscitada da tribuna, no sentido de que a matéria dos autos estaria alegadamente contida no RE 608.482/RN, com repercussão geral reconhecida. A respeito, o Tribunal afirmou tratar-se de temas distintos. No mérito, o Colegiado explicou que o crescente número de candidatos ao ingresso em carreira pública provocaria a criação de critérios editalícios que restringissem a convocação de concorrentes de uma fase para outra dos certames. Nesse sentido, as regras restritivas subdividir-se-iam em "eliminatórias" e "cláusulas de barreira". As eliminatórias preveriam, como resultado de sua aplicação, a eliminação do candidato do concurso por insuficiência em algum aspecto de seu desempenho. Reputou comum a conjunção, com esta, da cláusula de barreira, que restringiria o número de candidatos para a fase seguinte do certame, para determinar que, no universo de pessoas não excluídas pela regra eliminatória, participaria da etapa subsequente apenas número predeterminado de concorrentes, de modo a contemplar apenas os mais bem classificados. Assinalou que estas regras não produziriam eliminação por insuficiência de desempenho, mas estipulariam um corte deliberado no número de concorrentes que poderiam participar de fase posterior. Asseverou que o acórdão recorrido registrara que esse corte premeditado de classificados violaria o princípio da isonomia, porque todos os que tivessem obtido notas mínimas nas fases anteriores seriam tratados indevidamente de forma diferenciada, uns aptos a participar da fase subsequente, outros não. No ponto, o Pleno consignou que nem todas as distinções implicariam quebra de isonomia, postulado que demandaria tratamento igual aos iguais e desigual aos desiguais. Sublinhou jurisprudência no sentido de estar justificado o tratamento desigual entre candidatos de concursos públicos, a concretizar esse princípio". (RE 635739/AL, rel. Min. Gilmar Mendes, 19.2.2014; RE-635739).

Neste sentido, trata-se de regulamentação constitucional que pode ser inserida em editais de concursos públicos sem qualquer irregularidade, uma vez que o único critério de limitação à participação do certame se dá com base na meritocracia, não se valendo de critérios pessoais de restrição.

3.2.1.1.8. Teste de aptidão física

O teste de aptidão física é etapa de alguns concursos, principalmente daqueles ligados à área de segurança. Como todo requisito, o aludido teste (também chamado de TAF) está previsto em diversas leis que regem a matéria. Havia uma discussão jurisprudencial acerca da possibilidade de se remarcar o TAF tendo em vista a ocorrência de caso fortuito ou força maior, sendo que a maioria da jurisprudência pendia para a tal possibilidade.

Essa discussão chegou ao STF com status de repercussão geral e acabou sendo julgada no RE 630733. Segundo entendeu a Suprema Corte, mesmo em caso fortuito ou força maior, não é possível a remarcação do teste de aptidão física se essa possibilidade não vier expressa no próprio edital do concurso. Pedimos vênia ao leitor para discordar do posicionamento do STF. Não é possível a Administração prever tudo que possa acontecer em um ato administrativo. Esse exercício de clarividência não pode ser exigido do edital do certame.

O STF deixou assim de aplicar corretamente o princípio da igualdade que, insculpido no art. 5º da Constituição Federal, possui uma natureza material. Ou seja, devem ser tratados de forma igual os que estão em situação igual. Aquele que teve alguma situação momentânea que o impeça de exercer um grande esforço encontra-se em situação de desigualdade em relação aos demais, pelo que a remarcação da prova seria razoável. Como exemplo, a candidata que se encontra em uma fase avançada da gravidez e que não pode despender naquele momento o esforço exigido para o TAF. Para ilustrar a aplicação do princípio da igualdade, colacionamos lição valiosa de André Ramos Tavares:

> "A primeira afirmação a ser feita aqui é de que os tratamentos diferenciados podem estar em plena consonância com a Constituição. É que a igualdade implica o tratamento desigual das situações de vida desiguais, na medida de sua desigualdade. Aliás, trata-se de exigência contida no próprio princípio da Justiça." (p. 413).

Infelizmente, esse não foi o posicionamento do STF. Então, para a Suprema Corte, independentemente do motivo, não se faz possível a remarcação do TAF, se tal possibilidade não se encontra expressa no Instrumento Convocatório. Nesse sentido:

> **Recurso extraordinário. 2. Remarcação de teste de aptidão física em concurso público em razão de problema temporário de saúde. 3. Vedação expressa em edital. Constitucionalidade. 4. Violação ao princípio da isonomia. Não ocorrência. Postulado do qual não decorre, de plano, a possibilidade de**

realização de segunda chamada em etapa de concurso público em virtude de situações pessoais do candidato. Cláusula editalícia que confere eficácia ao princípio da isonomia à luz dos postulados da impessoalidade e da supremacia do interesse público. 5. Inexistência de direito constitucional à remarcação de provas em razão de circunstâncias pessoais dos candidatos. 6. Segurança jurídica. Validade das provas de segunda chamada realizadas até a data da conclusão do julgamento. 7. Recurso extraordinário a que se nega provimento. (RE 630733 / DF – DISTRITO FEDERAL; Relator(a): Min. GILMAR MENDES; Julgamento: 15/05/2013).

Recentemente, a Corte Suprema começou a modificar esse entendimento. Agora, estabeleceu que a gravidez é motivo para remarcação do teste de aptidão física, mesmo que essa hipótese não esteja contemplada no edital, como se percebe da decisão proferida no Recurso Extraordinário 1058333 (Tema 973 de repercussão geral). Percebe-se, pois, que, por enquanto, a única hipótese que o STF permite a remarcação de Teste de Aptidão Física (TAF), sem expressa previsão editalícia, é a de gravidez. Embora não se referindo ao TAF, o STJ entendeu que candidata lactante tem direito à remarcação de provas em curso de formação (RMS 52622), o que pode, futuramente, acrescentar no rol de situações que permitem a remarcação do teste de aptidão física sem previsão no edital a da candidata lactante por contra da semelhança entre os argumentos.

3.2.1.2. *Posse*

SEÇÃO IV
DA POSSE E DO EXERCÍCIO

Art. 13. A posse dar-se-á pela assinatura do respectivo termo, no qual deverão constar as atribuições, os deveres, as responsabilidades e os direitos inerentes ao cargo ocupado, que não poderão ser alterados unilateralmente, por qualquer das partes, ressalvados os atos de ofício previstos em lei.

§ 1º A posse ocorrerá no prazo de trinta dias contados da publicação do ato de provimento. (Redação dada pela Lei nº 9.527, de 10.12.97)

§ 2º Em se tratando de servidor, que esteja na data de publicação do ato de provimento, em licença prevista nos incisos I, III e V do art. 81, ou afastado nas hipóteses dos incisos I, IV, VI, VIII, alíneas "a", "b", "d", "e" e "f", IX e X do art. 102, o prazo será contado do término do impedimento. (Redação dada pela Lei nº 9.527, de 10.12.97)

§ 3º A posse poderá dar-se mediante procuração específica.

§ 4º Só haverá posse nos casos de provimento de cargo por nomeação. (Redação dada pela Lei nº 9.527, de 10.12.97)

§ 5º No ato da posse, o servidor apresentará declaração de bens e valores que constituem seu patrimônio e declaração quanto ao exercício ou não de outro cargo, emprego ou função pública.

§ 6º Será tornado sem efeito o ato de provimento se a posse não ocorrer no prazo previsto no § 1º deste artigo.

Art. 14. A posse em cargo público dependerá de prévia inspeção médica oficial.

Parágrafo único. Só poderá ser empossado aquele que for julgado apto física e mentalmente para o exercício do cargo.

Comentários

A posse é ato formal que inaugura a relação de investidura. Exatamente por isso, só há posse nos casos de provimento por nomeação. Em assim sendo, o nomeado só será considerado servidor com a sua posse. A posse é assinatura de termo que contém os direitos, deveres, atribuições e responsabilidades inerentes ao cargo ocupado. É importante ressaltar que esses direitos, deveres, atribuições e responsabilidades não podem ser alterados unilateralmente por qualquer das partes, ressalvados os atos de ofício previstos em lei.

Exemplo de ato de ofício encontramos na possiblidade de remoção de ofício do servidor para outra localidade como, aliás, prevê o art. 36 da Lei 8.112/90. Fora essa situação, qualquer outra alteração só poderá ser efetivada por lei. É importante, no entanto, afirmar que o servidor não tem direito a manutenção do estatuto, podendo o mesmo ser alterado através de lei, em virtude do princípio da mutabilidade do serviço público.

Nesse sentido, Hely Lopes Meirelles entende que:

> "Não há direito adquirido a um regime jurídico, o qual pode ser alterado na forma da Constituição Federal. Mas, quando o servidor preencher todas as exigências previstas no ordenamento jurídico vigente para aquisição de um direito, este se converte em direito adquirido e há de ser respeitado pela Lei nova." (p. 467)

Como se trata da assinatura de um documento, a posse poderá ocorrer através de procuração específica. Basta que seja específica, ou seja, que contenha apenas o poder para ser empossado em nome do outorgante, podendo ser por instrumento público ou particular.

Normalmente, a posse ocorre no prazo de 30 (trinta) dias contados da publicação do provimento. No entanto, a própria Lei 8.112/90, traz exceção ao quanto visto ao estabelecer que, em alguns casos, é possível que o prazo de 30 dias seja iniciado em momento posterior à publicação do ato de nomeação.

ATENÇÃO

em momento algum a Lei isenta o Servidor do cumprimento do prazo de 30 dias para ser empossado após a nomeação. A diferença é que em alguns casos, previstos pelo parágrafo 2º do art. 13, o momento da contagem dos 30 dias é diferenciado.

Assim, para que a exceção seja aplicada, necessário se faz que o nomeado para cargo público seja anteriormente servidor público, ocupante, por óbvio, de cargo em carreira diversa, nos termos do § 2º, do art. 13, do Estatuto, que dispõe:

> Em se tratando de servidor, que esteja na data de publicação do ato de provimento, em licença prevista nos incisos I, III e V do art. 81, ou afastado nas hipóteses dos incisos I, IV, VI, VIII, alíneas "a", "b", "d", "e" e "f", IX e X do art. 102, o prazo será contado do término do impedimento

Assim, será o prazo iniciado se o servidor estiver com submetido às seguintes licenças e impedimentos:

I – Licenças:

A – por motivo de doença em pessoa da família;

B – para o serviço militar;

C – para capacitação;

II – Afastamentos:

A – férias;

B – participação em programa de treinamento regularmente instituído, conforme dispuser o regulamento;

C – júri e outros serviços obrigatórios por lei;

D – licença:

D.1. – à gestante, à adotante e à paternidade;

D.2. – para tratamento da própria saúde, até o limite de vinte e quatro meses, cumulativo ao longo do tempo de serviço público prestado à União, em cargo de provimento efetivo;

D.3. – por motivo de acidente em serviço ou doença profissional;

D.4 – para capacitação, conforme dispuser o regulamento;

D.5. – por convocação para o serviço militar;

E – deslocamento para a nova sede de que trata o art. 18;

F – em competição desportiva nacional ou convocação para integrar representação desportiva nacional, no País ou no exterior, conforme disposto em lei específica.

Com a posse, começam a incidir os impedimentos dos Servidores Públicos, pois, a partir deste momento é que se completou a sua investidura em cargo público. Também os direitos começam a se aplicar a partir da posse. No entanto, o pagamento da remuneração e a contagem do estágio probatório iniciam-se apenas com o exercício.

Como a investidura se completa com a posse, antes desse ato formal, não há ainda vínculo com a Administração Pública. Por isso, a ausência de posse no prazo legal não acarreta exoneração. A exoneração é uma forma de vacância, de perda de cargo. Ora, só se perde o que se tem. Antes da posse, o nomeado não está investido no cargo, por isso não se pode falar em exoneração para aquele que ainda não foi empossado. A ausência de posse no prazo legal faz com que o ato de provimento (a nomeação) seja tornado sem efeito. Considera-se, assim, como se a pessoa não tivesse sido nomeada. Devendo se, nessa situação, nomear aquele que a seguir dentro da ordem de classificação do concurso público.

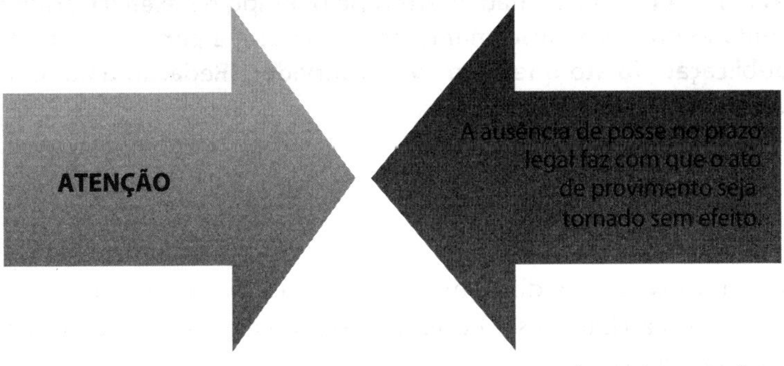

Por outro lado, um dos requisitos para investidura é a aptidão física e mental. Exatamente por isso é que é essencial a inspeção médica oficial antes da posse. Evidentemente, só será empossado e, portanto, investido em cargo público, aquele que for declarado apto física e mentalmente para o exercício do cargo.

3.2.1.3. *Exercício*

Art. 15. Exercício é o efetivo desempenho das atribuições do cargo público ou da função de confiança. (Redação dada pela Lei nº 9.527, de 10.12.97)

§ 1º É de quinze dias o prazo para o servidor empossado em cargo público entrar em exercício, contados da data da posse. (Redação dada pela Lei nº 9.527, de 10.12.97)

§ 2º O servidor será exonerado do cargo ou será tornado sem efeito o ato de sua designação para função de confiança, se não entrar em exercício nos prazos previstos neste artigo, observado o disposto no art. 18. (Redação dada pela Lei nº 9.527, de 10.12.97)

§ 3º À autoridade competente do órgão ou entidade para onde for nomeado ou designado o servidor compete dar-lhe exercício. (Redação dada pela Lei nº 9.527, de 10.12.97)

§ 4º O início do exercício de função de confiança coincidirá com a data de publicação do ato de designação, salvo quando o servidor estiver em licença ou afastado por qualquer outro motivo legal, hipótese em que recairá no primeiro dia útil após o término do impedimento, que não poderá exceder a trinta dias da publicação. (Incluído pela Lei nº 9.527, de 10.12.97)

Art. 16. O início, a suspensão, a interrupção e o reinício do exercício serão registrados no assentamento individual do servidor.

Parágrafo único. Ao entrar em exercício, o servidor apresentará ao órgão competente os elementos necessários ao seu assentamento individual.

Art. 17. A promoção não interrompe o tempo de exercício, que é contado no novo posicionamento na carreira a partir da data de publicação do ato que promover o servidor. (Redação dada pela Lei nº 9.527, de 10.12.97)

Comentários

Após a posse, o servidor tem o prazo de 15 dias para entrar em efetivo exercício de suas atribuições. O exercício significa o efetivo desempenho das atribuições do cargo.

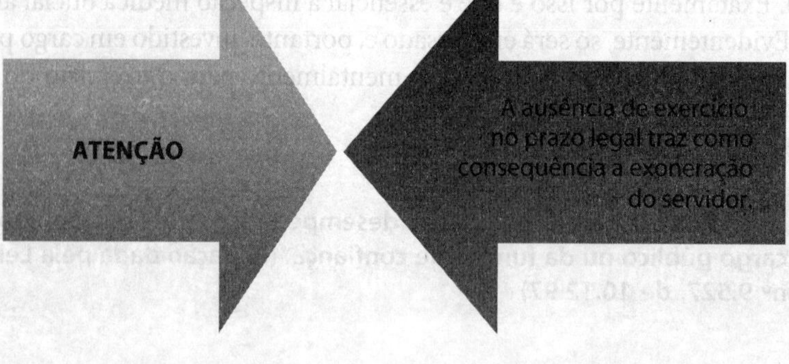

A competência para dar o exercício ao servidor é da autoridade competente do órgão em que o servidor estará vinculado.

Em relação à função de confiança, que é de livre designação e dispensa, o exercício inicia-se imediatamente com a publicação da designação, não havendo, pois, nestes casos, o interregno de 15 dias. Ocorre, no entanto, que, se o servidor estiver licenciado ou afastado legalmente, o exercício inicia-se no primeiro dia útil após o término da licença ou do afastamento. Mas a Administração só aguardará esse retorno pelo prazo de 30 dias. Isso significa que se a licença ou o afastamento forem superiores a 30 dias, ocorrerá a dispensa de quem não entrou em exercício e, consequentemente, a designação de outro servidor para a função.

O tempo de exercício também não vai ser interrompido pela promoção, mas será contado no novo cargo a partir de sua publicação. Isso ocorre porque só existe posse no provimento por nomeação. Na promoção não há posse, por isso, havendo a publicação da promoção, o exercício se inicia no novo cargo. A partir disso, o tempo de serviço passa a ser contado no novo cargo, sem interromper aquele que já vinha sendo contado no cargo anterior.

Esse tempo de serviço é importante para o cálculo dos proventos na disponibilidade, bem como para o deferimento da aposentadoria voluntária, pois essa necessita de 10 anos de serviço público e 5 anos no cargo em que se dará aposentadoria. Atualmente, no entanto, para fixação dos proventos de aposentadoria se verifica o tempo de contribuição. O sistema previdenciário, nos termos do art. 40 da CF, é contributivo e solidário.

É válido afirmar, ainda, que todo servidor público possui um assento funcional que são anotações de toda a sua vida profissional, que ficam registradas na entidade ou órgão aos quais se encontra vinculado. Assentamento individual é o registro da vida funcional do servidor ao longo do exercício de suas atribuições. Ele traz o registro de toda atividade, assim como dos familiares do servidor e das penalidades aplicadas.

Por isso, ao entrar em exercício, o servidor deverá apresentar os documentos necessários para complementação do seu assentamento individual. As informações contidas no assentamento servem para inúmeros propósitos como o deferimento de certas licenças (licença para tratar de pessoa da família é deferida em virtude de enfermidade em menor que viva sob as expensas do servidor, desde que conste em seu assentamento individual), benefícios previdenciários e ainda para registro de penalidades aplicadas.

3.2.1.3.1. Exercício em outra sede

Art. 18. O servidor que deva ter exercício em outro município em razão de ter sido removido, redistribuído, requisitado, cedido ou

posto em exercício provisório terá, no mínimo, dez e, no máximo, trinta dias de prazo, contados da publicação do ato, para a retomada do efetivo desempenho das atribuições do cargo, incluído nesse prazo o tempo necessário para o deslocamento para a nova sede. (Redação dada pela Lei nº 9.527, de 10.12.97)

§ 1º Na hipótese de o servidor encontrar-se em licença ou afastado legalmente, o prazo a que se refere este artigo será contado a partir do término do impedimento. (Parágrafo renumerado e alterado pela Lei nº 9.527, de 10.12.97)

§ 2º É facultado ao servidor declinar dos prazos estabelecidos no *caput*. (Incluído pela Lei nº 9.527, de 10.12.97)

Comentários

Todo servidor que mudar a sede de seu trabalho, deslocando-se para outro município, terá direito a um prazo para que se reinicie o exercício. Esse prazo será determinado pela Autoridade competente que, no entanto, deverá fixá-lo entre 10 e 30 dias. O servidor será remunerado por todo esse período.

É importante destacar que sede para Lei 8.112/90 tem o sentido de município. Assim, não importa se ocorreu a cessão, requisição, remoção, redistribuição ou ainda o exercício provisório. Caso tenha ocorrido a mudança de município de exercício do servidor, o prazo estabelecido no art. 18 do estatuto é aplicado.

Dentro desse período está contado o necessário para o deslocamento do servidor. É evidente que se o servidor estiver licenciado ou afastado legalmente, o prazo será contado do término do afastamento ou da licença. A fixação é discricionária, devendo-se apenas respeitar os limites indicados, entre 10 e 30 dias. Assim, cabe à autoridade competente fixar o prazo de acordo com a oportunidade e conveniência da Administração.

Sendo um prazo estabelecido em prol do servidor, ele poderá dele desistir, retornando ao serviço antes do período determinado pela Autoridade competente.

3.2.1.3.2. Jornada de Trabalho

Art. 19. Os servidores cumprirão jornada de trabalho fixada em razão das atribuições pertinentes aos respectivos cargos, respeitada a duração máxima do trabalho semanal de quarenta horas e observados os limites mínimo e máximo de seis horas e oito horas diárias, respectivamente. (Redação dada pela Lei nº 8.270, de 17.12.91)

§ 1º O ocupante de cargo em comissão ou função de confiança submete-se a regime de integral dedicação ao serviço, observado o disposto no art. 120, podendo ser convocado sempre que houver interesse da Administração. (Redação dada pela Lei nº 9.527, de 10.12.97)

§ 2º O disposto neste artigo não se aplica a duração de trabalho estabelecida em leis especiais. (Incluído pela Lei nº 8.270, de 17.12.91)

Comentários

A jornada de trabalho dos servidores públicos federais será de no máximo 40 horas semanais, com os limites diários mínimo e máximo de 6 e 8 horas, respectivamente. Algumas atribuições cometidas a servidores federais poderão precisar de regulamento legal específico, sendo os limites diferenciados do trazido no art. 19 da Lei 8.112/90, respeitando-se, por óbvio, as determinações constitucionais, que demandam a jornada de trabalho diária máxima de 8 horas diárias e a semanal de 40 horas.

Vale ressaltar que não há qualquer contradição entre o disposto no art. 19 da Lei 8.112/90 e o previsto no art. 7º, XIII, da Constituição Federal. Isso porque o dispositivo constitucional traz uma garantia mínima de duração da jornada de trabalho. O estatuto dos servidores federais foi mais benéfico com esses servidores do que a Constituição Federal em relação aos trabalhadores em geral.

É necessário, no entanto, observar que os ocupantes de cargos em comissão e funções de confiança não se submetem a controle de jornada, uma vez que podem ser convocados sempre que houver necessidade para tanto. Por isso é que os ocupantes desses cargos e funções submetem-se ao regime de exclusiva dedicação ao serviço.

3.2.1.4. Estabilidade

Art. 20. Ao entrar em exercício, o servidor nomeado para cargo de provimento efetivo ficará sujeito a estágio probatório por período de 24 (vinte e quatro) meses, durante o qual a sua aptidão e capacidade serão objeto de avaliação para o desempenho do cargo, observados os seguintes fatores:

I - assiduidade;

II - disciplina;

III - capacidade de iniciativa;

IV – produtividade;

V – responsabilidade.

§ 1º 4 (quatro) meses antes de findo o período do estágio probatório, será submetida à homologação da autoridade competente a avaliação do desempenho do servidor, realizada por comissão constituída para essa finalidade, de acordo com o que dispuser a lei ou o regulamento da respectiva carreira ou cargo, sem prejuízo da continuidade de apuração dos fatores enumerados nos incisos I a V do *caput* deste artigo. (Redação dada pela Lei nº 11.784, de 2008

§ 2º O servidor não aprovado no estágio probatório será exonerado ou, se estável, reconduzido ao cargo anteriormente ocupado, observado o disposto no parágrafo único do art. 29.

§ 3º O servidor em estágio probatório poderá exercer quaisquer cargos de provimento em comissão ou funções de direção, chefia ou assessoramento no órgão ou entidade de lotação, e somente poderá ser cedido a outro órgão ou entidade para ocupar cargos de Natureza Especial, cargos de provimento em comissão do Grupo-Direção e Assessoramento Superiores – DAS, de níveis 6, 5 e 4, ou equivalentes. (Incluído pela Lei nº 9.527, de 10.12.97)

§ 4º Ao servidor em estágio probatório somente poderão ser concedidas as licenças e os afastamentos previstos nos arts. 81, incisos I a IV, 94, 95 e 96, bem assim afastamento para participar de curso de formação decorrente de aprovação em concurso para outro cargo na Administração Pública Federal. (Incluído pela Lei nº 9.527, de 10.12.97)

§ 5º O estágio probatório ficará suspenso durante as licenças e os afastamentos previstos nos arts. 83, 84, § 1º, 86 e 96, bem assim na hipótese de participação em curso de formação, e será retomado a partir do término do impedimento. (Incluído pela Lei nº 9.527, de 10.12.97)

SEÇÃO V
DA ESTABILIDADE

Art. 21. O servidor habilitado em concurso público e empossado em cargo de provimento efetivo adquirirá estabilidade no serviço público ao completar 2 (dois) anos de efetivo exercício.

Comentários

Antes de analisar o conceito de estabilidade e os contornos que orientam esta garantia conferida a determinadas espécies de agentes públicos, deve-se analisar o que significa efetividade na prestação do serviço.

A **efetividade** é atributo do cargo público, definido por lei, no momento de sua criação, sendo requisito indispensável para aquisição de estabilidade. Desse modo, nem todo servidor público, ainda que estatutário, está apto a adquirir a estabilidade. Os cargos públicos estatutários se dividem, conforme a lei que os criou em:

Cargos efetivos: aprovados mediante concurso público e passíveis da aquisição de estabilidade. Estes contam com maior garantia. Como dependem de concurso público, a nomeação é feita em caráter definitivo. Quando preenchidos os requisitos definidos no texto da Constituição da República, poderão adquirir estabilidade.

Cargos em comissão: não adquirem estabilidade, pois são cargos de livre nomeação e exoneração, assim definidos pela Constituição. São ocupados em caráter provisório, a escolha é realizada com base na confiança, por isso a denominação de cargos de confiança, dessa forma podem ser exonerados *ad nutum*. Os servidores comissionados não precisam de concurso para provimento do cargo, mas não têm garantia de continuidade na função.

Sendo assim, após a aprovação em concurso público para assunção de cargo em determinada carreira, o candidato é nomeado e, com a posse, se tornará efetivo. A estabilidade, por sua vez, não será adquirida imediatamente.

Pode-se, assim, conceituar a **estabilidade** como uma prerrogativa constitucional atribuída aos servidores públicos, detentores de cargos de provimento efetivo, após aprovação em concurso público de provas ou de provas e títulos, de permanência no serviço público desde que não advenha alguma das situações regulamentadas pelo próprio texto da carta Magna. Com efeito, após a aquisição da estabilidade, o servidor público somente perderá o cargo nas hipóteses previamente definidas em disposição constitucional.[8]

---

8. O Supremo Tribunal Federal já se manifestou no sentido de diferenciar os institutos da estabilidade e da efetividade. Analisemos parte da decisão proferida no RE 167.635, publicada no Dje de 07/02/97. *"(...) Não há que confundir efetividade com estabilidade. Aquela é atributo do cargo, designando o funcionário desde o instante da nomeação; a estabilidade é aderência, é integração no serviço público, depois de preenchidas determinadas condições fixadas em lei, e adquirida pelo decurso de tempo. 3. Estabilidade: artigos 41 da Constituição Federal e 19 do ADCT. A vigente Constituição estipulou duas modalidades de estabilidade no serviço público: a primeira, prevista no art. 41, é pressuposto inarredável à efetividade. A nomeação em caráter efetivo constitui-se em condição primordial para a aquisição da estabilidade, que é conferida ao funcionário público investido em cargo, para o qual foi nomeado em virtude de concurso público. A segunda, prevista no art. 19 do ADCT, é um favor constitucional conferido àquele servidor admitido sem concurso público há pelo*

Nesse sentido, a estabilidade não poderá ser adquirida pelos agentes detentores de empregos públicos, sob o regime da CLT. Isso porque, nos termos do art. 41 da CF/88, a estabilidade é adquirida pelos detentores de CARGO público EFETIVO, não sendo também prevista para os detentores de EMPREGO público ou para aqueles detentores de CARGOS EM COMISSÃO. Segue-se a transcrição do dispositivo mencionado:

> Art. 41. São estáveis, após três anos de efetivo exercício, os servidores nomeados para **cargo** de provimento efetivo em virtude de concurso público. (Redação dada pela Emenda Constitucional n. 19, de 1998)

3.1.2.4.1. Conceito e evolução constitucional

Consoante exposto anteriormente, pode-se definir a estabilidade como garantia constitucional atribuída a determinados servidores detentores de cargos efetivos de permanência, a princípio, no serviço público. Ressalte-se que não se trata de prerrogativa de permanência no cargo para o qual foi nomeado.

Para aquisição da estabilidade, os servidores deverão cumprir alguns requisitos definidos na Carta Constitucional.

O texto originário da Constituição Federal de 1988 definia, em seu art. 41, que a estabilidade deveria ser atribuída aos detentores de cargos efetivos, aprovados em concurso público, desde que contassem com dois anos de efetivo exercício no cargo.

A regra foi alterada com o advento da Emenda Constitucional n. 19/98. A modificação constitucional ampliou o prazo de exercício para aquisição da estabilidade de dois para três anos e acrescentou um requisito, até então, inexistente, qual seja a aprovação em avaliação especial de desempenho realizada por uma comissão especialmente constituída com esta finalidade. Ou seja, além de demonstrar o tempo no exercício da função, o servidor deverá ser avaliado com a finalidade de verificar-se a aptidão para o exercício das funções.

---

menos cinco anos antes da promulgação da Constituição. Preenchidas as condições insertas no preceito transitório, o servidor é estável, mas não é efetivo, e possui somente o direito de permanência no serviço público no cargo em que fora admitido, todavia sem incorporação na carreira, não tendo direito a progressão funcional nela, ou a desfrutar de benefícios que sejam privativos de seus integrantes. 3.1. O servidor que preenchera as condições exigidas pelo art. 19 do ADCT-CF/88 é estável no cargo para o qual fora contratado pela Administração Pública, mas não é efetivo. Não é titular do cargo que ocupa, não integra a carreira e goza apenas de uma estabilidade especial no serviço público, que não se confunde com aquela estabilidade regular disciplinada pelo art. 41 da Constituição Federal. Não tem direito a efetivação, a não ser que se submeta a concurso público, quando, aprovado e nomeado, fará jus à contagem do tempo de serviço prestado no período de estabilidade excepcional, como título".

Ressalte-se que, como garantia ao direito adquirido, a nova redação constitucional não retroage para atingir aqueles que já haviam completado o período de dois anos e, consequentemente, adquirido estabilidade antes do advento da Emenda Constitucional.

Dessa forma, os servidores estáveis só podem perder o cargo nas hipóteses de lei e da forma que a Constituição Federal estabeleceu: a estabilidade é assegurada aos servidores públicos ocupantes de cargo efetivo, investidos por meio de concurso público, após serem submetidos à avaliação especial de desempenho. E uma vez adquirida, só poderá ser desfeita por meio de processo administrativo em que se respeitem o contraditório e a ampla defesa ou diante de situações constitucionalmente regulamentadas.

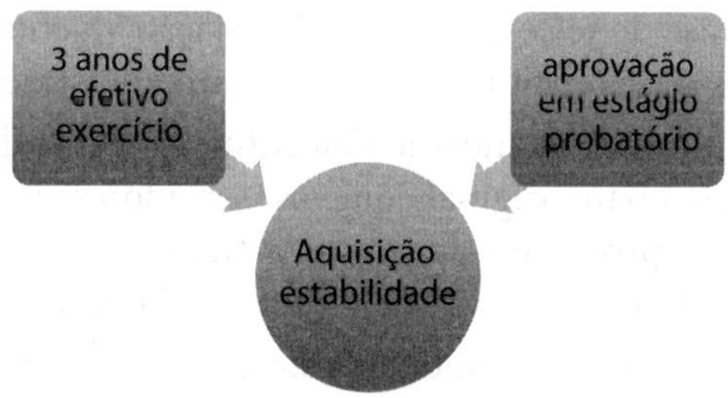

3.1.2.4.2. Estabilidade *x* Estágio probatório

Em princípio, o estágio probatório é a fase na qual o servidor público está sendo avaliado, dentro da execução da atividade pública, com a intenção de se verificar se possui aptidão para o exercício daquelas funções para as quais foi designado, analisando-se aspectos como a sua aptidão e capacidade para o desempenho do cargo, observados os fatores de assiduidade, disciplina, capacidade de iniciativa, produtividade e responsabilidade, necessários à garantia de eficiência na prestação da atividade pública pelo órgão.

Segundo Odete Medauar:

> "Na estabilidade ordinária, o período de três anos entre o início de exercício no cargo efetivo e a data de aquisição da estabilidade denomina-se estágio probatório. Segundo dispõe o § 4º do art. 41, para aquisição da estabilidade é obrigatória a avaliação especial de desempenho por comissão – instituída par essa finalidade."

Há uma série de fatores objetivos que devem ser analisados quando do estágio probatório. Não pode existir qualquer subjetivismo na avaliação do estágio probatório como forma de respeito ao Princípio da Impessoalidade.

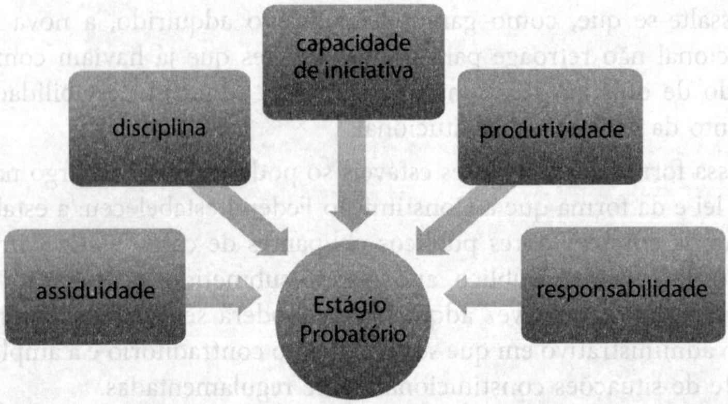

A matéria vem sendo objeto de ampla discussão no que tange ao prazo de duração desta fase de testes, diante da legislação vigente, em consonância às regras definidas na Constituição Federal para aquisição de estabilidade.

Isso ocorre porque, quando a Constituição Federal foi promulgada, estabelecia, em seu texto original, que os servidores aprovados mediante concurso público de provas ou de provas e títulos adquiririam estabilidade após dois anos de efetivo exercício nas funções da carreira.

Com a intenção de regulamentar este dispositivo, a Lei 8.112/90 e os estatutos em geral deram a esses primeiros dois anos (vinte e quatro meses) o nome de "**estágio probatório**", definido, então, como o prazo necessário à aquisição da estabilidade.

Ocorre que, com o advento da Emenda Constitucional n. 19/98, o prazo de exercício no cargo necessário para que o servidor público efetivo adquira estabilidade passou a ser de **três anos**, além da necessidade de aprovação em avaliação especial de desempenho por comissão especialmente instituída para esta finalidade.

Em virtude desta alteração constitucional, deixou de haver coincidência entre o prazo de duração do estágio probatório e o tempo necessário para aquisição da estabilidade e, considerando-se o período de estágio como um período de teste para o servidor, onde ele é avaliado e considerado ou não apto as suas novas funções, deveria culminar a declaração de aptidão do servidor com a aquisição da prerrogativa constitucional.

Com isso, a divergência doutrinária se instalou e parte da doutrina passou a defender que o prazo para aquisição da estabilidade não se confunde com o período de estágio probatório, sendo a estabilidade adquirida após três anos, independentemente da duração de vinte quatro meses aplicada ao estágio. O argumento ainda ganhou força em virtude da edição da Lei 11.784/98 que decorreu da conversão da Medida Provisória n. 431/08. Todavia, em sua redação originária, a MP alterava o art. 20 da Lei 8.112/90, modificando o prazo de estágio probatório para trinta e seis meses, passando a coincidir com o tempo necessário à aquisição da estabilidade. Neste ponto, a Medida Provisória não foi acatada quando da conversão em lei, mantendo-se o dispositivo legal originário do estatuto dos servidores federais, com a regra de duração de vinte e quatro meses para o término do período de estágio probatório.

Outra parcela da doutrina ainda defende que o estágio probatório é o prazo, definido em lei, como necessário para aquisição da estabilidade, devendo, portanto, acompanhar a alteração constitucional para gozo da garantia. Sendo assim, em virtude da alteração da Constituição Federal, o prazo de estágio probatório estaria automaticamente alterado e passaria a ser de três anos, necessários à análise de aptidão do agente.

A partir de 2010, em julgados dos Tribunais Superiores, apesar da disparidade entre a lei e a Constituição Federal, o prazo necessário à aquisição da estabilidade foi definido como sendo o prazo do estágio probatório. Logo, se o prazo para que o servidor se torne estável é de três anos, o tempo de duração do estágio probatório será o mesmo.

A decisão do Supremo Tribunal Federal que firmou este entendimento na Corte segue abaixo transcrita.

> *EMENTA: Agravo Regimental em Suspensão de Tutela Antecipada. 2.* ***Estágio confirmatório de dois anos para Advogados da União de acordo com o artigo 22 da Lei Complementar n. 73/1993. 3. Vinculação entre o instituto da estabilidade, definida no art. 41 da Constituição Federal, e o instituto do estágio probatório. 4. Aplicação de prazo comum de três anos a ambos os institutos.*** *5. Agravo Regimental desprovido.* **(STA 269 AgR, Relator(a): Min. GILMAR MENDES (Presidente), Tribunal Pleno, julgado em 04/02/2010, DJe-035 DIVULG 25-02-2010 PUBLIC 26-02-2010**

No mesmo sentido, vem decidindo o Superior Tribunal de Justiça, conforme se depreende de julgado proferido em 2013.

> MANDADO DE SEGURANÇA. ADMINISTRATIVO. PROCURADOR FEDERAL. PROMOÇÃO E PROGRESSÃO NA CARREIRA. CRITÉRIOS. PORTARIA PGF 468/2005. ILEGALIDADES NÃO CONFIGURADAS. ESTABILIDADE. ART. 41 DA CF. EC N. 19/1998. PRAZO. ALTERAÇÃO. ESTÁGIO PROBATÓRIO. OBSERVÂNCIA. DIREITO LÍQUIDO E CERTO. INEXISTÊNCIA
>
> 1. A fixação de critérios e diretrizes para promoção e progressão funcional por meio de atos administrativos, não é, por si, ilegal, visto que encontra amparo no disposto no art. 10 da Lei n. 8.112/1990.
>
> 2. **Não atendido o requisito temporal de conclusão do estágio probatório, considerando que não verificado o interstício de 3 (três) anos de efetivo exer-**

> **cício da impetrante no cargo de Procurador Federal**, inexiste direito líquido e certo de figurar nas listas de promoção e progressão funcional, regulamentadas pela Portaria PGF n. 468/2005. Precedente: MS 12.523/DF, Rel. Min. Felix Fischer, DJe de 18.8.2009. Segurança denegada. (MS 12665/ DF; MANDADO DE SEGURANÇA; 2007/0045827-0. Julgamento em 12/12/2012).

Sendo assim, resta claro que o constituinte, quando dilatou o prazo para a aquisição da estabilidade, tinha a intenção de manter a análise de aptidão do agente por mais tempo, como forma de se aferir de forma mais acurada sua efetiva condição para o exercício das funções inerentes à carreira e ao cargo assumido.

Logo, não obstante a inércia do legislador em alterar o texto legal para definição de estágio probatório com prazo de duração de três anos, a incompatibilidade da legislação com o texto constitucional é indiscutível. E imperativo se faz o entendimento de que o estágio probatório, com a finalidade de avaliar a capacidade do servidor público, tem duração de três anos, ao final do qual, desde que aprovado em avaliação especial de desempenho, o agente adquire a estabilidade definida no art. 41 da Constituição da República.

Ocorre que a doutrina e a jurisprudência vêm-se firmando no sentido de que a avaliação pode ser expressa ou tácita. Isso porque, passados os três anos de exercício, se a avaliação não foi realizada pelo poder público, presume-se que o servidor foi avaliado e aprovado. Neste sentido, o Superior Tribunal de Justiça já se manifestou.

> DIREITO ADMINISTRATIVO. RECURSO ORDINÁRIO EM MANDADO DE SEGURANÇA. SERVIDOR PÚBLICO EM ESTÁGIO PROBATÓRIO. EXONERAÇÃO. EXIGÊNCIA DOS PRINCÍPIOS DO CONTRADITÓRIO E DA AMPLA DEFESA. EXONERAÇÃO APÓS AQUISIÇÃO DA ESTABILIDADE. NÃO-CABIMENTO. ART. 41 DA CONSTITUIÇÃO FEDERAL. RECURSO PROVIDO.
>
> 1. Em se tratando de exoneração de servidor público que se encontra em estágio probatório, não se apresenta necessário prévio processo administrativo disciplinar. No entanto, devem-lhe ser assegurados os princípios da ampla defesa e do contraditório. Precedentes do STJ.
>
> 2. Não obstante os fundamentos do acórdão recorrido, não há notícia nos autos da instauração de um procedimento em que tenha o recorrente figurado formalmente como acusado.
>
> 3. **Adquire estabilidade o servidor após exercer efetivamente por 3 (três) anos cargo provido mediante concurso público, razão por que, transcorrido esse prazo, não mais se cogita de avaliação de desempenho em estágio probatório, exceto se houver justificativa plausível para a demora da Administração. Inteligência do art. 41 da Constituição Federal.**
>
> 4. A eventual demora na publicação de um ato normativo local, disciplinando a avaliação de servidores públicos estaduais, porque destituído de poderes

para alterar o texto constitucional, não se apresenta capaz de dilatar o prazo peremptório em tela.

5. Hipótese em que o recorrente tomou posse e entrou em exercício em 29/7/02 e foi "exonerado" do cargo de Professor de Educação Física do Estado de Minas Gerais em 11/2/06, por ter sido reprovado na avaliação do estágio probatório, quando, no entanto, já alcançara estabilidade no serviço público.

6. No caso em que servidor público deixa de auferir seus vencimentos, parcial ou integralmente, por ato ilegal ou abusivo da autoridade impetrada, os efeitos patrimoniais da concessão da ordem em mandado de segurança devem retroagir à data da prática do ato impugnado, violador de direito líquido e certo. Inaplicabilidade dos enunciados das Súmulas 269/STF e 271/STF.

7. Recurso ordinário provido. (RMS 24602 / MG; RECURSO ORDINÁRIO EM MANDADO DE SEGURANÇA; 2007/0160151-6. Julgamento em 11/09/2008).

No mesmo sentido, José dos Santos Carvalho Filho[9] entende que

> "***Caso a Administração não institua a comissão ou esta retarde sua decisão para após o prazo de três anos, deverá considerar-se que o servidor, cumprido o prazo, terá adquirido a estabilidade, mesmo sem a avaliação da comissão.*** *É que a norma da avaliação funcional por comissão especial foi criada em favor da Administração, de modo que, se esta não concretiza a faculdade constitucional, deve entender-se que tacitamente avaliou o servidor de forma positiva.* ***O que não se pode é prejudicar o servidor, que já cumpriu integralmente o período de estágio, pela inércia ou ineficiência dos órgãos administrativos.*** *Assim, para conciliar os citados dispositivos, será necessário concluir que a avaliação do servidor pela comissão deverá encerrar-se antes de findo o prazo necessário para a aquisição da estabilidade para, então, se for o caso, ser providenciado o processo de exoneração do servidor avaliado negativamente*".

Ademais, a estabilidade poderá ser adquirida por aqueles agentes que, mesmo sem aprovação em concurso público, tenham ingressado no serviço público, ao menos, cinco anos antes da promulgação da Constituição Federal de 1988. Trata-se de regra de "estabilização" prevista no Ato das Disposições Constitucionais Transitórias - ADCT que tem a intenção de assegurar os direitos daqueles que já tinham sua situação consolidada.

Dessa forma, o art. 19 da ADCT define que "*Os servidores públicos civis da União, dos Estados, do Distrito Federal e dos Municípios, da administração direta, autárquica e das fundações públicas, em exercício na data da promulgação da Constituição, há pelo menos cinco anos continuados, e que*

9. CARVALHO FILHO, José dos Santos –Manual de Direito Administrativo. Rio de Janeiro: Lumen Juris,23ª ed. 2012

não tenham sido admitidos na forma regulada no art. 37, da Constituição, são considerados estáveis no serviço público".

É relevante frisar que a norma não se aplica aos ocupantes de cargos, funções e empregos de confiança ou em comissão, nem aos que a lei declare de livre exoneração nem àqueles servidores que atuam no exercício da função de professores de nível superior, cujo tempo de serviço não será computado para fins de aquisição de estabilidade. Essa estabilidade é denominada de estabilidade extraordinária.

Sendo assim, atualmente serão estáveis no serviço público aqueles que cumprirem os requisitos constitucionais de três anos de efetivo exercício, somados à aprovação em avaliação especial de desempenho (expressa ou tácita). Além destes agentes, adquirem estabilidade os servidores que ingressaram no serviço público cinco anos antes da promulgação da Constituição Federal de 1988, nos moldes do art. 19 da ADCT, desde que não exerçam função de confiança ou cargo em comissão de livre exoneração.

Deve-se observar que 4 meses antes do término do estágio probatório, a avaliação do desempenho de cada servidor será submetida à homologação por parte da autoridade competente. Isso não quer dizer que no período faltante para a conclusão do estágio o servidor na continuará a ser avaliado para que consiga a estabilidade almejada.

O servidor que não lograr aprovação no estágio probatório será exonerado ou reconduzido ao cargo anteriormente ocupado se estável era. Isto é o que dispõe o art. 20, § 2º. Deve-se observar que em alguns momentos, o servidor nomeado, anteriormente à posse e à nomeação para o novo cargo, era vinculado a cargo anterior de outra carreira. Nestes casos, se não aprovado em estágio probatório de seu novo cargo, será reconduzido, ou melhor, retornará ao cargo anteriormente ocupado, se era estável no cargo anterior. Essa espécie de provimento será vista mais abaixo.

A entrega do parecer pela comissão, acerca do cumprimento dos fatores no estágio probatório nos 4 (quarto) meses antes de seu final é necessário para que seja possível exercer a ampla defesa e o contraditório nesse momento, evitando assim que o triênio se complete sem a devida decisão. Isso porque a reprovação levará à exoneração ou à recondução, sendo esses dois atos em prejuízo do servidor.

3.1.2.4.3. Vitaliciedade

Conforme analisado, a estabilidade, adquirida após três anos de exercício em cargos públicos efetivos, enseja uma garantia do servidor público, que somente poderá sofrer a perda do seu cargo mediante sentença judicial transitada em julgado, processo administrativo em que lhe seja assegurada ampla defesa, procedimento de avaliação periódica de desempenho, na forma de lei complementar, assegurada ampla defesa ou mediante procedimento específico decorrente da necessidade de contenção de gastos com pessoal, nos moldes definidos pelo art. 169 da Constituição Federal.

A **vitaliciedade**, por sua vez, configura uma prerrogativa maior concedida pela Carta Magna aos agentes públicos de determinadas carreiras, em razão da natureza do cargo que exercem e do grau de responsabilidade inerente às atividades por eles exercidas. Aos agentes que ocupam cargos vitalícios é garantida a permanência no serviço público, somente sendo possível a perda do cargo mediante **sentença judicial transitada em julgado**. Com efeito, as demais hipóteses de perda do cargo público aplicada aos servidores estáveis não se estendem aos vitalícios.

O texto constitucional confere a garantia da vitaliciedade aos membros das carreiras da magistratura, do Ministério Público e também aos ministros e conselheiros dos Tribunais de Contas.

Neste sentido, o art. 95, I da Carta Constitucional define que os juízes gozarão de "*vitaliciedade, que, no primeiro grau, só será adquirida após dois anos de exercício, dependendo a perda do cargo, nesse período, de deliberação do tribunal a que o juiz estiver vinculado, e, nos demais casos, de sentença judicial transitada em julgado*". A norma é repetida em relação aos membros do Ministério Público, no art. 128, §5º, I, "a" da CF/88. Por sua vez, em relação aos membros do Tribunal de Contas, a prerrogativa da vitaliciedade decorre do fato de que o art. 73, §3º dispõe que "*Os Ministros do Tribunal de Contas da União terão as mesmas garantias, prerrogativas, impedimentos, vencimentos e vantagens dos Ministros do Superior Tribunal de Justiça, aplicando-se-lhes, quanto à aposentadoria e pensão, as normas constantes do art. 40*".

Por fim, cumpre ressaltar que, para aqueles que ingressam na carreira da magistratura mediante nomeação direta, nos moldes da Constituição, como ocorre com os desembargadores nomeados pelo "quinto constitucional" ou os ministros do Superior Tribunal de Justiça, por exemplo, a vitaliciedade é adquirida no momento da posse, não sendo necessária a observação do prazo de dois anos. O mesmo ocorre com os ministros e conselheiros dos Tribunais de Contas.

Em relação àqueles que ingressam nas carreiras da magistratura ou do Ministério Público mediante aprovação em concurso, por sua vez, a vitaliciedade é adquirida, somente, após dois anos de efetivo exercício no cargo.

3.1.2.4.4. Direitos e Deveres do servidor ainda em estágio probatório

O servidor em estágio probatório não possui todos os direitos previstos no Estatuto Federal. O art. 20 da Lei 8.112/90 enumera alguns dos direitos do servidor ainda submetido a estágio probatório.

Observa-se que o servidor, ainda que em estágio probatório, pode exercer quaisquer cargos em comissão ou funções comissionadas, desde que seja no mesmo órgão ou entidade de lotação. Lotação é o nome que se dá ao conjunto de cargos vinculados a determinado órgão ou entidade. O cargo que está vinculado é dito como lotado naquele órgão ou entidade. Apenas para exemplificar, caso se esteja falando de cargo vinculado a um Tribunal Regional Eleitoral, aquele cargo estará lotado nesse TRE. Sobre o termo lotação, leciona Odete Medauar (p. 267):

> Para que se possa iniciar o exercício torna-se necessário lotar o servidor, dar-lhe lotação, ou seja, inseri-lo num órgão para que aí exerça suas atividades. Os termos "lotação do servidor" indicam o órgão no qual o servidor exerce as atividades de seu cargo, função ou emprego. Também se usa o vocábulo "lotação" ligado a um órgão, por exemplo: "lotação do Departamento de Contabilidade", para expressar o número de cargos, funções e empregos inseridos no órgão, a fim de que realize as atividades de sua competência."

Um servidor do TRE/SP pode exercer cargo ou função de confiança, ainda que em estágio probatório, desde que seja no TRE/SP, pois é seu órgão de lotação. Via de regra, o servidor em estágio probatório não pode ser cedido a outro órgão ou entidade. Há, no entanto, três ressalvas a essa proibição. O parágrafo terceiro desse art. 20 permite a cessão do servidor em estágio probatório desde que seja para ocupar cargo de Direção e Assessoramento Superior (DAS), níveis 4, 5 e 6, ou ainda de natureza especial ou equivalentes.

Tais cargos são de provimento em comissão e assim qualificados pela Lei. Os de Direção e Assessoramento Superiores possuem seis níveis. Para a cessão de servidor em estágio probatório, é necessário que o cargo ocupado seja dos níveis 4 a 6. Esses, inclusive, são aqueles que possuem atribuições mais complexas e, exatamente por isso, acabam tendo uma boa remuneração para seus ocupantes. A mesma coisa ocorre em relação aos cargos de natureza especial e equivalentes. A Lei que cria o cargo é que traz a sua qualificação.

Concordamos com a crítica de Ivan Barbosa Rigolin (p. 78) ao dispositivo:

> "É muito pouco louvável a ideia de a lei referir determinada categoria ou classe de cargos que porventura no momento existam na organização federal, porque, além de fragmentária e casuística a previsão, a não merecer destaque em um estatuto de servidores, nada assegura que permaneçam na estrutura, de modo que disposições de pequena envergadura e restrito escopo como estas não merecem figurar na mais importante e basilar lei disciplinadora do regime jurídico do servidor federal."

Por outro lado, o servidor ainda em estágio probatório não possui direito a todas as licenças e afastamentos previstos na Lei 8.112/90, mas apenas aquelas previstas no art. 20, § 2º. É importante observar que além de tais licenças, as previdenciárias, como a licença a gestante e a licença para tratar da própria saúde, também podem ser gozadas pelo servidor ainda não estável.

Assim, além das previdenciárias, são possíveis as seguintes licenças e afastamentos para o servidor em estágio probatório:

LICENÇAS	AFASTAMENTOS
Doença em pessoa da família	Mandato Eletivo
Afastamento Cônjuge	Estudo ou missão exterior
Serviço Militar	Organismo Internacional.
Atividade Política	

Para o aprofundamento dessas licenças e afastamentos remetemos o leitor aos comentários dos arts. 84 e seguintes do Estatuto.

Nos termos trazidos pelo § 6º do art. 20, algumas licenças e afastamentos suspenderão a contagem do tempo em relação ao estágio probatório, o que significa que o servidor, se já tiver, por exemplo, 3 meses de exercício e entrar em licença, nos casos trazidos pelo § 6º, só terá o seguimento da contagem quando retornar ao exercício do cargo.

Desta forma, se o servidor retornar 6 meses depois, ainda faltarão 2 anos e 9 meses para terminar o seu estágio probatório, pois a contagem permaneceu suspensa enquanto havia a licença citada.

Ficará, pois, suspenso o estágio probatório em se tratando de: licença por motivo de doença em pessoa da família, por motivo de afastamento do cônjuge, da licença para exercício de atividade partidária, bem como o afastamento do servidor para servir em organismo internacional de que o Brasil participe ou com o qual coopere.

Há, no entanto, licenças e afastamentos que não suspendem o período do estágio probatório. Nesses casos, apesar do servidor não estar de fato prestando serviços à Administração, o tempo da licença ou do afastamento será contado para todos os efeitos, inclusive para o estágio probatório.

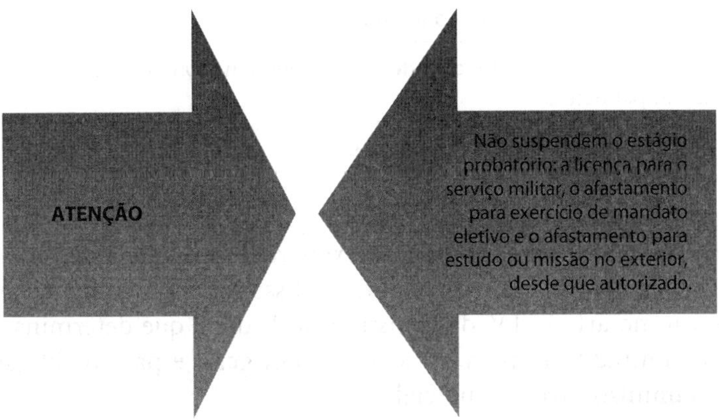

3.2.1.5. *Perda de cargo pelo servidor estável*

Art. 22. O servidor estável só perderá o cargo em virtude de sentença judicial transitada em julgado ou de processo administrativo disciplinar no qual lhe seja assegurada ampla defesa.

Art. 23. (Revogado pela Lei nº 9.527, de 10.12.97)

Comentários

A estabilidade é garantia de permanência no cargo, mas não é absoluta. É possível que o servidor, ainda que estável, acabe por perder o seu cargo, na forma prevista no Ordenamento Jurídico.

A Lei 8.112/90 estabelece como formas de perda do cargo pelo servidor estável: a sentença judicial transitada em julgado e o processo administrativo com direito a ampla defesa e contraditório. A Constituição Federal, no entanto, acrescenta duas possibilidades de perda de cargo por servidor estável que são o procedimento de avaliação de desempenho, ainda sem regulamentação, e o excesso de gasto com pessoal.

A sentença judicial transitada em julgado e o processo administrativo disciplinar são formas de aplicação da pena de demissão. Por outro lado, no caso de procedimento periódico de avaliação de desempenho (ainda não regulamentado por lei complementar e, portanto, ainda não aplicável na prática) e excesso de gasto com pessoal, fala-se em exoneração. O excesso de gasto com pessoal acabou sendo regulamentado pela Lei 9.801/99.

Assim sendo, podemos apontar as formas de perda de cargo por servidor já estável da seguinte maneira:

PERDA DE CARGO POR SERVIDOR ESTÁVEL:
Sentença judicial transitada em julgado;
Processo administrativo com direito a ampla defesa;
Procedimento de avaliação periódica de desempenho, na forma de lei complementar, assegurada ampla defesa;
Excesso de gasto com pessoal (art. 169 da CF).

É importante destacar que mesmo que o servidor ainda em estágio probatório, não pode ser demitido ou exonerado sem que antes que lhe seja oportunizada ampla defesa e contraditório. Essa regra é facilmente entendida pelo disposto no art. 5º, LV, da Constituição Federal que determina a ampla defesa e o contraditório para os acusados em geral e para os litigantes em processo administrativo ou judicial.

Por outro lado, nada impede que servidor ainda em estágio probatório possa acabar sendo desligado pela extinção de seu cargo. Nesse caso, não há que se falar em ampla defesa e contraditório por não se tratar de ato da administração, mas sim de ato político por parte do estado, uma vez que os cargos só podem ser extintos por lei, quando ocupados.

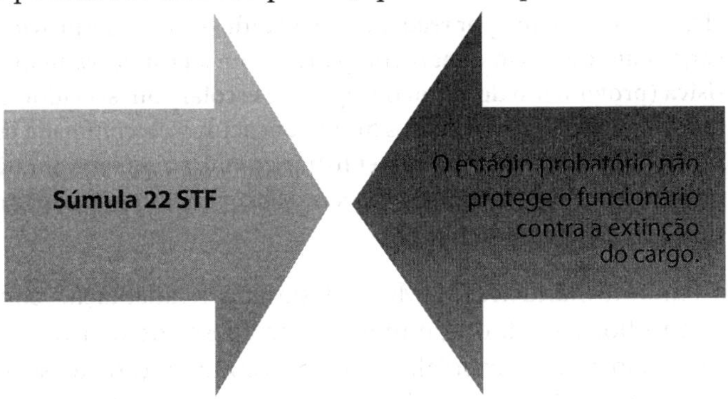

A estabilidade não se confunde com a vitaliciedade, uma vez que nesta a perda do cargo público só poderá ocorrer por sentença judicial transitada em julgado, não sendo possível processo administrativo disciplinar para determinar a perda do cargo por agente vitalício. É o que ocorre com magistrados, membros do Ministério Público e membros dos Tribunais de Contas.

3.3. READAPTAÇÃO

> **SEÇÃO VII**
> **DA READAPTAÇÃO**
>
> **Art. 24.** **Readaptação é a investidura do servidor em cargo de atribuições e responsabilidades compatíveis com a limitação que tenha sofrido em sua capacidade física ou mental verificada em inspeção médica.**

§ 1º Se julgado incapaz para o serviço público, o readaptando será aposentado.

§ 2º A readaptação será efetivada em cargo de atribuições afins, respeitada a habilitação exigida, nível de escolaridade e equivalência de vencimentos e, na hipótese de inexistência de cargo vago, o servidor exercerá suas atribuições como excedente, até a ocorrência de vaga.

Comentários

Readaptação é forma de provimento através da qual um servidor que por algum motivo fica incapacitado, física ou mentalmente, para continuar a exercer as funções de seu cargo, é provido para cargo diverso que seja melhor adaptado à sua incapacidade.

Conforme afirma o professor Diógenes Gasparini:

> **"Diz-se provimento por readaptação quando o servidor é provido em outro cargo cujo exercício é mais compatível com sua superveniente limitação física (provimento do cargo de vigilante escolar com servidor de cargo de motorista que perdeu um dos braços em acidente), conforme já decidiu o STF (RDA, 128: 145). É provimento horizontal, pois o servidor não ascende nem é rebaixado. Faz-se essa espécie de provimento sem concurso, dada a finalidade do provimento."**

Celso Antonio Bandeira de Mello designa a Readaptação como provimento derivado horizontal, o que mostra que apesar de ocorrer a mudança de cargo, isso não pode trazer alteração na remuneração do servidor. Por outro lado, as atribuições não podem ser iguais, por conta da limitação na capacidade do servidor, mas devem ser afins. O servidor, assim, deve se manter razoavelmente dentro da esfera de serviço que prestava no cargo anterior.

Por exemplo, quando Diógenes Gasparini cita o motorista que passa a exercer o cargo de vigia de uma escola, deve-se entender que ele era motorista de ônibus escolar. Há uma afinidade de funções, pois ambas dizem respeito a atividades meio da prestação serviço público escolar.

A readaptação não vai ocorrer quando não houver cargo vago que tenha os requisitos para aquele provimento. Ou seja, quando não houver cargo cujas atribuições sejam compatíveis com a limitação do servidor e que não tenha remuneração equivalente, atribuições afins, respeitando-se a habilitação legal e o mesmo nível de escolaridade do cargo anterior.

Não existindo cargo com essas características, só restará ao servidor a aposentadoria por invalidez. É importante destacar que essa aposentadoria só ocorre quando não for realmente possível a readaptação. Não há interesse em se aposentar um servidor quando ele puder continuar prestando seus serviços, ainda que em outro cargo compatível. Por isso, é que o dispositivo comentado permite a figura do servidor extranumerário, constituindo-se como exceção no regime jurídico da Lei 8.112/90.

Nestes termos, afirma o art. 24 da Lei 8.112/90 que: "**Readaptação é a investidura do servidor em cargo de atribuições e responsabilidades compatíveis com a limitação que tenha sofrido em sua capacidade física ou mental verificada em inspeção médica.**"

Obviamente, se a incapacidade sofrida pelo servidor não o fizer apto para o exercício de qualquer função pública, será o mesmo aposentado. Isto é que dispõe o § 1º do art. 24, nos seguintes termos: "**julgado incapaz para o serviço público, o readaptando será aposentado.**"

Mesmo podendo ainda exercer atividade inerente à função pública, mesmo que não do cargo para o qual foi originalmente investido, deverá ser investido em um novo cargo em que seja a sua incapacidade respeitada. No entanto, mesmo assim, não pode ocorrer investidura em qualquer cargo público. É necessário que o novo cargo tenha respeitado a habilitação exigida, bem como o nível de escolaridade e equivalência de vencimentos.

A Readaptação, juntamente com a reversão por invalidez, como será visto no próximo tópico, traz uma situação excepcional, que é a possibilidade do servidor ter exercício como excedente. O exercício como excedente permite que servidores exerçam atribuições inerentes a cargos públicos sem que exista cargo vago. Como exemplo, o caso do servidor que vai ser readaptado para o cargo de vigia de uma determina escola. Há, no entanto, 10 cargos de vigia ocupados. O readaptado seria o décimo primeiro vigia, existindo apesar de haver apenas 10 cargos com tais atribuições.

Essa situação é excepcional e só se aplica quando não exista cargo vago para a readaptação. O servidor que atua como excedente é denominado de servidor extranumerário. Assim que surgir um cargo vago, o readaptado passa a ocupar esse cargo. O motivo de se permitir o exercício como excedente na readaptação é bastante simples. É mais interessante ter um servidor exercendo atribuições de um cargo do que tê-lo aposentado por invalidez. Por isso é que inexistindo cargo vago, o servidor atua como excedente até a ocorrência de vaga.

3.4. REVERSÃO

SEÇÃO VIII
DA REVERSÃO

Art. 25. Reversão é o retorno à atividade de servidor aposentado:

I – por invalidez, quando junta médica oficial declarar insubsistentes os motivos da aposentadoria; ou

II – no interesse da administração, desde que:

a) tenha solicitado a reversão;

b) a aposentadoria tenha sido voluntária;

c) estável quando na atividade;

d) a aposentadoria tenha ocorrido nos cinco anos anteriores à solicitação;

e) haja cargo vago

§ 1º A reversão far-se-á no mesmo cargo ou no cargo resultante de sua transformação.

§ 2º O tempo em que o servidor estiver em exercício será considerado para concessão da aposentadoria.

§ 3º No caso do inciso I, encontrando-se provido o cargo, o servidor exercerá suas atribuições como excedente, até a ocorrência de vaga.

§ 4º O servidor que retornar à atividade por interesse da administração perceberá, em substituição aos proventos da aposentadoria, a remuneração do cargo que voltar a exercer, inclusive com as vantagens de natureza pessoal que percebia anteriormente à aposentadoria. (Incluído pela Medida Provisória nº 2.225-45, de 4.9.2001)

§ 5º O servidor de que trata o inciso II somente terá os proventos calculados com base nas regras atuais se permanecer pelo menos cinco anos no cargo. (Incluído pela Medida Provisória nº 2.225-45, de 4.9.2001)

§ 6º O Poder Executivo regulamentará o disposto neste artigo.

Art. 26. (Revogado pela Medida Provisória nº 2.225-45, de 4.9.2001)

Art. 27. Não poderá reverter o aposentado que já tiver completado 70 (setenta) anos de idade.

Comentários

A reversão é o retorno do servidor que estava aposentado. Há duas formas de reversão: a reversão por invalidez e a reversão no interesse da Administração.

3.4.1. Reversão por invalidez

A reversão por invalidez ocorre quando cessam as causas que levaram a aposentadoria por invalidez. Pode ocorrer a pedido ou de ofício. De ofício ocorrerá quando a Administração realiza exames periódicos nos servidores aposentados, conforme permissivo previsto no art. 206-A da Lei 8.112/90. Se, em um desses exames, for verificado que a causa da invalidez deixou de existir, processa-se a reversão do servidor.

Esse provimento dará ao servidor todas as vantagens que tinha e terá que ocorrer no mesmo cargo em que houve a aposentação. É importante ressaltar que o tempo em que o servidor se manteve aposentado será contado apenas para efeito de uma nova aposentadoria, conforme determina o art. 103, § 1º, da Lei 8.112/90.

Caso não exista cargo vago, o servidor exercerá as suas atribuições como excedente até a ocorrência de vaga. Como visto no tópico anterior, a Lei 8.112/90 permite o exercício como excedente em apenas duas hipóteses: na readaptação e na reversão por invalidez. Nesses casos, apesar de todos os cargos estarem ocupados, o servidor exercerá as atribuições como se vinculado ao cargo estivesse. Por isso, nessas hipóteses, o servidor é denominado como extranumerário. Evidentemente, o exercício como excedente é exceção e assim que ocorrer vaga, o servidor acabará sendo provido no cargo.

3.4.2. Reversão no interesse da Administração

Essa outra modalidade de reversão foi introduzida pela Medida Provisória 2.225-45/2001. Em virtude do quanto disposto no art. 2º da EC 52/2001, essa MP apesar de nunca ter sido transformada em lei, continua normalmente em vigor.

A reversão no interesse da Administração ocorre quando a aposentadoria foi voluntária. Só se admite essa reversão a pedido, não podendo ocorrer de ofício. O interessado tem até 5 anos da aposentação para requerer a reversão, que necessitará de interesse da Administração Pública, sendo, pois, considerado como um ato discricionário.

Não se admite o exercício como excedente nessa espécie de reversão, uma vez que a Lei exige que exista cargo vago, além de ser necessário, também, que o servidor, quando em atividade, fosse estável.

Em resumo:

Por fim, quando do retorno do servidor à atividade, o seu exercício será contado para uma nova aposentadoria, podendo obviamente melhorar seus futuros proventos em virtude do novo tempo de contribuição para o sistema. Como se verá mais a frente, o sistema previdenciário específico do servidor é contributivo.

3.4.3. Idade limite para reversão

A Lei 8.112/90 estabelece que não poderá reverter o servidor que já tenha completado 70 anos de idade. Essa era a idade da aposentadoria compulsória, conforme determinação do art. 41, § 1º, da CF. Esse dispositivo, no entanto, acabou sendo revogado pela EC 88, que passou a estabelecer a idade para aposentadoria compulsória como sendo 75 anos.

A dúvida que permanece para o intérprete é saber se o art. 27 da Lei 8.112/90 ainda mantém a idade limite para a reversão como sendo de 70 anos, ou a interpretação deverá seguir o que estabelece a atual redação do art. 40 da CF. Como se trata de uma mudança muito recente ainda não há jurisprudência a respeito.

Entendo que apesar da mudança pela EC 88, o limite para a reversão ainda deve ser considerado como 70 anos, até que seja alterada a Lei. O fato da CF estabelecer um prazo mais longo para aposentadoria compulsória não muda automaticamente o limite para reversão. São situações independentes. O legislador pode, como fez na Lei 8.112/90, fixar um limite inferior para reversão. O que não poderia fazer é fixar uma idade para aposentadoria compulsória diferente da prevista na Constituição Federal, pois neste caso a ofensa seria direta ao texto constitucional.

O que se pretende, em verdade, é estabelecer uma interpretação que leve ao Texto Constitucional a máxima eficácia possível. Como ensina Alexandre de Moraes (p. 59):

> "A primeira finalidade básica da interpretação constitucional é garantir o máximo de efetividade do texto magno, consagrando sua força normativa e garantindo a interpretação de todo o ordenamento jurídico em conformidade com as suas normas."

Mas a CF não prevê prazo para reversão, o que significa que o legislador poderia fixar um prazo diferenciado para tanto. O que o fez no art. 27 da Lei 8.112/90 que, a nosso ver, continua em pleno vigor. Essa interpretação não coloca em risco a eficácia da CF, pois a aposentadoria compulsória e a idade limite para reversão são institutos diferentes.

3.5. REINTEGRAÇÃO

SEÇÃO IX
DA REINTEGRAÇÃO

Art. 28. A reintegração é a reinvestidura do servidor estável no cargo anteriormente ocupado, ou no cargo resultante de sua transformação, quando invalidada a sua demissão por decisão administrativa ou judicial, com ressarcimento de todas as vantagens.

§ 1º Na hipótese de o cargo ter sido extinto, o servidor ficará em disponibilidade, observado o disposto nos arts. 30 e 31.

§ 2º Encontrando-se provido o cargo, o seu eventual ocupante será reconduzido ao cargo de origem, sem direito à indenização ou aproveitado em outro cargo, ou, ainda, posto em disponibilidade.

Comentários

Reintegração é o retorno do servidor ao cargo anteriormente ocupado em virtude da sua demissão ter sido anulada. Essa anulação pode ocorrer pela própria Administração Pública no exercício da autotutela, ou pelo Judiciário.

São pressupostos da reintegração a ilegalidade na decretação da perda do cargo, além de decisão administrativa ou judicial anulando a perda e, portanto, determinando o retorno do servidor ao cargo anteriormente ocupado. É evidente que como se trata de ato ilegal, os efeitos da anulação retroagem até a sua produção. Por isso, o servidor tem direito a indenização de todos os valores que deixou de receber por conta da demissão.

Nesse sentido, lição José Cretella Júnior (p. 254):

> **No mesmo instante em que se concretiza a reinvestidura, adquire o funcionário o direito a todas as vantagens pecuniárias e promoções de que ficou privado por força do ato ilegal que lhe determinou o afastamento, ressarcindo-se os prejuízos verificados durante o interregno por meio de novo administrativo revocatório do ato causador da demissão ou por meio de sentença judicial."**

Interessante é o fato segundo o qual a Lei 8.112/90 determina que a reintegração deve ocorrer em relação ao servidor estável, mesma redação trazida pela Constituição Federal, em seu art. 41, § 2º[10]. Ocorre,

10 Invalidada por sentença judicial a demissão do servidor estável, será ele reintegrado, e o eventual ocupante da vaga, se estável, reconduzido ao cargo de origem, sem direito a

no entanto, que a jurisprudência tem dado uma interpretação extensiva ao dispositivo.

Assim, o STJ tem entendido que a reintegração é possível quando há perda do mandato ilegalmente, o que pode se dar na exoneração e na demissão, em relação a servidor estável ou ainda em estágio probatório. Nesse sentido:

> PROCESSUAL CIVIL. EMBARGOS DE DECLARAÇÃO EM MANDADO DE SEGURANÇA. AUSÊNCIA DE OMISSÃO, OBSCURIDADE, CONTRADIÇÃO OU ERRO MATERIAL.
>
> (ADMINISTRATIVO. SERVIDOR PÚBLICO FEDERAL. AUDITOR-FISCAL DO TRABALHO. FATO CONSUMADO. INEXISTÊNCIA. TEORIA DOS MOTIVOS DETERMINANTES. NOMEAÇÃO DECORRENTE DE DECISÃO JUDICIAL. ACÓRDÃO PROFERIDO EM SEDE DE APELAÇÃO. ANULAÇÃO. MANUTENÇÃO DA IMPETRANTE NO CARGO ATÉ O TRÂNSITO EM JULGADO DA AÇÃO ORDINÁRIA). EMBARGOS DE DECLARAÇÃO REJEITADOS.
>
> 1. De acordo com o art. 535 do CPC, "cabem embargos de declaração quando: I – houver, na sentença ou no acórdão, obscuridade ou contradição; II – for omitido ponto sobre o qual devia pronunciar-se o juiz ou tribunal".
>
> 2. No acórdão embargado, não se verifica nenhum dos vícios acima, tampouco erro material, pois, de maneira clara e coerente, esta Primeira Seção decidiu com base nas seguintes premissas: (i) consoante entendimento consolidado nesta Corte Superior, ainda que se encontre em estágio probatório, ao servidor concursado e nomeado para cargo efetivo deve ser garantido o devido processo legal, a ampla defesa e o contraditório; e (ii) na hipótese, embora a autoridade coatora afirme que foram observados os princípios constitucionais da ampla defesa, não apresenta qualquer documento nem tampouco noticia a instauração de procedimento válido destinado à exoneração da impetrante.
>
> 3. Insta salientar que, embora sejam dispensáveis os rigores de um processo administrativo disciplinar na exoneração *ex-officio* de servidor que não alcança a pontuação mínima necessária em estágio probatório, não há nos autos qualquer documentação que comprove que a impetrante foi devidamente intimada para apresentar defesa.
>
> Ademais, a simples "declaração" da servidora diante da Comissão Especial de Avaliação de Desempenho, na qual apenas lhe foi questionado (i) o local onde a servidora se julga apta a exercer suas atividades; e (ii) se a servidora teria sido encaminhada à Coordenação de Segurança e Saúde do Trabalhador, não tem o condão de satisfazer o devido processo legal.

---

indenização, aproveitado em outro cargo ou posto em disponibilidade com remuneração proporcional ao tempo de serviço.

4. Nesse cenário, não há censura a se fazer ao acórdão embargado que concedeu a ordem para determinar a reintegração da servidora. Ressalva-se, contudo, o direito da Administração de instaurar novo procedimento em que sejam observados os princípios da ampla defesa e do contraditório.

5. Portanto, não são cabíveis os presentes embargos declaratórios, haja vista que a real intenção da parte embargante é rediscutir o que ficou clara e coerentemente decidido, buscando efeitos infringentes, o que não é viável em razão dos limitados contornos processuais desta espécie de recurso.

6. Embargos de declaração rejeitados. (EDcl no MS 19179 / DF; EMBARGOS DE DECLARAÇÃO NO MANDADO DE SEGURANÇA 2012/0199031-5; Relator Ministro MAURO CAMPBELL MARQUES; DJe 18/04/2013)

Entendemos que esse entendimento respeita mais a Constituição Federal, pois se há preocupação no Texto Constitucional, acerca do ingresso em cargo público, há de se concluir razoavelmente que qualquer perda de cargo, por servidor estável ou não, deve estar fundamentada e respeitar a ampla defesa e o contraditório, no mínimo. Sem isso, não há plena efetividade da Norma Régia em relação aos cargos e seus ocupantes.

Há que se concluir, no entanto, que o servidor não estável só poderá ser reintegrado enquanto seu cargo não houver sido extinto. Isso porque, como será visto adiante, a disponibilidade é direito do servidor estável, como leciona Celso Antonio Bandeira de Melo (p. 317):

> "Disponibilidade, relembre-se, é o ato pelo qual o Poder Público transfere para a inatividade remunerada servidor estável cujo cargo venha a ser extinto ou ocupado por outrem em decorrência de reintegração, sem que o desalojado proviesse de cargo anterior ao qual pudesse ser reconduzido e sem que existisse outro da mesa natureza para alocá-lo."

Como a presente obra é para concursos públicos, deve-se ter cuidado com a interpretação literal das questões que têm uma tendência maior em trazer uma interpretação literal do dispositivo. Assim, caso a organizadora do concurso traga alternativa segundo a qual a reintegração ocorre para servidores estáveis, essa afirmação estará correta, uma vez que é o que se determina no dispositivo sob comento.

É importante salientar que o reintegrado retorna ao cargo anteriormente ocupado, com direito a indenização de tudo que deixou de receber por conta de ter perdido o cargo ilegalmente, independentemente de estar o cargo ocupado por terceiro. Apenas em uma hipótese o servidor estável não retornará ao serviço ativo: quando o cargo ocupado houver sido extinto. Nesse caso, ele entra em disponibilidade até ser aproveitado em outro cargo.

3.5.1. Eventual Ocupante

Eventual ocupante é o servidor que foi provido no cargo que pertencia ao reintegrado. Como visto, se o cargo não houver sido extinto, o reintegrado retornará a ele, ainda que esteja ocupado. Caso o eventual ocupante não seja estável, acabará por perder o vínculo com a Administração Pública. Pelo menos esse é o entendimento mais comum e que pode ser aplicado nas provas de concurso público.

Não vemos porque nessa hipótese não se possa aplicar por analogia o art. 38 da Lei 8.112/90 e permitir que o eventual ocupante não estável de cargo em que ocorre reintegração exerça provisoriamente suas atribuições em cargo federal compatível até obter a sua estabilidade. É a interpretação mais consentânea com o respeito que se deve ter ao vínculo do servidor com a Administração, que acabou sendo formado após aprovação em processo impessoal denominado de concurso público.

Em relação ao servidor estável como eventual ocupante, havendo reintegração no cargo, há três situações possíveis:

É importante observar que o eventual ocupante não possui direito a qualquer indenização, ainda que reconduzido a cargo de vencimentos inferiores ao que recebia quando ocupava o cargo em que se deu a reintegração. A recondução, a disponibilidade e o aproveitamento serão vistos na sequência.

3.6. RECONDUÇÃO

SEÇÃO X
DA RECONDUÇÃO

Art. 29. Recondução é o retorno do servidor estável ao cargo anteriormente ocupado e decorrerá de:

I – inabilitação em estágio probatório relativo a outro cargo;

II – reintegração do anterior ocupante.

Parágrafo único. Encontrando-se provido o cargo de origem, o servidor será aproveitado em outro, observado o disposto no art. 30.

Comentários

Recondução é o retorno do servidor estável ao cargo anteriormente ocupado. É provimento que não pode ser produzido em relação a servidor não estável. A recondução ocorre em duas situações: Na reprovação em estágio probatório referente a outro cargo e na reintegração do anterior titular.

No primeiro caso, o servidor se submete a novo concurso, é aprovado e empossado em outro cargo. Como se trata de outra nomeação, o servidor deverá se submeter a estágio probatório no novo cargo. Dessa forma, caso venha a ser reprovado nesse novo estágio probatório e era estável no cargo anterior, poderá ser reconduzido para esse cargo, caso esteja vago.

A jurisprudência, no entanto, tem permitido que a recondução ocorra caso o servidor decida por retornar ao cargo anterior, desde que essa decisão ocorra antes do final do estágio probatório no novo cargo. Isso porque o vínculo com o cargo anterior permaneceria até que houvesse estabilidade em um novo cargo. Nesse sentido:

> MANDADO DE SEGURANÇA. SERVIDOR PÚBLICO ESTÁVEL. ESTÁGIO PROBATÓRIO EM OUTRO CARGO PÚBLICO. RECONDUÇÃO AO CARGO ANTERIORMENTE OCUPADO. POSSIBILIDADE. ORDEM PARCIALMENTE CONCEDIDA.
>
> 1. O servidor público estável que desiste do estágio probatório a que foi submetido em razão de ingresso em novo cargo público tem direito a ser reconduzido ao cargo anteriormente ocupado.
>
> 2. Inteligência do parágrafo 2º do artigo 20 da Lei nº 8.112/90. Precedentes do STF.
>
> 3. "O mandado de segurança não é substitutivo de ação de cobrança" (Súmula do STF, Enunciado nº 269). "Concessão do mandado de segurança não produz efeitos patrimoniais, em relação a período pretérito, os quais devem ser reclamados administrativamente ou pela via judicial própria." (Súmula do STF, Enunciado nº 271).
>
> 4. Ordem parcialmente concedida. (MS 8339 / DF MANDADO DE SEGURANÇA 2002/0051853-4; Rel. Ministro HAMILTON CARVALHIDO; DJ 16/12/2002).

Esse também é o entendimento da AGU, esposado na Súmula 16 daquele órgão:

> "O servidor estável investido em cargo público federal, em virtude de habilitação em concurso público, poderá desistir do estágio probatório a que é submetido com apoio no art. 20 da Lei nº 8.112, de 11 de dezembro de 1990, e ser reconduzido ao cargo inacumulável de que foi exonerado, a pedido."

Em havendo estabilidade no novo cargo, extingue-se o vínculo com o anterior, não sendo mais possível a desistência para retorno ao cargo em se deu a vacância.

De outro lado, é possível a recondução quando o anterior titular do cargo ocupado é reintegrado. Nessa situação, como visto, o eventual ocupante do cargo, com a reintegração, caso seja estável, será reconduzido ao cargo anterior, posto em disponibilidade ou aproveitado em outro cargo.

ATENÇÃO

Só é possível a recondução se houver cargo vago.

Caso inexista cargo vago, o servidor que deveria ser reconduzido entrará em disponibilidade remunerada até seu adequado aproveitamento.

3.7. APROVEITAMENTO

SEÇÃO XI
DA DISPONIBILIDADE E DO APROVEITAMENTO

Art. 30. **O retorno à atividade de servidor em disponibilidade far-se-á mediante aproveitamento obrigatório em cargo de atribuições e vencimentos compatíveis com o anteriormente ocupado.**

Art. 31. **O órgão Central do Sistema de Pessoal Civil determinará o imediato aproveitamento de servidor em disponibilidade em vaga que vier a ocorrer nos órgãos ou entidades da Administração Pública Federal.**

Parágrafo único. Na hipótese prevista no § 3º do art. 37, o servidor posto em disponibilidade poderá ser mantido sob responsabilidade do órgão central do Sistema de Pessoal Civil da Administração Federal – SIPEC, até o seu adequado aproveitamento em outro órgão ou entidade. (Parágrafo incluído pela Lei nº 9.527, de 10.12.97)

Art. 32. Será tornado sem efeito o aproveitamento e cassada a disponibilidade se o servidor não entrar em exercício no prazo legal, salvo doença comprovada por junta médica oficial.

Comentários

Aproveitamento é o retorno do servidor que se encontrava em disponibilidade para o serviço ativo. Como a disponibilidade é instituto aplicado para o servidor estável e sendo o aproveitamento o retorno do servidor que estava em disponibilidade, é evidente que o aproveitamento só pode ser produzido em relação a servidor estável.

3.7.1. Disponibilidade

A disponibilidade é direito conferido ao servidor estável de não estar vinculado a cargo algum, apesar de continuar recebendo uma remuneração. Essa remuneração, denominada de provento (por ser o servidor em disponibilidade qualificado como inativo), é proporcional ao tempo de serviço.

Como a estabilidade está relacionada ao serviço público, o servidor estável que perdeu cargo em virtude de sua extinção, declaração de desnecessidade e reintegração do anterior titular entrará em disponibilidade. A extinção de cargo ocupado só pode ser feita por lei. É importante salientar que a estabilidade ou a vitaliciedade não impedem a extinção do cargo. Nesse sentido, há entendimento do STF, sumulado no verbete de número 11: "A vitaliciedade não impede a extinção do cargo, ficando o funcionário em disponibilidade, com todos os vencimentos."

Figura controversa é a declaração de desnecessidade. Segundo comenta Celso Antônio Bandeira de Mello (p. 296):

> "A declaração de desnecessidade, surgida ao tempo do golpe militar de 1º de abril de 1964 e consagrada constitucionalmente na Carta de 1969 (art. 100, parágrafo único), é um instituto obscuro e rebarbativo. Com efeito, se o cargo não é necessário, deve ser extinto pura e simplesmente."

O Decreto 3.151/1999 regulamenta a Declaração de Desnecessidade, conforme se observa de seu art. 2º:

> Art. 2º Respeitados o interesse público e a conveniência da administração, os cargos públicos podem ser declarados desnecessários, nos casos de extinção ou de reorganização de órgãos ou de entidades.

Tanto a extinção do cargo quanto a sua disponibilidade são fatos geradores da disponibilidade. A mesma coisa ocorre quando o servidor é eventual ocupante de um cargo e o anterior titular é reintegrado. Se não há cargo vago para a recondução, a solução é a disponibilidade.

3.7.2. Obrigatoriedade do Aproveitamento

É importante ressaltar que a disponibilidade não deve se perpetuar, apesar da legislação não lhe estabelecer um termo final. É certo, no entanto, que sendo possível o aproveitamento, ele passa a ser obrigatório. Leciona Ivan Barbosa Rigolin (p. 99):

> "Observa-se que a lei pretendeu proibir a existência ou a manutenção de vagas relativas aos mesmos cargos onde existem servidores em disponibilidade, coibindo com isso o contrassenso que a coexistência das situações implica, ou seja: se o cargo é declarado desnecessário, não pode existir vaga aberta para o mesmo cargo; ou se ele é extinto, não pode existir outro idêntico vago, pois, em qualquer caso, se houver servidor, que o ocupava, posto em disponibilidade, nele deve ser aproveitado."

Por ser obrigatório, determina a Lei 8.112/90 que publicado o ato de aproveitamento, caso o servidor não entre em exercício no prazo legal, acabará tendo o aproveitamento tornado sem efeito e a disponibilidade cassada. Apesar da omissão da legislação, não há que se admitir a cassação da disponibilidade sem que antes ocorra processo administrativo disciplinar, com direito a ampla defesa ao contraditório, por imposição do art. 5º, LV, da CF[11]. Qualquer interpretação que permita aplicação da pena de cassação da disponibilidade acarreta frontal violação à Constituição Federal.

De igual forma, não é possível o aproveitamento do servidor que tenha completado 75 anos de idade. Nessa hipótese, a disponibilidade deve ser transformada em aposentadoria compulsória. É evidente que o aproveitamento só poderá ocorrer em cargo de atribuições e vencimentos compatíveis com o anteriormente ocupado.

11 "Aos litigantes, em processo judicial ou administrativo, e aos acusados em geral são assegurados o contraditório e ampla defesa, com os meios e recursos a ela inerentes."

3.8. VACÂNCIA

CAPÍTULOII
DA VACÂNCIA

Art. 33. A vacância do cargo público decorrerá de:

I – exoneração;

II demissão;

III – promoção;

IV – (Revogado pela Lei nº 9.527, de 10.12.97)

V – (Revogado pela Lei nº 9.527, de 10.12.97)

VI – readaptação;

VII – aposentadoria;

VIII – posse em outro cargo inacumulável;

IX – falecimento.

Art. 34. A exoneração de cargo efetivo dar-se-á a pedido do servidor, ou de ofício.

Parágrafo único. A exoneração de ofício dar-se-á:

I – quando não satisfeitas as condições do estágio probatório;

II – quando, tendo tomado posse, o servidor não entrar em exercício no prazo estabelecido.

Art. 35. A exoneração de cargo em comissão e a dispensa de função de confiança dar-se-á: (Redação dada pela Lei nº 9.527, de 10.12.97)

I – a juízo da autoridade competente;

II – a pedido do próprio servidor.

Parágrafo único.-(Revogado pela Lei nº 9.527, de 10.12.97)

Comentários

Vacância é a situação do cargo sem titular. Segundo ensina José Cretella Júnior (p. 259):

> Nessas condições, o estado de vacância, ou seja, de cargo público sem titular, constitui exceção dentro do aparelhamento administrativo, estado anômalo que o Poder Público trata de corrigir através do imediato provimento.

Isso mostra que existindo um cargo vago, o interessante é que esteja provido visando atender as necessidades coletivas. A vacância pode ser originária ou derivada. A originária ocorre quando um cargo é criado, não tendo sido provido anteriormente. A derivada ocorre pela perda definitiva do titular, na forma estabelecida no estatuto.[12]

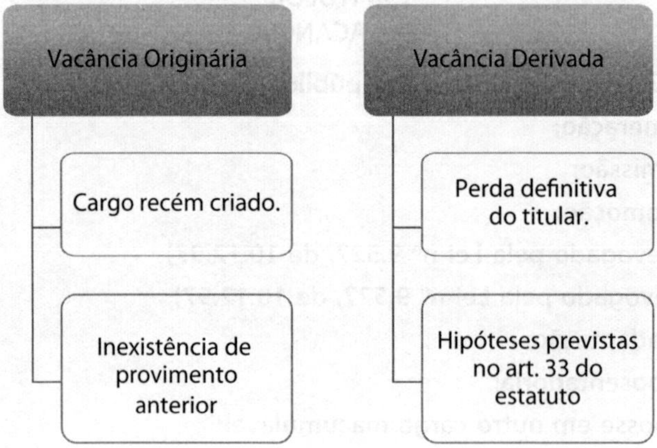

As hipóteses de vacância originária encontram-se no art. 33 da Lei 8.112/90.

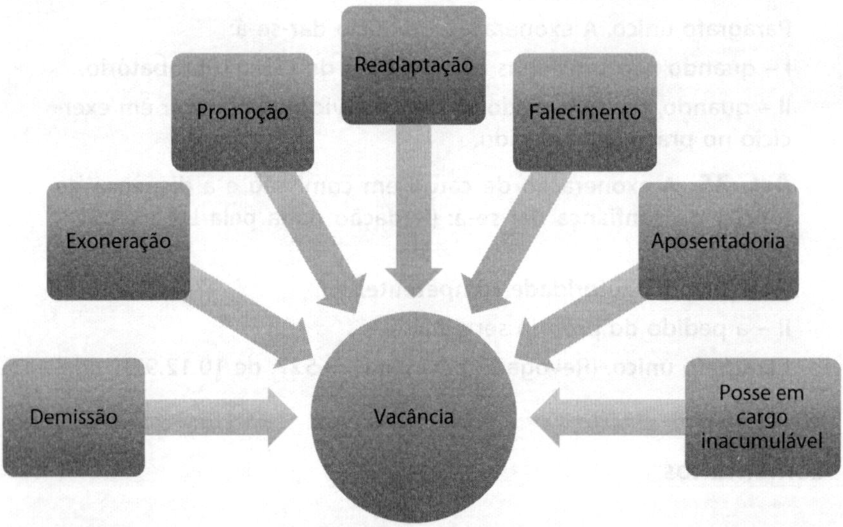

3.8.1. Demissão e exoneração

A demissão é a perda do cargo público por imposição de penalidade. Sendo assim, deverá respeitar obrigatoriamente a ampla defesa e o contraditório como apontado no art. 5º, LV, da CF. As hipóteses de demissão encontram-se

12 É como entende José Cretella Júnior (p. 259).

no art. 132 do estatuto e serão devidamente comentadas quando da análise do citado dispositivo.

Como depende de ampla defesa e de contraditório, a demissão só poderá ocorrer depois do devido processamento, o que pode acontecer através processo administrativo disciplinar ou de sentença judicial transitada em julgado.

Já a perda do cargo sem imposição de penalidade é denominada de exoneração. A renúncia ao cargo é tida como exoneração a pedido. É possível, também, que ocorra a exoneração de ofício. Essa exoneração poderá ocorrer tanto na hipótese de cargos efetivos quanto de cargos de provimento em comissão.

Como já visto, os cargos de provimento em comissão (também chamados de cargos de confiança) são de livre nomeação e exoneração. Isso significa que não há concurso público como pressuposto para a nomeação, mas também não há qualquer garantia de permanência no cargo. Por isso pode ocorrer a exoneração a qualquer momento, sem que o servidor tenha qualquer direito a indenização pela exoneração.

Apesar disso, o STF entende que a estabilidade provisória da servidora gestante é aplicada mesmo para a ocupante de cargo de confiança. Nesse sentido:

> DIREITO CONSTITUCIONAL, ADMINISTRATIVO E TRABALHISTA. CONTRATOS POR PRAZO DETERMINADO E OCUPANTES DE CARGOS EM COMISSÃO NÃO OCUPANTES DE CARGOS EFETIVOS. GRAVIDEZ DURANTE O PERÍODO DA PRESTAÇÃO DOS SERVIÇOS. DIREITO À LICENÇA-MATERNIDADE E À ESTABILIDADE PROVISÓRIA. ARTIGO 7º, XVIII, DA CONSTITUIÇÃO FEDERAL. ARTIGO 10, INCISO II, ALÍNEA B, DO ATO DAS DISPOSIÇÕES CONSTITUCIONAIS TRANSITÓRIAS. (ARE 674103 RG / SC – SANTA CATARINA REPERCUSSÃO GERAL NO RECURSO EXTRAORDINÁRIO COM AGRAVO Relator(a): Min. LUIZ FUX; DJe-115 DIVULG 17-06-2013).

Em relação a cargos efetivos, permite o estatuto a exoneração quando o servidor já empossado não entra em exercício dentro do prazo legal e quando há reprovação em estágio probatório. Apesar de não se tratar de pena, em algumas situações há necessidade de ampla defesa e contraditório na exoneração, como ocorre com a reprovação em estágio probatório.

Há duas outras situações previstas na CF de exoneração de ofício para servidor efetivo: No excesso de gasto com pessoal e no procedimento período de avaliação de desempenho. O primeiro encontra-se previsto no art. 169 e o segundo no art. 41, III, ambos da CF. O procedimento periódico de avaliação de desempenho não se confunde com o estágio probatório, até mesmo porque aquele deve ser aplicado sobre servidores já estáveis. De qualquer maneira, tal procedimento não pode ser aplicado atualmente, pois falta a lei complementar regulamentadora determinada pela CF.

Em resumo, as diferenças entre demissão e exoneração, na forma definida pela Lei 8.112/90 são:

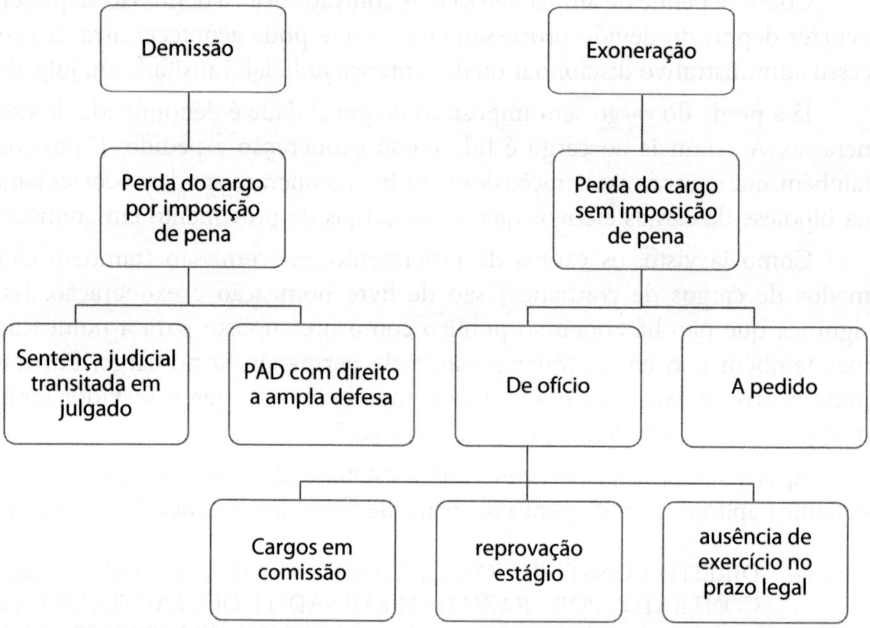

3.8.2. Promoção e Readaptação

A promoção e a readaptação são formas simultâneas de provimento em vacância. Nas duas hipóteses, o mesmo ato promoverá o provimento de um cargo e a vacância de outro. A promoção é provimento derivado vertical, enquanto que a readaptação é provimento derivado horizontal.

3.8.3. Falecimento, aposentadoria e posse em cargo inacumulável

Em relação ao falecimento e a aposentadoria não há nada para se complementar. A posse em cargo inacumulável é situação de vacância em virtude da proibição, em regra, para acumulação remunerada de cargos, empregos e funções, como será melhor estudado no art. 118 do estatuto. Por isso, a posse inacumulável em determinado cargo só se efetiva enquanto vacância quando houver proibição de acumulação remunerada.

É importante afirmar que o vínculo entre o servidor e o cargo na vacância por posse em cargo inacumulável só extingue definitivamente quando o servidor é aprovado e se estabiliza no novo cargo. Até lá é possível que ocorra a recondução ao cargo anteriormente ocupado.

Capítulo 4

REMOÇÃO, REDISTRIBUIÇÃO E SUBSTITUIÇÃO

4.1. REMOÇÃO

CAPÍTULO III
DA REMOÇÃO E DA REDISTRIBUIÇÃO

SEÇÃO I
DA REMOÇÃO

Art. 36. Remoção é o deslocamento do servidor, a pedido ou de ofício, no âmbito do mesmo quadro, com ou sem mudança de sede.

Parágrafo único. Para fins do disposto neste artigo, entende-se por modalidades de remoção: (Redação dada pela Lei nº 9.527, de 10.12.97)

I – de ofício, no interesse da Administração; (Incluído pela Lei nº 9.527, de 10.12.97)

II – a pedido, a critério da Administração; (Incluído pela Lei nº 9.527, de 10.12.97)

III – a pedido, para outra localidade, independentemente do interesse da Administração: (Incluído pela Lei nº 9.527, de 10.12.97)

a) para acompanhar cônjuge ou companheiro, também servidor público civil ou militar, de qualquer dos Poderes da União, dos Estados, do Distrito Federal e dos Municípios, que foi deslocado no interesse da Administração; (Incluído pela Lei nº 9.527, de 10.12.97)

b) por motivo de saúde do servidor, cônjuge, companheiro ou dependente que viva às suas expensas e conste do seu assentamento funcional, condicionada à comprovação por junta médica oficial; (Incluído pela Lei nº 9.527, de 10.12.97)

c) em virtude de processo seletivo promovido, na hipótese em que o número de interessados for superior ao número de vagas, de acordo com normas preestabelecidas pelo órgão ou entidade em que aqueles estejam lotados.(Incluído pela Lei nº 9.527, de 10.12.97)

Comentários

A remoção é o deslocamento do servidor, a pedido ou de ofício, no âmbito do mesmo quadro, com ou sem mudança de sede. Ao contrário do que erroneamente se fala, a remoção não é causa de vacância. Apenas permite que o servidor exerça seu cargo em localidade diversa ou em outra repartição do mesmo órgão ou entidade.

Segundo lição de José Cretella Júnior (p. 155):

> "A palavra quadro é de tão generalizado uso, no direito público francês e brasileiro, que recebeu acolhimento nos próprios artigos dos diplomas legais."

A Lei 8.112/90 estabelece que a remoção ocorre no âmbito do mesmo quadro. Para esse fim, quadro é o conjunto de cargos de mesma classe, vinculados a determinado órgão ou entidade. Por isso, o servidor que é removido permanece no mesmo órgão ou entidade para o qual trabalha. A remoção, portanto, não provoca vacância no cargo. O cargo continua sendo ocupado pelo servidor, apenas esse será deslocado.

Como já visto, sede nos termos utilizados pela Lei 8.112/90 é sinônimo de município. Assim, o servidor removido poderá atuar em município diverso (outra sede) ou em repartição do mesmo órgão ou entidade no mesmo município (mesma sede).

A remoção poderá ocorrer a pedido ou de ofício. Quando ocorre de ofício, é tida como no interesse da Administração. A finalidade dessa forma de remoção é a conveniência do serviço, não sendo possível a utilização do instituto para punir o servidor. Salvo a hipótese de remoção de militares, policiais e agentes penitenciários, não se admite a remoção de ofício do servidor 3 meses antes das eleições até a posse dos eleitos, como determina o art. 73, V, da Lei 9.504/97.

A pedido, a remoção será, em regra, discricionária. A lei, no entanto, estabelece situações em que a remoção, apesar de ser a pedido, deverá ocorrer sem que exista o interesse da Administração. Nessas hipóteses, a remoção será vinculada. Para que ocorra a remoção vinculada, o deslocamento necessariamente devera ser para outra sede.

Assim, são hipóteses de remoção vinculada: a) para acompanhar cônjuge ou companheiro, também servidor público civil ou militar, de qualquer dos Poderes da União, dos Estados, do Distrito Federal e dos Municípios, que foi deslocado no interesse da Administração; b) por motivo de saúde do servidor, cônjuge, companheiro ou dependente que viva às suas expensas e conste do seu assentamento funcional, condicionada à comprovação por junta médica oficial; em virtude de processo seletivo promovido, na hipótese em que o número de interessados for superior ao número de vagas, de acordo com normas preestabelecidas pelo órgão ou entidade em que aqueles estejam lotados.

Na remoção vinculada, o servidor cujo cônjuge ou companheiro foi descolado de ofício para outra localidade, tem o direito de ser removido para essa mesma localidade ou para a mais próxima. Para que essa situação se verifique é necessário que o cônjuge do servidor também esteja vinculado a cargo ou emprego público de qualquer das entidades federativas e suas entidades de Administração Indireta.

Por outro lado, é dever da Administração remover a pedido do servidor quando houver necessidade para atender a saúde do servidor, seu cônjuge, companheiro ou dependente. Evidentemente essa situação depende de exame efetuado por junta médica oficial ou nos termos do art. 230 da Lei 8.112/90. Trata-se, por óbvio, de remoção vinculada, cujo requisite precípuo é a doença do servidor, seu cônjuge, companheiro ou dependente. A ausência dessa comprovação retira a vinculação do ato. É o que entendo o STJ:

> "ADMINISTRATIVO. MANDADO DE SEGURANÇA. SERVIDOR PÚBLICO FEDERAL. REMOÇÃO A PEDIDO, A CRITÉRIO DA ADMINISTRAÇÃO. ILEGALIDADE. NÃO OCORRÊNCIA. DISCRICIONARIEDADE. PROBLEMAS DE SAÚDE DA FILHA. AUSÊNCIA DE COMPROVAÇÃO. SEGURANÇA DENEGADA.
>
> 1. O ato de remoção a pedido de servidor público sujeita-se, em regra, a juízo de conveniência e oportunidade da Administração, insuscetível de exame pelo Poder Judiciário, mormente quando se apresenta devidamente motivado o indeferimento do pedido.
>
> 2. O impetrante, Auditor Fiscal do Trabalho, se insurge contra ato que indeferiu pedido de remoção, formulado com fundamento no art. 36, II, da Lei 8.112/90 (remoção a pedido, a critério da Administração), do Núcleo de Segurança e Saúde no Trabalho – NEGUR, em Aracaju/SE para a Superintendência Regional do Trabalho e Emprego em Salvador/BA.
>
> 3. Embora o impetrante utilize como justificativa do seu pedido de remoção os problemas de saúde de sua filha mais velha, não submeteu seu pleito à análise da junta médica oficial, a fim de que fosse comprovada a necessidade de remoção para tratamento de saúde, conforme determina o art. 36, III, "b", da Lei 8.112/90.
>
> 4. Nos termos das Portarias 323/07 e 618/10, que disciplinam os pedidos de remoção no âmbito do Ministério do Trabalho e Emprego, a modalidade de remoção a pedido do servidor, a critério da Administração, estará sempre sujeita à apreciação da Secretaria de Inspeção do Trabalho – SIT e dar-se-á, preferencialmente, por meio de processo seletivo de remoção.
>
> 5. No caso, seguindo a disciplina das Portarias 323/07 e 618/10, o pedido do impetrante foi indeferido ao fundamento de que, de acordo com o último

processo seletivo de remoção, para a mesma localidade pretendida, existem outros seis servidores melhor classificados.

6. Segurança denegada." (MS 15695 / DF; MANDADO DE SEGURANÇA 2010/0164518-4; Relator Ministro ARNALDO ESTEVES LIMA; DJe 22/03/2011)

Por último, será também vinculada a remoção quando houver processo seletivo em que o número de interessados for superior ao número de vagas, como ocorre com os concursos de remoção, que acabam por respeitar a impessoalidade inerente à função administrativa. Parece evidente que não é possível que a Administração inicie um procedimento para remoção daqueles que se submetem a testes impessoais e, ao final, não remova os servidores que cumpriram os requisitos. É o que também entende Ivan Barbosa Rigolin (p. 112):

> "Aparenta significar que apenas os aprovados naquele processo seletivo terão direito a obter a remoção, e, isto é certo de acordo com o inc. III, que o processo seletivo foi para trabalho em localidade diversa da sede daqueles mesmos aprovados, para o qual peçam remoção. O dispositivo evidencia que a Administração por vezes coloca em disputa certas vagas para remoção para alguma sede diversa, quando é certo que o número de eventuais aprovados possa ser superior a tais vagas, e desse modo obriga a mesma entidade a assegurar a esses a remoção, se requerida, num mecanismo tortuoso mas que, repita-se, não terá sido criado sem objetiva razão pela Lei n. 9.527/97."

4.2. REDISTRIBUIÇÃO

SEÇÃO II
DA REDISTRIBUIÇÃO

Art. 37. Redistribuição é o deslocamento de cargo de provimento efetivo, ocupado ou vago no âmbito do quadro geral de pessoal, para outro órgão ou entidade do mesmo Poder, com prévia apreciação do órgão central do SIPEC, observados os seguintes preceitos: (Redação dada pela Lei nº 9.527, de 10.12.97)

I – interesse da administração; (Incluído pela Lei nº 9.527, de 10.12.97)

II – equivalência de vencimentos; (Incluído pela Lei nº 9.527, de 10.12.97)

III – manutenção da essência das atribuições do cargo; (Incluído pela Lei nº 9.527, de 10.12.97)

IV – vinculação entre os graus de responsabilidade e complexidade das atividades; (Incluído pela Lei nº 9.527, de 10.12.97)

V – mesmo nível de escolaridade, especialidade ou habilitação profissional; (Incluído pela Lei nº 9.527, de 10.12.97)

VI – compatibilidade entre as atribuições do cargo e as finalidades institucionais do órgão ou entidade. (Incluído pela Lei nº 9.527, de 10.12.97)

§ 1º A redistribuição ocorrerá *ex officio* para ajustamento de lotação e da força de trabalho às necessidades dos serviços, inclusive nos casos de reorganização, extinção ou criação de órgão ou entidade. (Incluído pela Lei nº 9.527, de 10.12.97)

§ 2º A redistribuição de cargos efetivos vagos se dará mediante ato conjunto entre o órgão central do SIPEC e os órgãos e entidades da Administração Pública Federal envolvidos. (Incluído pela Lei nº 9.527, de 10.12.97)

§ 3º Nos casos de reorganização ou extinção de órgão ou entidade, extinto o cargo ou declarada sua desnecessidade no órgão ou entidade, o servidor estável que não for redistribuído será colocado em disponibilidade, até seu aproveitamento na forma dos arts. 30 e 31. (Parágrafo renumerado e alterado pela Lei nº 9.527, de 10.12.97)

§ 4º O servidor que não for redistribuído ou colocado em disponibilidade poderá ser mantido sob responsabilidade do órgão central do SIPEC, e ter exercício provisório, em outro órgão ou entidade, até seu adequado aproveitamento. (Incluído pela Lei nº 9.527, de 10.12.97)

Comentários

Diferente da remoção, a redistribuição não significa o deslocamento do servidor, mas sim do cargo que sairá do quadro de um órgão, indo para quadro de outro órgão ou entidade, no âmbito do mesmo Poder. Segundo Ensina Celso Antônio Bandeira de Mello (p. 313):

> A modificação da lotação de um quadro, pela passagem de cargo nele incluso para outro quadro – o que tradicionalmente se denominava como relotação –, atualmente, na esfera federal, se designa, conforme a Lei 8.112/90, "redistribuição" (art. 37)."

Não se admite, portanto, redistribuição entre órgãos ou entidades de Poderes diferentes, como também não se admite a redistribuição entre entidades federativas diversas.

É possível que a redistribuição ocorra em virtude de criação, extinção ou reorganização de órgão. A redistribuição só poderá ocorrer de ofício, não existindo redistribuição a pedido.

Para que a redistribuição ocorra, a Lei enumera alguns preceitos:

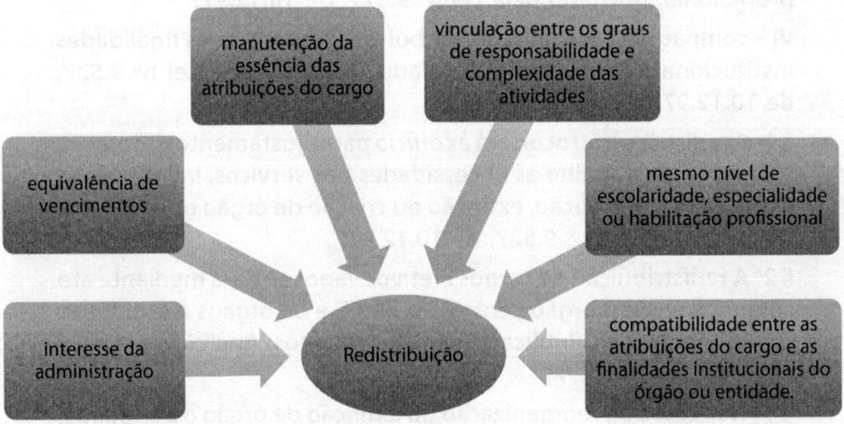

Se com a extinção do órgão ou entidade forem extintos também seus cargos, os servidores que forem estáveis entrarão em disponibilidade. Os não estáveis poderão (faculdade) entrar em exercício provisório em outro órgão ou entidade da Administração Federal, até que se estabilizem e possam ser aproveitados.

4.3. SUBSTITUIÇÃO

CAPÍTULO IV
DA SUBSTITUIÇÃO

Art. 38. Os servidores investidos em cargo ou função de direção ou chefia e os ocupantes de cargo de Natureza Especial terão substitutos indicados no regimento interno ou, no caso de omissão, previamente designados pelo dirigente máximo do órgão ou entidade. (Redação dada pela Lei nº 9.527, de 10.12.97)

§ 1º O substituto assumirá automática e cumulativamente, sem prejuízo do cargo que ocupa, o exercício do cargo ou função de direção ou chefia e os de Natureza Especial, nos afastamentos, impedimentos legais ou regulamentares do titular e na vacância do cargo, hipóteses em que deverá optar pela remuneração de um deles durante o respectivo período. (Redação dada pela Lei nº 9.527, de 10.12.97)

§ 2º O substituto fará jus à retribuição pelo exercício do cargo ou função de direção ou chefia ou de cargo de Natureza Especial, nos casos dos afastamentos ou impedimentos legais do titular, superiores a trinta dias consecutivos, paga na proporção dos dias de

efetiva substituição, que excederem o referido período. (Redação dada pela Lei nº 9.527, de 10.12.97)

Art. 39. O disposto no artigo anterior aplica-se aos titulares de unidades administrativas organizadas em nível de assessoria.

Comentários

A substituição surge como aplicação do princípio da continuidade do serviço público. Segundo tal princípio, as atividades da Administração Pública devem ter uma prestação constante. Em assim sendo, a ausência temporária do chefe ou diretor da repartição não pode paralisar a prestação de serviço no órgão. É importante perceber que não há, em regra, substituto para o assessor, mas os órgãos organizados como assessorial terão substitutos para seus chefes e diretores.

Os substitutos deverão ser escolhidos antecipadamente através de regimento interno, ou, em caso de omissão, pela autoridade máxima do órgão ou entidade. A substituição, caso necessária, ocorrerá imediata e cumulativamente, exercendo-a o substituto sem abandonar o exercício de suas próprias atividades.

Caso a substituição ocorra por até 30 dias, o servidor fará opção quanto à remuneração que receberá, se a sua ou a da função em substituição. Caso a substituição ultrapasse 30 dias seguidos, o substituto terá direito a sua remuneração, somada a retribuição pela função do substituído.

Capítulo 5

DIREITOS E VANTAGENS

5.1. VENCIMENTO E REMUNERAÇÃO

TÍTULO III
DOS DIREITOS E VANTAGENS

CAPÍTULO I
DO VENCIMENTO E DA REMUNERAÇÃO

Art. 40. Vencimento é a retribuição pecuniária pelo exercício de cargo público, com valor fixado em lei.

Parágrafo único. (Revogado pela Lei nº 11.784, de 2008)

Art. 41. Remuneração é o vencimento do cargo efetivo, acrescido das vantagens pecuniárias permanentes estabelecidas em lei.

§ 1º A remuneração do servidor investido em função ou cargo em comissão será paga na forma prevista no art. 62.

§ 2º O servidor investido em cargo em comissão de órgão ou entidade diversa da de sua lotação receberá a remuneração de acordo com o estabelecido no § 1º do art. 93.

§ 3º O vencimento do cargo efetivo, acrescido das vantagens de caráter permanente, é irredutível.

§ 4º É assegurada a isonomia de vencimentos para cargos de atribuições iguais ou assemelhadas do mesmo Poder, ou entre servidores dos três Poderes, ressalvadas as vantagens de caráter individual e as relativas à natureza ou ao local de trabalho.

§ 5º Nenhum servidor receberá remuneração inferior ao salário mínimo. (Incluído pela Lei nº 11.784, de 2008

Art. 42. Nenhum servidor poderá perceber, mensalmente, a título de remuneração, importância superior à soma dos valores percebidos como remuneração, em espécie, a qualquer título, no âmbito dos respectivos Poderes, pelos Ministros de Estado, por membros do Congresso Nacional e Ministros do Supremo Tribunal Federal.

Parágrafo único. Excluem-se do teto de remuneração as vantagens previstas nos incisos II a VII do art. 61.

Art. 43. (Revogado pela Lei nº 9.624, de 2.4.98)

Comentários

Atualmente, o sistema de remuneração dos agentes públicos pelos serviços prestados é regulamentado pelo estatuto do servidor em conjunto com a Constituição Federal, que sofreu algumas alterações da Emenda Constitucional n. 19/98, a qual introduziu o sistema de pagamentos efetivado por meio de subsídios e a definição do teto remuneratório dos agentes estatais, no bojo do texto da Carta Magna. Posteriormente, a EC n. 41/03 dispôs acerca da definição de subtetos para os servidores estaduais e municipais.

Será analisada cada uma das formas de remuneração aos servidores públicos, separadamente.

Em princípio, a Lei 8.112/90 estabelece que a **remuneração** é composta pelo vencimento básico do servidor público, acrescido de todas as vantagens pecuniárias permanentes do cargo. As vantagens pecuniárias decorrem da peculiaridade de cada carreira ou de situações pessoais do próprio servidor, sendo parcelas variáveis de acordo com o tempo de serviço, nível de escolaridade do agente, entre outros critérios definidos em lei. Sendo assim, a soma do vencimento (parcela fixa a todos os servidores) e das vantagens permanentes (parcela variável) compõe a remuneração total paga pela prestação do serviço. Ressalte-se que a expressão vencimentos (no plural) é sinônima de remuneração e não de vencimento.

REMUNERAÇÃO OU VENCIMENTOS = vencimento + vantagens pecuniárias permanentes

É pacífico o entendimento, entre os estudiosos da matéria, que o vencimento e a remuneração do servidor público configuram verbas de caráter alimentar, que se apresentam com natureza de **contraprestação** pela prestação do serviço público. Sendo assim, o servidor disponibiliza a sua força de trabalho e, em troca, faz jus à percepção da verba remuneratória.

Em virtude desta característica, **não se admite, em regra, arresto, sequestro ou penhora da remuneração** do servidor, haja vista o fato de que isso poderia ensejar prejuízos incalculáveis a ele e à sua família.

A remuneração do servidor público deve ser definida mediante a edição de lei específica, sendo também exigida a via legislativa para qualquer revisão ou alteração do valor remuneratório das carreiras em geral. A iniciativa para a edição da lei é distribuída a cada um dos Poderes do Estado, para os seus agentes:

- o chefe do Poder Executivo tem legitimidade privativa para a iniciativa da lei que defina as remunerações para os cargos e empregos pertencentes à sua estrutura, consoante art. 61, §1º, II, "a" da CF.
- ao Supremo Tribunal Federal, aos tribunais superiores e aos Tribunais de Justiça competem a iniciativa da lei que regulamenta a remuneração dos cargos do Poder Judiciário, nos moldes do art. 96, II, "b", da CF.
- a Câmara dos Deputados ou o Senado Federal terão a iniciativa privativa para a legislação que defina a remuneração dos servidores do Poder Legislativo. Essa é a leitura dos art. 51, IV e 52, XIII da Carta Magna.

Não obstante a regra constitucional de que a fixação de remuneração de agentes públicos deve ser feita mediante lei, o próprio texto da Constituição estabelece algumas **exceções**. Sendo assim, é possível a fixaçao, por meio de **decreto legislativo**, da remuneração do Presidente da República e do Vice-Presidente, dos Ministros de Estado e dos senadores e deputados federais, desde que respeitada a limitação do art. 37, XI que institui o teto remuneratório, impedindo a fixação de pagamento superior ao subsídio do ministro do Supremo Tribunal Federal[1].

Ademais, o art. 29, VI, da Constituição da República define que a Câmara de Vereadores tem competência para fixação dos subsídios dos Vereadores, sem a necessidade de deliberação do Poder Executivo, mediante decreto legislativo[2].

---

1. A Constituição Federal dispõe, em seu art. 49 que *"É da competência exclusiva do Congresso Nacional: (...) VII – fixar idêntico subsídio para os Deputados Federais e os Senadores, observado o que dispõem os arts. 37, XI, 39, § 4º, 150, II, 153, III, e 153, § 2º, I; VIII – fixar os subsídios do Presidente e do Vice-Presidente da República e dos Ministros de Estado, observado o que dispõem os arts. 37, XI, 39, § 4º, 150, II, 153, III, e 153, § 2º, I"*

2. Dessa forma, dispõe o art. 29, VI que *"o subsídio dos Vereadores será fixado pelas respectivas Câmaras Municipais em cada legislatura para a subseqüente, observado o que dispõe esta Constituição, observados os critérios estabelecidos na respectiva Lei Orgânica e os seguintes limites máximos: a) em Municípios de até dez mil habitantes, o subsídio máximo dos Vereadores corresponderá a vinte por cento do subsídio dos Deputados Estaduais; b) em Municípios de dez mil e um a cinqüenta mil habitantes, o subsídio máximo dos Vereadores corresponderá a trinta por cento do subsídio dos Deputados Estaduais; c) em Municípios de cinqüenta mil e um a cem mil habitantes, o subsídio máximo dos Vereadores corresponderá a quarenta por cento do subsídio dos Deputados Estaduais; d) em Municípios de cem mil e um a trezentos mil habitantes, o subsídio máximo dos Vereadores corresponderá a cinqüenta por cento do subsídio dos Deputados Estaduais; e) em Municípios de trezentos mil e um a quinhentos mil habitantes, o subsídio máximo dos Vereadores corresponderá*

Por fim, a Constituição Federal ainda define que a concessão de vantagens ou aumento de remuneração depende de prévia dotação orçamentária capaz de fazer frente às despesas a serem realizadas e à autorização específica na lei de diretrizes orçamentárias, com exceção das empresas públicas e sociedades de economia mista.

5.1.1. Irredutibilidade de Remuneração

A remuneração do servidor público, conforme disposto no art. 37, XV da Constituição da República, é irredutível. Trata-se de prerrogativa decorrente da natureza alimentar da qual se reveste a verba remuneratória. Com efeito, o servidor depende destes valores para pagamento de seus débitos pessoais e suas despesas regulares. Permitir a diminuição deste valor de forma inesperada ensejaria prejuízos incalculáveis à vida deste sujeito.

Importante salientar que a irredutibilidade garantida pelo texto constitucional e pela lei é nominal, ou seja, não há garantia de irredutibilidade real. Em outras palavras, a irredutibilidade não garante a remuneração dos servidores das perdas decorrentes de aumentos inflacionários. Neste sentido, o Supremo Tribunal Federal já pacificou o entendimento de que não é possível garantir a irredutibilidade real dos vencimentos.

> EMENTA: ADMINISTRATIVO. SERVIDOR PÚBLICO. MANDADO DE SEGURANÇA. INCORPORAÇÃO DE REPRESENTAÇÃO MENSAL PARA CÁLCULO DA PARCELA DENOMINADA "QUINTOS". ART. 1º, § 1º, DO DECRETO-LEI N. 2.333/87. PRINCÍPIO DA IRREDUTIBILIDADE DE VENCIMENTOS. ART. 37, XV, DA CB/88. VIOLAÇÃO. INOCORRÊNCIA. IRREDUTIBILIDADE NOMINAL DA REMUNERAÇÃO GLOBAL. EQUIPARAÇÃO ENTRE ATIVOS E INATIVOS. ART. 40, § 4º, DA CB/88 [REDAÇÃO ORIGINAL]. VIOLAÇÃO. INOCORRÊNCIA. 1. O art. 1º, § 1º, do decreto-lei n. 2.333/87 é claro ao dispor que "a representação mensal, devida aos membros do Ministério Público e da Advocacia Consultiva da União, incorpora-se aos respectivos vencimentos e salários para efeitos de cálculo das demais vantagens", aplicando-se à parcela denominada "quintos" [Lei n. 6.732/79]. 2. Somente são irredutíveis os vencimentos e proventos constitucionais e legais. Precedente [RE n. 185.255, Relator o Ministro SYDNEY SANCHES, DJ 19.09.97]. 3. **O art. 37, XV, da Constituição assegura a irredutibilidade nominal da remuneração global** – soma de todas as parcelas, gratificações e outras vantagens percebidas pelo servidor. Precedentes [RE n. 344.450, Relatora a Ministra ELLEN GRACIE, DJ 25.02.05; RMS n. 23.170,

---

a sessenta por cento do subsídio dos Deputados Estaduais; f) em Municípios de mais de quinhentos mil habitantes, o subsídio máximo dos Vereadores corresponderá a setenta e cinco por cento do subsídio dos Deputados Estaduais".

> Relator o Ministro MAURÍCIO CORRÊA, DJ 05.12.03; RE n. 293.606, Relator o Ministro CARLOS VELLOSO, DJ 14.11.03] 4. A equiparação entre ativos e inativos prevista na redação original do art. 41, § 4º, da Constituição somente é legítima quando os vencimentos pagos àqueles são calculados em observância à legislação. 5. Segurança denegada. (MS 21659 / DF - DISTRITO FEDERAL; MANDADO DE SEGURANÇA; Relator(a): Min. EROS GRAU; Julgamento: 28/09/2005; Órgão Julgador: Tribunal Pleno.

Ademais, em razão do seu caráter indenizatório, segundo José dos Santos Carvalho Filho[3]: *"se a nomeação vier a ser anulada, o vencimento se converte em indenização pelo trabalho executado, não tendo o ex servidor o dever de devolução de tais parcelas"*.

Ressalte-se, ainda, que a jurisprudência pacificou o entendimento de que a garantia de irredutibilidade não impede a **alteração da forma de cálculo**, desde que o valor total dos vencimentos não seja alterado. Sendo assim, é possível que haja a redução do vencimento básico proporcional ao aumento de determinada vantagem pessoal de caráter permanente, sem que isso altere o valor global da remuneração.

Não obstante seja a garantia da irredutibilidade, prerrogativa que assegura somente a manutenção do valor nominal, o **valor real** da remuneração também foi objeto de previsão constitucional. Sendo assim, o art. 37, X da Carta Magna define o direito à **revisão geral** anual dos vencimentos pagos aos servidores estatais, como forma de evitar que a inflação e o decurso de tempo corroam o valor real do pagamento. Com efeito, disposição constitucional ainda define que a revisão deverá ser feita sempre na mesma data e sem distinção de índices, para manutenção do poder aquisitivo do valor pago a título de contraprestação pelos serviços.

Trata-se de norma de eficácia limitada, uma vez que a remuneração somente será revisada mediante lei específica que respeite a regra de iniciativa privativa, de acordo com o Poder do Estado ao qual o servidor está vinculado. Dessa forma, a lei deve definir a revisão com periodicidade de um ano e garantindo a isonomia entre os servidores do órgão, haja vista a impossibilidade de distinção de índices. Saliente-se, ainda, que, conforme previamente especificado, a revisão deverá estar contemplada na lei de diretrizes orçamentárias, nos moldes previstos na Constituição e na Lei de Responsabilidade Fiscal.

Pelo exposto, resta claro que a ausência de lei a fixar a revisão geral anual dos vencimentos do servidor público configura inconstitucionalidade por omissão, sendo este entendimento já pacificado pela jurisprudência pátria.

---

3. CARVALHO FILHO, José dos Santos - Manual de Direito Administrativo. Rio de Janeiro: Lumen Juris, 23ª ed. 2012.

Ocorre que, o Supremo Tribunal Federal pacificou o entendimento de que, não sendo concedida a revisão, por meio de lei, não compete ao Poder Judiciário condenar o poder público ao pagamento de indenização. Isso porque a determinação para que se indenize o servidor público configuraria verdadeira revisão imposta, no exercício da jurisdição, sem regulamentação legal.

> Ementa: AGRAVO REGIMENTAL. REVISÃO GERAL ANUAL DE VENCIMENTOS. OMISSÃO LEGISLATIVA INCONSTITUCIONAL. DEVER DE INDENIZAR. IMPOSSIBILIDADE. AGRAVO DESPROVIDO. Não sendo possível, pela via do controle abstrato, obrigar o ente público a tomar providências legislativas necessárias para prover omissão declarada inconstitucional – na espécie, o encaminhamento de projeto de lei de revisão geral anual dos vencimentos dos servidores públicos -, **com mais razão não poderia fazê-lo o Poder Judiciário, por via oblíqua, no controle concreto de constitucionalidade, deferindo pedido de indenização para recompor perdas salariais em face da inflação.**(RE 510467 AgR / SP – SÃO PAULO AG.REG. NO RECURSO EXTRAORDINÁRIO; Relator(a): Min. CÁRMEN LÚCIA; Julgamento: 02/03/2007; Órgão Julgador: Primeira Turma)

5.1.2. Salário Mínimo

A remuneração do servidor público não pode ser inferior ao salário mínimo, conforme leitura do art. 39, §3º, combinado com o art. 7º, IV da Constituição Federal que estende a garantia de remuneração não inferior ao mínimo legal, aos servidores estatutários.

Frise-se que o vencimento básico pode ser inferior ao mínimo legal, desde que a remuneração total não o seja, consoante disposto no art. 41, §5º da lei 8.112/90. Com efeito, desde que a soma do vencimento com as vantagens permanentes não seja inferior ao mínimo legal, o pagamento estará sendo feito de forma lícita. Esta é a dicção da Súmula Vinculante n. 16 do Supremo Tribunal Federal, abaixo transcrita, *in litteris*:

> "Os artigos 7º, IV, e 39, § 3º (redação da EC 19/98), da Constituição, referem-se ao total da remuneração percebida pelo servidor público."

5.1.3. Pagamento em atraso

O pagamento da remuneração deve ser feito em data previamente estabelecida, mediante a entrega de dinheiro ou a efetivação de depósito em conta bancária predefinida pelo servidor, sendo ainda devida a entrega do contracheque, com o detalhamento de valores do vencimento e das vantagens permanentes ou não.

Em decorrência da natureza alimentar que possui a verba remuneratória, o atraso no pagamento pode ensejar prejuízos ao servidor público e qualquer dano devidamente comprovado poderá ser indenizado mediante a propositura de ação própria.

Ademais, independentemente da comprovação de qualquer espécie de prejuízo, o atraso no pagamento enseja a incidência de correção monetária, como forma de se permitir uma redução do valor real em virtude da mora atribuída ao poder público. Neste sentido, o Supremo Tribunal Federal editou a Súmula n. 682, dispondo que ***"Não ofende a Constituição a correção monetária no pagamento com atraso dos vencimentos de servidores públicos"***.

Outrossim, o art. 1º-F da Lei 9.494/97 dispõe que devem incidir juros de mora nos pagamentos em atraso feitos pela Administração Pública ao estipular que

> *"Nas condenações impostas à Fazenda Pública, independentemente de sua natureza e para fins de atualização monetária, remuneração do capital e compensação da mora, haverá a incidência uma única vez, até o efetivo pagamento, dos índices oficiais de remuneração básica e juros aplicados à caderneta de poupança"*.

Por fim, em caso de ausência de pagamento de remuneração pelo poder público ou de pagamento a menor, as verbas podem ser pleiteadas pelo servidor público, dentro do prazo prescricional de cinco anos e, conforme disposto, no Decreto 20.910/32, por se tratar de pagamento de trato sucessivo, não há a prescrição do fundo do direito, mas sim das parcelas vencidas e não pagas, há mais de cinco anos.

5.1.4. Vinculação e equiparação de remunerações

Inicialmente, o texto constitucional busca garantir a isonomia entre os servidores públicos, definindo que a fixação de remunerações e vencimentos não será feita aleatoriamente, devendo ter como parâmetro a natureza, o grau de responsabilidade e a complexidade dos cargos componentes de cada carreira, os requisitos para a investidura e as peculiaridades dos cargos. Dessa forma, em obediência à impessoalidade e igualdade, presentes na atuação administrativa, as diferenças de vencimentos para servidores públicos serão embasadas por critérios objetivos, não sendo possível a discriminação de determinada carreira em benefício de outras.

Ainda, como forma de garantia da isonomia, o art. 37, XII, da Carta Magna, dispõe que *"os vencimentos dos cargos do Poder Legislativo e do Poder Judiciário não poderão ser superiores aos pagos pelo Poder Executivo"*. Mais uma vez, o texto constitucional se preocupa com a igualdade entre os agentes públicos, não podendo haver diferença de remuneração em virtude do Poder do Estado ao qual estejam vinculados.

A regra constitucional tenta evitar o que ocorre com frequência que é o pagamento de remunerações mais baixas aos servidores do Poder Executivo. Isso porque, sendo este poder o responsável pela administração do dinheiro público, tem uma tendência de desvalorizar seus agentes, estabelecendo padrões mais baixos de pagamento pela prestação dos serviços. Isso ocorre porque a iniciativa legislativa para remuneração dos servidores do Poder Executivo é do Presidente da República, conforme já estudado.

Não obstante a garantia de isonomia, não se admite a equiparação ou vinculação de espécies remuneratórias, entre carreiras no serviço público. De fato, a vedação está expressa no art. 37, XIII da Constituição da República.

A equiparação ocorre quando se definem vencimentos similares para carreiras diversas, em virtude das responsabilidades de suas funções serem idênticas e dos requisitos para ingresso na carreira serem definidos com critérios de igual dificuldade. Neste caso, haveria uma carreira paradigma e, sempre que houver aumento dos servidores desta carreira, os agentes da carreira equiparada farão jus ao mesmo aumento.

A vinculação ocorre entre carreiras de responsabilidades diversas, quando, por exemplo, se atrela a remuneração dos servidores técnicos de um determinado órgão à remuneração dos servidores que exercem função de analista. Nestes casos, a carreira de hierarquia inferior receberá percentual definido, com base na remuneração da outra. Da mesma forma, o reajuste remuneratório feito, mediante lei, para os servidores que exercem função de analista ensejará revisão aos demais agentes.

Em ambos os casos, a vedação constitucional visa evitar o chamado "aumento em cascata", ensejando o acréscimo de valores nos vencimentos de uma determinada classe de servidores, sem que haja lei específica, justificado pelo simples fato de que uma outra carreira obteve vantagens, mediante previsão legal.

Da mesma forma, o Supremo Tribunal Federal não admite que haja aumento de remuneração de servidores públicos, sob a alegação de isonomia, haja vista a necessidade de lei para que haja alteração vencimental aos agentes públicos.

Neste sentido, dispunha a Súmula 339 do STF que foi convertida, em outubro de 2014, na Súmula Vinculante n. 37, a qual passa a ter a seguinte redação:

> "NÃO CABE AO PODER JUDICIÁRIO, QUE NÃO TEM FUNÇÃO LEGISLATIVA, AUMENTAR VENCIMENTOS DE SERVIDORES PÚBLICOS SOB O FUNDAMENTO DE ISONOMIA".

Esta súmula reafirma a independência entre os poderes legislativo, executivo e judiciário, definindo a impossibilidade de se exigir a exata correspondência remuneratória entre servidores de poderes diversos.

5.1.5. Subsídios

Além da remuneração, a Constituição Federal, por meio de alteração promovida pela Emenda Constitucional n. 19/98, criou outra forma de pagamento aos servidores públicos, denominada **SUBSÍDIO**.

O Subsídio é forma de pagamento feito em parcela única, não aceitando nenhum acréscimo patrimonial. É atribuída a parte dos cargos do serviço estatal. O objetivo desta nova forma de remuneração é tornar mais clara e transparente a retribuição de determinados cargos, evitando que um determinado servidor público com vencimento previsto em lei de determinado valor receba remuneração muito acima deste padrão.

A intenção do constituinte derivado é clara ao definir que o valor de pagamento pela prestação do serviço deve estar definido em lei de forma objetiva, em uma única parcela, impedindo vantagens pecuniárias. Neste sentido, Maria Sylvia Zanella de Pietro[4] dispõe que

> *"ao falar em parcela única, fica clara a intenção de vedar a fixação dos subsídios em duas partes, uma fixa e outra variável, tal como ocorria com os agentes políticos, na vigência da Constituição de 1967. E, ao vedar expressamente o **acréscimo de qualquer gratificação, adicional, abono, prêmio verba de representação ou outra espécie remuneratória**, também fica clara a intenção de extinguir, para as mesmas categorias de agentes públicos, o sistema remuneratório que vem vigorando tradicionalmente na Administração Pública e que compreende o padrão fixado em lei mais as vantagens pecuniárias de variada natureza previstas na legislação estatutária".*

Com efeito, a criação dos subsídios fixados em lei, em parcela única, viabiliza o controle da sociedade de forma mais simples em relaçao aos valores que são pagos às carreiras de agentes públicos, como contraprestação pelos serviços prestados.

Dessa forma, dispõe o texto constitucional que:

> Art. 39. § 4º. O membro de Poder, o detentor de mandato eletivo, os Ministros de Estado e os Secretários Estaduais e Municipais serão remunerados exclusivamente por **subsídio fixado em parcela única, vedado o acréscimo de qualquer gratificação, adicional, abono, prêmio, verba de representação ou outra espécie remuneratória**, obedecido, em qualquer caso, o disposto no art. 37, X e XI. (Redação dada pela Emenda Constitucional n. 19, de 1998).

A criação do subsídio não exclui o pagamento feito mediante remuneração. Isso porque, salvo as carreiras cuja instituição do subsídio é obrigatória, é facul-

4. PIETRO, Maria Sylvia Zanella – Direito Administrativo – São Paulo: Atlas, 21ª ed. 2008

tado ao Poder Público optar pela remuneração ou pelo subsídio, uma vez que a Constituição Federal não exige a sua implementação para todos os servidores.

Sendo assim, o texto constitucional estabeleceu algumas carreiras para as quais deve ser definida, mediante lei, a implantação do sistema de subsídios, restando às demais carreiras a possibilidade de criação do sistema por vontade da Administração Pública.

5.1.6 Teto remuneratório

Inicialmente, a Constituição Federal, em seu texto original, definia que cada ente da federação, quais sejam Estados, Municípios, Distrito Federal e União, teria um teto remuneratório especificado para os seus servidores, por meio de lei, expedida no âmbito de cada um destas entidades, garantindo a isonomia de vencimentos para cargos de atribuições iguais ou assemelhadas, com as ressalvas de vantagens pessoais.

A Emenda Constitucional n. 19/98 alterou o regime de remuneração dos servidores públicos, definindo um teto único a lhes ser aplicado.

Posteriormente, a norma foi, mais uma vez modificada, desta vez pela Emenda Constitucional n. 41/03, passando a admitir a implantação de subtetos para os servidores dos Estados e Municípios, desde que com previsão nas respectivas constituições estaduais e leis orgânicas municipais[5].

Analise-se:

TETO REMUNERATÓRIO	SUBTETO ESTADUAL E DO DF	SUBTETO MUNICIPAL
Subsídio do Ministro do Supremo Tribunal Federal.	**EXECUTIVO** – Subsídio do governador. **LEGISLATIVO** – Subsídio dos deputados estaduais e distritais.	Subsídio do Prefeito do Município.

5. Dispõe o art. 37, XI da Constituição Federal, após as alterações que: "*XI – a remuneração e o subsídio dos ocupantes de cargos, funções e empregos públicos da administração direta, autárquica e fundacional, dos membros de qualquer dos Poderes da União, dos Estados, do Distrito Federal e dos Municípios, dos detentores de mandato eletivo e dos demais agentes políticos e os proventos, pensões ou outra espécie remuneratória, percebidos cumulativamente ou não, incluídas as vantagens pessoais ou de qualquer outra natureza, não poderão exceder o subsídio mensal, em espécie, dos Ministros do Supremo Tribunal Federal, aplicando-se como limite, nos Municípios, o subsídio do Prefeito, e nos Estados e no Distrito Federal, o subsídio mensal do Governador no âmbito do Poder Executivo, o subsídio dos Deputados Estaduais e Distritais no âmbito do Poder Legislativo e o subsídio dos Desembargadores do Tribunal de Justiça, limitado a noventa inteiros e vinte e cinco centésimos por cento do subsídio mensal, em espécie, dos Ministros do Supremo Tribunal Federal, no âmbito do Poder Judiciário, aplicável este limite aos membros do Ministério Público, aos Procuradores e aos Defensores Públicos; (Redação dada pela Emenda Constitucional n. 41, 19.12.2003)*".

	JUDICIÁRIO – Subsídio dos desembargadores do Tribunal de Justiça que deve corresponder a 90,25% do subsídio do ministro do STF. Obs. Os membros do Ministério Público, defensoria pública e procuradorias estaduais se submetem ao subteto do Poder Judiciário.	

O subteto de remuneração do Poder Judiciário foi alvo de discussão jurisprudencial, haja vista o entendimento de que os membros da magistratura não podem ter tratamento diferenciado, pelo fato de serem juízes estaduais ou federais, uma vez que atuam no exercício de funções similares e se submetem todos eles, à Lei Orgânica da Magistratura Nacional - LOMAN (lei complementar n. 35/79).

Dessa forma, o Supremo Tribunal Federal se pronunciou no sentido de que os juízes estaduais não se submetem à regra do subteto, mas sim ao teto de remuneração, qual seja o subsídio do Ministro do STF.

> Ementa: MAGISTRATURA. Remuneração. Limite ou teto remuneratório constitucional. Fixação diferenciada para os membros da magistratura federal e estadual. Inadmissibilidade. Caráter nacional do Poder Judiciário. Distinção arbitrária. Ofensa à regra constitucional da igualdade ou isonomia. Interpretação conforme dada ao art. 37, inc. XI, e § 12, da CF. Aparência de inconstitucionalidade do art. 2º da Resolução n. 13/2006 e do art. 1º, § único, da Resolução n. 14/2006, ambas do Conselho Nacional de Justiça. Ação direta de inconstitucionalidade. Liminar deferida. Voto vencido em parte. Em sede liminar de ação direta, aparentam inconstitucionalidade normas que, editadas pelo Conselho Nacional da Magistratura, estabelecem tetos remuneratórios diferenciados para os membros da magistratura estadual e os da federal. (ADI 3854 MC / DF - DISTRITO FEDERAL; MEDIDA CAUTELAR NA AÇÃO DIRETA DE INCONSTITUCIONALIDADE; Relator(a): Min. CEZAR PELUSO; Julgamento: 28/02/2007; Órgão Julgador: Tribunal Pleno).

Posteriormente, por alteração da Emenda Constitucional n. 47/05, o art. 37, §12º da Carta Magna passou a definir que fica facultado aos Estados e ao Distrito Federal fixar, em seu âmbito, mediante emenda às respectivas Constituições e Lei Orgânica, como limite único, o subsídio mensal dos Desembargadores do respectivo Tribunal de Justiça, limitado a 90,25% do subsídio mensal dos Ministros do Supremo Tribunal Federal, não se aplicando o disposto neste parágrafo aos subsídios dos Deputados Estaduais e Distritais e dos Vereadores.

O STF (RE 663696) em repercussão geral (Tema 510) acabou recentemente entendendo que os procuradores municipais possuem como teto remuneratório o valor pago aos desembargadores do Tribunal de Justiça. Assim, é possível, embora não seja obrigatório, que tais procuradores, apesar de serem servidores municipais, recebam mais do que o prefeito.

As empresas públicas e sociedades de economia mista também se submetem ao teto de remuneração previsto na Carta Magna, desde que recebam dinheiro público para custeio de seus gastos ou para pagamento de pessoal. Neste sentido, o art. 37, §9º estabelece que

> *"O disposto no inciso XI aplica-se às empresas públicas e às sociedades de economia mista, e suas subsidiárias, que receberem recursos da União, dos Estados, do Distrito Federal ou dos Municípios para pagamento de despesas de pessoal ou de custeio em geral".*

Ressalte-se ainda que, para fins de adequação ao teto remuneratório, serão consideradas todas as espécies de vantagens, sejam elas pessoais ou de qualquer outra natureza, percebidas cumulativamente ou não. A regra deve ser analisada com muito cuidado e serão excluídos alguns pagamentos feitos ao agente público. Dessa forma, não se submetem à analise de adequação ao teto remuneratório:

a) **Verbas de natureza indenizatória**, que não possuem natureza de acréscimo patrimonial, mas sim de reparação ou devolução de valores ao servidor que teve dispêndio com a prestação do serviço público. Sendo assim, quando são pagos ao servidor, por exemplo, valores referentes a diárias, a norma se justifica pelo fato de que o agente precisa ser ressarcido de gastos que teve com hospedagem, transporte urbano e alimentação em localidade diversa de sua sede para prestação do serviço público.

b) **Direitos sociais**, previstos no art. 39, §3º da Carta Magna, tais como pagamento de serviço extraordinário, décimo terceiro salário, adicional de férias, adicional noturno, entre outras verbas.

c) **Abono de permanência**, pago nos moldes do art. 40, §19º, ao servidor que tenha completado as exigências para aposentadoria voluntária integral e, por opção, permaneça na atividade.

d) **Remuneração da atividade de magistério.** Trata-se de orientação jurisprudencial e doutrinária que exclui da adequação ao teto de remuneração as remunerações pagas pelo exercício de cargos de professor, em acumulação com outro cargo público. Com efeito, determinados agentes públicos não teriam o interesse em difundir seu conhecimento, caso isso não lhe trouxesse qualquer vantagem pecuniária. Suponha, neste sentido, que um Ministro do Supremo Tribunal Federal, cuja remuneração já corresponde ao teto de pagamento, não poderia ser remunerado caso acumulasse sua função com o cargo público de professor. Sendo assim, a remuneração pelo exercício do cargo de professor não será computada para fins de adequação ao teto remuneratório.

Todos aqueles servidores que, de alguma forma, estiverem recebendo remuneração acima do teto definido, deverão ter o desconto dos valores que ultrapassam o limite constitucional, em folha de pagamento. Inclusive, o art. 17 do Ato das Disposições Constitucionais Transitórias – ADCT dispõe que

> *"Os vencimentos, a remuneração, as vantagens e os adicionais, bem como os proventos de aposentadoria que estejam sendo percebidos em desacordo com a Constituição serão imediatamente reduzidos aos limites dela decorrentes, não se admitindo, neste caso, invocação de direito adquirido ou percepção de excesso a qualquer título".*

Pela atual redação do inciso XI do art. 37 da CF, entendo que não há mais os subtetos definidos na Lei 8.112/90, como sendo a remuneração dos ministros de estado para os servidores do Poder Executivo, os deputados federais e senadores para os servidores do Poder Legislativo e os Ministros do STF para os servidores do Judiciário. O teto federal é único e baseado no subsídio recebido pelo ministro do Supremo Tribunal Federal.

5.2. DESCONTOS NA REMUNERAÇÃO DO SERVIDOR

Art. 44. O servidor perderá:

I – a remuneração do dia em que faltar ao serviço, sem motivo justificado; (Redação dada pela Lei nº 9.527, de 10.12.97)

II – a parcela de remuneração diária, proporcional aos atrasos, ausências justificadas, ressalvadas as concessões de que trata o art. 97, e saídas antecipadas, salvo na hipótese de compensação de horário, até o mês subsequente ao da ocorrência, a ser estabelecida pela chefia imediata. (Redação dada pela Lei nº 9.527, de 10.12.97)

Parágrafo único. As faltas justificadas decorrentes de caso fortuito ou de força maior poderão ser compensadas a critério da chefia imediata, sendo assim consideradas como efetivo exercício. (Incluído pela Lei nº 9.527, de 10.12.97)

Art. 45. Salvo por imposição legal, ou mandado judicial, nenhum desconto incidirá sobre a remuneração ou provento.

§ 1º Mediante autorização do servidor, poderá haver consignação em folha de pagamento em favor de terceiros, a critério da administração e com reposição de custos, na forma definida em regulamento. (Redação dada pela Lei nº 13.172, de 21.10.2015)

§ 2º O total de consignações facultativas de que trata o § 1º não excederá a 35% (trinta e cinco por cento) da remuneração mensal, sendo 5% (cinco por cento) reservados exclusivamente para: (Redação dada pela Lei nº 13.172, de 21.10.2015)

I – a amortização de despesas contraídas por meio de cartão de crédito; ou (Incluído pela Lei nº 13.172, de 21.10.2015)

II – a utilização com a finalidade de saque por meio do cartão de crédito. (Incluído pela Lei nº 13.172, de 21.10.2015)

Art. 46. As reposições e indenizações ao erário, atualizadas até 30 de junho de 1994, serão previamente comunicadas ao servidor ativo, aposentado ou ao pensionista, para pagamento, no prazo máximo de trinta dias, podendo ser parceladas, a pedido do interessado. (Redação dada pela Medida Provisória nº 2.225-45, de 4.9.2001)

§ 1º O valor de cada parcela não poderá ser inferior ao correspondente a dez por cento da remuneração, provento ou pensão. (Redação dada pela Medida Provisória nº 2.225-45, de 4.9.2001)

§ 2º Quando o pagamento indevido houver ocorrido no mês anterior ao do processamento da folha, a reposição será feita imediatamente, em uma única parcela. (Redação dada pela Medida Provisória nº 2.225-45, de 4.9.2001)

§ 3º Na hipótese de valores recebidos em decorrência de cumprimento a decisão liminar, a tutela antecipada ou a sentença que venha a ser revogada ou rescindida, serão eles atualizados até a data da reposição. (Redação dada pela Medida Provisória nº 2.225-45, de 4.9.2001)

Art. 47. O servidor em débito com o erário, que for demitido, exonerado ou que tiver sua aposentadoria ou disponibilidade cassada, terá o prazo de sessenta dias para quitar o débito. (Redação dada pela Medida Provisória nº 2.225-45, de 4.9.2001)

Parágrafo único. A não quitação do débito no prazo previsto implicará sua inscrição em dívida ativa. (Redação dada pela Medida Provisória nº 2.225-45, de 4.9.2001)

Art. 48. O vencimento, a remuneração e o provento não serão objeto de arresto, sequestro ou penhora, exceto nos casos de prestação de alimentos resultante de decisão judicial.

Comentários

A remuneração do servidor é irredutível. Por isso, é evidente que não se admitem descontos em seus vencimentos fora das hipóteses traçadas em lei. O art. 45 do Estatuto permite que esses descontos ocorram apenas por força de lei ou de decisão judicial.

Iniciando-se pela decisão judicial, o art. 48 permite que ocorra qualquer constrição sobre a remuneração do ativo ou do provento do inativo quando se tratar de alimentos determinados por mandado judicial. Assim, a penhora, o sequestro e o arresto só poderão ocorrer sobre a remuneração do servidor quando for ele devedor de alimentos determinados por decisão judicial.

Isso é assim porque a remuneração faz parte da subsistência do servidor. Privá-lo de sua remuneração significa atentar contra a sua dignidade. Mas não é justo que o servidor tenha resguardada a sua remuneração se é responsável pela subsistência de alguém. Por isso é que quando se tratar de alimentos devidos pelo servidor e determinados por mandado judicial, será possível a penhora, sequestro ou arresto de sua remuneração ou do provento do inativo para que quitar o débito.

Por outro lado, é possível também que o servidor sofra descontos em sua remuneração por determinação legal. Uma dessas situações deflui da ausência injustificada do servidor. Ora, sendo o vencimento pago pela prestação de serviços, se esses deixaram de ser prestados sem justa causa para tanto. O mesmo desconto ocorrerá nas ausências injustificadas e nos atrasos e saídas antecipadas.

É importante observar que o há desconto nas ausências injustificadas e também nas justificadas (salvo as hipóteses do art. 97). A diferença é que quando a ausência é injustificada, é possível que ocorra a compensação de horários até o mês subsequente ao da falta. Em ocorrendo essa compensação, não ocorrerá o desconto na remuneração do servidor. Se falta não for justificada, a compensação estará inviabilizada e o servidor não terá outra alternativa a não ser enfrentar o desconto.

Há uma situação interessante que é a falta motivada por caso fortuito ou força maior. Nessas situações, a autoridade competente poderá determinar que ocorra a compensação. É regra básica de hermenêutica aquela que informa que a lei não se utiliza de palavras inúteis. Por conta disso, como o parágrafo único do art. 44 traz uma determinação diferente para as hipóteses de caso fortuito ou força maior, percebe-se que em tais situações, a compensação será determinada pela autoridade competente, que poderá dispensá-la.

Assim, teríamos a seguinte diferença, havendo falta justificada, é possível a compensação de horário. Se não houver tal compensação, o desconto deverá ocorrer. Quando a falta é justificada por caso fortuito ou por força maior, a autoridade competente poderá dispensar a compensação e, mesmo assim, não fazer o desconto sobre a remuneração do servidor.

5.2.1. Desconto por parcelas consignadas

É possível que o servidor contrate algum serviço, sendo o pagamento feito através de descontos em seu contracheque. São as chamadas parcelas consignadas. Esse tipo de contratação favorece o consumidor, pois é utilizada principalmente para empréstimos bancários, diminuindo os juros cobrados.

O dirigismo do Estado, no entanto, impõe ao servidor um limite de desconto para sua remuneração, quando se trata de parcelas consignadas.

O servidor não poderá comprometer mais do que 35% com essas consignações facultativas. Por outro lado, 5% serão utilizados exclusivamente para amortização de débitos com cartão de crédito ou com saques com cartão de crédito.

Pelo dispositivo, percebe-se que o servidor só poderá utilizar livremente 30% de sua remuneração para consignação em favor de terceiros. Isso porque os 5% restantes só podem ser utilizados com dívidas com cartão de crédito.

5.2.2. Indenização e reposição

Não se pode confundir a indenização com a reposição. A indenização é fruto de um dano causado à Administração ou a terceiro. Nesse ultimo caso, como a responsabilidade é, em regra, objetiva, cabe à Administração o pagamento do dano, sendo possível a ação regressiva em face do servidor, caso este tenha atuado com culpa ou com dolo.

Na reposição, houve um pagamento indevido ao servidor, pelo que deve ocorrer a sua devolução. Haverá também necessidade de reposição quando o servidor receber algum valor por conta de decisão judicial que acabar sendo reformada, anulada ou rescindida. Nesse caso, será necessária a atualização do débito até efetivo pagamento. Se o pagamento indevido é descoberto logo no mês subsequente, a sua devolução será feita de uma só vez, não se admitindo, nessa hipótese específica, o parcelamento da devolução.

Fora a hipótese do pagamento indevido descoberto no mês subsequente ao da folha e do dano dolosamente causado, é possível o parcelamento do débito. Esse parcelamento ocorrerá através de descontos diretos no contracheque do servidor. A parcela será de no mínimo 10% da remuneração ou do provento. É importante asseverar que o parcelamento só poderá ser solicitado pelo servidor, não se admitindo a sua imposição pela Administração. Por outro lado, não pode a Administração impedir o parcelamento do débito quando há pedido do interessado nesse sentido. É o que entende o STJ:

> ADMINISTRATIVO. SERVIDOR PÚBLICO. GREVE. DESCONTO DOS DIAS PARADOS. POSSIBILIDADE. INSTAURAÇÃO DE PROCESSO ADMINISTRATIVO E INTIMAÇÃO PESSOAL PARA REALIZAR O DESCONTO. DESNECESSIDADE. PARCELAMENTO DA REPOSIÇÃO. ART. 46, § 1º, LEI N. 8.112/90. PRINCÍPIO DA RAZOABILIDADE. PEDIDO DO INTERESSADO. POSSIBILIDADE. RECURSO PARCIALMENTE PROVIDO. (...)5. Falta razoabilidade e é contra legem normativo administrativo que impede o parcelamento em conformidade com a lei, por aplicação analógica do art 46, caput e § 1º, da Lei n. 8.112/90, a pedido do interessado, dos valores a serem restituídos à Administração Pública relativos ao desconto dos dias parados em razão do movimento paredista. (RMS 49339 / SP; RECURSO ORDINÁRIO EM MANDADO DE SEGURANÇA 2015/0241221-7; Relator Ministro FRANCISCO FALCÃO (1116); DJe 20/10/2016).

Caso não haja parcelamento, o pagamento deverá ser feito em até 30 dias, sob pena de inscrição na dívida ativa. Vale ressaltar que o parcelamento não será possível quando se tratar de indenização por dano causado dolosamente. Nesse caso, o parcelamento só seria viável se o servidor não possuir bens que garantam a execução do débito, mas mesmo assim, só com o pedido do servidor é que haverá o parcelamento.

Aqueles que foram demitidos, exonerados ou tiveram a aposentadoria ou disponibilidade cassadas não poderão parcelar o débito porque não possuem mais vínculo com a Administração. Por conta disso, a Lei lhes concede um prazo maior para pagamento, passando para 60 dias.

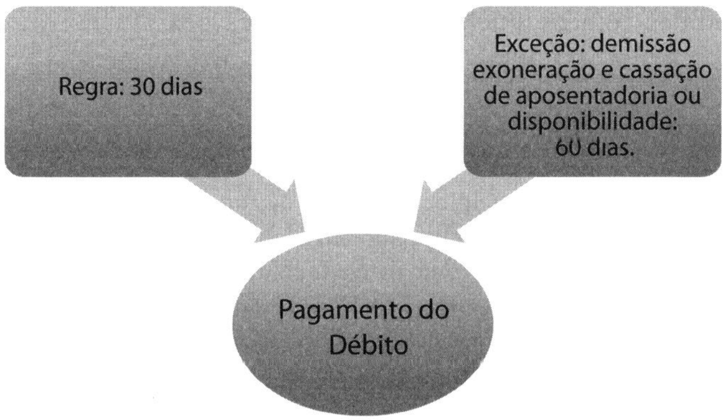

5.3. VANTAGENS PECUNIÁRIAS

CAPÍTULO II
DAS VANTAGENS

Art. 49. Além do vencimento, poderão ser pagas ao servidor as seguintes vantagens:

I - indenizações;

II - gratificações;

III - adicionais.

§ 1º As indenizações não se incorporam ao vencimento ou provento para qualquer efeito.

§ 2º As gratificações e os adicionais incorporam-se ao vencimento ou provento, nos casos e condições indicados em lei.

Art. 50. As vantagens pecuniárias não serão computadas, nem acumuladas, para efeito de concessão de quaisquer outros acréscimos pecuniários ulteriores, sob o mesmo título ou idêntico fundamento.

Comentários

As vantagens são criadas por lei, mas podem ter o valor definido por regulamento. A Lei 8.112/90 estabelece 3 tipos de vantagem: As indenizações, as gratificações e os adicionais. As indenizações servem para devolver ao servidor valor gasto com a prestação de serviço. Se o serviço é prestado à Administração, nada mais lógico do que ser esse valor pago pela tomadora de serviços.

Sendo consideradas como pagamento de gastos para prestação de serviços, as indenizações não têm natureza patrimonial, uma vez que não acresce ao patrimônio do servidor. Exatamente por isso é que as indenizações jamais serão incorporadas à remuneração para qualquer efeito. Não podem ser confundidas com os adicionais e as gratificações.

Sobre o assunto, leciona Hely Lopes Meirelles (p. 495):

> Vantagens pecuniárias são acréscimos ao vencimento do servidor, concedidas a título definitivo ou transitório, pela decorrência do tempo de serviço (*ex facto temporis*), ou pelo desempenho de funções especiais (*ex facto officii*), ou em razão das condições anormais em que se realiza o serviço (*propter laborem*), ou, finalmente, em razão de condições pessoais do servidor (*propter personam*). As duas primeiras espécies constituem os adicionais (adicionais de vencimento e adicionais de função), as duas últimas formam a categoria das gratificações (gratificações de serviço e gratificações pessoais).

Ocorre, no entanto, que apesar das diferenças trazidas por tão autorizada doutrina, a Lei 8.112/90 não teve qualquer esforço por parte do legislador para ter uma tecnicidade apurada. Por isso, a norma trata adicionais e gratificações de forma despreocupada. Essa é a mesma opinião de Ivan Barbosa Rigolin (p. 141):

> O fato é que a L. 8.112 constitui talvez o mais acabado exemplo de norma que confunde adicionais com gratificações. Mais do que isso, propositadamente trata os dois títulos em conjunto, em sequência generalizante, como se a diferença fosse apenas de nome e não de essência ou natureza.

De qualquer forma, as gratificações e adicionais só irão se incorporar ao vencimento para formar a remuneração quando a lei expressamente assim determina. Assim:

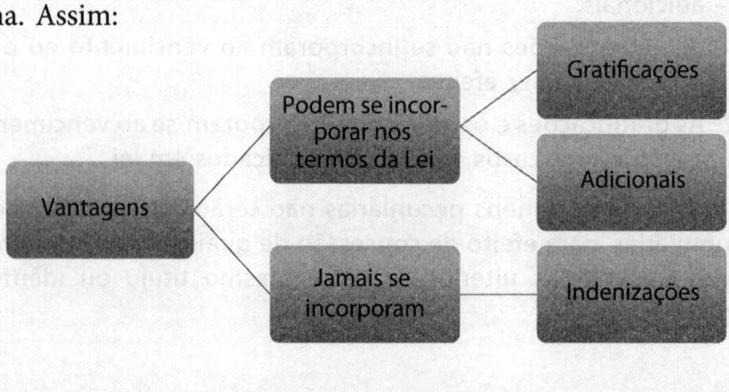

5.3.1. Indenizações

SEÇÃO I
DAS INDENIZAÇÕES

Art. 51. Constituem indenizações ao servidor:

I - ajuda de custo;

II - diárias;

III - transporte.

IV - auxílio-moradia. (Incluído pela Lei nº 11.355, de 2006)

Art. 52. Os valores das indenizações estabelecidas nos incisos I a III do art. 51, assim como as condições para a sua concessão, serão estabelecidos em regulamento. (Redação dada pela Lei nº 11.355, de 2006)

Comentários

A Lei 8.112/90 cria quatro espécies de indenização. Outras existem para as mais variadas carreiras de servidores federais. De qualquer maneira, são indenizações.

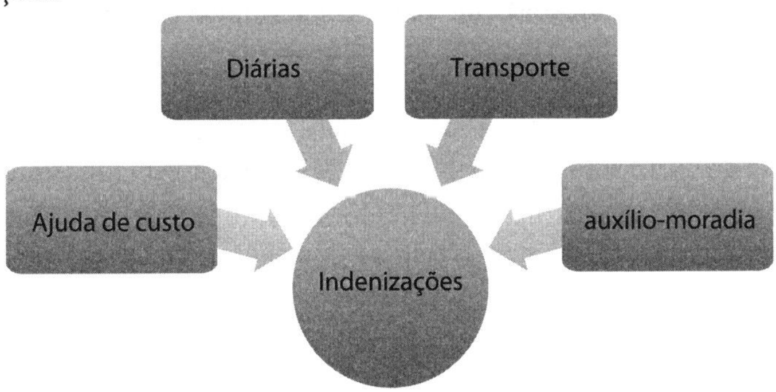

Apesar de criadas por lei, seus valores são definidos por regulamento, o que empresta à Administração Pública um maior espectro para definição do valor correto e justo a ser pago ao servidor.

5.3.1.1. Ajuda de Custo

SUBSEÇÃO I
DA AJUDA DE CUSTO

Art. 53. A ajuda de custo destina-se a compensar as despesas de instalação do servidor que, no interesse do serviço, passar a ter exercício em nova sede, com mudança de domicílio em caráter permanente, vedado o duplo pagamento de indenização, a qualquer tempo, no caso de o cônjuge ou companheiro que detenha também a condição de servidor, vier a ter exercício na mesma sede. (Redação dada pela Lei nº 9.527, de 10.12.97)

§ 1º Correm por conta da administração as despesas de transporte do servidor e de sua família, compreendendo passagem, bagagem e bens pessoais.

§ 2º À família do servidor que falecer na nova sede são assegurados ajuda de custo e transporte para a localidade de origem, dentro do prazo de 1 (um) ano, contado do óbito.

§ 3º Não será concedida ajuda de custo nas hipóteses de remoção previstas nos incisos II e III do parágrafo único do art. 36. (Incluído pela Lei nº 12.998, de 2014)

Art. 54. A ajuda de custo é calculada sobre a remuneração do servidor, conforme se dispuser em regulamento, não podendo exceder a importância correspondente a 3 (três) meses.

Art. 55. Não será concedida ajuda de custo ao servidor que se afastar do cargo, ou reassumi-lo, em virtude de mandato eletivo.

Art. 56. Será concedida ajuda de custo àquele que, não sendo servidor da União, for nomeado para cargo em comissão, com mudança de domicílio.

Parágrafo único. No afastamento previsto no inciso I do art. 93, a ajuda de custo será paga pelo órgão cessionário, quando cabível.

Art. 57. O servidor ficará obrigado a restituir a ajuda de custo quando, injustificadamente, não se apresentar na nova sede no prazo de 30 (trinta) dias.

Comentários

A ajuda de custo é valor que serve para a instalação do servidor no novo domicílio, para o qual foi deslocado de forma permanente. A indenização só será paga se o deslocamento do servidor ocorreu de ofício. Assim, caso o deslocamento tenha se dado a pedido, a ajuda de custo não será aplicada. Há, também, outras situações em que a ajuda de custo não será paga, como se percebe do quadro a seguir:

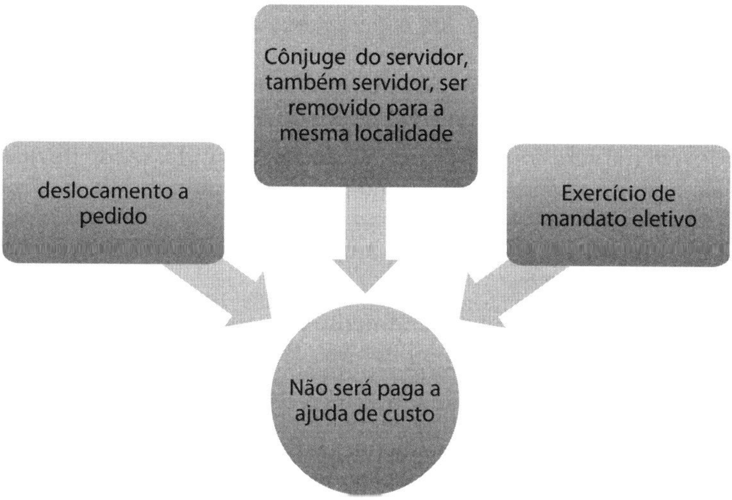

De outro lado, caso o servidor tenha se deslocado para exercer cargo em comissão federal, mesmo que não tenha cargo efetivo, será devida a ajuda de custo. De outro lado será paga ajuda de custo quando a família do servidor falecido decidir retornar à sede de origem, desde que o faça até 1 ano após o falecimento.

A ajuda de custo é paga uma só vez por deslocamento. Seu valor é definido em regulamento, mas não pode ultrapassar o equivalente a 3 meses de remuneração. Além da ajuda de custo, são pagos também a passagem, incluídos bagagem e bens pessoais do servidor e de sua família. Tal dispositivo serve para cumprir o quanto previsto no art. 226 da Constituição Federal, que declara que a família é base da sociedade e que merece proteção especial do Estado. Não há, portanto, qualquer interesse em separá-la. É importante que, caso deseje, o servidor possa levar sua família para a localidade em que permanecerá definitivamente.

Caso o servidor seja cedido, o pagamento da ajuda de custo será encargo do cessionário, na forma prevista no art. 93 da Lei 8.112/90. É evidente que o recebimento da ajuda de custo, sem que ocorra o deslocamento exigido faz com que o valor recebido tenha que ser devolvido no prazo de 30 dias. Caso o contrário, ocorreria um enriquecimento sem causa por parte do devedor.

5.3.1.2. Diárias

SUBSEÇÃO II
DAS DIÁRIAS

Art. 58. O servidor que, a serviço, afastar-se da sede em caráter eventual ou transitório para outro ponto do território nacional

ou para o exterior, fará jus a passagens e diárias destinadas a indenizar as parcelas de despesas extraordinárias com pousada, alimentação e locomoção urbana, conforme dispuser em regulamento. (Redação dada pela Lei nº 9.527, de 10.12.97)

§ 1º A diária será concedida por dia de afastamento, sendo devida pela metade quando o deslocamento não exigir pernoite fora da sede, ou quando a União custear, por meio diverso, as despesas extraordinárias cobertas por diárias. (Redação dada pela Lei nº 9.527, de 10.12.97)

§ 2º Nos casos em que o deslocamento da sede constituir exigência permanente do cargo, o servidor não fará jus a diárias.

§ 3º Também não fará jus a diárias o servidor que se deslocar dentro da mesma região metropolitana, aglomeração urbana ou microrregião, constituídas por municípios limítrofes e regularmente instituídas, ou em áreas de controle integrado mantidas com países limítrofes, cuja jurisdição e competência dos órgãos, entidades e servidores brasileiros considera-se estendida, salvo se houver pernoite fora da sede, hipóteses em que as diárias pagas serão sempre as fixadas para os afastamentos dentro do território nacional. (Incluído pela Lei nº 9.527, de 10.12.97)

Art. 59. O servidor que receber diárias e não se afastar da sede, por qualquer motivo, fica obrigado a restituí-las integralmente, no prazo de 5 (cinco) dias.

Parágrafo único. Na hipótese de o servidor retornar à sede em prazo menor do que o previsto para o seu afastamento, restituirá as diárias recebidas em excesso, no prazo previsto no *caput*.

Comentários

Ao contrário do que ocorre com a ajuda de custo, que exige um deslocamento para fixar domicílio permanente, as diárias são pagas por deslocamento eventual e temporário (apesar da norma afirmar que seria eventual ou temporário). Isso significa que se o deslocamento permanente fizer parte das atribuições do cargo, não serão pagas diárias.

O valor das diárias deve ser definido em regulamento e ser o bastante para pagar as despesas relacionadas a alimentação, transporte e alimentação urbana. Permite-se a diferenciação de preços entre regiões diferentes do país, assim como valores próprios para deslocamento para o exterior.

Não há necessidade de prestação de contas das despesas efetuadas durante o deslocamento, uma vez que as diárias são pagas por dia. Por isso não há devolução se o servidor gastou menos do que o valor da indenização e nem complementação se pagou mais do que a diária paga.

As diárias serão devidas pela metade em duas situações:

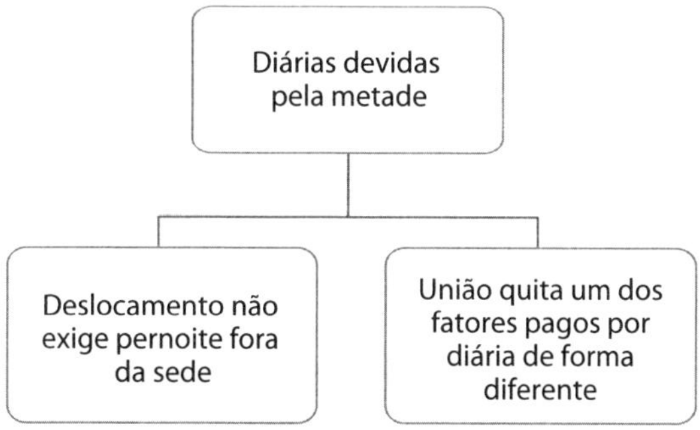

Assim, se a União custear o transporte urbano através da cessão de veículo oficial para o servidor se deslocar, o pagamento será devido pela metade. Por outro lado, se o deslocamento do servidor se der dentro da mesma região metropolitana, aglomeração urbana ou microrregião, desde que formadas por municípios limítrofes e esse deslocamento não exigir pernoite fora da sede, não haverá pagamento de diárias.

Quando a norma prevê que a região metropolitana, a aglomeração urbana e a microrregião devem ser regulamente criadas, significa que essa criação deverá ser feita pelos Estados, através de lei complementar. Assim, não basta que o deslocamento ocorra entre municípios vizinhos, mas que formem uma das estruturas criadas. Determina a CF/88 que (art. 25, § 3º):

> § 3º Os Estados poderão, mediante lei complementar, instituir regiões metropolitanas, aglomerações urbanas e microrregiões, constituídas por agrupamentos de municípios limítrofes, para integrar a organização, o planejamento e a execução de funções públicas de interesse comum.

É importante asseverar que o STF (ADI 1.842) estabeleceu que a Lei Complementar Estadual é suficiente para criar a união de Municípios, que servirá para a prestação adequada de serviços público, principalmente. Assim, não há necessidade de plebiscito ou referendo para a sua criação.

Sobre os conceitos dos institutos citados, a Lei 13.089/2015 estabelece em seu art. 2º que deve-se considerar:

> I – aglomeração urbana: unidade territorial urbana constituída pelo agrupamento de 2 (dois) ou mais Municípios limítrofes, caracterizada por complementaridade funcional e integração das dinâmicas geográficas, ambientais, políticas e socioeconômicas;
>
> V – metrópole: espaço urbano com continuidade territorial que, em razão de sua população e relevância política e socioeconômica, tem influência nacional ou sobre uma região que configure, no mínimo, a área de influência de uma

capital regional, conforme os critérios adotados pela Fundação Instituto Brasileiro de Geografia e Estatística – IBGE;

VII – região metropolitana: aglomeração urbana que configure uma metrópole.

Já em relação à microrregião, leciona José Afonso da Silva (p. 669):

> Formam-se de grupos de Municípios limítrofes com certa homogeneidade e problemas administrativos comuns, cujas sedes não sejam unidas por continuidade urbana.

Se o deslocamento se der dentro de uma região metropolitana, aglomeração urbana ou microrregião, mas exigir pernoite fora da sede, a diária deverá ser paga. A mesma coisa acontece quando o deslocamento ocorrer em áreas de controle integrado mantidas com países limítrofes, cuja jurisdição e competência dos órgãos, entidades e servidores brasileiros considera-se estendida, sendo que nestes casos, ocorrendo a pernoite fora da sede, o valor a ser pago de diária será o mesmo do deslocamento dentre do território nacional.

As diárias devem ser pagas antes do deslocamento. Caso tenha ocorrido o pagamento da diária sem que tenha, por qualquer motivo, ocorrido o deslocamento, o servidor será obrigada a devolvê-las dentro do prazo de 5 dias. Se o deslocamento se deu por tempo menor do que o previsto, a devolução será dos valores em excesso recebidos dentro do mesmo prazo (5 dias).

5.3.1.3. Transporte

SUBSEÇÃO III
DA INDENIZAÇÃO DE TRANSPORTE

Art. 60. Conceder-se-á indenização de transporte ao servidor que realizar despesas com a utilização de meio próprio de locomoção para a execução de serviços externos, por força das atribuições próprias do cargo, conforme se dispuser em regulamento.

Comentários

O transporte é indenização que serve para pagar o deslocamento do servidor, quando presta serviços fora da repartição e se utiliza de meio próprio de locomoção. Não pode ser utilizado para utilização entre a residência do servidor e seu trabalho, mas apenas para prestação de serviços.

Concordamos com Ivan Barbosa Rigolim (p. 156) quando afirma que:

> Fundamenta-se a existência desta indenização em razão de que poderia revelar-se mais custoso e difícil à Administração, ou às vezes menos con-

veniente ao serviço, prover todos os servidores, incumbidos de trabalhos externos, com transporte oficial, do que indenizar as despesas efetuadas pelo servidor que utilize seu próprio transporte.

5.3.1.4. Auxílio-Moradia

SUBSEÇÃO IV
DO AUXÍLIO-MORADIA

Art. 60-A. O auxílio-moradia consiste no ressarcimento das despesas comprovadamente realizadas pelo servidor com aluguel de moradia ou com meio de hospedagem administrado por empresa hoteleira, no prazo de um mês após a comprovação da despesa pelo servidor. (Incluído pela Lei nº 11.355, de 2006)

Art. 60-B. Conceder-se-á auxílio-moradia ao servidor se atendidos os seguintes requisitos: (Incluído pela Lei nº 11.355, de 2006)

I – não exista imóvel funcional disponível para uso pelo servidor; (Incluído pela Lei nº 11.355, de 2006)

II – o cônjuge ou companheiro do servidor não ocupe imóvel funcional; (Incluído pela Lei nº 11.355, de 2006)

III – o servidor ou seu cônjuge ou companheiro não seja ou tenha sido proprietário, promitente comprador, cessionário ou promitente cessionário de imóvel no Município aonde for exercer o cargo, incluída a hipótese de lote edificado sem averbação de construção, nos doze meses que antecederem a sua nomeação; (Incluído pela Lei nº 11.355, de 2006)

IV – nenhuma outra pessoa que resida com o servidor receba auxílio-moradia; (Incluído pela Lei nº 11.355, de 2006)

V – o servidor tenha se mudado do local de residência para ocupar cargo em comissão ou função de confiança do Grupo-Direção e Assessoramento Superiores – DAS, níveis 4, 5 e 6, de Natureza Especial, de Ministro de Estado ou equivalentes; (Incluído pela Lei nº 11.355, de 2006)

VI – o Município no qual assuma o cargo em comissão ou função de confiança não se enquadre nas hipóteses do art. 58, § 3º, em relação ao local de residência ou domicílio do servidor; (Incluído pela Lei nº 11.355, de 2006)

VII – o servidor não tenha sido domiciliado ou tenha residido no Município, nos últimos doze meses, aonde for exercer o cargo em comissão ou função de confiança, desconsiderando-se prazo inferior a sessenta dias dentro desse período; e (Incluído pela Lei nº 11.355, de 2006)

VIII – o deslocamento não tenha sido por força de alteração de lotação ou nomeação para cargo efetivo. (Incluído pela Lei nº 11.355, de 2006)

IX – o deslocamento tenha ocorrido após 30 de junho de 2006. (Incluído pela Lei nº 11.490, de 2007)

Parágrafo único. Para fins do inciso VII, não será considerado o prazo no qual o servidor estava ocupando outro cargo em comissão relacionado no inciso V. (Incluído pela Lei nº 11.355, de 2006)

Art. 60-C. (Revogado pela Lei nº 12.998, de 2014)

Art. 60-D. O valor mensal do auxílio-moradia é limitado a 25% (vinte e cinco por cento) do valor do cargo em comissão, função comissionada ou cargo de Ministro de Estado ocupado. (Incluído pela Lei nº 11.784, de 2008

§ 1º O valor do auxílio-moradia não poderá superar 25% (vinte e cinco por cento) da remuneração de Ministro de Estado. (Incluído pela Lei nº 11.784, de 2008

§ 2º Independentemente do valor do cargo em comissão ou função comissionada, fica garantido a todos os que preencherem os requisitos o ressarcimento até o valor de R$ 1.800,00 (mil e oitocentos reais). (Incluído pela Lei nº 11.784, de 2008

Art. 60-E. No caso de falecimento, exoneração, colocação de imóvel funcional à disposição do servidor ou aquisição de imóvel, o auxílio-moradia continuará sendo pago por um mês. (Incluído pela Lei nº 11.355, de 2006)

Comentários

O auxílio-moradia é indenização que serve para a manutenção do servidor. Por isso, diferente do que ocorre com a ajuda de custo, o auxílio-moradia é pago mensalmente, um mês após a comprovação com os gastos com moradia. Esses gatos incluem até mesmo a utilização de quartos de hotel, desde que para a devida moradia.

Só é pago para servidores que possuam cargos de natureza especial, do grupo de direção e assessoramento superior (DAS), de níveis 4, 5 e 6, Ministro de Estado ou equivalentes. Vale ressaltar que a definição desses cargos é legal, de acordo com a política legislativa aplicada. Não será paga a indenização caso o deslocamento tenha ocorrido para o exercício de cargo efetivo.

É evidente que não será pago o auxílio em questão, caso o servidor possua imóvel na localidade ou ainda habite com quem tenha imóvel ou exista imóvel funcional a sua disposição. Para evitar fraudes, não será pago ainda a indenização em comento quando o servidor alienou ou comprou imóvel na localidade nos últimos 12 meses, considerando ainda lote já construído, mas sem registro dessa construção em cartório.

De igual maneira, não receberá o auxílio-moradia o servidor que tenha morado na localidade em que exercerá o cargo nos últimos 12 meses, salvo se o tempo de moradia for inferior a 60 dias nesse período. Também não receberá a citada indenização o servidor que tenha residência na mesma aglomeração urbana, microrregião ou região metropolitana da localidade em que exercerá suas atribuições.

O valor do auxílio-moradia está diretamente relacionado com a comprovação dos gastos com a moradia. O que a norma determina é um teto. Assim, só será ressarcido o valor gasto com a moradia que não exceder 25% da remuneração do servidor. Há, no entanto, outro teto, que é 25% da remuneração do Ministro de Estado. Caso a remuneração do servidor ultrapasse o quanto ganha o ministro de Estado, só poderá ser pago a título de auxílio-moradia o valor correspondente a 25% da remuneração do Ministro.

Assim, não se pode receber como auxílio-moradia mais do que 25% do valor recebido pelo Ministro de Estado, que deve ser considerado como o teto último da indenização. Não se pode, no entanto, confundir essa indenização com a recebida pelos magistrados e membros do Ministério Público pois essas possuem um regramento diferenciado.

Por outro lado, o servidor tem o direito de comprovar e receber o auxílio-moradia de pelo menos R$ 1.800,00 (mil e oitocentos reais). Nesse caso, independentemente de quanto receba, caso comprove tais gastos com moradia, o servidor tem o direito de receber o valor citado, que deve ser considerado como o piso da indenização.

Como o auxílio é pago sempre um mês após a comprovação dos gastos, nos casos de falecimento, exoneração ou colocação de imóvel funcional à disposição, a indenização continuará sendo paga por um mês, contado da prestação de contas quanto ao gasto com a moradia. Vale dizer que esse regramento não é aplicado para os membros do Ministério Público e da Magistratura, uma vez que possuem normas específicas previstas na LC 35/79.

5.3.2. Gratificações e Adicionais

SEÇÃO II
DAS GRATIFICAÇÕES E ADICIONAIS

Art. 61. Além do vencimento e das vantagens previstas nesta Lei, serão deferidos aos servidores as seguintes retribuições, gratificações e adicionais: (Redação dada pela Lei nº 9.527, de 10.12.97)

I – retribuição pelo exercício de função de direção, chefia e assessoramento; (Redação dada pela Lei nº 9.527, de 10.12.97)

II – gratificação natalina;

III – (Revogado pela Medida Provisória nº 2.225-45, de 4.9.2001)

IV – adicional pelo exercício de atividades insalubres, perigosas ou penosas;

V – adicional pela prestação de serviço extraordinário;

VI – adicional noturno;

VII – adicional de férias;

VIII – outros, relativos ao local ou à natureza do trabalho.

IX – gratificação por encargo de curso ou concurso. (Incluído pela Lei nº 11.314 de 2006)

Comentários

Apesar de trazer um tratamento que não é correto tecnicamente entre gratificações e adicionais, a Lei 8.112/90 divide essas vantagens, observando o que se segue:

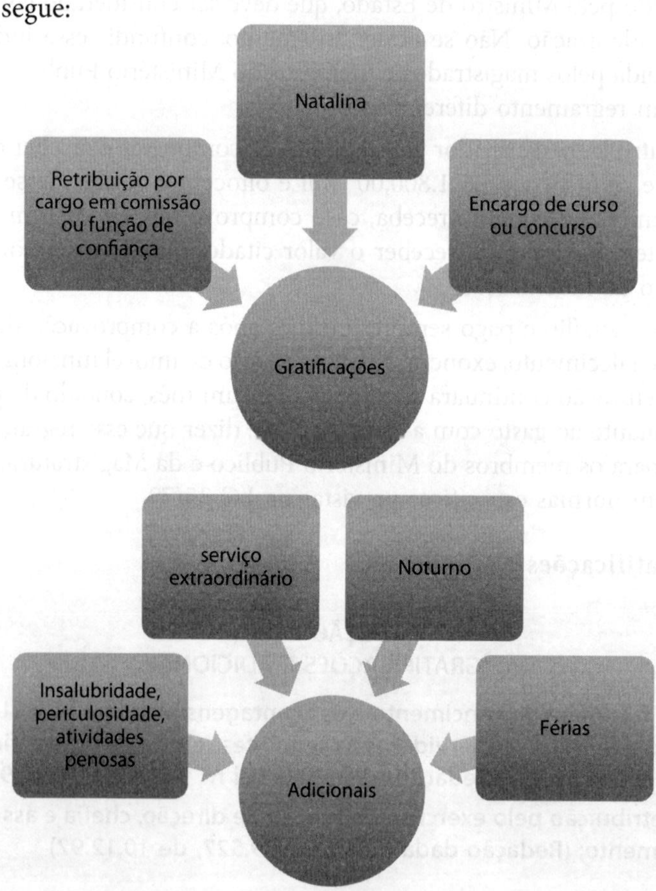

Evidentemente outras vantagens podem ser criadas por lei, como o faz, por exemplo, a Lei 11.416/2006 que trata dos servidores dos tribunais federais.

5.3.2.1. Retribuição pelo exercício de cargo e função comissionados

SUBSEÇÃO I
DA RETRIBUIÇÃO PELO EXERCÍCIO DE FUNÇÃO DE DIREÇÃO, CHEFIA E ASSESSORAMENTO

Art. 62. **Ao servidor ocupante de cargo efetivo investido em função de direção, chefia ou assessoramento, cargo de provimento em comissão ou de Natureza Especial é devida retribuição pelo seu exercício. (Redação dada pela Lei nº 9.527, de 10.12.97)**

Parágrafo único. Lei específica estabelecerá a remuneração dos cargos em comissão de que trata o inciso II do art. 9º. (Redação dada pela Lei nº 9.527, de 10.12.97)

Art. 62-A. Fica transformada em Vantagem Pessoal Nominalmente Identificada - VPNI a incorporação da retribuição pelo exercício de função de direção, chefia ou assessoramento, cargo de provimento em comissão ou de Natureza Especial a que se referem os arts. 3º e 10 da Lei nº 8.911, de 11 de julho de 1994, e o art. 3º da Lei nº 9.624, de 2 de abril de 1998. (Incluído pela Medida Provisória nº 2.225-45, de 4.9.2001)

Parágrafo único. A VPNI de que trata o *caput* deste artigo somente estará sujeita às revisões gerais de remuneração dos servidores públicos federais. (Incluído pela Medida Provisória nº 2.225-45, de 4.9.2001)

Comentários

O servidor que possui apenas um cargo em comissão receberá, na forma da lei, vencimento e vantagens que, se forem permanentes, formarão a remuneração. Apesar de se tratar de cargos de livre nomeação e exoneração, a remuneração dos cargos de confiança também é irredutível. Mas se o servidor que exerce cargo de confiança também tiver um cargo efetivo, receberá remuneração pelo cargo efetivo e uma gratificação pelo exercício do cargo comissionado. Essa gratificação é o que a Lei denomina de retribuição pelo exercício do cargo em comissão e da função comissionada.

A mesma coisa ocorrerá quando o servidor efetivo tiver uma função de confiança. Pelo exercício da função, ocorrerá o pagamento da retribuição. O valor da retribuição deverá vir expresso em lei.

É importante ainda asseverar que o regime estatutário não é imutável, pela aplicação do Princípio da Atualidade ou Mutabilidade do serviço público. Por conta disso, gratificações e adicionais podem ser extintos por lei. Mas é importante observar que em algumas situações é possível a concretização de uma vantagem permanente na remuneração do servidor, formando assim o direito adquirido de permanecer com aquele valor, desde que já integrado ao seu patrimônio jurídico.

Nesses casos, a vantagem extinta continuará sendo paga àqueles que a incorporaram sob o nome de VPNI (vantagem pessoal nominalmente identificada). Assim, a VPNI representa o pagamento de vantagens que deixaram de existir, porque extintas por lei, mas continuam sendo pagas àqueles que a incorporaram. É essa a indicação do art. 62-A da Lei 8.112/90.

5.3.2.2. Gratificação natalina

SUBSEÇÃO II
DA GRATIFICAÇÃO NATALINA

Art. 63. A gratificação natalina corresponde a 1/12 (um doze avos) da remuneração a que o servidor fizer jus no mês de dezembro, por mês de exercício no respectivo ano.

Parágrafo único. A fração igual ou superior a 15 (quinze) dias será considerada como mês integral.

Art. 64. A gratificação será paga até o dia 20 (vinte) do mês de dezembro de cada ano.

Parágrafo único. (VETADO).

Art. 65. O servidor exonerado perceberá sua gratificação natalina, proporcionalmente aos meses de exercício, calculada sobre a remuneração do mês da exoneração.

Art. 66. A gratificação natalina não será considerada para cálculo de qualquer vantagem pecuniária.

Comentários

A gratificação natalina é direito do servidor previsto constitucionalmente (art. 39, § 4º). Trata-se de uma gratificação paga a medida de 1/12 sobre a remuneração do mês de dezembro, por mês efetivamente trabalhado. Vale dizer que se considera como mês efetivamente trabalhado aquele em que houve labor por pelo menos 15 dias.

Caso o servidor trabalhe todos os meses do ano, a gratificação terá o valor de uma remuneração mensal. Exatamente por isso, é conhecido como décimo terceiro salário. Essa gratificação não pode ser base de cálculo de nenhuma outra e, somada com a remuneração, poderá ultrapassar o teto remuneratório previsto no art. 37, XI, da CF. Essa conclusão é lógica. Primeiro porque a Constituição Federal determina a aplicação aos servidores de uma série de direitos trabalhistas previstos em seu art. 7º (art. 39, § 4º). Segundo porque, se tais direitos (dentre eles a gratificação natalina) estivessem limitados ao teto remuneratório, os servidores que ganhassem a remuneração corresponde ao teto, ou perto dela, não receberia as parcelas indicadas na própria Constituição como obrigatórias.

Nesse mesmo sentido, entende Celso Antonio Bandeira de Mello (p. 281):

> O fato de se alocarem entre os melhor retribuídos no serviço público (se o são não é simplesmente porque o queiram, mas porque a lei considerou ser esta sua adequada remuneração), ou a circunstância de serem remunerados por subsídios, não são razões prestantes para que sofram tratamento discriminatório detrimentoso em relação aos demais.

A gratificação natalina será devida também ao servidor que foi exonerado, tendo por base a remuneração do mês da exoneração e contando 1/12 desse valor por mês trabalhado (considerando como tal aquele em que houve labor por pelo menos 15 dias). A exoneração não pode ser confundida com demissão, pois esta é aplicada como penalidade nos termos da lei. Assim, não há pagamento de gratificação natalina proporcional ao servidor demitido, apenas ao exonerado.

SUBSEÇÃO III
DO ADICIONAL POR TEMPO DE SERVIÇO

Art. 67. (Revogado pela Medida Provisória nº 2.225-45, de 2001, respeitadas as situações constituídas até 8.3.1999)

5.3.2.3. Adicionais de Insalubridade, Periculosidade e Atividades Penosas

SUBSEÇÃO IV
DOS ADICIONAIS DE INSALUBRIDADE, PERICULOSIDADE OU ATIVIDADES PENOSAS

Art. 68. Os servidores que trabalhem com habitualidade em locais insalubres ou em contato permanente com substâncias tóxicas, radioativas ou com risco de vida, fazem jus a um adicional sobre o vencimento do cargo efetivo.

§ 1º O servidor que fizer jus aos adicionais de insalubridade e de periculosidade deverá optar por um deles.

§ 2º O direito ao adicional de insalubridade ou periculosidade cessa com a eliminação das condições ou dos riscos que deram causa a sua concessão.

Art. 69. Haverá permanente controle da atividade de servidores em operações ou locais considerados penosos, insalubres ou perigosos.

Parágrafo único. A servidora gestante ou lactante será afastada, enquanto durar a gestação e a lactação, das operações e locais previstos neste artigo, exercendo suas atividades em local salubre e em serviço não penoso e não perigoso.

Art. 70. Na concessão dos adicionais de atividades penosas, de insalubridade e de periculosidade, serão observadas as situações estabelecidas em legislação específica.

Art. 71. O adicional de atividade penosa será devido aos servidores em exercício em zonas de fronteira ou em localidades cujas condições de vida o justifiquem, nos termos, condições e limites fixados em regulamento.

Art. 72. Os locais de trabalho e os servidores que operam com Raios X ou substâncias radioativas serão mantidos sob controle permanente, de modo que as doses de radiação ionizante não ultrapassem o nível máximo previsto na legislação própria.

Parágrafo único. Os servidores a que se refere este artigo serão submetidos a exames médicos a cada 6 (seis) meses.

Comentários

Trata-se de adicionais que serão sempre calculados sobre o vencimento do servidor e não sobre a sua remuneração. Seus valores são definidos em regulamento. O adicional de insalubridade é pago para o servidor que de forma habitual labora submetido a agentes químicos, físicos ou biológicos, que minam a sua saúde ao longo do tempo. É o que acontece com certos agentes, como calor excessivo e ruído alto. A Administração é obrigada a fornecer Equipamentos de Proteção individual (EPI) para que se diminua os efeitos que esses agentes podem ter sobre a saúde do servidor.

De outro lado, há o adicional de periculosidade pago para o servidor que trabalha com contato permanente com substâncias tóxicas, radioativas ou com risco de vida. Nesse caso, o risco é iminente, ao contrário da insalubridade, em que o processo de prejuízo à saúde é concomitante. Quando há contato permanente do servidor com radiação ionizante, haverá necessidade de realização de exames médicos a cada 6 meses.

O adicional de periculosidade não poderá ser pago concomitantemente com o adicional de insalubridade, ainda que o servidor possua os requisitos para receber os dois, sendo necessário que o servidor escolha, nessa situação, com qual adicional ficará.

A penosidade é paga ao servidor que atua em regiões de fronteira ou cujas condições de vida o justifique. Ocorre, no entanto, que esse adicional deve ser pago na forma prevista em regulamento, que ainda não foi editado. Trata-se, portanto, de norma de eficácia limitada. Por isso, na prática o adicional por atividades penosas não pode ser aplicado por ausência de norma regulamentadora. Nesse sentido, entende o STJ:

> PROCESSUAL CIVIL E ADMINISTRATIVO. RECURSO ESPECIAL. SERVIDOR PÚBLICO FEDERAL. PROFESSORES UNIVERSITÁRIOS. PRETENSÃO DE RECEBIMENTO DO ADICIONAL DE ATIVIDADE PENOSA. ART. 71 DA LEI 8.112/1990. IMPOSSIBILIDADE. NECESSIDADE DE REGULAMENTAÇÃO. NORMA DE EFICÁCIA LIMITADA. PRECEDENTE DA TURMA NACIONAL DE UNIFORMIZAÇÃO. RECURSO ESPECIAL NÃO PROVIDO. (Processo REsp 1495287 RS 2014/0290215-4; Relator Ministro MAURO CAMPBELL MARQUES; DJe 07/05/2015).

De qualquer maneira, quando regulamentado, não haverá proibição de receber o adicional por atividade penosa cumulativamente ao adicional de insalubridade ou de periculosidade. Isso porque a Lei proíbe o recebimento de insalubridade e periculosidade concomitantemente, mas não traz qualquer proibição nesse sentido para o adicional de atividades penosas.

O pagamento dos adicionais não retira das entidades federais o dever de controlar os riscos a que o servidor está exposto e buscar diminui-los ou eliminá-los. Os adicionais ora estudados não são permanentes, o que significa que a partir do momento em que o risco for eliminado, o adicional deixará de ser pago.

Como proteção, a norma ainda estabelece que a servidora gestante ou lactante, enquanto durar a gestação ou a lactação deverá ser afastada das atividades insalubres, perigosas ou penosas. Não se deve atrapalhar essa regra, pois aqui a servidora continuará trabalhando, embora de forma salubre, não perigosa e não penosa, com a licença a gestante. Essa licença será possível a partir do nono mês de gestação ou a partir do parto, caso antecipado.

5.3.2.4. Adicional por Serviço Extraordinário

SUBSEÇÃO V
DO ADICIONAL POR SERVIÇO EXTRAORDINÁRIO

Art. 73. O serviço extraordinário será remunerado com acréscimo de 50% (cinquenta por cento) em relação à hora normal de trabalho.

Art. 74. Somente será permitido serviço extraordinário para atender a situações excepcionais e temporárias, respeitado o limite máximo de 2 (duas) horas por jornada.

Comentários

A jornada de trabalho do servidor, salvo legislação específica, deverá ser de 6 horas, no mínimo, e 8 horas, no máximo, por dia e 40 horas semanais no máximo. O labor além desses limites enseja o pagamento de adicional por serviço extraordinário (horas extras) de 50% sobre o valor da hora normal trabalhada.

O serviço extraordinário é excepcional e, quando necessário, não poderá exceder 2 horas diárias. O TSE (Resolução 22.901/2008) estabeleceu para os servidores da justiça eleitoral o banco de horas, através do qual a jornada extraordinária poderia ser compensada com folgas e saídas antecipadas do serviço. Essa compensação substitui o pagamento do respectivo adicional e é de constitucionalidade duvidosa.

5.3.2.5. Adicional Noturno

SUBSEÇÃO VI
DO ADICIONAL NOTURNO

Art. 75. O serviço noturno, prestado em horário compreendido entre 22 (vinte e duas) horas de um dia e 5 (cinco) horas do dia seguinte, terá o valor-hora acrescido de 25% (vinte e cinco por cento), computando-se cada hora como cinquenta e dois minutos e trinta segundos.

Parágrafo único. Em se tratando de serviço extraordinário, o acréscimo de que trata este artigo incidirá sobre a remuneração prevista no art. 73.

Comentários

O adicional noturno também é direito constitucional do servidor. Trata-se de adicional de 25% sobre a hora normal trabalhada. O período noturno vai das 22:00 de um dia às 05:00 do dia seguinte. Como o horário noturno é mais gravoso para o servidor do que o chamado horário administrativo, a Lei traz uma redução ficta na hora noturna. Assim, ao invés de ser de 60 minutos, a hora noturna será computada como de 52:30.

Em assim sendo, o trabalho entre as 22:00 e as 05:00, que normalmente seria de 7 horas, passa a ser de 8 horas, ao considerar a hora como de cinquenta e dois minutos e trinta segundas. Assim, garante-se ao servidor o trabalho de um turno complete, laborando uma hora a menos. É essa a lógica da redução ficta da duração de uma hora.

É possível que o servidor trabalhe em serviço extraordinário e em horário noturno. Caso isso ocorra, receberá concomitantemente ambos adicionais. Apenas para efeitos legais, determina-se o cálculo primeiro do adicional de serviços extraordinários e, após essa soma, acresce-se o valor do adicional noturno. Na prática, a ordem dos fatores não alterará o resultado.

Em resumo:

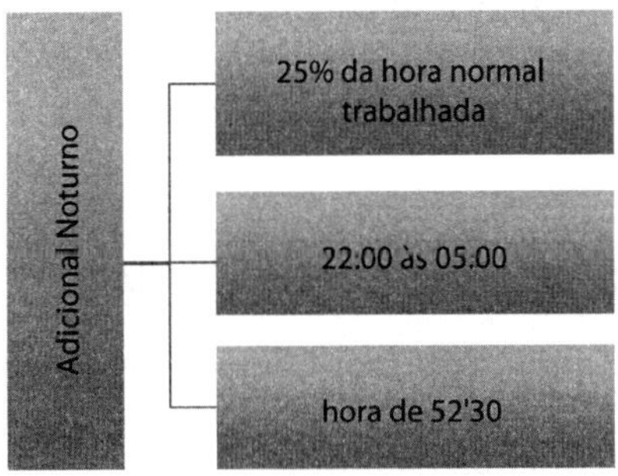

5.3.2.6. *Adicional de férias*

SUBSEÇÃO VII
DO ADICIONAL DE FÉRIAS

Art. 76. Independentemente de solicitação, será pago ao servidor, por ocasião das férias, um adicional correspondente a 1/3 (um terço) da remuneração do período das férias.

Parágrafo único. No caso de o servidor exercer função de direção, chefia ou assessoramento, ou ocupar cargo em comissão, a respectiva vantagem será considerada no cálculo do adicional de que trata este artigo.

Comentários

Mais um adicional com base constitucional. Trata-se do pagamento que é feito de 1/3 sobre a remuneração do período de férias. Como se sabe, as férias se constituem como um período repouso remunerado. Ocorre que além da remuneração mensal, o servidor receberá, 2 dias antes do início das férias, o referido adicional.

Para esse cálculo, considera-se também a retribuição pelo exercício de cargo em comissão ou função comissionada, como base no art. 62 da Lei 8.112/90. Vale dizer, que assim como ocorre com os outros direitos constitucionais, o adicional de férias não entra no cálculo do teto do funcionalismo público, previsto no art. 37, XI, da Constituição Federal.

Interessante é que o dispositivo seguinte (art. 77) fala das férias em si, mas o legislador entendeu por criar um art. 76-A, entre os dois dispositivos, que não tem qualquer relação com férias. Essa regra trata da gratificação por encargo de curso ou concurso, sem qualquer lógica na ordem dos fatos. Como a forma da presente obra traz o comentário dos dispositivos na ordem apresentada pela própria lei, logo assim procederemos para falar primeiro da gratificação por encargo de curso ou concurso para, depois, falar das férias, seguindo, assim, o art. 76-A e depois o art. 77.

5.3.2.7. Gratificação por encargo de curso ou concurso

SUBSEÇÃO VIII
DA GRATIFICAÇÃO POR ENCARGO DE CURSO OU CONCURSO

Art. 76-A. A Gratificação por Encargo de Curso ou Concurso é devida ao servidor que, em caráter eventual: (Incluído pela Lei nº 11.314 de 2006) (Regulamento)

I – atuar como instrutor em curso de formação, de desenvolvimento ou de treinamento regularmente instituído no âmbito da administração pública federal; (Incluído pela Lei nº 11.314 de 2006)

II – participar de banca examinadora ou de comissão para exames orais, para análise curricular, para correção de provas discursivas, para elaboração de questões de provas ou para julgamento de recursos intentados por candidatos; (Incluído pela Lei nº 11.314 de 2006)

III – participar da logística de preparação e de realização de concurso público envolvendo atividades de planejamento, coordenação, supervisão, execução e avaliação de resultado, quando tais atividades não estiverem incluídas entre as suas atribuições permanentes; (Incluído pela Lei nº 11.314 de 2006)

IV – participar da aplicação, fiscalizar ou avaliar provas de exame vestibular ou de concurso público ou supervisionar essas atividades. (Incluído pela Lei nº 11.314 de 2006)

§ 1º Os critérios de concessão e os limites da gratificação de que trata este artigo serão fixados em regulamento, observados os seguintes parâmetros: (Incluído pela Lei nº 11.314 de 2006)

I – o valor da gratificação será calculado em horas, observadas a natureza e a complexidade da atividade exercida; (Incluído pela Lei nº 11.314 de 2006)

II – a retribuição não poderá ser superior ao equivalente a 120 (cento e vinte) horas de trabalho anuais, ressalvada situação de

excepcionalidade, devidamente justificada e previamente aprovada pela autoridade máxima do órgão ou entidade, que poderá autorizar o acréscimo de até 120 (cento e vinte) horas de trabalho anuais; (Incluído pela Lei nº 11.314 de 2006)

III – o valor máximo da hora trabalhada corresponderá aos seguintes percentuais, incidentes sobre o maior vencimento básico da administração pública federal: (Incluído pela Lei nº 11.314 de 2006)

a) 2,2% (dois inteiros e dois décimos por cento), em se tratando de atividades previstas nos incisos I e II do caput deste artigo; (Redação dada pela Lei nº 11.501, de 2007)

b) 1,2% (um inteiro e dois décimos por cento), em se tratando de atividade prevista nos incisos III e IV do caput deste artigo. (Redação dada pela Lei nº 11.501, de 2007)

§ 2º A Gratificação por Encargo de Curso ou Concurso somente será paga se as atividades referidas nos incisos do caput deste artigo forem exercidas sem prejuízo das atribuições do cargo de que o servidor for titular, devendo ser objeto de compensação de carga horária quando desempenhadas durante a jornada de trabalho, na forma do § 4º do art. 98 desta Lei. (Incluído pela Lei nº 11.314 de 2006)

§ 3º A Gratificação por Encargo de Curso ou Concurso não se incorpora ao vencimento ou salário do servidor para qualquer efeito e não poderá ser utilizada como base de cálculo para quaisquer outras vantagens, inclusive para fins de cálculo dos proventos da aposentadoria e das pensões. (Incluído pela Lei nº 11.314 de 2006)

Comentários

Trata-se de gratificação que é paga para servidor que, em caráter eventual, ministra cursos de interesse do órgão, ou ainda participa da elaboração de provas de concursos, ou corrige questões dissertativas em concurso, ou ainda participa de sua logística ou aplicação.

Se essas atividades forem realizadas pelo servidor e fizerem parte de suas normais atribuições, já serão pagas normalmente através da remuneração devida. Por isso, a gratificação em estudo só será aplicada quando as atividades citadas forem realizadas pelo servidor em caráter eventual.

O valor e a forma de pagamento devem ser definidos em regulamento, mas a Lei 8.112/90 traça parâmetros que não podem ser desatendidos pela Autoridade Competente. Primeiramente, a gratificação será paga em horas. Diferente do que ocorre com as diárias, por exemplo, que são pagas em dias, a vantagem pecuniária sob comento deverá ser paga em horas.

O máximo de horas que podem ser gastas para tais atividades é de 120 horas anuais, podendo, sob autorização da autoridade máxima do órgão ou entidade e em situações excepcionais, haver uma prorrogação por mais 120 horas dentro do mesmo ano. Mais do que isso, a atividade deixa de ser eventual e passa a ser permanente, não tendo, nessa situação, direito ao recebimento da gratificação.

O terceiro parâmetro diz respeito ao valor da gratificação por encargo de curso ou concurso. Nesse caso, o legislador trouxe interessante regra, permitindo ao mesmo tempo que o Executivo disponha sobre o valor da gratificação, mas instituindo um limite. Esse limite vai depender das atividades a ser realizada. De qualquer maneira, o cálculo será sempre efetuado tendo por base o maior vencimento básico da Administração Pública.

A gratificação por encargo de curso ou concurso encontra-se regulamentada pelo Decreto 6.114/2007 que, em seu art. 3º, § 1º, determina que:

> O Ministério do Planejamento, Orçamento e Gestão divulgará o valor do maior vencimento básico da administração pública federal para fins de cálculo do valor a ser pago a título de Gratificação por Encargo de Curso ou Concurso.

O cálculo da gratificação será realizado, portanto, sobre o valor informado pelo Ministério do Planejamento, Orçamento e Gestão. Vale ressaltar que o maior vencimento básico não se confunde com a maior remuneração do serviço público que, como se sabe, corresponde ao subsídio recebido por Ministro do STF.

Se atividade for de atuar como instrutor em curso de formação, de desenvolvimento ou de treinamento regularmente instituído no âmbito da administração pública federal ou participar de banca examinadora ou de comissão para exames orais, para análise curricular, para correção de provas discursivas, para elaboração de questões de provas ou para julgamento de recursos intentados por candidatos (art. 76-A, I e II), o valor máximo da gratificação a ser paga por hora será de 2,2% do maior vencimento básico da Administração Pública.

Se a atividade for de participar da logística de preparação e de realização de concurso público envolvendo atividades de planejamento, coordenação, supervisão, execução e avaliação de resultado, quando tais atividades não estiverem incluídas entre as suas atribuições permanentes ou participar da aplicação, fiscalizar ou avaliar provas de exame vestibular ou de concurso público ou supervisionar essas atividades (art. 76-A, III e IV), o valor máximo da gratificação será de 1,2% do maior vencimento básico da Administração, cabendo sempre ao regulamento pertinente definir.

É importante trazer à baila lição de Paulo de Matos Ferreira de Diniz quando assevera (p. 378) que a gratificação sob comento:

> Não possui característica remuneratória, não sofrerá qualquer desconto para o Plano de Seguridade do Servidor, pois esta parcela não integra a remuneração e nem os proventos. Incidirá apenas desconto de Imposto de Renda Retido na Fonte, conforme tabela Progressiva Mensal.

A gratificação por encargo de curso ou concurso só será paga se o servidor não se afastar de suas normais atribuições para atuar nas atividades previstas no art. 76-A. É possível, no entanto, o deferimento de horário especial, permitindo ao servidor continuar no exercício de suas atribuições. Ocorre, no entanto, que o art. 98, § 4º, da Lei 8.112/90, estabelece que o horário especial só será possível se a atividade prestada estiver compreendida nos incisos I e II do art. 76-A. Isso leva a crer que as situações indicadas nos incisos III e IV do mesmo dispositivo não permitem prestação submetida a horário especial.

5.3.3. Férias

CAPÍTULO III
DAS FÉRIAS

Art. 77. O servidor fará jus a trinta dias de férias, que podem ser acumuladas, até o máximo de dois períodos, no caso de necessidade do serviço, ressalvadas as hipóteses em que haja legislação específica. (Redação dada pela Lei nº 9.525, de 10.12.97) (Férias de Ministro – Vide)

§ 1º Para o primeiro período aquisitivo de férias serão exigidos 12 (doze) meses de exercício.

§ 2º É vedado levar à conta de férias qualquer falta ao serviço.

§ 3º As férias poderão ser parceladas em até três etapas, desde que assim requeridas pelo servidor, e no interesse da administração pública. (Incluído pela Lei nº 9.525, de 10.12.97)

Art. 78. O pagamento da remuneração das férias será efetuado até 2 (dois) dias antes do início do respectivo período, observando-se o disposto no § 1º deste artigo. (Férias de Ministro – Vide)

§ 1º e § 2º (Revogado pela Lei nº 9.527, de 10.12.97)

§ 3º O servidor exonerado do cargo efetivo, ou em comissão, perceberá indenização relativa ao período das férias a que tiver direito e ao incompleto, na proporção de um doze avos por mês de efetivo exercício, ou fração superior a quatorze dias. (Incluído pela Lei nº 8.216, de 13.8.91)

§ 4º A indenização será calculada com base na remuneração do mês em que for publicado o ato exoneratório. (Incluído pela Lei nº 8.216, de 13.8.91)

§ 5º Em caso de parcelamento, o servidor receberá o valor adicional previsto no inciso XVII do art. 7º da Constituição Federal quando da utilização do primeiro período. (Incluído pela Lei nº 9.525, de 10.12.97)

Art. 79. O servidor que opera direta e permanentemente com Raios X ou substâncias radioativas gozará 20 (vinte) dias consecutivos de férias, por semestre de atividade profissional, proibida em qualquer hipótese a acumulação.

Parágrafo único. (Revogado pela Lei nº 9.527, de 10.12.97)

Art. 80. As férias somente poderão ser interrompidas por motivo de calamidade pública, comoção interna, convocação para júri, serviço militar ou eleitoral, ou por necessidade do serviço declarada pela autoridade máxima do órgão ou entidade. (Redação dada pela Lei nº 9.527, de 10.12.97)

Parágrafo único. O restante do período interrompido será gozado de uma só vez, observado o disposto no art. 77. (Incluído pela Lei nº 9.527, de 10.12.97)

Comentários

Trata-se de direito previsto no art. 7º, XVII, da Carta Magna, estendido aos servidores estatutários, pela dicção do art. 39, §3º do mesmo diploma normativo. Nos moldes da lei 8.112/90, o servidor público tem direito a **30 dias** de férias **por ano (civil)**. No entanto, para que possa gozar do primeiro período de férias, o servidor deve ter **12 meses** de exercício. Logo, apenas para o primeiro período é que se exige o período aquisitivo de 12 meses, consoante disposto no art. 77 e seguintes da Lei 8.112/90.

Por exemplo, o servidor que entra em exercício em cargo público federal, em 10 de outubro de 2009, terá seu primeiro período de férias a partir de 10 de outubro de 2010. Entretanto, para usufruir do segundo período de férias, já poderá fazê-lo a partir de 01 de janeiro do ano seguinte. Isso ocorre porque, com exceção do primeiro período de férias, os demais são adquiridos com a passagem do ano civil, não sendo necessário o interstício de doze meses.

A lei estipula que é possível haver **acumulação** de períodos de férias, por no máximo 2 (dois) períodos, desde que seja feito, no interesse da Administração, não se tratando de opção do agente público.

Por sua vez, a pedido do servidor e a critério da Administração, as férias do servidor público podem ser **parceladas** em até 3 (três) períodos. Porém, em caso de parcelamento das férias, o adicional de férias (1/3 da remuneração do mês das férias) não é parcelado, sendo pago de uma única vez, antes do primeiro período.

Caso o servidor seja exonerado antes de usufruir de seu período de férias, fará jus ao pagamento de férias, de forma proporcional, com acréscimo do adicional de 1/3. Este entendimento, inclusive, já foi pacificado pelo Supremo Tribunal Federal. O que se mostra a seguir.

> EMENTA: DIREITOS CONSTITUCIONAL E ADMINISTRATIVO. SERVIDOR PÚBLICO ESTADUAL. CARGO COMISSIONADO. EXONERAÇÃO. FÉRIAS NÃO GOZADAS: PAGAMENTO ACRESCIDO DO TERÇO CONSTITUCIONAL. PREVISÃO CONSTITUCIONAL DO BENEFÍCIO. AUSÊNCIA DE PREVISÃO EM LEI. JURISPRUDÊNCIA DESTE SUPREMO TRIBUNAL. RECURSO AO QUAL SE NEGA PROVIMENTO. 1. O direito individual às férias é adquirido após o período de doze meses trabalhados, sendo devido o pagamento do terço constitucional independente do exercício desse direito. 2. A ausência de previsão legal não pode restringir o direito ao pagamento do terço constitucional aos servidores exonerados de cargos comissionados que não usufruíram férias. 3. **O não pagamento do terço constitucional àquele que não usufruiu o direito de férias é penalizá-lo duas vezes**: primeiro por não ter se valido de seu direito ao descanso, cuja finalidade é preservar a saúde física e psíquica do trabalhador; segundo por vedar-lhe o direito ao acréscimo financeiro que teria recebido se tivesse usufruído das férias no momento correto. 4. Recurso extraordinário não provido. (RE 570908 / RN - RIO GRANDE DO NORTE; RECURSO EXTRAORDINÁRIO; Relator(a): Min. CÁRMEN LÚCIA; Julgamento: 16/09/2009 Órgão Julgador: Tribunal Pleno)

As férias proporcionais não serão pagas ao servidor que foi demitido, uma vez que se trata de imposição de penalidade que resulta na perda do cargo. De igual maneira, tendo o servidor sido exonerado com menos de 12 meses de exercício, isso porque, como já afirmado, para o primeiro período aquisitivo de férias, são necessários 12 meses.

Caso o servidor tenha faltado ao serviço aplica-se o art. 44 da Lei 8.112/90, sendo que se a falta tiver ocorrido sem justa causa, haverá o desconto da remuneração referente ao dia em que não houve serviço, caso tenha sido com justa causa, é possível a compensação de horário, como já tratado no tópico referente ao aludido dispositivo. Não se pode retirar qualquer dia das férias do servidor em virtude de ausência ao serviço, ainda que o agente público assim o requeira. Ou seja, é proibido levar a conta de férias qualquer falta ao serviço.

É importante relembrar, ainda, que o agente atua na prestação de atividade de interesse público e, por isso, não obstante goze de alguns privilégios decorrentes da supremacia deste objeto, precisa adequar seu trabalho às demandas da coletividade. Dessa forma, na busca do interesse público, o servidor pode ter suas **férias interrompidas**. A interrupção das férias é medida excepcional e só poderá ocorrer quando se tratar de calamidade pública, comoção interna, convocação para júri, serviço militar ou eleitoral ou ainda por necessidade do serviço declarada pela autoridade máxima do órgão ou entidade.

Em caso de interrupção das férias, não é possível que o restante do período seja parcelado. As férias do servidor só podem ser interrompidas uma única vez, no mesmo período e o restante do tempo será usufruído pelo servidor público sem que haja nova interrupção.

ATENÇÃO

O servidor que trabalhe com raio X ou substância de radiação ionizante terá 20 dias de férias a cada 6 meses de exercício. Isso significa que dentro de 12 meses serão 40 dias de férias para esses servidores. Nesse caso, não se faz possível, por critério de saúde, a acumulação dos períodos de férias.

5.3.4. Licenças

CAPÍTULO IV
DAS LICENÇAS

SEÇÃO I
DISPOSIÇÕES GERAIS

Art. 81. Conceder-se-á ao servidor licença:

I – por motivo de doença em pessoa da família;

II – por motivo de afastamento do cônjuge ou companheiro;

III – para o serviço militar;

IV – para atividade política;

V – para capacitação; (Redação dada pela Lei nº 9.527, de 10.12.97)

VI – para tratar de interesses particulares;

VII – para desempenho de mandato classista.

§ 1º A licença prevista no inciso I do caput deste artigo bem como cada uma de suas prorrogações serão precedidas de exame por perícia médica oficial, observado o disposto no art. 204 desta Lei. (Redação dada pela Lei nº 11.907, de 2009)

§ 2º (Revogado pela Lei nº 9.527, de 10.12.97)

§ 3º É vedado o exercício de atividade remunerada durante o período da licença prevista no inciso I deste artigo.

Art. 82. A licença concedida dentro de 60 (sessenta) dias do término de outra da mesma espécie será considerada como prorrogação.

Comentários

As licenças são parte importantíssima dos direitos e vantagens inerentes ao servidor. Com efeito, pode-se afirmar, com esteio na lição de José Cretella Júnior (p. 272) que a licença:

> É o instituto por meio do qual o Estado faculta ao funcionário público a interrupção do serviço durante um período determinado, pela ocorrência de motivos relevantes, assinalados em lei.

Pode-se afirmar que as licenças que podem ser deferidas ao servidor são as seguintes:

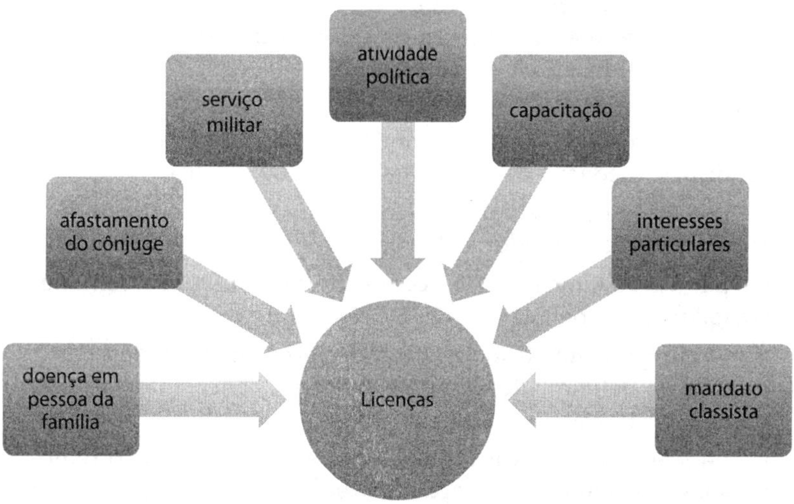

Essa lista não abarca as licenças previdenciárias que serão retratadas na parte referente à previdência própria do servidor e que está prevista nos arts. 183 e seguintes do estatuto federal.

Para evitar abusos, caso um servidor, e se a lei permitir, gozar de uma licença e depois requerer novamente a sua concessão, em até 60 dias do término da licença anterior. Esse segundo período será considerado como sua prorrogação. Na prática, esse dispositivo é de difícil aplicação, uma vez que as licenças já se encontram, inclusive com as regras sobre sua prorrogação bem estabelecidas em lei. Assim, a regra sobre prorrogação, tal qual prevista no art. 82 passa a ser aplicada apenas de maneira supletiva, apenas quando determinada licença não encontra complete suporte em normas específicas, o que, raramente, é o caso daquelas previstas no estatuto federal.

5.3.4.1. *Licença para tratar de doença em pessoa da família*

SEÇÃO II
DA LICENÇA POR MOTIVO DE DOENÇA EM PESSOA DA FAMÍLIA

Art. 83. Poderá ser concedida licença ao servidor por motivo de doença do cônjuge ou companheiro, dos pais, dos filhos, do padrasto ou madrasta e enteado, ou dependente que viva a suas expensas e conste do seu assentamento funcional, mediante comprovação por perícia médica oficial. (Redação dada pela Lei nº 11.907, de 2009)

§ 1º A licença somente será deferida se a assistência direta do servidor for indispensável e não puder ser prestada simultaneamente com o exercício do cargo ou mediante compensação de horário, na forma do disposto no inciso II do art. 44. (Redação dada pela Lei nº 9.527, de 10.12.97)

§ 2º A licença de que trata o caput, incluídas as prorrogações, poderá ser concedida a cada período de doze meses nas seguintes condições: (Redação dada pela Lei nº 12.269, de 2010)

I – por até 60 (sessenta) dias, consecutivos ou não, mantida a remuneração do servidor; e (Incluído pela Lei nº 12.269, de 2010)

II – por até 90 (noventa) dias, consecutivos ou não, sem remuneração. (Incluído pela Lei nº 12.269, de 2010)

§ 3º O início do interstício de 12 (doze) meses será contado a partir da data do deferimento da primeira licença concedida. (Incluído pela Lei nº 12.269, de 2010)

§ 4º A soma das licenças remuneradas e das licenças não remuneradas, incluídas as respectivas prorrogações, concedidas em um mesmo período de 12 (doze) meses, observado o disposto no § 3º, não poderá ultrapassar os limites estabelecidos nos incisos I e II do § 2º. (Incluído pela Lei nº 12.269, de 2010)

Comentários

Trata-se de licença que só pode ser deferida caso a assistência imediata do servidor ao parente enfermo seja essencial. Se houver outra forma para prestação dessa assistência, não há porque se deferir essa licença. Por outro lado, proíbe-se que o servidor exerça durante o período da licença outra atividade remunerada. Esse posicionamento leva em consideração um fato lógico. Se há possibilidade de exercício de outra função é porque a assistência imediata do servidor não era necessária e, portanto, não havia justa causa para o deferimento da licença.

Para a concessão da licença sob comento, considera-se como família:

A licença será deferida pelo prazo máximo de 150 dias, sendo que desses, apenas os 60 primeiros são remunerados. Esse período de licença poderá ser gozado de uma só vez ou distribuído ao longo de 12 meses. Aliás, cabe ressaltar que passados 12 meses do início do gozo dessa licença, será possível requerer nova licença com base nesse dispositivo, caso seus requisitos estejam presentes.

Essa licença pode ser gozada pelo servidor ainda que em estágio probatório.

5.3.4.2. Licença por afastamento do cônjuge

SEÇÃO III
DA LICENÇA POR MOTIVO
DE AFASTAMENTO DO CÔNJUGE

Art. 84. Poderá ser concedida licença ao servidor para acompanhar cônjuge ou companheiro que foi deslocado para outro ponto do território nacional, para o exterior ou para o exercício de mandato eletivo dos Poderes Executivo e Legislativo.

§ 1º A licença será por prazo indeterminado e sem remuneração.

§ 2º No deslocamento de servidor cujo cônjuge ou companheiro também seja servidor público, civil ou militar, de qualquer dos Poderes da União, dos Estados, do Distrito Federal e dos Municípios, poderá haver exercício provisório em órgão ou entidade da Administração Federal direta, autárquica ou fundacional, desde que para o exercício de atividade compatível com o seu cargo. (Redação dada pela Lei nº 9.527, de 10.12.97)

Comentários

Trata-se de licença que tem por finalidade a proteção da família. Em verdade, não há interesse da Administração em se permitir que a família venha a ser separada por ter ocorrido a transferência do cônjuge do servidor para localidade diversa.

Essa licença será deferida ainda que o cônjuge do servidor seja empregado da iniciativa privada. Como se sabe, é regra de interpretação de normas aquela que afirma que se a lei não diferenciou, não cabe ao intérprete diferenciar. Em verdade, quando o art. 84 do estatuto prevê o gozo da licença ele simplesmente não afirma qual a função ocupada pelo cônjuge do servidor (se pública ou privada). Nesse caso, a licença será por prazo indeterminado e sem remuneração.

Não será deferida a licença, no entanto, se o cônjuge do servidor não foi deslocado a serviço, mas sim foi nomeado para um cargo público, hipótese em terá lotação em localidade diferente. A lotação inicial (quando o servidor recém empossado é vinculado a localidade diversa de onde tem até então o seu domicílio) é diferente de seu deslocamento (quando já tem um trabalho na iniciativa privada ou na Administração Pública e é deslocado a pedido ou de ofício). Nesse sentido:

> PROCESSUAL CIVIL E ADMINISTRATIVO. AGRAVO REGIMENTAL NO AGRAVO EM RECURSO ESPECIAL. LICENÇA PARA ACOMPANHAR CÔNJUGE, COM EXERCÍCIO PROVISÓRIO. ART. 84, § 2º, DA LEI N. 8.112/90. DESLOCAMENTO EM RAZÃO DE PROVIMENTO ORIGINÁRIO. IMPOSSIBILIDADE. I – Esta Corte vem decidindo no sentido de que a licença prevista no art. 84, § 2º, da Lei n. 8.112/90 não está vinculada ao critério da Administração (AgRg nos EDcl no REsp 1324209/RS, 2ª T. Rel. Min. Og Fernandes, DJe 12.12.2013). II – No entanto, para a caracterização do direito subjetivo do servidor é necessário que o deslocamento do cônjuge tenha ocorrido por interesse da Administração, o que não é o caso dos autos, pois o marido da servidora, ora Agravada, mudou-se para o estado do Mato Grosso do Sul em razão da posse no cargo de Fiscal de Rendas daquele estado, após aprovação em concurso público. III – Com efeito, a jurisprudência desta Corte, de ambas as Turmas da 1ª Seção, orienta-se no sentido de que a investidura originária não se

> enquadra no conceito de deslocamento para fins da concessão da licença para acompanhar cônjuge, com exercício provisório, nos termos do art. 84, § 2º, da Lei n. 8.112/90. IV – Agravo Regimental provido. (AgRg no AREsp 195779/RS; AGRAVO REGIMENTAL NO AGRAVO EM RECURSO ESPECIAL; 2012/0133524-9; Relator Ministro NAPOLEÃO NUNES MAIA FILHO; Relator para o Acórdão Ministra REGINA HELENA COSTA; DJe 29/11/2016).

Mas se o cônjuge do servidor também for servidor de qualquer das entidades federativas, o servidor federal poderá entrar em exercício provisório em órgão federal da nova localidade ou na mais próxima. A atividade a ser exercida deverá ser compatível com o cargo a que está vinculado o servidor. De qualquer maneira, o exercício provisório não pode ser confundido com a licença. Até mesmo porque no exercício provisório, o servidor vai atuar normalmente, recebendo a remuneração devida.

Vale ressaltar que o exercício provisório seja deferido, o cônjuge também deve ser servidor, diferentemente do que acontece com a licença em si. Não há necessidade do cônjuge ter sido removido no interesse da Administração, o exercício provisório será deferido, ainda que o deslocamento daquele tenha sido a pedido. Nesse sentido:

> ADMINISTRATIVO. AGRAVO REGIMENTAL. RECURSO ESPECIAL. MANDADO DE SEGURANÇA. SERVIDOR PÚBLICO. LICENÇA. EXERCÍCIO PROVISÓRIO. DESLOCAMENTO DE CÔNJUGE SERVIDOR. ARTIGO 84, § 2º, DA LEI 8.112/90. REQUISITOS. 1. A agravante aduz que a licença para acompanhar cônjuge com exercício provisório, modalidade pleiteada pela servidora, tem como requisito inarredável o deslocamento do cônjuge no interesse da Administração Pública. Assevera, ainda, que "devem ser atribuídas ao art. 84 as mesmas restrições presentes no art. 36 do Estatuto, que disciplina hipóteses de remoção no serviço público federal, quais sejam, que o cônjuge do servidor seja também servidor e que este venha a ser removido de ofício por parte da Administração". 2. O caput do artigo 84 da Lei nº 8.112/90 estabelece o direito à licença para o servidor público afastar-se de suas atribuições, por prazo indeterminado e sem remuneração, com o fim de acompanhar cônjuge ou companheiro, sendo este servidor público ou não. Já o § 2º estabelece a possibilidade de o servidor, civil ou militar, "de qualquer dos Poderes da União, dos Estados, do Distrito Federal e dos Municípios", exercer provisoriamente "atividade compatível com o seu cargo" em órgão ou entidade "da Administração Federal direta, autárquica ou fundacional" de outra localidade, mas desde que o seu cônjuge deslocado seja servidor público. Precedentes. 3. Se a norma não distingue a forma de deslocamento do cônjuge do servidor para ensejar a licença, se a pedido ou por interesse da Administração, não cabe ao intérprete fazê-la, sendo de rigor a aplicação da máxima *inclusio unius alterius exclusio*. 4. Agravo regimental não provido. (AgRg no REsp 1195954/DF; AGRAVO REGIMENTAL NO RECURSO ESPECIAL 2010/0099505-8; Relator Ministro CASTRO MEIRA; DJe 30/08/2011).

Ou seja, pode-se afirmar em resumo:

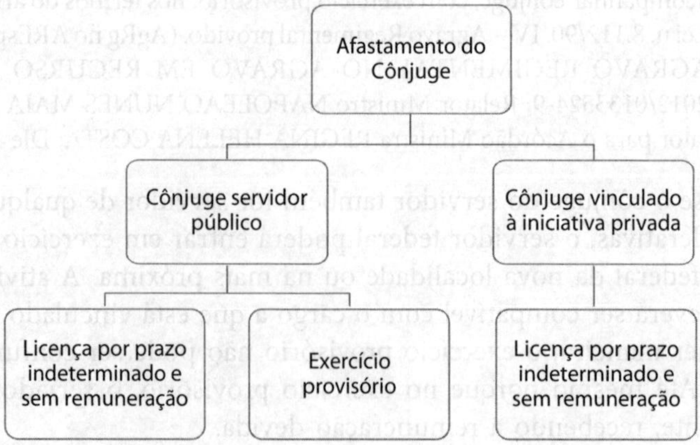

Essa licença pode ser gozada pelo servidor ainda que em estágio probatório.

5.3.4.3. Licença para o serviço militar

SEÇÃO IV

DA LICENÇA PARA O SERVIÇO MILITAR

Art. 85. **Ao servidor convocado para o serviço militar será concedida licença, na forma e condições previstas na legislação específica.**

Parágrafo único. Concluído o serviço militar, o servidor terá até 30 (trinta) dias sem remuneração para reassumir o exercício do cargo.

Comentários

A Lei pouco dispõe sobre tal licença, deixando para que a mesma seja regulada por normas militares. Por não ser o escopo do presente trabalho, não iremos adentrar nas regras militares sobre tal licença. O importante para as provas de concurso é verificar que no final do serviço militar, o servidor deverá retomar o exercício no prazo de 30 dias. Esse período para o retorno do exercício não pode ser considerado como férias, uma vez que não é remunerado.

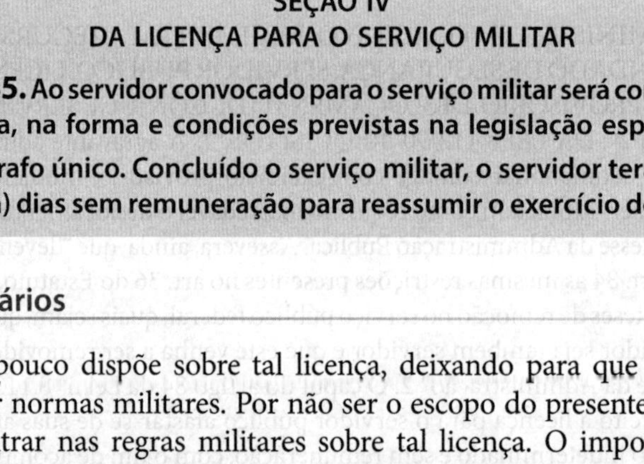

5.3.4.4. Licença para atividade política.

SEÇÃO V
DA LICENÇA PARA ATIVIDADE POLÍTICA

Art. 86. O servidor terá direito a licença, sem remuneração, durante o período que mediar entre a sua escolha em convenção partidária, como candidato a cargo eletivo, e a véspera do registro de sua candidatura perante a Justiça Eleitoral.

§ 1º O servidor candidato a cargo eletivo na localidade onde desempenha suas funções e que exerça cargo de direção, chefia, assessoramento, arrecadação ou fiscalização, dele será afastado, a partir do dia imediato ao do registro de sua candidatura perante a Justiça Eleitoral, até o décimo dia seguinte ao do pleito. (Redação dada pela Lei nº 9.527, de 10.12.97)

§ 2º A partir do registro da candidatura e até o décimo dia seguinte ao da eleição, o servidor fará jus à licença, assegurados os vencimentos do cargo efetivo, somente pelo período de três meses. (Redação dada pela Lei nº 9.527, de 10.12.97)

Comentários

A licença para atividade política não pode ser confundida com o afastamento para o mandato eletivo. Naquela o servidor ainda está pleiteando um cargo através de eleições, ou seja, é licença para permitir ao servidor participar normalmente de sua campanha eleitoral para um mandato eletivo. Já no afastamento para mandato eletivo, como será visto no art. 94 do estatuto, o servidor já foi eleito e exerce normalmente o mandato.

Há dois períodos de licença para atividade política:

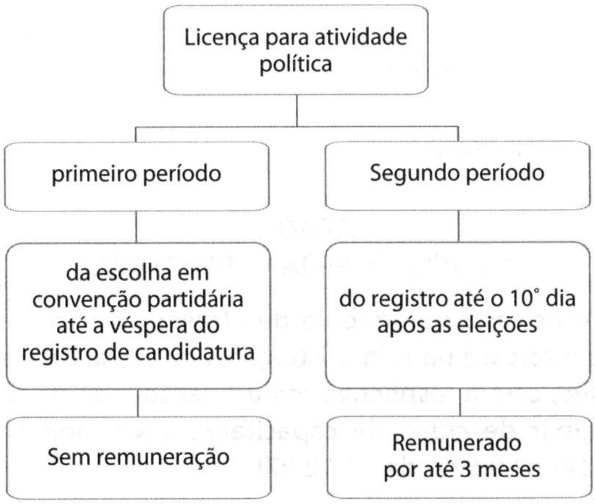

Na prática, há alguns problemas com essa licença. Primeiramente, caso o servidor queira concorrer a mandato eletivo, ele precisa se desincompatibilizar no prazo de 3 meses antes da eleição, com direito a remuneração (art. 1º, II, *l*, da LC 64/90). Mas para que a candidatura seja viabilizada, é preciso que todos os requisitos de elegibilidade estejam presentes. Uma das condições de Elegibilidade é ser aprovado em convenção partidária.

Ocorre, no entanto, que atualmente a convenção partidária deve ser realizada entre os dias 20/07 e 05/08 do ano das eleições (art. 8º da Lei 9.504/97). Essas datas são fruto de uma alteração trazida pela Lei 13.165/2015 à Lei das Eleições. Por isso é que a primeira parte da licença não tem mais como ser aplicada na prática, uma vez que o servidor já deve estar licenciado 3 meses antes do pleito e a convenção partidária hoje ocorre já dentro desse período.

Os concursos que cobram a Lei 8.112/90, no entanto, têm deixado de lado a nova legislação eleitoral e cobrado a redação que ainda permeia o art. 86 como visto.

Por outro lado, caso o servidor exerça cargos de direção, chefia, assessoramento, fiscalização e arrecadação deverá se afastar a partir do dia imediato ao registro de candidatura, até o décimo dia após as eleições. Aqui não se trata de licença, mas sim de afastamento. Esse, no entanto, é outro dispositivo que perdeu a sua eficácia, pelo fato que a desincompatibilização 3 meses antes das eleições é obrigatória, nos termos da legislação eleitoral, independentemente de se tratar de funções de direção, chefia, assessoramento, arrecadação ou fiscalização ou não.

Pior ainda, atualmente para o servidor que atua direta, indireta ou eventualmente com tributação, o prazo para desincompatibilização é de 6 meses antes das eleições (art. 1º, II, *d*, da LC 64/90). O Tribunal Superior Eleitoral entende que quando o servidor ocupa cargo de provimento em comissão, caso queira se candidatar a mandato eletivo deverá pedir exoneração (e não apenas licença) no prazo previsto em Lei (Súmula 54 do TSE).

A licença para atividade política poderá ser gozada pelo servidor que ainda esteja em estágio probatório.

5.3.4.5. *Licença capacitação*

SEÇÃO VI
DA LICENÇA PARA CAPACITAÇÃO

Art. 87. Após cada quinquênio de efetivo exercício, o servidor poderá, no interesse da Administração, afastar-se do exercício do cargo efetivo, com a respectiva remuneração, por até três meses, para participar de curso de capacitação profissional. (Redação dada pela Lei nº 9.527, de 10.12.97)

Parágrafo único. Os períodos de licença de que trata o caput não são acumuláveis. (Redação dada pela Lei nº 9.527, de 10.12.97)

Art. 88. (Revogado pela Lei nº 9.527, de 10.12.97)

Art. 89. (Revogado pela Lei nº 9.527, de 10.12.97)

Art. 90. (VETADO).

Comentários

Trata-se de licença deferida a servidor estável por até 3 meses remunerados a cada 5 anos de exercício. Como a norma determina que a licença deve ser gozada no interesse da Administração, o entendimento jurisprudencial é que se trata de uma licença discricionária. Nesse sentido:

> PROCESSUAL CIVIL E ADMINISTRATIVO. AGRAVO REGIMENTAL NO RECURSO ESPECIAL. SERVIDOR PÚBLICO. LICENÇA PARA CAPACITAÇÃO. DEMORA NO DEFERIMENTO. INDENIZAÇÃO POR DANOS MATERIAIS E MORAIS. VIOLAÇÃO AO ARTIGO 535 DO CPC NÃO CONFIGURADA. AFRONTA A ATO NORMATIVO. CONCEITO DE LEI FEDERAL. NÃO ABRANGÊNCIA. ACÓRDÃO RECORRIDO FUNDADO NOS FATOS DA CAUSA. REVISÃO. IMPOSSIBILIDADE. INCIDÊNCIA DA SÚMULA 7/STJ.
>
> 1. Não houve violação do artigo 535 do CPC, porquanto a insurgência aduzida não diz respeito a eventual vício de integração do acórdão impugnado, mas à interpretação desfavorável, motivação essa que não se enquadra nas hipóteses de cabimento dos aclaratórios. 2. O recurso especial é destinado tão somente à uniformização da interpretação do direito federal, não sendo, assim, a via adequada para a análise de eventual afronta à Consolidação dos Atos Normativos/INSS, visto não se enquadrar no conceito de lei federal. 3. A concessão de licença para capacitação de servidores públicos, ato discricionário, sujeita-se ao juízo do Administrador acerca da conveniência e oportunidade, tendo em vista o interesse público. 4. No caso concreto, o Tribunal de origem entendeu que os alegados prejuízos sofridos pela recorrente decorreram da sua própria atitude, pois iniciou os preparativos para participar de curso no exterior antes que a Administração se manifestasse quanto ao deferimento ou não da pleiteada licença para capacitação. Para afastar essa conclusão, seria necessária a incursão no acervo fático-probatório dos autos, providência vedada no âmbito especial, por força da Súmula 7/STJ. 5. Agravo regimental não provido. (AgRg no REsp 1258688 / SC – AGRAVO REGIMENTAL NO RECURSO ESPECIAL 2011/0126675-5; Relator Ministro BENEDITO GONÇALVES; DJe 11/03/2015).

Em assim sendo, para o seu deferimento, há necessidade de conveniência e oportunidade para a Administração Pública. Leciona Ivan Barbosa Rigolin (p. 205):

A duração máxima dessa licença é de três meses, podendo ser menor, e será deferida apenas após consultado o interesse da Administração, após no mínimo cada quinquênio de efetivo exercício de cargo efetivo. O conceito de efetivo exercício é o de trabalho real e presencial no cargo, ou de afastamento por alguma das razões elencadas nos arts. 97 e 102.

Por outro lado, os períodos dessa licença não são cumulativos. Por isso, caso o servidor esteja em exercício há 10 anos, não poderá gozar de 6 meses de licença. É necessário que cada gozo do período de até 3 meses seja precedido por um período aquisitivo de pelo menos 5 anos de efetivo exercício. Essa licença não poderá ser gozada pelo servidor ainda em estágio probatório, como resta evidente pelo período por seu período de aquisição (5 anos).

5.3.4.6. *Licença para tratar de interesses particulares*

SEÇÃO VII
DA LICENÇA PARA TRATAR DE INTERESSES PARTICULARES

Art. 91. A critério da Administração, poderão ser concedidas ao servidor ocupante de cargo efetivo, desde que não esteja em estágio probatório, licenças para o trato de assuntos particulares pelo prazo de até três anos consecutivos, sem remuneração. (Redação dada pela Medida Provisória nº 2.225-45, de 4.9.2001)

Parágrafo único. A licença poderá ser interrompida, a qualquer tempo, a pedido do servidor ou a interesse do serviço.

Comentários

Trata-se licença clássica no Direito Brasileiro. É deferida apenas ao servidor estável e ocorre por até 3 anos sem remuneração. Como seu fundamento é o interesse particular, o servidor poderá durante a licença exercer atividades remuneradas e outras que seriam proibidas, caso não estivesse no gozo dessa licença. É o que acontece, por exemplo, com a atividade de fazer parte da administração ou gerência de sociedade personificada ou não personificada e exercer o comércio.

Essas atividades são proibidas para o servidor (art. 117, X), a não ser que ele esteja no gozo de licença para atividades particulares. Nesse caso, a legislação apenas determina que se observe a legislação sobre conflito de interesses. Não havendo conflito algum, é possível que tais atividades sejam exercidas pelo servidor que desfruta da licença comentada.

A licença é deferida por até 3 anos, mas a Administração não é obrigada a aguardar esse período, podendo convocar o servidor para o trabalho, ainda que não tenha chegado ao fim da licença. De igual maneira, o servidor poderá requerer à Administração seu retorno antes do termo final da licença para interesses particulares.

A norma prevê como prazo máximo para essa licença 3 anos, não podendo ocorrer prorrogação por período superior ao previsto no art. 91. Se prorrogação existir é apenas quando for a licença fixada por prazo inferior aos 3 anos pela Administração e houver prorrogação, não podendo o prazo máximo ultrapassar o limite previsto. Ocorre, no entanto, que a Portaria 35/2016 da Secretaria de Gestão de Pessoas e Relações de Trabalho no Serviço Público Federal permite que a licença seja gozada, durante toda a vida funcional do servidor por, no máximo, 6 anos, consecutivos ou não.

Dessa maneira, a Portaria 35/2016 citada permite que o servidor que já esteja gozando da licença por 3 anos, possa requerer a sua prorrogação por mais 3 anos. Apesar do que afirma a portaria citada, discordamos de seu conteúdo, pois contraria o quando previsto em Lei.

A licença para tratar de interesses particulares é discricionária, não havendo direito subjetivo ao seu deferimento, que sempre irá necessitar da conveniência e da oportunidade da Administração. Por isso, caso ocorra o requerimento para a sua concessão e a Administração não o defira, não poderá o Judiciário determinar a concessão da licença, pois isso implicaria análise de mérito, matéria que não está ao alcance da atividade jurisdicional.

Como visto anteriormente, tal licença não poderá ser gozada por servidor que se encontre em estágio probatório.

5.3.4.7. Licença para Desempenho de Mandato Classista

SEÇÃO VIII
DA LICENÇA PARA O DESEMPENHO DE MANDATO CLASSISTA

Art. 92. É assegurado ao servidor o direito à licença sem remuneração para o desempenho de mandato em confederação, federação, associação de classe de âmbito nacional, sindicato representativo da categoria ou entidade fiscalizadora da profissão ou, ainda, para participar de gerência ou administração em sociedade cooperativa constituída por servidores públicos para prestar serviços a seus membros, observado o disposto na alínea c do inciso VIII do art. 102 desta Lei, conforme disposto em regulamento e observados os seguintes limites: (Redação dada pela Lei nº 11.094, de 2005) (Regulamento)

I – para entidades com até 5.000 (cinco mil) associados, 2 (dois) servidores; (Redação dada pela Lei nº 12.998, de 2014)

II – para entidades com 5.001 (cinco mil e um) a 30.000 (trinta mil) associados, 4 (quatro) servidores; (Redação dada pela Lei nº 12.998, de 2014)

III – para entidades com mais de 30.000 (trinta mil) associados, 8 (oito) servidores. (Redação dada pela Lei nº 12.998, de 2014)

§ 1º Somente poderão ser licenciados os servidores eleitos para cargos de direção ou de representação nas referidas entidades, desde que cadastradas no órgão competente. (Redação dada pela Lei nº 12.998, de 2014)

§ 2º A licença terá duração igual à do mandato, podendo ser renovada, no caso de reeleição. (Redação dada pela Lei nº 12.998, de 2014)

Comentários

Trata-se de licença concedida ao servidor que ocupa função de dirigente em confederações sindicais, federações sindicais, sindicatos, associações de classe e entidades cooperativas formadas por servidores. A licença não tem remuneração.

O prazo é igual ao do mandato de dirigente, podendo ser renovada no caso de reeleição. A licença só vai ser deferida em razão de entidades que possuam registro perante o órgão competente da Administração Federal.

A quantidade de servidores que pode ser licenciada está diretamente ligada ao tamanho e importante da entidade de classe. Em assim sendo, quanto mais associados possuir a entidade, maior será o número de dirigentes que a Administração licenciará. Dessa maneira:

NÚMERO DE ASSOCIADOS	SERVIDORES LICENCIADOS
Até 5.000	2 servidores
Entre 5001 e 30.000	4 servidores
Maior do que 30.000	8 servidores

É importante destacar que o servidor que goza dessa licença não poderá ser removido de ofício ou redistribuído para outra localidade. Essa licença não poderá ser gozada pelo servidor que ainda esteja em estágio probatório.

5.3.4.8. *Resumo de Licenças*

LICENÇA	REMUNERAÇÃO	TEMPO	GOZO POR SERVIDOR EM ESTÁGIO
Doença em Família	60 dias remunerados 90 dias sem remuneração	150 dias	Sim

LICENÇA	REMUNERAÇÃO	TEMPO	GOZO POR SERVIDOR EM ESTÁGIO
Afastamento Cônjuge	Sem remuneração	Prazo indeterminado	Sim
Serviço Militar	Legislação Militar	Legislação Militar	Sim
Atividade política	Entre convenção e registro – sem remuneração Entre registro e o décimo dia após as eleições – Remunerado por 3 meses	Legislação Eleitoral	Sim
Capacitação	Remunerada	Até 3 meses	Não
Interesses particulares	Sem Remuneração	Até 3 anos	Não
Mandato Classista	Sem Remuneração	Prazo do mandato de dirigente	Não

5.3.5. Dos Afastamentos

Apesar da Lei 8.112/90 criar licenças e afastamentos, juridicamente, não há diferenças entre esses institutos, sendo ambos considerados como direito de ausência ao serviço. Nesse sentido, leciona Celso Antônio Bandeira de Mello (p. 320):

> Entre licenças e afastamentos não há diferença, senão a de nomes. Aliás, alguns afastamentos foram rotulados pela Lei 8.112 como "concessões" e outros foram previstos sem qualquer distinção.

Mas como a Lei 8.112/90 trata de licenças e afastamentos em dispositivos diferentes, é necessário observar que para a aludida norma, são considerados como afastamentos:

5.3.5.1. *Afastamento para Servir a Outro Órgão ou Entidade*

CAPÍTULO V
DOSAFASTAMENTOS

SEÇÃO I
DO AFASTAMENTO PARA SERVIR
A OUTRO ÓRGÃO OU ENTIDADE

Art. 93. O servidor poderá ser cedido para ter exercício em outro órgão ou entidade dos Poderes da União, dos Estados, ou do Distrito Federal e dos Municípios, nas seguintes hipóteses: (Redação dada pela Lei nº 8.270, de 17.12.91)

I – para exercício de cargo em comissão ou função de confiança; (Redação dada pela Lei nº 8.270, de 17.12.91)

II – em casos previstos em leis específicas. (Redação dada pela Lei nº 8.270, de 17.12.91)

§ 1º Na hipótese do inciso I, sendo a cessão para órgãos ou entidades dos Estados, do Distrito Federal ou dos Municípios, o ônus da remuneração será do órgão ou entidade cessionária, mantido o ônus para o cedente nos demais casos. (Redação dada pela Lei nº 8.270, de 17.12.91)

§ 2º Na hipótese de o servidor cedido a empresa pública ou sociedade de economia mista, nos termos das respectivas normas, optar pela remuneração do cargo efetivo ou pela remuneração do cargo efetivo acrescida de percentual da retribuição do cargo em comissão, a entidade cessionária efetuará o reembolso das despesas realizadas pelo órgão ou entidade de origem. (Redação dada pela Lei nº 11.355, de 19.10.2006).

3º A cessão far-se-á mediante Portaria publicada no Diário Oficial da União. (Redação dada pela Lei nº 8.270, de 17.12.91)

§ 4º Mediante autorização expressa do Presidente da República, o servidor do Poder Executivo poderá ter exercício em outro órgão da Administração Federal direta que não tenha quadro próprio de pessoal, para fim determinado e a prazo certo. (Incluído pela Lei nº 8.270, de 17.12.91)

§ 5º Aplica-se à União, em se tratando de empregado ou servidor por ela requisitado, as disposições dos §§ 1º e 2º deste artigo. (Redação dada pela Lei nº 10.470, de 25.6.2002)

§ 6º As cessões de empregados de empresa pública ou de sociedade de economia mista, que receba recursos de Tesouro Nacional para o custeio total ou parcial da sua folha de pagamento de pessoal, independem das disposições contidas nos incisos I e II e §§ 1º e 2º

deste artigo, ficando o exercício do empregado cedido condicionado a autorização específica do Ministério do Planejamento, Orçamento e Gestão, exceto nos casos de ocupação de cargo em comissão ou função gratificada. (Incluído pela Lei nº 10.470, de 25.6.2002)

§ 7º O Ministério do Planejamento, Orçamento e Gestão, com a finalidade de promover a composição da força de trabalho dos órgãos e entidades da Administração Pública Federal, poderá determinar a lotação ou o exercício de empregado ou servidor, independentemente da observância do constante no inciso I e nos §§ 1º e 2º deste artigo. (Incluído pela Lei nº 10.470, de 25.6.2002)

Comentários

Conforme disposição da Lei 8.112/90, o servidor público poderá ser cedido para ter exercício em outro órgão ou entidade dos Poderes da União, dos Estados, ou do Distrito Federal e dos Municípios, para exercício de cargo em comissão ou função de confiança, além de situações previstas em lei específica. A cessão será realizada por meio de portaria, a qual deverá ser publicada no Diário Oficial da União.

A questão de maior relevo neste afastamento diz respeito ao pagamento do servidor público que foi cedido, ou seja, importa saber a cargo de quem ficará o **ônus da cessão**. Neste sentido, a legislação estipula que, sendo a cessão para órgãos ou entidades dos Estados, do Distrito Federal ou dos Municípios, o ônus da remuneração será do órgão ou entidade cessionária, sendo mantido o ônus para o cedente nos demais casos.

Ressalte-se ainda que o servidor, em estágio probatório, somente poderá ser cedido a outro órgão público para o exercício de cargos em comissão de DAS 4, 5 ou 6 ou, ainda, cargos de natureza especial.

A cessão não se presume e deverá ser formalizada através de portaria.

Por fim, as cessões de empregados de empresa pública ou de sociedade de economia mista, que recebam recursos de Tesouro Nacional para o custeio total ou parcial da sua folha de pagamento de pessoal, ficam condicionadas à autorização específica do Ministério do Planejamento, Orçamento e Gestão, exceto nos casos de ocupação de cargo em comissão ou função gratificada.

5.3.5.2. Afastamento para Exercício de Mandato Eletivo

SEÇÃO II
DO AFASTAMENTO PARA EXERCÍCIO DE MANDATO ELETIVO

Art. 94. Ao servidor investido em mandato eletivo aplicam-se as seguintes disposições:

I – tratando-se de mandato federal, estadual ou distrital, ficará afastado do cargo;

II – investido no mandato de Prefeito, será afastado do cargo, sendo-lhe facultado optar pela sua remuneração;

III – investido no mandato de vereador:

a) havendo compatibilidade de horário, perceberá as vantagens de seu cargo, sem prejuízo da remuneração do cargo eletivo;

b) não havendo compatibilidade de horário, será afastado do cargo, sendo-lhe facultado optar pela sua remuneração.

§ 1º No caso de afastamento do cargo, o servidor contribuirá para a seguridade social como se em exercício estivesse.

§ 2º O servidor investido em mandato eletivo ou classista não poderá ser removido ou redistribuído de ofício para localidade diversa daquela onde exerce o mandato.

Comentários

O afastamento para mandato eletivo não pode ser confundido com a licença para atividade política. Nessa, o servidor ainda concorre a mandato eletivo; naquele, ele já foi eleito e exerce mandato. O afastamento ocorrerá quando o servidor exercer mandato eletivo federal ou estadual (presidente da república, governador de estado e do DF, senador, deputado federal, deputado estadual / distrital) sem direito a remuneração.

Caso o servidor seja eleito para prefeito, deverá se afastar do cargo efetivo, mas poderá optar por sua remuneração. Assim, ele pode exercer o mandato de prefeito, ao tempo em que recebe a remuneração própria do cargo efetivo que possui. Essa decisão pretende apenas ao servidor.

O servidor que for eleito vereador poderá continuar exercendo seu cargo efetivo, não havendo licença, caso exista compatibilidade de horário. Aliás, essa é a única hipótese de exercício de mandato eletivo sem afastamento do cargo efetivo.

Caso não haja compatibilidade de horários, o servidor eleito vereador deverá se afastar do cargo, com direito a optar se prefere a remuneração do cargo efetivo ou do mandato eletivo, tal qual ocorre com o eleito para prefeito.

Em resumo:

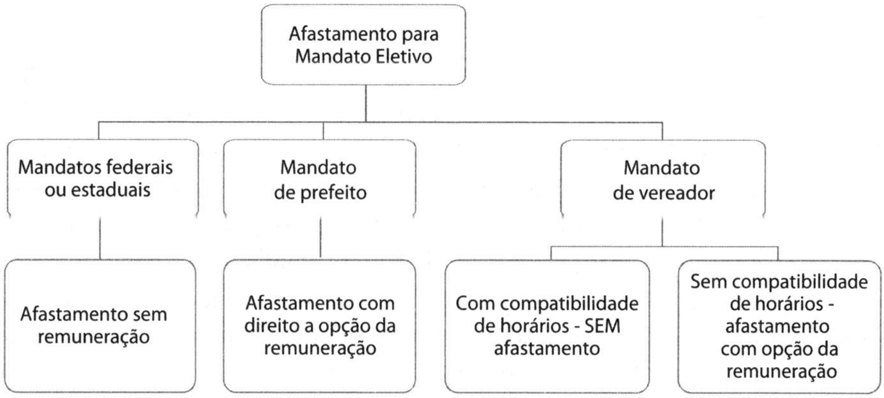

A norma ainda determina que o servidor que exerce mandato eletivo ou classista não poderá ser removido de ofício ou redistribuído da localidade onde exerce o mandato, enquanto ainda o estiver exercendo.

Servidores que ainda estejam em estágio probatório poderão afastar-se com base nesse dispositivo.

5.3.5.3. *Afastamento para Estudo ou Missão no Exterior*

SEÇÃO III
DO AFASTAMENTO PARA ESTUDO OU MISSÃO NO EXTERIOR

Art. 95. **O servidor não poderá ausentar-se do País para estudo ou missão oficial, sem autorização do Presidente da República, Presidente dos Órgãos do Poder Legislativo e Presidente do Supremo Tribunal Federal.**

§ 1º A ausência não excederá a 4 (quatro) anos, e finda a missão ou estudo, somente decorrido igual período, será permitida nova ausência.

§ 2º Ao servidor beneficiado pelo disposto neste artigo não será concedida exoneração ou licença para tratar de interesse particular antes de decorrido período igual ao do afastamento, ressalvada a hipótese de ressarcimento da despesa havida com seu afastamento.

§ 3º O disposto neste artigo não se aplica aos servidores da carreira diplomática.

§ 4º As hipóteses, condições e formas para a autorização de que trata este artigo, inclusive no que se refere à remuneração do servidor, serão disciplinadas em regulamento. (Incluído pela Lei nº 9.527, de 10.12.97)

Comentários

Mediante autorização do Presidente da República, Presidente dos Órgãos do Poder Legislativo e Presidente do Supremo Tribunal Federal, o servidor poderá se afastar do cargo para fins de estudo ou missão oficial fora do país.

Nestas situações, a lei determina que a ausência não exceda a 4 (quatro) anos, e finda a missão ou estudo, somente decorrido igual período, será permitida nova ausência. Esse período, nos termos de regulamento, é remunerado.

Ademais, cumpre ressaltar que a lei proíbe que o servidor, ao retornar do estudo ou missão, seja exonerado a pedido ou goze de licença por interesse particular, pelo mesmo tempo que ficou afastado, salvo se optar por ressarcir o erário de todas as despesas tidas com seu afastamento. Isso ocorre para se impedir que o servidor se qualifique às custas dos cofres públicos e acabe migrando para a iniciativa privada.

Esse afastamento, que não se aplica aos servidores da carreira diplomática, poderá ser gozado por servidor ainda em estágio probatório.

5.3.5.4. *Afastamento para Servir a Organismo Internacional*

Art. 96. O afastamento de servidor para servir em organismo internacional de que o Brasil participe ou com o qual coopere dar-se-á com perda total da remuneração.

Comentários

O estatuto pouco dispõe acerca do afastamento sob comento, deixando para que seus detalhes sejam tratados por regulamento. Em verdade, apenas se sabe que serve para o servidor prestar serviços para organismo internacional do qual o Brasil participa ou coopera. Esse afastamento ocorre sem vencimentos e pode ser gozado pelo servidor que ainda esteja em estágio probatório.

5.3.5.5. *Afastamento para Participação em Programa de Pós-Graduação Stricto Sensu no País*

SEÇÃO IV

Incluído pela Lei 11.907/2009.

DO AFASTAMENTO PARA PARTICIPAÇÃO EM PROGRAMA DE PÓS-GRADUAÇÃO *STRICTO SENSU* NO PAÍS

Art. 96-A. **O servidor poderá, no interesse da Administração, e desde que a participação não possa ocorrer simultaneamente com o exercício do cargo ou mediante compensação de horário,**

afastar-se do exercício do cargo efetivo, com a respectiva remuneração, para participar em programa de pós-graduação stricto sensu em instituição de ensino superior no País. (Incluído pela Lei nº 11.907, de 2009)

§ 1º Ato do dirigente máximo do órgão ou entidade definirá, em conformidade com a legislação vigente, os programas de capacitação e os critérios para participação em programas de pós-graduação no País, com ou sem afastamento do servidor, que serão avaliados por um comitê constituído para este fim. (Incluído pela Lei nº 11.907, de 2009)

§ 2º Os afastamentos para realização de programas de mestrado e doutorado somente serão concedidos aos servidores titulares de cargos efetivos no respectivo órgão ou entidade há pelo menos 3 (três) anos para mestrado e 4 (quatro) anos para doutorado, incluído o período de estágio probatório, que não tenham se afastado por licença para tratar de assuntos particulares para gozo de licença capacitação ou com fundamento neste artigo nos 2 (dois) anos anteriores à data da solicitação de afastamento. (Incluído pela Lei nº 11.907, de 2009)

§ 3º Os afastamentos para realização de programas de pós-doutorado somente serão concedidos aos servidores titulares de cargos efetivo no respectivo órgão ou entidade há pelo menos quatro anos, incluído o período de estágio probatório, e que não tenham se afastado por licença para tratar de assuntos particulares ou com fundamento neste artigo, nos quatro anos anteriores à data da solicitação de afastamento. (Redação dada pela Lei nº 12.269, de 2010)

§ 4º Os servidores beneficiados pelos afastamentos previstos nos §§ 1º, 2º e 3º deste artigo terão que permanecer no exercício de suas funções após o seu retorno por um período igual ao do afastamento concedido. (Incluído pela Lei nº 11.907, de 2009)

§ 5º Caso o servidor venha a solicitar exoneração do cargo ou aposentadoria, antes de cumprido o período de permanência previsto no § 1º deste artigo, deverá ressarcir o órgão ou entidade, na forma do art. 47 da Lei nº 8.112, de 11 de dezembro de 1990, dos gastos com seu aperfeiçoamento. (Incluído pela Lei nº 11.907, de 2009)

§ 6º Caso o servidor não obtenha o título ou grau que justificou seu afastamento no período previsto, aplica-se o disposto no § 5º deste artigo, salvo na hipótese comprovada de força maior ou de caso fortuito, a critério do dirigente máximo do órgão ou entidade. (Incluído pela Lei nº 11.907, de 2009)

§ 7º Aplica-se à participação em programa de pós-graduação no Exterior, autorizado nos termos do art. 95 desta Lei, o disposto nos §§ 1º a 6º deste artigo. (Incluído pela Lei nº 11.907, de 2009)

Comentários

O servidor público poderá afastar-se do exercício do cargo efetivo, com a respectiva remuneração, no interesse público, para participar em programa de pós-graduação *stricto sensu* em instituição de ensino superior no País. A pós-graduação *stricto sensu*, nos termos da lei, abrange mestrado, doutorado e pós-doutorado.

O texto legal traz algumas restrições para a concessão deste afastamento. Não é possível esse afastamento para os servidores que estejam em estágio probatório.

Com efeito, os afastamentos para realização de programas de mestrado e doutorado somente serão concedidos aos servidores titulares de cargos efetivos no respectivo órgão ou entidade há pelo menos 3 (três) anos para mestrado e 4 (quatro) anos para doutorado, incluído o período de estágio probatório, que não tenham se afastado por licença para tratar de assuntos particulares, para gozo de licença capacitação ou, com fundamento neste artigo, nos 2 (dois) anos anteriores à data da solicitação de afastamento.

Por sua vez, em casos de afastamentos para realização de programas de pós-doutorado, os benefícios somente serão concedidos aos servidores titulares de cargos efetivos no respectivo órgão ou entidade há pelo menos quatro anos, incluído o período de estágio probatório, e que não tenham se afastado por licença para tratar de assuntos particulares ou, com fundamento neste artigo, nos quatro anos anteriores à data da solicitação de afastamento.

Definindo regra similar àquela aplicada aos afastamentos para estudo ou missão no exterior, a lei dispõe que os servidores beneficiados pelos afastamentos para programas de pós graduação *strictu sensu* terão que permanecer no exercício de suas funções após o seu retorno por um período igual ao do afastamento concedido, caso contrário, deverão ressarcir o órgão ou entidade dos gastos efetivados com seu aperfeiçoamento.

Caso o servidor não tenha obtido o grau acadêmico para o qual se afastou, deverá devolver à Administração Federal todo o valor gasto com seu afastamento, salvo hipótese de caso fortuito ou força maior.

5.3.6. Concessões

CAPÍTULO VI
DAS CONCESSÕES

Art. 97. **Sem qualquer prejuízo, poderá o servidor ausentar-se do serviço:**

I – por 1 (um) dia, para doação de sangue;

II – pelo período comprovadamente necessário para alistamento ou recadastramento eleitoral, limitado, em qualquer caso, a dois dias; e

III – por 8 (oito) dias consecutivos em razão de:

a) casamento;

b) falecimento do cônjuge, companheiro, pais, madrasta ou padrasto, filhos, enteados, menor sob guarda ou tutela e irmãos.

Comentários

Concessão é o conjunto de ausências justificadas do servidor ao serviço em que não há desconto na remuneração e nem necessidade de compensação de horário. Estabelece o estatuto como situações de concessão:

5.3.7. Horário Especial

Art. 98. Será concedido horário especial ao servidor estudante, quando comprovada a incompatibilidade entre o horário escolar e o da repartição, sem prejuízo do exercício do cargo.

§ 1º Para efeito do disposto neste artigo, será exigida a compensação de horário no órgão ou entidade que tiver exercício, respeitada a duração semanal do trabalho. (Parágrafo renumerado e alterado pela Lei nº 9.527, de 10.12.97)

§ 2º Também será concedido horário especial ao servidor portador de deficiência, quando comprovada a necessidade por junta médica oficial, independentemente de compensação de horário. (Incluído pela Lei nº 9.527, de 10.12.97)

§ 3º As disposições constantes do § 2° são extensivas ao servidor que tenha cônjuge, filho ou dependente com deficiência. (Redação dada pela Lei nº 13.370, de 12.12.2016)

§ 4º Será igualmente concedido horário especial, vinculado à compensação de horário a ser efetivada no prazo de até 1 (um) ano, ao servidor que desempenhe atividade prevista nos incisos I e II do caput do art. 76-A desta Lei. (Redação dada pela Lei nº 11.501, de 2007)

Comentários

A jornada de trabalho do servidor se encontra prevista em lei, não podendo exceder as 8 horas diárias e as 40 horas semanais. O estatuto, no entanto, permite que alguns servidores tenham um horário especial. O servidor estudante é um dos que possuem horário especial. Para isso é preciso que exista uma incompatibilidade entre o horário da repartição e o horário do estabelecimento de ensino.

Dessa maneira, se o servidor estudante necessitar sair mais cedo do serviço, deverá também chegar mais cedo. Diferente é o que ocorre com o servidor que possua alguma deficiência que o impeça de permanecer a jornada integral em serviço. Desde que esse fato seja comprovado por exames médicos oficiais, ele terá direito a horário especial, mas sem necessidade de compensação.

Da mesma forma ocorre com o servidor que tem cônjuge ou filho deficiente. Esse servidor terá direito a um horário especial também sem compensação para auxiliar o parente portador de deficiência.

Por fim, para o servidor que participa de curso ou concurso, no s termos do art. 76-A, é possível, desde que para as atividades previstas nos incisos I e II desse dispositivo (como já visto, atividades que demandem ministrar curso ou participar da elaboração e correção de questões dissertativas de concurso), que tenha horário especial, necessitando, no entanto, de compensação.

Assim, em resumo:

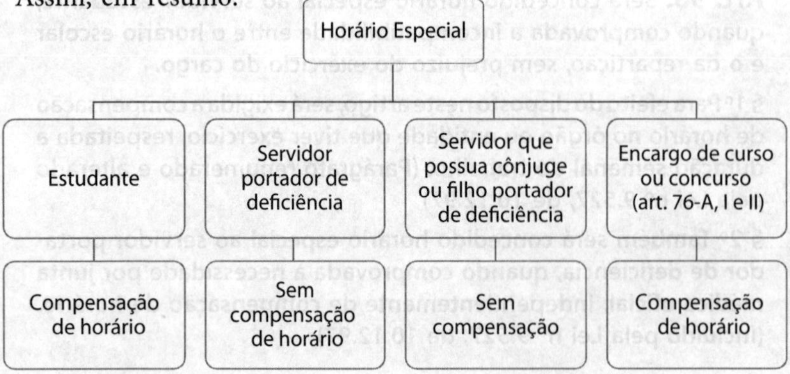

5.3.8. Matrícula em estabelecimento de ensino

Art. 99. Ao servidor estudante que mudar de sede no interesse da administração é assegurada, na localidade da nova residência ou na mais próxima, matrícula em instituição de ensino congênere, em qualquer época, independentemente de vaga.

Parágrafo único. O disposto neste artigo estende-se ao cônjuge ou companheiro, aos filhos, ou enteados do servidor que vivam na sua companhia, bem como aos menores sob sua guarda, com autorização judicial.

Comentários

Ainda, em relação aos servidores estudantes, a lei, visando compatibilizar a atividade pública com seus estudos, estabelece que, caso haja necessidade de mudança de sede, no interesse da Administração Pública, lhe será assegurada, na localidade da nova residência ou na mais próxima, matrícula em instituição de ensino congênere, em qualquer época, independentemente de vaga. Como a norma determina esse direito para as hipóteses em que a mudança de sede se deu em razão de interesse da Administração, não gozará de tal prerrogativa aqueles que foram deslocados a pedido.

É importante ressaltar que este benefício se estende ao cônjuge ou companheiro, aos filhos, ou enteados do servidor que vivam em sua companhia, bem como aos menores sob sua guarda, com autorização judicial.

Insta salientar que o Supremo Tribunal Federal considera que a previsão em lei de instituição "congênere" decorre do fato de que a garantia é de manter-se em instituição privada, caso seja estudante de instituição privada, não sendo possível lhe garantir vaga em instituição pública. Neste sentido, analise-se julgado em situação análoga.

> AÇÃO DIRETA DE INCONSTITUCIONALIDADE – INTERPRETAÇÃO CONFORME A CONSTITUIÇÃO – POSSIBILIDADE JURÍDICA. É possível, juridicamente, formular-se, em inicial de ação direta de inconstitucionalidade, pedido de interpretação conforme, ante enfoque diverso que se mostre conflitante com a Carta Federal. Envolvimento, no caso, de reconhecimento de inconstitucionalidade. UNIVERSIDADE – TRANSFERÊNCIA OBRIGATÓRIA DE ALUNO – LEI N. 9.536/97. A constitucionalidade do artigo 1º da Lei n. 9.536/97, viabilizador da transferência de alunos, **pressupõe a observância da natureza jurídica do estabelecimento educacional de origem, a congeneridade das instituições envolvidas – de privada para privada, de pública para pública** -, mostrando-se inconstitucional interpretação que resulte na mesclagem – de privada para pública. (ADI 3324 / DF –

DISTRITO FEDERAL AÇÃO DIRETA DE INCONSTITUCIONALIDADE; Relator(a): Min. MARCO AURÉLIO; Julgamento: 16/12/2004; Órgão Julgador: Tribunal Pleno)

5.3.9. Tempo de Serviço

CAPÍTULO VII
DO TEMPO DE SERVIÇO

Art. 100. É contado para todos os efeitos o tempo de serviço público federal, inclusive o prestado às Forças Armadas.

Art. 101. A apuração do tempo de serviço será feita em dias, que serão convertidos em anos, considerado o ano como de trezentos e sessenta e cinco dias.

Parágrafo único. (Revogado pela Lei nº 9.527, de 10.12.97)

Art. 102. Além das ausências ao serviço previstas no art. 97, são considerados como de efetivo exercício os afastamentos em virtude de:

I - férias;

II - exercício de cargo em comissão ou equivalente, em órgão ou entidade dos Poderes da União, dos Estados, Municípios e Distrito Federal;

III - exercício de cargo ou função de governo ou administração, em qualquer parte do território nacional, por nomeação do Presidente da República;

IV - participação em programa de treinamento regularmente instituído ou em programa de pós-graduação stricto sensu no País, conforme dispuser o regulamento; (Redação dada pela Lei nº 11.907, de 2009)

V - desempenho de mandato eletivo federal, estadual, municipal ou do Distrito Federal, exceto para promoção por merecimento;

VI - júri e outros serviços obrigatórios por lei;

VII - missão ou estudo no exterior, quando autorizado o afastamento, conforme dispuser o regulamento; (Redação dada pela Lei nº 9.527, de 10.12.97)

VIII - licença:

a) à gestante, à adotante e à paternidade;

b) para tratamento da própria saúde, até o limite de vinte e quatro meses, cumulativo ao longo do tempo de serviço público prestado à União, em cargo de provimento efetivo; (Redação dada pela Lei nº 9.527, de 10.12.97)

c) para o desempenho de mandato classista ou participação de gerência ou administração em sociedade cooperativa constituída por servidores para prestar serviços a seus membros, exceto para efeito de promoção por merecimento; (Redação dada pela Lei nº 11.094, de 2005)

d) por motivo de acidente em serviço ou doença profissional;

e) para capacitação, conforme dispuser o regulamento; (Redação dada pela Lei nº 9.527, de 10.12.97)

f) por convocação para o serviço militar;

IX – deslocamento para a nova sede de que trata o art. 18;

X – participação em competição desportiva nacional ou convocação para integrar representação desportiva nacional, no País ou no exterior, conforme disposto em lei específica;

XI – afastamento para servir em organismo internacional de que o Brasil participe ou com o qual coopere. (Incluído pela Lei nº 9.527, de 10.12.97)

Art. 103. Contar-se-á apenas para efeito de aposentadoria e disponibilidade:

I – o tempo de serviço público prestado aos Estados, Municípios e Distrito Federal;

II – a licença para tratamento de saúde de pessoal da família do servidor, com remuneração, que exceder a 30 (trinta) dias em período de 12 (doze) meses. (Redação dada pela Lei nº 12.269, de 2010)

III – a licença para atividade política, no caso do art. 86, § 2º;

IV – o tempo correspondente ao desempenho de mandato eletivo federal, estadual, municipal ou distrital, anterior ao ingresso no serviço público federal;

V – o tempo de serviço em atividade privada, vinculada à Previdência Social;

VI – o tempo de serviço relativo a tiro de guerra;

VII – o tempo de licença para tratamento da própria saúde que exceder o prazo a que se refere a alínea "b" do inciso VIII do art. 102. (Incluído pela Lei nº 9.527, de 10.12.97)

§ 1º O tempo em que o servidor esteve aposentado será contado apenas para nova aposentadoria.

§ 2º Será contado em dobro o tempo de serviço prestado às Forças Armadas em operações de guerra.

§ 3º É vedada a contagem cumulativa de tempo de serviço prestado concomitantemente em mais de um cargo ou função de órgão ou entidades dos Poderes da União, Estado, Distrito Federal e Município, autarquia, fundação pública, sociedade de economia mista e empresa pública.

Comentários

O tempo de serviço é importante demais para o servidor em relação a diversos critérios, como ocorre, por exemplo, para o pagamento da gratificação natalina, férias e disponibilidade. Também para a aposentadoria, que hoje é baseada em tempo de contribuição, o período do serviço é relevante. Isso porque o art. 40, § 1º, da CF deixa claro que para a aposentadoria voluntária são necessários 10 anos de serviço público e 5 anos no cargo em que ocorrerá a aposentadoria.

Algumas licenças e afastamentos são contabilizados como se fossem efetivo exercício de serviço público. Inicialmente, o estatuto declara que o tempo de serviço público prestado à União será contabilizado para todos os efeitos. Caso o serviço anteriormente prestado seja para Estado ou Município, a contagem será feita apenas para efeito de disponibilidade e aposentadoria.

O tempo de serviço é contado em dias, que são transformados em 1 ano, quando se completa 365 dias. As hipóteses contempladas no art. 102 da Lei 8.112/90 trazem situações em que o tempo de serviço é contado para todos os efeitos, salvo a licença para mandato classista e o afastamento para exercício de mandato eletivo. Nessas duas situações, o tempo de serviço não será contado para promoção por merecimento.

Por outro lado, o art. 103 traz situações que só podem ser contadas para efeito de aposentadoria e disponibilidade. Caso o servidor tenha retornado ao serviço após ter sido aposentado, o que pode ocorrer na hipótese de reversão, o tempo em que esteve aposentado será contado apenas para nova aposentadoria.

O tempo de serviço não pode ser contado em dobro, uma vez que não se admite tempo de serviço fictício. Ocorre, no entanto, que a Lei 8.112/90 traz exceção a essa regra para estabelecer o tempo de serviço em dobro para prestação de atividade militar em operações de guerra. Por outro lado, o STF tem entendido que a licença prêmio não gozada pode ser contada como tempo de serviço em dobro, desde que o direito a licença já existisse antes da EC 20/98. Dessa maneira:

> DIREITO ADMINISTRATIVO. AGRAVO INTERNO EM RECURSO EXTRAORDINÁRIO COM AGRAVO. SERVIDOR PÚBLICO. APOSENTADORIA. CONVERSÃO DE LICENÇA-PRÊMIO NÃO GOZADA EM TEMPO DE SERVIÇO. DIREITO ADQUIRIDO ANTES DA EMENDA CONSTITUCIONAL Nº 20/1998. POSSIBILIDADE. PRECEDENTES. 1. O Supremo Tribunal Federal possui firme jurisprudência no sentido de que o servidor público tem direito adquirido à conversão da licença-prêmio não gozada em tempo de serviço, para fins de aposentadoria, se preencheu os requisitos para a concessão do benefício antes do advento da Emenda

> Constitucional nº 20/1998. Precedentes. 2. Agravo interno a que se nega provimento. (ARE 852194 AgR / PE – PERNAMBUCO AG.REG. NO RECURSO EXTRAORDINÁRIO COM AGRAVO; Relator(a): Min. ROBERTO BARROSO; Julgamento: 17/02/2017; Órgão Julgador: Primeira Turma; Publicação: ACÓRDÃO ELETRÔNICO DJe-048.

Exatamente por ser proibida, em regra, a contagem do tempo de serviço em dobro é que não se pode contar de forma cumulativa o tempo de serviço prestado no caso de acumulação de cargos, empregos ou funções, nos órgãos e entidades de todos os níveis de governo.

5.3.10. Direito de Petição

CAPÍTULO VIII
DO DIREITO DE PETIÇÃO

Art. 104. É assegurado ao servidor o direito de requerer aos Poderes Públicos, em defesa de direito ou interesse legítimo.

Art. 105. O requerimento será dirigido à autoridade competente para decidi-lo e encaminhado por intermédio daquela a que estiver imediatamente subordinado o requerente.

Art. 106. Cabe pedido de reconsideração à autoridade que houver expedido o ato ou proferido a primeira decisão, não podendo ser renovado.

Parágrafo único. O requerimento e o pedido de reconsideração de que tratam os artigos anteriores deverão ser despachados no prazo de 5 (cinco) dias e decididos dentro de 30 (trinta) dias.

Art. 107. Caberá recurso:

I – do indeferimento do pedido de reconsideração;

II – das decisões sobre os recursos sucessivamente interpostos.

§ 1º O recurso será dirigido à autoridade imediatamente superior à que tiver expedido o ato ou proferido a decisão, e, sucessivamente, em escala ascendente, às demais autoridades.

§ 2º O recurso será encaminhado por intermédio da autoridade a que estiver imediatamente subordinado o requerente.

Art. 108. O prazo para interposição de pedido de reconsideração ou de recurso é de 30 (trinta) dias, a contar da publicação ou da ciência, pelo interessado, da decisão recorrida.

Art. 109. O recurso poderá ser recebido com efeito suspensivo, a juízo da autoridade competente.

Parágrafo único. Em caso de provimento do pedido de reconsideração ou do recurso, os efeitos da decisão retroagirão à data do ato impugnado.

Art. 110. O direito de requerer prescreve:

I – em 5 (cinco) anos, quanto aos atos de demissão e de cassação de aposentadoria ou disponibilidade, ou que afetem interesse patrimonial e créditos resultantes das relações de trabalho;

II – em 120 (cento e vinte) dias, nos demais casos, salvo quando outro prazo for fixado em lei.

Parágrafo único. O prazo de prescrição será contado da data da publicação do ato impugnado ou da data da ciência pelo interessado, quando o ato não for publicado.

Art. 111. O pedido de reconsideração e o recurso, quando cabíveis, interrompem a prescrição.

Art. 112. A prescrição é de ordem pública, não podendo ser relevada pela administração.

Art. 113. Para o exercício do direito de petição, é assegurada vista do processo ou documento, na repartição, ao servidor ou a procurador por ele constituído.

Art. 114. A administração deverá rever seus atos, a qualquer tempo, quando eivados de ilegalidade.

Art. 115. São fatais e improrrogáveis os prazos estabelecidos neste Capítulo, salvo motivo de força maior.

Comentários

O direito de petição é previsto constitucionalmente. Significa a prerrogativa de toda pessoa de peticionar aos poderes constituídos em defesa de interesse ou direito legítimo. O servidor igualmente possui tal direito, especificado no estatuto. Se, apenas para exemplificar, o servidor faz jus a determinado adicional, que não lhe foi pago, poderá requerer à autoridade competente esse pagamento.

A Administração Pública é organizada normalmente em escala hierárquica, possuindo órgãos e agentes superiores e subalternos. Por isso a Administração possui uma organização piramidal. Essa organização influencia diretamente no processamento do direito de petição. Isso porque a petição deve ser dirigida à autoridade competente para decidir o pedido, mas é encaminhada pela via hierárquica.

Assim, o servidor deverá entregar ao chefe imediato a petição que, por sua vez, fará chegar à autoridade competente. É a chamada via hierárquica. O chefe imediato terá o prazo de 5 dias para fazer chegar à autoridade competente. Essa movimentação é chamada de despacho. Assim, o chefe imediato deverá despachar o documento em 5 dias.

A autoridade competente ao receber o documento deverá decidir no prazo de 30 dias. Contra tal decisão caberá pedido de reconsideração. Este é feito para a autoridade que primeiro decidiu, não podendo ser renovado. Nos termos preconizados na Lei 8.112/90, o recurso hierárquico, dirigido à autoridade superior à que decidiu, deve ser precedido pelo pedido de reconsideração.

Quando a autoridade prolata a decisão, o servidor poderá apresentar o pedido de reconsideração para a mesma autoridade. Caso a autoridade mantenha a decisão, caberá recurso hierárquico que deverá ser dirigido à autoridade superior à que decidiu. Caso a segunda autoridade julgue improvido o recurso, caberá um novo recurso para a autoridade que lhe seja superior. Isso é assim pelo fato do pedido de reconsideração poder ser apresentado apenas à autoridade que primeiro decidiu. Da decisão do recurso hierárquico cabe outro recurso e assim até esgotar o número de autoridades na linha hierárquica.

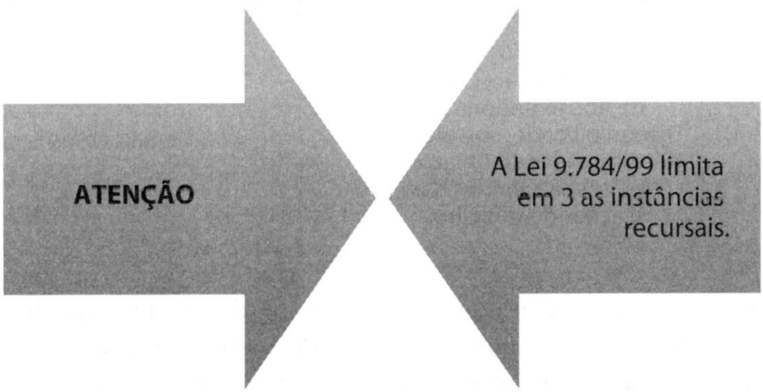

Tanto o pedido de reconsideração como o recurso têm o prazo de 30 dias para interposição e não possuem, em regra, efeito suspensivo. Esse efeito, no entanto, poderá ser concedido à juízo da autoridade competente para decidir o recurso. Com o efeito suspensivo, como se sabe, a decisão recorrida não produz efeitos até o julgamento do recurso.

É importante ressaltar que não é possível a cobrança de qualquer valor para interposição de recurso administrativo como determina a Súmula Vinculante 21 que dispõe ser inconstitucional a exigência de depósito ou arrolamento prévios de dinheiro ou bens para admissibilidade de recurso administrativo.

5.3.10.1. Prescrição

A prescrição administrativa é a perda da possibilidade de discussão na via administrativa sobre a defesa de interesses ou direitos do servidor, em virtude da sua omissão em defendê-los dentro do prazo previsto em Lei. Por isso, o servidor, caso algum ato da Administração ofenda prerrogativas previstas em Lei, deverá apresentar petição à autoridade competente. Caso não o faça, não terá mais como defender tal direito pela via administrativa, cabendo, ainda, a esfera judicial.

Não se pode confundir a prescrição com a decadência. Isso porque na decadência há a perda do próprio direito, enquanto que na prescrição perde-se a faculdade de peticionar ao órgão competente em defesa de direito ou interesse. Quer dizer, a prescrição não fulmina o próprio direito.

Isso mostra que o servidor não pode se manter inerte caso ocorra ofensa a direito seu, sob pena de não poder mais fazer a correção necessária na via administrativa. O estatuto estabelece como prazos de prescrição do direito de petição:

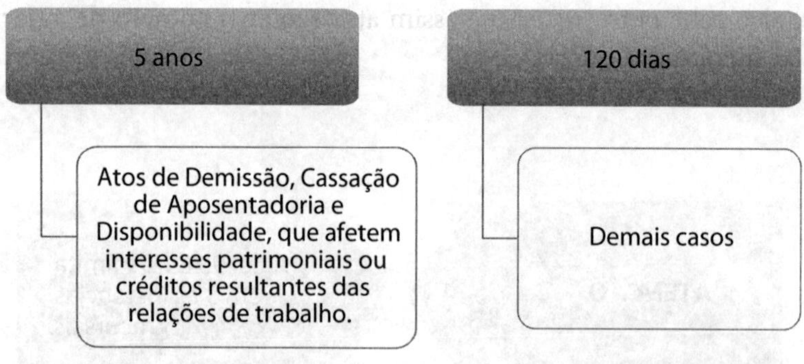

É importante asseverar que a prescrição só existe na omissão do servidor. Se não há omissão, não se tem prescrição. Por isso, caso haja a apresentação de pedido de reconsideração ou interposição de recurso haverá a interrupção do prazo prescricional.

A prescrição é de ordem pública, o que significa que, em ocorrendo, deverá a Administração reconhecê-la, o que não impede, no entanto, da União anular de ofício seu ato, quando contrário à Lei, no exercício da autotutela. Nesse mesmo sentido, leciona Celso Antônio Bandeira de Mello (p. 1.072):

> Importa advertir, entretanto, que, mesmo preclusa a via administrativa, ou estando prescrita, nesta via, a possibilidade de o administrado insurgir-se, por escoamento dos limites temporais próprios, a Administração não poderá ignorar sua manifestação se esta contende procedentemente o ato impugnado, salvo se já estiver prescrita na via judicial.

Por fim, enuncia o estatuto que os prazos previstos nesse capítulo são fatais e improrrogáveis.

5.4. REGIME DISCIPLINAR

5.4.1. Deveres

TÍTULO IV
DO REGIME DISCIPLINAR

CAPÍTULO I
DOS DEVERES

Art. 116. São deveres do servidor:

I – exercer com zelo e dedicação as atribuições do cargo;

II – ser leal às instituições a que servir;

III – observar as normas legais e regulamentares;

IV – cumprir as ordens superiores, exceto quando manifestamente ilegais;

V – atender com presteza:

a) ao público em geral, prestando as informações requeridas, ressalvadas as protegidas por sigilo;

b) à expedição de certidões requeridas para defesa de direito ou esclarecimento de situações de interesse pessoal;

c) às requisições para a defesa da Fazenda Pública.

VI – levar as irregularidades de que tiver ciência em razão do cargo ao conhecimento da autoridade superior ou, quando houver suspeita de envolvimento desta, ao conhecimento de outra autoridade competente para apuração; (Redação dada pela Lei nº 12.527, de 2011)

VII – zelar pela economia do material e a conservação do patrimônio público;

VIII – guardar sigilo sobre assunto da repartição;

IX – manter conduta compatível com a moralidade administrativa;

X – ser assíduo e pontual ao serviço;

XI – tratar com urbanidade as pessoas;

XII – representar contra ilegalidade, omissão ou abuso de poder.

Parágrafo único. A representação de que trata o inciso XII será encaminhada pela via hierárquica e apreciada pela autoridade superior àquela contra a qual é formulada, assegurando-se ao representando ampla defesa.

Comentários

O dispositivo sob comento traz os deveres dos servidores públicos. Trata-se de tol exemplificativo, uma vez que outros deveres também devem ser levados em consideração, alguns deles em sentido ético. De qualquer forma, é interessante observar a lição de José Renato Nalini (p. 24):

> Toda norma pressupõe uma valoração e, ao apreciá-la, surge o conceito do bom – correspondente ao valioso – e do mau – no sentido de desvalioso. E norma é regra de conduta que postula dever.

Essas normas são dirigidas a seres com capacidade de compreendê-las e cumpri-las. Assim, deve o servidor exercer com zelo e dedicação as atribuições de seu cargo. Deve também ser leal às instituições a que servir. O dever de lealdade é um dos principais deveres impostos ao servidor. Sobre o assunto, ensina Hely Lopes Meirelles (p. 528):

> O dever de lealdade, também denominado de fidelidade, exige de todo servidor a maior dedicação ao serviço e o integral respeito às leis e instituições constitucionais, identificando-o com os superiores interesses do Estado.

Deve ainda o servidor respeitar as normas legais e regulamentares, como um óbvio reflexo do princípio da legalidade estrita, previsto no art. 37 da Constituição Federal. Por outro lado, sendo a organização administrativa piramidal, ou seja, organização segundo graus de hierarquia, o servidor é obrigado a obedecer às ordens superiores.

Esse dever de obediência, no entanto, deve ser estudado com cuidado. O Ordenamento Jurídico Brasileiro encampou o sistema inglês, no que tange ao dever de obediência. Isso significa que a obediência é relativa, uma vez que o servidor deve obedecer apenas às ordens legais de seus superiores. Caso a ordem seja ilegal, o servidor não apenas não pode cumpri-las, como será obrigado a denunciar a irregularidade.

Como um dos princípios aplicados à Administração é o da eficiência, a norma impõe que o servidor atenda com rapidez (presteza): a) ao público em geral, prestando as informações solicitadas, salvo as protegidas por sigilo; b) a expedição de certidões requeridas para defesa de interesse ou direito legítimo e; c) as requisições das informações e documentos necessários à defesa da Administração Pública em juízo.

Ainda são deveres funcionais do servidor os de zelar pela economia de material e preservação do patrimônio público, guardar sigilo sobre assunto da repartição, manter conduta compatível com a moralidade administrativa, ser assíduo e pontual ao serviço e tratar com respeito às pessoas.

O servidor é agente responsável pela manutenção da legalidade na atividade administrativa. Por isso, caso tome conhecimento de qualquer irregularidade, é o servidor obrigado por denunciá-la às autoridades competentes. De igual maneira, é dever funcional a representação contra ilegalidade, omissão ou abuso de poder. Como o art. 5º, LV, da Constituição Federal impõe o respeito a ampla defesa e ao contraditório, mesmo em processos administrativos, aquele contra o contra o qual se representa, tem direito ao exercício dessa defesa.

Se a autoridade estiver envolvida, o servidor deverá comunicar à que possua competência superior àquela. É importante ressaltar que o servidor não será responsabilizado pela comunicação sobre a irregularidade feita à autoridade competente, ou a representação contra quem deu azo à ilegalidade, omissão ou abuso de poder, conforme determina o art. 126-A do estatuto.

5.4.2. Proibições

CAPÍTULO II
DAS PROIBIÇÕES

Art. 117. Ao servidor é proibido: (Vide Medida Provisória nº 2.225-45, de 4.9.2001)

I – ausentar-se do serviço durante o expediente, sem prévia autorização do chefe imediato;

II – retirar, sem prévia anuência da autoridade competente, qualquer documento ou objeto da repartição;

III – recusar fé a documentos públicos;

IV – opor resistência injustificada ao andamento de documento e processo ou execução de serviço;

V – promover manifestação de apreço ou desapreço no recinto da repartição;

VI – cometer a pessoa estranha à repartição, fora dos casos previstos em lei, o desempenho de atribuição que seja de sua responsabilidade ou de seu subordinado;

VII – coagir ou aliciar subordinados no sentido de filiarem-se a associação profissional ou sindical, ou a partido político;

VIII – manter sob sua chefia imediata, em cargo ou função de confiança, cônjuge, companheiro ou parente até o segundo grau civil;

IX – valer-se do cargo para lograr proveito pessoal ou de outrem, em detrimento da dignidade da função pública;

X – participar de gerência ou administração de sociedade privada, personificada ou não personificada, exercer o comércio, exceto na

qualidade de acionista, cotista ou comanditário; (Redação dada pela Lei nº 11.784, de 2008

XI – atuar, como procurador ou intermediário, junto a repartições públicas, salvo quando se tratar de benefícios previdenciários ou assistenciais de parentes até o segundo grau, e de cônjuge ou companheiro;

XII – receber propina, comissão, presente ou vantagem de qualquer espécie, em razão de suas atribuições;

XIII – aceitar comissão, emprego ou pensão de estado estrangeiro;

XIV – praticar usura sob qualquer de suas formas;

XV – proceder de forma desidiosa;

XVI – utilizar pessoal ou recursos materiais da repartição em serviços ou atividades particulares;

XVII – cometer a outro servidor atribuições estranhas ao cargo que ocupa, exceto em situações de emergência e transitórias;

XVIII – exercer quaisquer atividades que sejam incompatíveis com o exercício do cargo ou função e com o horário de trabalho;

XIX – recusar-se a atualizar seus dados cadastrais quando solicitado. (Incluído pela Lei nº 9.527, de 10.12.97)

Parágrafo único. A vedação de que trata o inciso X do caput deste artigo não se aplica nos seguintes casos: (Incluído pela Lei nº 11.784, de 2008

I – participação nos conselhos de administração e fiscal de empresas ou entidades em que a União detenha, direta ou indiretamente, participação no capital social ou em sociedade cooperativa constituída para prestar serviços a seus membros;

II – gozo de licença para o trato de interesses particulares, na forma do art. 91 desta Lei, observada a legislação sobre conflito de interesses. (Incluído pela Lei nº 11.784, de 2008)

Comentários

As proibições ao servidor estão previstas em um rol exemplificativo. O dispositivo começa por determinar a proibição do servidor de se ausentar do serviço durante o expediente sem autorização do chefe imediato e de retirar documento ou objeto da repartição sem a autorização da autoridade competente.

Também é proibido ao servidor recusar fé a documentos públicos, tendo ciência que são cobertos por presunção de veracidade e legitimidade. Trata-se de vedação constitucional, por determinação do art. 19, II, da CF.

Não se admite ao servidor permitir o acúmulo de serviço e o atraso na prestação devida aos cidadãos que dependem da atividade em sua repartição. Por isso, não é possível que o funcionário oponha resistência injustificada ao andamento de documento ou processo ou ainda a execução de serviço.

É vedado ao servidor manifestação de apreço ou desapreço no recinto da repartição. Essa medida serve para preservar a impessoalidade na atividade administrativa, nos termos dispostos pelo art. 37, *caput*, da CF. De igual maneira, não pode o agente público cometer a pessoa estranha a repartição, atividades próprias de servidor, fora dos casos previstos em norma jurídica ou ainda aliciar ou coagir subordinados a filiarem-se a partido ou sindicato.

É proibido ao servidor manter sob sua chefia imediata cônjuge ou parente até o segundo grau em cargo ou função de confiança. Verifica-se que, em regra, não há impedimento para que mantenha sob a sua chefia o cônjuge ou o parente até o segundo grau em cargo efetivo, pois se entende que na efetividade, o servidor alcançou determinado grau por seu próprio esforço, enquanto nos cargos e funções comissionadas há o elemento da confiança.

Essa proibição deve ser entendida conjuntamente com a Súmula Vinculante 13 do STF que proíbe a nomeação para cargos em comissão e a designação para funções de confiança por parte do cônjuge ou parente de 3º grau. Parece-nos que a proibição, com a súmula vinculante 13 deveria passar para o terceiro, apesar do estatuto ainda a continuar presente como de segundo grau o parentesco da limitação.

A Lei ainda proíbe que o servidor logre proveito pessoal ou de outrem em detrimento da dignidade da função pública ou ainda que atue como procurador ou intermediário junto a repartições públicas, salvo para benefício assistencial ou previdenciário de cônjuge, companheiro ou parente até o segundo grau. Essas duas situações são consideradas como relevantes pelo estatuto, que determina a demissão, inviabilizando o retorno do servidor ao serviço federal, pelo prazo de 5 anos.

É proibido ao servidor participar da administração ou da gerência de sociedade personificada ou não personificada e exercer o comercio. Apesar da proibição de gerência ou administração, a Lei não o proíbe de ser sócio ou acionista de determinada empresa, bastando apenas que no contrato social e demais atos constitutivos não constem o agente como administrador ou gerente. Essa vedação encontra exceções. Assim, será permitido que o servidor faça parte dos conselhos de administração e fiscal de entidades que a União detenha parcela de seu capital ou social, ou ainda que a gerência, administração ou comércio seja exercido durante a licença para atividade particular, desde que não exista conflito de interesses.

Ainda é vedado receber propina, comissão, presente ou vantagem de qualquer espécie em razão de suas atribuições, praticar usura ou agir com desídia (preguiça). Assim como é proibido cometer a servidor atribuições estranhas ao cargo que ocupa, salvo situações temporárias e emergenciais, exercer outra função incompatível com o horário ou o local de trabalho e não atualizar seus dados cadastrais quando solicitado.

O desrespeito às proibições gera as sanções previstas em lei, como será visto adiante, nos comentários aos arts. 127 e seguintes do estatuto.

5.4.3. Acumulação

CAPÍTULO III
DA ACUMULAÇÃO

Art. 118. Ressalvados os casos previstos na Constituição, é vedada a acumulação remunerada de cargos públicos.

§ 1º A proibição de acumular estende-se a cargos, empregos e funções em autarquias, fundações públicas, empresas públicas, sociedades de economia mista da União, do Distrito Federal, dos Estados, dos Territórios e dos Municípios.

§ 2º A acumulação de cargos, ainda que lícita, fica condicionada à comprovação da compatibilidade de horários.

§ 3º Considera-se acumulação proibida a percepção de vencimento de cargo ou emprego público efetivo com proventos da inatividade, salvo quando os cargos de que decorram essas remunerações forem acumuláveis na atividade. (Incluído pela Lei nº 9.527, de 10.12.97)

Art. 119. O servidor não poderá exercer mais de um cargo em comissão, exceto no caso previsto no parágrafo único do art. 9º, nem ser remunerado pela participação em órgão de deliberação coletiva. (Redação dada pela Lei nº 9.527, de 10.12.97)

Parágrafo único. O disposto neste artigo não se aplica à remuneração devida pela participação em conselhos de administração e fiscal das empresas públicas e sociedades de economia mista, suas subsidiárias e controladas, bem como quaisquer empresas ou entidades em que a União, direta ou indiretamente, detenha participação no capital social, observado o que, a respeito, dispuser legislação específica. (Redação dada pela Medida Provisória nº 2.225-45, de 4.9.2001)

Art. 120. O servidor vinculado ao regime desta Lei, que acumular licitamente dois cargos efetivos, quando investido em cargo de provimento em comissão, ficará afastado de ambos os cargos efetivos, salvo na hipótese em que houver compatibilidade de horário e local com o exercício de um deles, declarada pelas au-

toridades máximas dos órgãos ou entidades envolvidos. (Redação dada pela Lei nº 9.527, de 10.12.97)

Comentários

Via de regra, é proibida a acumulação remunerada de cargos, empregos e funções. Essa proibição é extensiva a empregos e funções públicas de todas as entidades e órgãos da Administração Pública de todos os níveis federativos. Em assim sendo, se o servidor tem um cargo federal, ele não poderá ter outro cargo, emprego ou função na Administração federal, estadual, distrital e municipal.

Ocorre, no entanto, que a Constituição Federal traz algumas exceções a essa proibição. Assim, é possível a acumulação remunerada nas seguintes hipóteses:

É importante ressaltar que mesmo nessas hipóteses a acumulação só poderá ocorrer quando houver compatibilidade de horários. Sem compatibilidade de horários não há acumulação remunerada, ainda que dentro dessas hipóteses. Tem-se entendido como limite à jornada semanal como sendo de 60 horas de trabalho. Em assim sendo, não é possível a acumulação de cargos, cuja soma ultrapasse 60 horas semanais de exercício. Nesse sentido:

> PROCESSUAL CIVIL E ADMINISTRATIVO. AGRAVO INTERNO NO AGRAVO EM RECURSO ESPECIAL. ENUNCIADO ADMINISTRATIVO N. 03/STJ. SERVIDOR PÚBLICO FEDERAL. ACUMULAÇÃO DE CARGOS PÚBLICOS. ENFERMAGEM. CARGA HORÁRIA MÁXIMA SEMANAL. PARECER AGU GQ-145/1998. JORNADA SEMANAL SUPERIOR A 60 (SESSENTA HORAS). IMPOSSIBILIDADE. PRINCÍPIO DA EFICIÊNCIA QUE DISCIPLINA A PRESTAÇÃO DO SERVIÇO PÚBLICO.

> PRESERVAÇÃO DA HIGIDEZ FÍSICA E MENTAL DO TRABALHADOR. PRECEDENTES. ACÓRDÃO RECORRIDO QUE ENTENDE PELA INCOMPATIBILIDADE DE CARGA HORÁRIA. REVISÃO. IMPOSSIBILIDADE. NECESSÁRIO REEXAME DO CONJUNTO FÁTICO-PROBATÓRIO. INTELIGÊNCIA DA SÚMULA 7/STJ. PRECEDENTES. AGRAVO INTERNO NÃO PROVIDO. (AgInt no AREsp 917591 / RJ – AGRAVO INTERNO NO AGRAVO EM RECURSO ESPECIAL 2016/0122602-2; Ministro MAURO CAMPBELL MARQUES; DPJe DJe 25/10/2016).

Tem-se permitido uma jornada superior a 60 (sessenta) horas, desde que se trate de cargos de profissionais de saúde. Nesse caso, é necessário se verificar na prática se há possibilidade de se acumular os cargos, algo comum para tais funções, cujo plantão é algo natural. Por isso, é inconstitucional a legislação que limite a 60 horas a jornada de trabalho dos profissionais de saúde. Esse é o entendimento do STF[6].

Essa mesma proibição se aplica à acumulação de aposentadorias pelo regime próprio de previdência do servidor. Não se pode, pois, acumular aposentadorias que tenham vindo de cargos efetivos, a não ser quando os dois cargos, na atividade, fossem acumulados. A mesma situação se aplica na acumulação do exercício de cargo com proventos de aposentadoria do setor público.

O STF entende que o teto remuneratório, no caso de acúmulo legal de cargos deve ser observado individualmente em cada cargo. Assim, se o servidor tiver dois cargos, poderá receber até o teto remuneratório em cada um deles. Nesses termos:

> Nos casos autorizados constitucionalmente de acumulação de cargos, empregos e funções, a incidência do art. 37, inciso XI, da Constituição Federal pressupõe consideração de cada um dos vínculos formalizados, afastada a observância do teto remuneratório quanto ao somatório dos ganhos do agente público (RE 602043; Rel. Min. Marco Aurélio; julgado em 27/04/2017)

Assim, a soma dos cargos acumulados poderá ultrapassar o teto remuneratório previsto no art. 37, XI, da CF.

Por outro lado, a Lei proíbe a acumulação de cargos em comissão, salvo na hipótese da acumulação com interino. Nesse caso, o servidor que

---

6 Ementa: CONSTITUCIONAL E ADMINISTRATIVO. AGRAVO INTERNO NO RECURSO ORDINÁRIO EM MANDADO DE SEGURANÇA. ACUMULAÇÃO DE CARGOS PÚBLICOS. ÁREA DE SAÚDE. PREVISÃO CONSTITUCIONAL. LIMITAÇÃO. CARGA HORÁRIA MÁXIMA DE 60(SESSENTA) HORAS SEMANAIS. FIXAÇÃO EM NORMA INFRACONSTITUCIONAL. IMPOSSIBILIDADE. DECISÃO EM CONSONÂNCIA COM A ORIENTAÇÃO JURISPRUDENCIAL DESTA SUPREMA CORTE. RECURSO DE AGRAVO A QUE SE NEGA PROVIMENTO. (STF; RMS 35917 AgR/DF).

já possui um cargo em comissão poderá ser chamado a exercer outro cargo de confiança provisoriamente, mas receberá a remuneração por apenas um deles, como apontado pelo art. 9º, Parágrafo Único, do estatuto.

Também não se admite pagamento de remuneração pela participação em órgãos de deliberação coletiva, como acontece com as comissões de licitações e inquérito administrativo. Assim se o servidor é nomeado para participar de uma comissão de licitação, por exemplo, não receberá qualquer gratificação ou outro valor por isso.

Quando, no entanto, a atuação do servidor for em conselho de administração ou fiscal de empresa da qual a União faça parte do capital social, a participação do servidor poderá ser remunerada, apesar de se tratar de órgão de deliberação coletiva, nos termos preconizados em legislação específica.

É importante observar que não é possível a tríplice acumulação. Por isso, o servidor que ocupar licitamente dois cargos efetivos, caso seja nomeado para cargo em comissão, terá que se afastar de ambos cargos efetivos, salvo quando há disponibilidade de horário e local com o exercício de um deles. Nesse caso, o servidor exerceria normalmente um cargo em comissão e um cargo efetivo.

Deve-se verificar que nas exceções previstas na CF sobre a proibição de acumulação de cargos são aplicadas apenas para dois cargos, empregos ou funções. Jamais para três. Por isso, apenas para exemplificar, não se admite a acumulação de um cargo técnico ou científico com 2 cargos de professor, pois seria uma tríplice acumulação, o que não é admitido pela norma.

5.5. RESPONSABILIDADES

CAPÍTULO IV
DAS RESPONSABILIDADES

Art. 121. O servidor responde civil, penal e administrativamente pelo exercício irregular de suas atribuições.

Art. 122. A responsabilidade civil decorre de ato omissivo ou comissivo, doloso ou culposo, que resulte em prejuízo ao erário ou a terceiros.

§ 1º A indenização de prejuízo dolosamente causado ao erário somente será liquidada na forma prevista no art. 46, na falta de outros bens que assegurem a execução do débito pela via judicial.

§ 2º Tratando-se de dano causado a terceiros, responderá o servidor perante a Fazenda Pública, em ação regressiva.

§ 3º A obrigação de reparar o dano estende-se aos sucessores e contra eles será executada, até o limite do valor da herança recebida.

Art. 123. A responsabilidade penal abrange os crimes e contravenções imputadas ao servidor, nessa qualidade.

Art. 124. A responsabilidade civil-administrativa resulta de ato omissivo ou comissivo praticado no desempenho do cargo ou função.

Art. 125. As sanções civis, penais e administrativas poderão cumular-se, sendo independentes entre si.

Art. 126. A responsabilidade administrativa do servidor será afastada no caso de absolvição criminal que negue a existência do fato ou sua autoria.

Art. 126-A. Nenhum servidor poderá ser responsabilizado civil, penal ou administrativamente por dar ciência à autoridade superior ou, quando houver suspeita de envolvimento desta, a outra autoridade competente para apuração de informação concernente à prática de crimes ou improbidade de que tenha conhecimento, ainda que em decorrência do exercício de cargo, emprego ou função pública. (Incluído pela Lei nº 12.527, de 2011)

Comentários

A prática de condutas ilícitas pelos agentes públicos ensejar sua responsabilização na esfera penal, civil e administrativa. Com efeito, é possível que, pela prática de um único ato indevido, o servidor sofra sanções diversas, sendo admitida a cumulação destas sanções sem que se considere a ocorrência de *bis in idem*, uma vez que cada uma das instâncias de apuração do fato tem seu fundamento diverso das demais.

Em outras palavras, o agente faltoso poderá sofrer três sanções por um único ato infracional, não sendo isso analisado como *bis in idem* e, da mesma forma, poderá ser absolvido em um julgamento e punido nos outros, não configurando contradição. Isso acontece porque a regra é que as esferas são independentes entre si, não havendo interferência da decisão de uma instância, no julgamento das demais.

• **Sanções civis** estão previstas na lei de improbidade (Lei 8.429/92) e são aplicadas mediante a propositura de ação judicial ao servidor que pratica infrações que ensejem dano à Administração Pública ou a terceiros, ainda que exclusivamente moral. A responsabilidade do servidor é diversa da do Estado. Esta é objetiva, enquanto que a responsabilidade do servidor demanda prova de culpa ou dolo.

Caso o servidor tenha causado dano a um terceiro e a Administração tenha indenizado a vítima, caberá em face do servidor ação regressiva para que ele retorne aos cofres públicos o valor gasto por seu ato doloso ou culposo.

Evidentemente, o dano causado dolosamente é mais grave do que aquele causado de forma culposa. Explica-se: o dolo é a vontade dirigida a um fim, por isso, nessas hipóteses, o servidor quis causar o dano. Por outro lado, no dano causado culposamente, faltou ao servidor o dever de cuidado, por isso ele atuou imperícia, imprudência ou negligência.

Pela maior gravidade do dano causado dolosamente, não se admite que o servidor que seja responsabilizado nessa situação parcele o débito. Ele deverá assim, quitar a dívida no prazo de 30 dias, tal qual apontado no art. 46 do estatuto. No entanto, se o servidor não possuir bens que permitam assegurar a execução pela via judicial, e para facilitar o recebimento do valor pela Administração Pública, o parcelamento, excepcionalmente, será aceito. Já no dano culposo, o parcelamento poderá ser normalmente requerido pelo servidor.

Ressalte-se ainda que, mesmo que o servidor público faleça após cometer uma infração, as sanções patrimoniais a ele aplicadas se **transmitem aos herdeiros e sucessores** deste servidor falecido, nos limites da herança transmitida.

• **Sanções penais** são aplicadas com base na legislação penal, pelo cometimento de crimes ou contravenções no exercício da atividade pública.

• **Sanções administrativas** estão previstas no estatuto do servidor (Lei 8.112/90) e devem ser aplicadas em razão do descumprimento de normas funcionais, mediante processo administrativo disciplinar.

Sendo assim, diante de fundamentos absolutamente diversos, a princípio, as decisões proferidas em uma instância não interferem nas demais, ainda que estejam sendo proferidas em razão do mesmo fato. Isso se dá pelo fato das responsabilidades serem independentes entre sim, assim como são seus órgãos de aplicação.

Por isso, é que o Judiciário na responsabilidade penal poderá absolver ou condenar, sendo que a Administração na responsabilidade administrativa não ficará atrelada à decisão judicial, pois as responsabilidades são independentes e podem cumular-se. Isso é o que se convenciona chamar de Princípio da Inacumulabilidade de Instâncias.

5.5.1. Exceção à independência das instâncias

A legislação estabelece que, sendo o servidor absolvido na esfera penal por *inexistência do fato* ou *negativa de autoria*, necessariamente deverá ser absolvido na esfera civil e administrativa. Saliente-se que nem toda absolvição penal tem o poder de interferir nas outras esferas, mas tão somente naquela que decorrer de demonstração de que o fato não ocorreu ou de que o agente não foi o autor do mesmo.

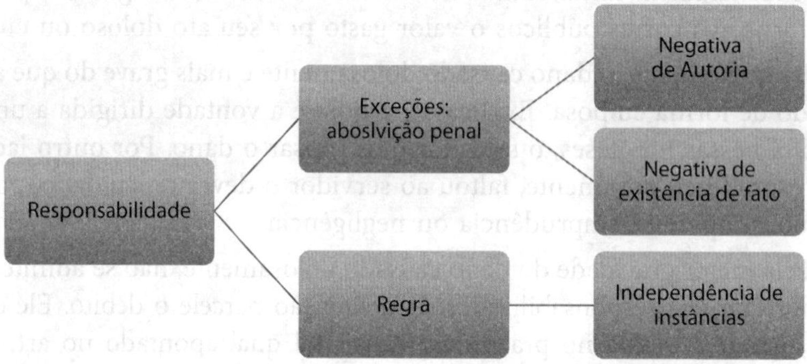

Imagine-se, por exemplo, que determinado sujeito desviou dinheiro público. Neste caso, a Administração, tomando conhecimento, informa ao Ministério Público e o servidor responderá a processos nas 3 (três) esferas. Consoante já analisado, o processo administrativo não precisa esperar o fim dos demais, diante da independência das instâncias. Ocorre que o servidor foi demitido, mediante julgamento proferido em processo administrativo disciplinar e, 1 (um) ano depois, foi absolvido, na esfera penal, embasado na negativa de autoria. Diante disso, este servidor será reintegrado aos quadros da Administração Pública.

Como nem toda absolvição penal obriga a Administração a absolver na esfera administrativa, quando o Judiciário absolver o servidor por insuficiência de provas ou por se tratar de fato atípico, a Administração não estará obrigada a absolver também.

Por fim, a lei dispõe que nenhum servidor poderá ser responsabilizado civil, penal ou administrativamente por dar ciência à autoridade superior ou, quando houver suspeita de envolvimento desta, a outra autoridade competente para apuração de informação concernente à prática de crimes ou improbidade de que tenha conhecimento, ainda que em decorrência do exercício de cargo, emprego ou função pública. Aliás o servidor não pode ser punido por cumprir uma obrigação legal e que se encontra no art. 116, XII, do estatuto. Pensar o contrário seria trazer ao servidor um temor de sofrer graves consequências por ter cumprido seu dever legal e ético de denunciar ilícitos de que tomou conhecimento.

5.6. PENALIDADES

CAPÍTULO V
DAS PENALIDADES

Art. 127. São penalidades disciplinares:

I - advertência;

II - suspensão;

III - demissão;

IV - cassação de aposentadoria ou disponibilidade;

V - destituição de cargo em comissão;

VI - destituição de função comissionada.

Art. 128. Na aplicação das penalidades serão consideradas a natureza e a gravidade da infração cometida, os danos que dela provierem para o serviço público, as circunstâncias agravantes ou atenuantes e os antecedentes funcionais.

Parágrafo único. O ato de imposição da penalidade mencionará sempre o fundamento legal e a causa da sanção disciplinar. (Incluído pela Lei nº 9.527, de 10.12.97)

5.6.1. Advertência

Art. 129. A advertência será aplicada por escrito, nos casos de violação de proibição constante do art. 117, incisos I a VIII e XIX, e de inobservância de dever funcional previsto em lei, regulamentação ou norma interna, que não justifique imposição de penalidade mais grave. (Redação dada pela Lei nº 9.527, de 10.12.97)

Comentários

A advertência é a sanção administrativa mais leve a ser aplicada aos servidores públicos pelo cometimento de infrações disciplinares. Ela será sempre aplicada por escrito. Nesse sentido, a lei define a **competência para aplicação da penalidade** como sendo do chefe da repartição.

Ademais, deverá ser punido com a sanção de advertência o servidor público federal que, em desrespeito às determinações legais:

a) ausentar-se do serviço durante o horário normal de expediente, sem prévia autorização do chefe imediato;

b) retirar, sem prévia anuência da autoridade competente, qualquer documento ou objeto da repartição pública;

c) recusar fé a documentos públicos;

d) opor resistência injustificada ao andamento de documento e processo ou execução de serviço, o que contribui para uma menor eficiência na execução da atividade pública e, portanto, viola os princípios constitucionais aplicados à prestação dos serviços estatais;

e) promover manifestação de apreço ou desapreço no recinto da repartição, entendendo-se aí a aplicação do princípio da impessoalidade, haja vista o fato de que o servidor não pode manifestar simpatia ou antipatia pessoal pelos cidadãos;

f) cometer a pessoa estranha à repartição, fora dos casos previstos em lei, o desempenho de atribuição que seja de sua responsabilidade ou de seu subordinado;

g) coagir ou aliciar subordinados no sentido de filiarem-se a associação profissional ou sindical, ou a partido político, conduta que enseja abuso de autoridade pelo agente público que se vale do cargo com interesses pessoais;

h) manter sob sua chefia imediata, em cargo ou função de confiança, cônjuge, companheiro ou parente até o segundo grau civil, o que é prática de nepotismo, vedada em nosso ordenamento jurídico, em garantia da moralidade pública;

i) recusar-se a atualizar seus dados cadastrais quando solicitado.

Consoante disposto na legislação, **o prazo de prescrição** para aplicação da penalidade de advertência será de 180 dias, contados do momento em que a Administração Pública toma conhecimento do fato infracional, salvo se a infração também se constituir como crime, hipótese em que o prazo prescricional será o previsto na lei penal.

5.6.2. Suspensão

Art. 130. A suspensão será aplicada em caso de reincidência das faltas punidas com advertência e de violação das demais proibições que não tipifiquem infração sujeita a penalidade de demissão, não podendo exceder de 90 (noventa) dias.

§ 1º Será punido com suspensão de até 15 (quinze) dias o servidor que, injustificadamente, recusar-se a ser submetido a inspeção médica determinada pela autoridade competente, cessando os efeitos da penalidade uma vez cumprida a determinação.

§ 2º Quando houver conveniência para o serviço, a penalidade de suspensão poderá ser convertida em multa, na base de 50%

(cinquenta por cento) por dia de vencimento ou remuneração, ficando o servidor obrigado a permanecer em serviço.

Comentários

A suspensão é a proibição do servidor de exercer seu cargo por até 90 dias. Evidentemente, como se trata de sanção, não há remuneração nesse período. A suspensão pode ocorrer por reiteração de comportamentos punidos com advertência ou ainda quando se comete a servidor atribuições que não lhe são próprias, salvo situações emergenciais e transitórias, ou ainda quando se exerce atividade incompatível com o horário ou com o local das atribuições do cargo.

Nessas duas últimas hipóteses, é possível a aplicação da suspensão sem antes se passar pela advertência. Há uma suspensão específica de até 15 dias, quando o servidor se negar a se submeter a exames médicos quando determinado pela autoridade competente.

É possível também, quando há conveniência para o serviço (ou seja, trata-se de ato discricionário) que a pena de suspensão seja convertida em multa. Nesse caso, o servidor é obrigado a continuar no serviço, mas recebe pelo período em que estaria suspenso apenas 50% de sua remuneração ou vencimento.

A multa, assim, só pode ser aplicada por conversão da suspensão. Não há hipótese no estatuto de aplicação direta dessa penalidade pecuniária.

A possibilidade de aplicação de suspensão prescreve em 2 anos, salvo quando a infração disciplinar se constituir também como crime, hipótese em que a prescrição será aquela prevista na legislação penal.

5.6.3. Cancelamento de registro de sanção

Art. 131. As penalidades de advertência e de suspensão terão seus registros cancelados, após o decurso de 3 (três) e 5 (cinco) anos de efetivo exercício, respectivamente, se o servidor não houver, nesse período, praticado nova infração disciplinar.

Parágrafo único. O cancelamento da penalidade não surtirá efeitos retroativos.

Comentários

Uma vez aplicada a penalidade, ela ficará registrada no assentamento individual do servidor. O assentamento individual ou funcional é o registro da vida profissional do servidor na repartição e, por óbvio, deve registrar qualquer penalidade caso aplicada.

Ocorre, no entanto, que esse registro não permanece no assentamento individual para sempre. Caso o servidor tenha sido punido por advertência ou suspensão, que são situações cujo vínculo com a Administração se mantém, o registro será cancelado, caso o servidor passe por determinado tempo sem cometer nova infração.

Isso vai ocorrer quando o servidor foi punido com advertência e nos três anos seguintes não cometer nova infração ou quando for punido com suspensão e nos cinco anos seguintes não cometer nova infração. Nessas situações, o registro das penalidades será cancelado e o servidor passa a ser considerado como primário do ponto de vista disciplinar.

O que se cancela, em verdade, é o registro da penalidade, por isso esse cancelamento não produz efeitos retroativos. Todos os efeitos advindos da pena são mantidos. Para exemplificar, o servidor que foi suspenso por 30 dias, e teve posteriormente o registro da pena cancelado, não terá direito a reaver o valor dos 30 dias de suspensão.

Não se pode confundir o cancelamento do registro da penalidade com a prescrição da ação disciplinar. Na prescrição, a Administração não iniciou a apuração da irregularidade no prazo previsto em lei, não podendo mais aplicar a punição devida ao servidor. No cancelamento, já houve apuração e punição, mas o registro acabou cancelado em razão do tempo.

5.6.4. Demissão

Art. 132. A demissão será aplicada nos seguintes casos:

I – crime contra a administração pública;

II – abandono de cargo;

III – inassiduidade habitual;

IV – improbidade administrativa;

V – incontinência pública e conduta escandalosa, na repartição;

VI – insubordinação grave em serviço;

VII - ofensa física, em serviço, a servidor ou a particular, salvo em legítima defesa própria ou de outrem;

VIII - aplicação irregular de dinheiros públicos;

IX - revelação de segredo do qual se apropriou em razão do cargo;

X - lesão aos cofres públicos e dilapidação do patrimônio nacional;

XI - corrupção;

XII - acumulação ilegal de cargos, empregos ou funções públicas;

XIII - transgressão dos incisos IX a XVI do art. 117.

Comentários

A demissão é a perda do cargo público por imposição de penalidade. Difere, assim, da exoneração. Essa não tem a natureza de sanção, ao contrário daquela. A penalidade de demissão deve ser aplicada pelo Presidente da República, Presidentes das Casas do Poder Legislativo e dos Tribunais Federais e Procurador-Geral da República, de acordo com o órgão ou Poder ao qual o servidor esteja vinculado, nos moldes definidos no art. 141 da lei 8.112/90.

Via de regra, a demissão não produz outro efeito além da perda do cargo, podendo o servidor retornar ao serviço desde que seja aprovado em um novo concurso. Em algumas hipóteses, no entanto, a demissão poderá causar a proibição de retorno ao serviço ou até mesmo a indisponibilidade de bens e ressarcimento ao erário, independentemente da ação penal ajuizada, como será visto nos comentários aos arts. 136 e 137 adiante.

São puníveis com demissão as seguintes infrações disciplinares:

a) **valer-se do cargo para lograr proveito pessoal ou de outrem, em detrimento da dignidade da função pública,** caso em que o servidor será demitido e, em conformidade com o texto da lei, é vedado seu retorno ao serviço público federal, ainda que após aprovação em concurso público, pelo prazo de 5 (cinco) anos;

b) **participar de gerência ou administração de sociedade privada**, personificada ou não, exercer o comércio, exceto na qualidade de acionista, cotista ou comanditário, vedação esta que não se aplica à participação nos conselhos de administração e fiscal de empresas ou entidades em que a União detenha, direta ou indiretamente, participação no capital social ou em sociedade cooperativa constituída para prestar serviços a seus membros, não se considerando infração, se o servidor estiver em gozo de licença para o trato de interesses particulares, observada a legislação sobre conflito de interesses;

c) **atuar, como procurador ou intermediário, junto a repartições públicas, salvo quando se tratar de benefícios previdenciários ou assistenciais de** parentes até o segundo grau, e de cônjuge ou companheiro, hipóteses em que também o servidor será demitido e, em conformidade com o texto da lei, é vedado seu retorno ao serviço público federal, ainda que após aprovação em concurso público, pelo prazo de 5 (cinco) anos;

d) **receber propina, comissão, presente ou vantagem de qualquer espécie**, em razão de suas atribuições, configurando uma forma de beneficiar-se indevidamente das funções públicas inerentes ao cargo;

e) **aceitar comissão, emprego ou pensão de estado estrangeiro;**

f) **praticar usura** sob qualquer de suas formas, seja na repartição pública ou fora dela, caso em que a conduta do servidor é considerada ilícita e prejudicial a sua integridade moral;

g) **proceder de forma desidiosa**, ou seja, sem se dedicar de forma devida para a boa prestação da atividade estatal;

h) **utilizar pessoal ou recursos materiais da repartição em serviços ou atividades particulares.**

A legislação ainda prevê outras infrações que serão puníveis com demissão caso sejam praticadas pelos agentes públicos tais como:

i) **crime contra a administração pública**, independentemente da punição do agente na esfera penal, sendo que, nestas situações, o servidor público é demitido e **não poderá mais retornar ao serviço público federal**[7];

---

7. Parte da doutrina considera inconstitucional a disposição legal que impede o retorno a cargo público, sem a definição de prazo, haja vista se tratar de pena de caráter perpétuo, vedada no ordenamento jurídico brasileiro. O Supremo Tribunal Federal ainda não se pronunciou especificamente acerca da matéria, mas tem proferido decisões em casos similares. Cumpre analisar o julgado a seguir.
EMENTA: – DIREITO CONSTITUCIONAL, ADMINISTRATIVO E PROCESSUAL CIVIL. PENA DE INABILITAÇÃO PERMANENTE PARA O EXERCÍCIO DE CARGOS DE ADMINISTRAÇÃO OU GERÊNCIA DE INSTITUIÇÕES FINANCEIRAS. INADMISSIBILIDADE: ART. 5, XLVI, "e", XLVII, "b", E § 2, DA C.F. REPRESENTAÇÃO DA UNIÃO, PELO MINISTÉRIO PÚBLICO: LEGITIMIDADE PARA INTERPOSIÇÃO DO R.E. RECURSO EXTRAORDINÁRIO. 1. À época da interposição do R.E., o Ministério Público federal ainda representava a União em Juízo e nos Tribunais. Ademais, em se tratando de Mandado de Segurança, o Ministério Público oficia no processo (art. 10 da Lei n. 1.533, de 31.12.51), e poderia recorrer, até, como "custos legis". Rejeita-se, pois, a preliminar suscitada nas contrarrazões, no sentido de que lhe faltaria legitimidade para a interposição. 2. No mérito, é de se manter o aresto, no ponto em que afastou o caráter permanente da pena de inabilitação imposta aos impetrantes, ora recorridos, em face do que dispõem o art. 5, XLVI, "e", XLVII, "b", e § 2 da C.F. 3. Não é caso, porém, de se anular a imposição de qualquer sanção, como resulta dos termos do pedido inicial e do próprio julgado que assim o deferiu. 4. Na verdade, o Mandado de Segurança é de ser deferido, apenas para se afastar o caráter permanente da pena de inabilitação, devendo, então, o Conselho

j) **abandono de cargo**, assim considerada a ausência do servidor ao serviço público por mais de trinta dias consecutivos, intencionalmente;

k) **Inassiduidade habitual**, que ocorre caso o servidor deixe de comparecer ao serviço público por sessenta dias interpolados, no prazo de doze meses, sem que haja justificativa plausível de sua ausência;

l) **improbidade administrativa**, sem prejuízo das sanções previstas na lei de improbidade, quando o servidor público é demitido e **não poderá mais retornar ao serviço público federal**, sendo que o cometimento desta infração implica a indisponibilidade dos bens do servidor até que seja feito o completo ressarcimento ao erário público pelos danos causados;

m) **incontinência pública e conduta escandalosa**, na repartição;

n) **insubordinação grave em serviço**, competindo à chefia do servidor, discricionariamente, definir o que pode ser considerado grave;

o) **ofensa física, em serviço**, a servidor ou a particular, salvo em legítima defesa própria ou de outrem;

p) **aplicação irregular de dinheiros públicos,** quando **o** servidor público é demitido e **não poderá mais retornar ao serviço público federal**, considerando-se que o cometimento desta infração implica a indisponibilidade dos bens do servidor até que seja feito o completo ressarcimento ao erário público pelos danos causados;

q) **revelação de segredo do qual se apropriou em razão do cargo,** o que significa violação do dever de sigilo;

r) **lesão aos cofres públicos e dilapidação do patrimônio nacional,** sendo o servidor público demitido, **não podendo mais retornar ao serviço público federal,** implicando, mais uma vez, a indisponibilidade dos bens do servidor até que seja feito o completo ressarcimento ao erário público pelos danos causados;

s) **corrupção,** quando o servidor público é demitido, **não podendo mais retornar ao serviço público federal** e, mais uma vez o cometimento desta infração implica a indisponibilidade dos bens do servidor até que seja feito o completo ressarcimento ao erário público pelos danos causados;

t) **acumulação ilegal de cargos**, empregos ou funções públicas, situações nas quais, a demissão pode decorrer de procedimento sumário, conforme já analisado em tópico específico.

Monetário Nacional prosseguir no julgamento do pedido de revisão, convertendo-a em inabilitação temporária ou noutra, menos grave, que lhe parecer adequada. 5. Nesses termos, o R.E. é conhecido, em parte, e, ***nessa parte, provido.*** **RE 154134 / SP - SÃO PAULO RECURSO EXTRAORDINÁRIO**

Relator(a): Min. SYDNEY SANCHES

Julgamento: 15/12/1998 Órgão Julgador: Primeira Turma

Em todos os casos, a penalidade de demissão deve respeitar o **prazo de prescrição** de 5 (cinco) anos, contados do momento em que a administração toma conhecimento do fato. Ressalte-se que não se exige que o conhecimento do fato seja feito pela autoridade competente para aplicação da penalidade, mas sim por qualquer autoridade pública. Se, no entanto, tratar-se de infração que se constitua também como crime, o prazo prescricional será o previsto na lei penal, como será melhor analisado nos comentários ao art. 142.

5.6.5. Processo Sumário

Art. 133. Detectada a qualquer tempo a acumulação ilegal de cargos, empregos ou funções públicas, a autoridade a que se refere o art. 143 notificará o servidor, por intermédio de sua chefia imediata, para apresentar opção no prazo improrrogável de dez dias, contados da data da ciência e, na hipótese de omissão, adotará procedimento sumário para a sua apuração e regularização imediata, cujo processo administrativo disciplinar se desenvolverá nas seguintes fases: (Redação dada pela Lei nº 9.527, de 10.12.97)

I – instauração, com a publicação do ato que constituir a comissão, a ser composta por dois servidores estáveis, e simultaneamente indicar a autoria e a materialidade da transgressão objeto da apuração; (Incluído pela Lei nº 9.527, de 10.12.97)

II – instrução sumária, que compreende indiciação, defesa e relatório; (Incluído pela Lei nº 9.527, de 10.12.97)

III – julgamento. (Incluído pela Lei nº 9.527, de 10.12.97)

§ 1º A indicação da autoria de que trata o inciso I dar-se-á pelo nome e matrícula do servidor, e a materialidade pela descrição dos cargos, empregos ou funções públicas em situação de acumulação ilegal, dos órgãos ou entidades de vinculação, das datas de ingresso, do horário de trabalho e do correspondente regime jurídico. (Redação dada pela Lei nº 9.527, de 10.12.97)

§ 2º A comissão lavrará, até três dias após a publicação do ato que a constituiu, termo de indiciação em que serão transcritas as informações de que trata o parágrafo anterior, bem como promoverá a citação pessoal do servidor indiciado, ou por intermédio de sua chefia imediata, para, no prazo de cinco dias, apresentar defesa escrita, assegurando-se-lhe vista do processo na repartição, observado o disposto nos arts. 163 e 164. (Redação dada pela Lei nº 9.527, de 10.12.97)

§ 3º Apresentada a defesa, a comissão elaborará relatório conclusivo quanto à inocência ou à responsabilidade do servidor, em que

resumirá as peças principais dos autos, opinará sobre a licitude da acumulação em exame, indicará o respectivo dispositivo legal e remeterá o processo à autoridade instauradora, para julgamento. (Incluído pela Lei nº 9.527, de 10.12.97)

§ 4º No prazo de cinco dias, contados do recebimento do processo, a autoridade julgadora proferirá a sua decisão, aplicando-se, quando for o caso, o disposto no § 3º do art. 167. (Incluído pela Lei nº 9.527, de 10.12.97)

§ 5º A opção pelo servidor até o último dia de prazo para defesa configurará sua boa-fé, hipótese em que se converterá automaticamente em pedido de exoneração do outro cargo. (Incluído pela Lei nº 9.527, de 10.12.97)

§ 6º Caracterizada a acumulação ilegal e provada a má-fé, aplicar-se-á a pena de demissão, destituição ou cassação de aposentadoria ou disponibilidade em relação aos cargos, empregos ou funções públicas em regime de acumulação ilegal, hipótese em que os órgãos ou entidades de vinculação serão comunicados. (Incluído pela Lei nº 9.527, de 10.12.97)

§ 7º O prazo para a conclusão do processo administrativo disciplinar submetido ao rito sumário não excederá trinta dias, contados da data de publicação do ato que constituir a comissão, admitida a sua prorrogação por até quinze dias, quando as circunstâncias o exigirem. (Incluído pela Lei nº 9.527, de 10.12.97)

§ 8º O procedimento sumário rege-se pelas disposições deste artigo, observando-se, no que lhe for aplicável, subsidiariamente, as disposições dos Títulos IV e V desta Lei. (Incluído pela Lei nº 9.527, de 10.12.97)

Comentários

Trata-se de processo disciplinar com rito sumário. O legislador, no entanto, preferiu trazer esse procedimento para o capítulo da Lei que trata das penas, ao invés de destrinchá-lo na parte dos processos disciplinares. O rito sumário é utilizado em 3 situações: a) no acúmulo ilegal de cargos, empregos e funções; b) no abandono de cargo e; c) na inassiduidade habitual.

A primeira hipótese está retratada no art. 133, enquanto a duas seguintes nos arts. 138 a 140 do estatuto. Quando se trata de acúmulo ilegal de cargos, a Administração irá notificar o servidor para fazer a opção de que cargo pretende continuar dentro do prazo de 10 dias. Se o servidor acabar por optar por um dos cargos, será exonerado do outro e não haverá sequer instauração do processo sumário.

Caso o servidor se mantenha silente ao término do decêndio, será instaurado o processo pelo rito sumário. Esse rito possui três fases:

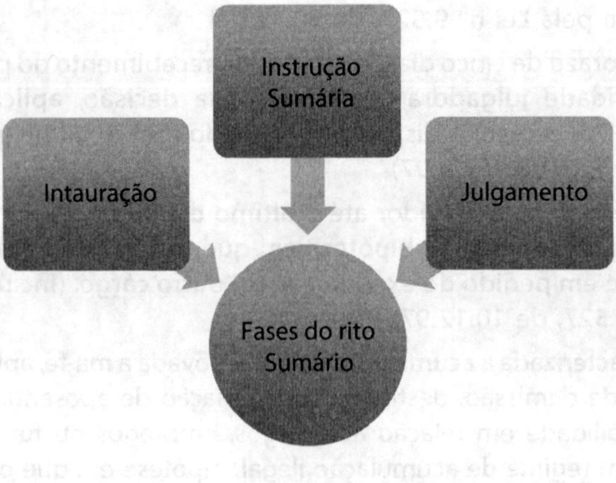

A fase da instauração ocorre com a nomeação da comissão que será formada por 2 servidores estáveis. A partir dessa nomeação, inicia-se a segunda fase chamada de instrução sumária. Nela, a comissão deve produzir um termo de indiciação no prazo de 3 dias. O termo de indiciação é a acusação formal. Por isso ele tem que descrever toda conduta tida como ilícita, apontando os cargos acumulados, informando seu regime, horário e os órgãos de vinculação.

Após o termo de indiciação, o servidor será citado para apresentar defesa em 5 dias. Caso o servidor decida por se manter em um dos cargos acumulados, ao invés de apresentar defesa, será declarada a sua boa-fé, haverá a exoneração do outro cargo e o processo será extinto. Se o servidor, no entanto, decidir apresentar defesa, o processo seguirá nos seus devidos termos.

Após a defesa, a comissão elabora um relatório, que deverá resumir tudo que ocorreu nos autos do processo, além de sugerir um julgamento. É importante ressaltar que a comissão não julga, mas sugere, através do relatório, um julgamento. A autoridade competente para julgar fica vinculada ao relatório apresentado pela comissão, a não ser que ele seja contrário às provas dos autos. Até a conclusão para o julgamento da autoridade, o processo sumário terá a duração de 30 dias, prorrogáveis por mais 15 dias.

O julgamento deverá ocorrer no prazo de 5 dias, sendo a competência trazida pelo art. 141 do estatuto. Caso seja comprovada má-fé e verificada a ilegalidade do acúmulo, o servidor será demitido dos cargos, empregos e funções que tenha acumulado de forma ilegal. Não há, no entanto, necessidade de devolução dos valores recebidos durante o período do acúmulo dos cargos.

Em resumo, pode-se identificar o rito sumário da seguinte forma:

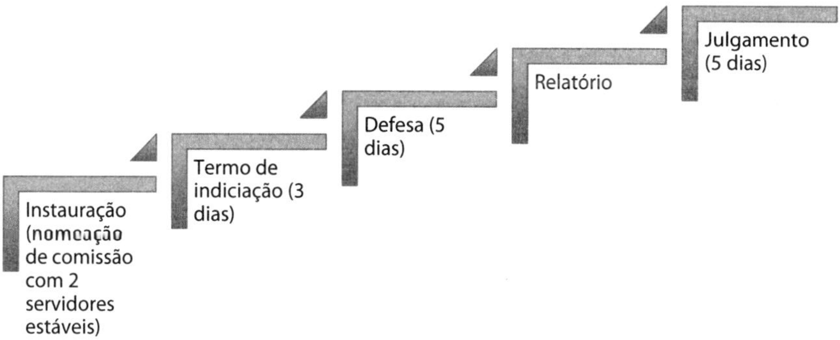

5.6.6. Cassação de aposentadoria ou disponibilidade

Art. 134. Será cassada a aposentadoria ou a disponibilidade do inativo que houver praticado, na atividade, falta punível com a demissão.

Comentários

Trata-se de sanção aplicada aos servidores públicos que estejam aposentados ou em disponibilidade e que tenham cometido, na atividade, alguma das sanções previstas em lei, puníveis com demissão. Com efeito, o que diverge da penalidade anterior é a situação funcional do servidor que, por não estar em atividade, não poderá ser demitido.

A competência para aplicação da penalidade, assim como ocorre nas sanções de demissão, será definida de acordo com o órgão ou Poder ao qual o servidor esteja vinculado, podendo aplicar a pena o Presidente da República, Presidentes das Casas do Poder Legislativo e dos Tribunais Federais e Procurador-Geral da República.

Da mesma forma, **o prazo de prescrição** para aplicação da sanção será de 5 (cinco) anos, contados do momento em que a administração toma conhecimento do fato., salvo quando se tratar de infração que se constitua também como crime, hipótese em que o prazo prescricional será o previsto na lei penal.

Ressalte-se que o art. 32 da Lei 8.112/90 define uma situação excepcional ao prever uma hipótese de aplicação da penalidade de cassação de disponibilidade, não coincidente com infração punível com demissão. Estipula o dispositivo que "*Será tornado sem efeito o aproveitamento e cassada a disponibilidade se o servidor não entrar em exercício no prazo legal, salvo doença comprovada por junta médica oficial*". Como já visto, apesar do silêncio legal, entendemos que mesmo nessa situação, há necessidade da ampla defesa e do contraditório.

5.6.7. Destituição de cargo em comissão e função comissionada

Art. 135. A destituição de cargo em comissão exercido por não ocupante de cargo efetivo será aplicada nos casos de infração sujeita às penalidades de suspensão e de demissão.

Parágrafo único. Constatada a hipótese de que trata este artigo, a exoneração efetuada nos termos do art. 35 será convertida em destituição de cargo em comissão.

Comentários

A destituição de cargo em comissão exercido por não ocupante de cargo efetivo será aplicada nos casos de infração sujeita às penalidades de suspensão e de demissão. Desta forma, caso o servidor comissionado cometa algumas das infrações anteriores, o que para um servidor efetivo ensejaria a penalidade de suspensão ou de demissão, aqui deve ser aplicada a pena de destituição.

É importante que não se confunda com a exoneração de servidores comissionados que, nos moldes do art. 37, II, da Constituição da República, é livre, não dependendo de motivação ou processo administrativo, por não ter caráter de penalidade. A destituição é sanção e deve ser aplicada mediante procedimento administrativo disciplinar em que se assegure a garantia do contraditório e da ampla defesa ao servidor.

O estatuto federal apesar de citar a destituição da função de confiança a como penalidade disciplinar, não a especifica, mas ao que parece ela só poderia ser aplicada ao servidor efetivo, que tendo uma função de confiança, acaba por praticar falta grave. À míngua de definição legal da hipótese de aplicação da destituição da função de confiança, entendemos que a sua imposição dependerá da infração cometida, caso a caso, observando-se tratar de algo grave ou não, para a aplicação da sanção citada.

Nestes casos, **a competência para aplicação da penalidade** será da autoridade que nomeou o agente para exercício do cargo ou função e o **prazo de prescrição** para aplicação da penalidade será de 5 (cinco) anos, contados do momento em que a administração toma conhecimento do fato, salvo quando a infração também se constituir em crime, hipótese em que o prazo prescricional será o previsto na lei penal.

5.6.8. Efeitos da demissão

Art. 136. A demissão ou a destituição de cargo em comissão, nos casos dos incisos IV, VIII, X e XI do art. 132, implica a indis-

ponibilidade dos bens e o ressarcimento ao erário, sem prejuízo da ação penal cabível.

Art. 137. A demissão ou a destituição de cargo em comissão, por infringência do art. 117, incisos IX e XI, incompatibiliza o ex-servidor para nova investidura em cargo público federal, pelo prazo de 5 (cinco) anos.

Parágrafo único. Não poderá retornar ao serviço público federal o servidor que for demitido ou destituído do cargo em comissão por infringência do art. 132, incisos I, IV, VIII, X e XI.

Comentários

Normalmente, o efeito único da demissão é a perda do cargo. Apesar de sua evidente gravidade, em certas situações, a demissão poderá trazer outros efeitos. Se a demissão ocorreu por improbidade administrativa, aplicação irregular de dinheiros públicos, dilapidação do patrimônio nacional ou corrupção, haverá indisponibilidade dos bens, ressarcimento aos cofres públicos, independentemente da ação penal a ser ajuizada.

Essas situações indicadas, acrescendo-se o crime contra a Administração Pública, impedem o servidor de retornar ao serviço federal, em cargo efetivo ou em comissão, sem data para cessar. É o que se chama de demissão a bem do serviço público ou demissão qualificada.

Por outro lado, mais leve é a demissão por valer-se do cargo para lograr proveito pessoal ou de outrem ou por atuar como procurador ou intermediário junto a repartições públicas, salvo benefício assistencial ou previdenciário de cônjuge, companheiro ou parente até o segundo grau. Nessas duas situações, o servidor demitido não poderá retornar ao serviço federal pelo prazo de 5 anos.

5.6.9. Abandono de Cargo e Inassiduidade Habitual

Art. 138. Configura abandono de cargo a ausência intencional do servidor ao serviço por mais de trinta dias consecutivos.

Art. 139. Entende-se por inassiduidade habitual a falta ao serviço, sem causa justificada, por sessenta dias, interpoladamente, durante o período de doze meses.

Art. 140. Na apuração de abandono de cargo ou inassiduidade habitual, também será adotado o procedimento sumário a que se refere o art. 133, observando-se especialmente que: (Redação dada pela Lei nº 9.527, de 10.12.97)

I – a indicação da materialidade dar-se-á: (Incluído pela Lei nº 9.527, de 10.12.97)

a) na hipótese de abandono de cargo, pela indicação precisa do período de ausência intencional do servidor ao serviço superior a trinta dias; (Incluído pela Lei nº 9.527, de 10.12.97)

b) no caso de inassiduidade habitual, pela indicação dos dias de falta ao serviço sem causa justificada, por período igual ou superior a sessenta dias interpoladamente, durante o período de doze meses; (Incluído pela Lei nº 9.527, de 10.12.97)

II – após a apresentação da defesa a comissão elaborará relatório conclusivo quanto à inocência ou à responsabilidade do servidor, em que resumirá as peças principais dos autos, indicará o respectivo dispositivo legal, opinará, na hipótese de abandono de cargo, sobre a intencionalidade da ausência ao serviço superior a trinta dias e remeterá o processo à autoridade instauradora para julgamento. (Incluído pela Lei nº 9.527, de 10.12.97)

Comentários

O abandono de cargo e a inassiduidade habitual são institutos diferentes, mas que têm a mesma consequência, a demissão do servidor. Ocorre o abandono de cargo quando o servidor de forma intencional deixa de frequentar o serviço por mais de 30 dias consecutivos. Caso o servidor tenha se afastado intencionalmente por até 30 dias, deve-se aplicar a pena de advertência, em virtude da ofensa ao dever da assiduidade.

Já na inassiduidade habitual, o servidor falta de forma injustificada por 60 dias intercalados, dentro do prazo de 12 meses. Como tanto o abandono de cargo quanto a inassiduidade habitual são de fácil verificação, o processo disciplinar segue o rito sumário. Com os prazos já indicados na análise do art. 133 supra. Evidentemente, as regras seguem pequenas modificações para adequação à investigação do ilícito. Assim, apenas para exemplificar, no caso de abandono de cargo e de inassiduidade habitual, o processo é instaurado diretamente, sem qualquer tipo de notificação prévia.

A condenação do servidor por qualquer das irregularidades previstas nos arts. 138 e 139 levará à sua demissão.

5.6.10. Competência

Art. 141. As penalidades disciplinares serão aplicadas:

I – pelo Presidente da República, pelos Presidentes das Casas do Poder Legislativo e dos Tribunais Federais e pelo Procurador-Geral

da República, quando se tratar de demissão e cassação de aposentadoria ou disponibilidade de servidor vinculado ao respectivo Poder, órgão, ou entidade;

II – pelas autoridades administrativas de hierarquia imediatamente inferior àquelas mencionadas no inciso anterior quando se tratar de suspensão superior a 30 (trinta) dias;

III – pelo chefe da repartição e outras autoridades na forma dos respectivos regimentos ou regulamentos, nos casos de advertência ou de suspensão de até 30 (trinta) dias;

IV – pela autoridade que houver feito a nomeação, quando se tratar de destituição de cargo em comissão.

Comentários

Competência é o nome que se dá ao poder legal do agente público de atuar. Como a Administração está submetida ao Princípio da Legalidade, segundo o qual o Estado só pode atuar quando a Administração o autoriza a atuar, parece evidente que o agente só pode produzir qualquer ato administrativo quando a lei o autoriza. Como leciona Odete Medauar (p. 136):

> Agente competente significa o representante do poder público a quem o texto legal confere atribuições que o habilitam a editar determinados atos administrativos. No direito público, as atribuições de cada órgão ou autoridade recebem o nome de competência.

O que o dispositivo sob comento traz é quem tem o poder legal de aplicar as penalidades administrativas previstas no estatuto. É evidente que quanto mais grave for a pena disciplinar a ser aplicada, maior será a hierarquia da autoridade a aplicar a pena. Por isso, assim divide o art. 141:

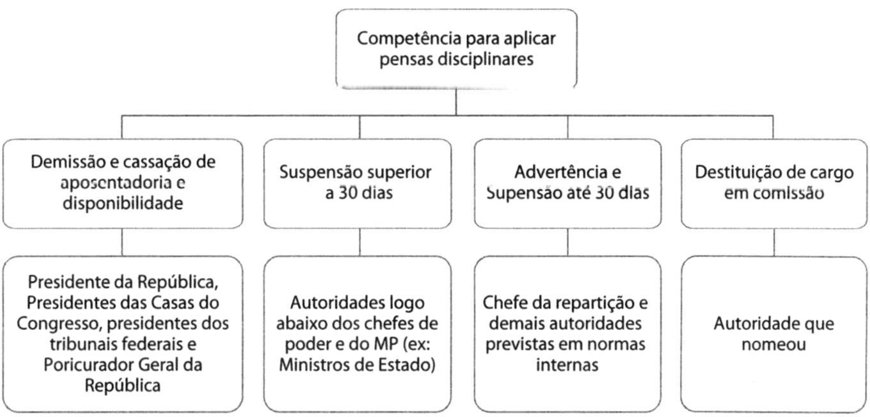

Nada impede, no entanto, que essa competência seja delegada, o que ocorre no Poder Executivo Federal, através do Decreto 3.035/99, que em seu art. 1º, I, determina que:

> Art. 1º Fica delegada competência aos Ministros de Estado e ao Advogado-Geral da União, vedada a subdelegação, para, no âmbito dos órgãos da Administração Pública Federal direta, autárquica e fundacional que lhes são subordinados ou vinculados, observadas as disposições legais e regulamentares, especialmente a manifestação prévia e indispensável do órgão de assessoramento jurídico, praticar os seguintes atos:
>
> I – julgar processos administrativos disciplinares e aplicar penalidades, nas hipóteses de demissão e cassação de aposentadoria ou disponibilidade de servidores;

A autoridade que possuir competência para aplicar penalidade mais grave, também possuirá competência para aplicação de penas mais leves.

5.6.11. Prescrição da Ação Disciplinar

Art. 142. A ação disciplinar prescreverá:

I – em 5 (cinco) anos, quanto às infrações puníveis com demissão, cassação de aposentadoria ou disponibilidade e destituição de cargo em comissão;

II – em 2 (dois) anos, quanto à suspensão;

III – em 180 (cento e oitenta) dias, quanto à advertência.

§ 1º O prazo de prescrição começa a correr da data em que o fato se tornou conhecido.

§ 2º Os prazos de prescrição previstos na lei penal aplicam-se às infrações disciplinares capituladas também como crime.

§ 3º A abertura de sindicância ou a instauração de processo disciplinar interrompe a prescrição, até a decisão final proferida por autoridade competente.

§ 4º Interrompido o curso da prescrição, o prazo começará a correr a partir do dia em que cessar a interrupção.

Comentários

A prescrição é a perda da ação pela omissão de seu titular no prazo previsto em lei. A prescrição da ação disciplinar mostra que a Administração é obrigada a realizar a imediata apuração das irregularidades de que tem ciência, mas que deverá realizar essa apuração no prazo previsto. É clara medida de segurança jurídica. Sendo a segurança jurídica essencial para a própria estabilidade das relações jurídicas, clara fica a importância do estabelecimento do prazo prescricional. Os prazos de prescrição indicados pela Lei 8.112/90 são os seguintes:

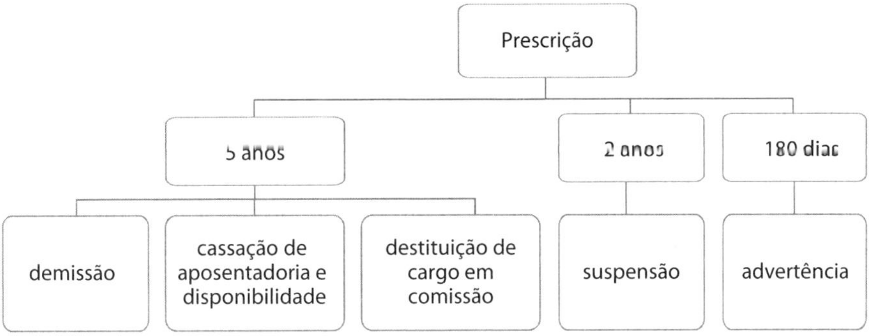

Cumpre ressaltar que, em todos os casos, se a infração administrativa também configurar infração penal, o prazo prescricional aplicável é aquele previsto pela **legislação penal**, e não pelos prazos descritos nos tópicos apresentados alhures.

Nestes casos, a jurisprudência do Superior Tribunal de Justiça vem firmando o entendimento no sentido de que, para que se aplique o prazo prescricional penal, na esfera administrativa, não basta que a infração seja, concomitantemente, administrativa e penal, sendo também necessário que a conduta esteja sendo alvo de julgamento na esfera criminal. Nesse sentido, o julgado a seguir transcrito.

> MANDADO DE SEGURANÇA. ADMINISTRATIVO. CASSAÇÃO DE APOSENTADORIA. PRESCRIÇÃO DA PRETENSÃO PUNITIVA DO ESTADO. NÃO-OCORRÊNCIA. NÃO DEMONSTRAÇÃO DE APURAÇÃO CRIMINAL DA CONDUTA DO IMPETRANTE. IMPOSSIBILIDADE DE APLICAÇÃO DO PRAZO PRESCRICIONAL PREVISTO NA LEI PENAL.
>
> 1. A Lei n. 9.873/99, que estabelece prazo de prescrição para o exercício de ação punitiva pela Administração Pública Federal, direta e indireta, não se aplica às infrações de natureza funcional, incidindo o disposto na Lei n. 8.112/90 quanto às infrações praticadas por servidor público federal (no caso, policial rodoviário federal).
>
> 2. Tendo decorrido prazo inferior a cinco anos entre o fato e a instauração do processo disciplinar, não há falar em prescrição da pretensão punitiva estatal. Da mesma forma, afasta-se a ocorrência de prescrição se, no momento da aplicação da penalidade de cassação de aposentadoria do impetrante, não tiverem transcorrido cinco anos da instauração do processo disciplinar, que interrompe o prazo prescricional.
>
> 3. **Não tendo sido evidenciado nos autos que tenha sido apurada criminalmente a conduta do impetrante, ainda que seu ato seja tipificado como**

> **crime, deve ser aplicado o prazo prescricional previsto na lei que regula a punição administrativa, qual seja, de cinco anos** (art. 142, Lei n. 8.112/90). 4. Segurança denegada. (MS 11220 / DF – MANDADO DE SEGURANÇA 2005/0198004-9; Julgamento em 27/05/2009).

O prazo de prescrição só começa a correr a partir do momento em que a Administração toma conhecimento da infração e não do momento em que a mesma ocorre. Por outro lado, a partir do momento em que a Administração inicia a apuração da infração, a prescrição é interrompida, até mesmo porque deixou de ocorrer a omissão. Havendo instauração de sindicância ou processo administrativo, a prescrição será interrompida até a decisão do processo.

A jurisprudência tem admitido a ocorrência de prescrição intercorrente. Essa ocorre durante o curso do processo, tendo seu termo inicial no dia seguinte a que o processo deveria ter sido julgado. Para exemplificar, o Processo Administrativo Disciplinar deve estar concluso para julgamento em 60 dias, prorrogáveis por mais 60 dias. Da conclusão há mais 20 dias para julgamento (como será visto mais adiante). Se há o transcurso de 140 dias e o processo não é julgado, a prescrição recomeça a contar do zero. Nesse sentido:

> PRESCRIÇÃO – PROCESSO ADMINISTRATIVO – INTERRUPÇÃO. A interrupção prevista no § 3º do artigo 142 da Lei nº. 8.112, de 11 de dezembro de 1990, cessa uma vez ultrapassado o período de 140 dias alusivo à conclusão do processo disciplinar e à imposição de pena – artigos 152 e 167 da referida Lei – voltando a ter curso, na integralidade, o prazo prescricional. Precedente: Mandado de Segurança nº. 22.728-1/PR, Pleno, Relator Ministro Moreira Alves, acórdão publicado no Diário da Justiça de 13 de novembro de 1998. (RMS 23436, Relator(a): Min. MARCO AURÉLIO, Segunda Turma, julgado em 24/08/1999, DJ 15-10-1999 PP-00028 EMENT VOL-01967-01 PP-00035)

Estando prescrita a ação disciplinar, não poderá mais a Administração Pública aplicar qualquer sanção administrativa por conta do fato investigado, devendo o servidor ser absolvido.

O art. 170, da lei 8.112/90, define que se a punibilidade do servidor público for extinta em razão de prescrição da pretensão punitiva, nos moldes do art. 142 da mesma lei, o fato deverá ser registrado em seu assentamento individual.

Trata-se de dispositivo controverso que viola diretamente o princípio da presunção de inocência, uma vez que registra o cometimento de infração prescrita, sem que tenha sido oportunizada a defesa de mérito do agente público. Ou seja, diante da prescrição ocorrida, não é possível saber se foi cometida a infração disciplinar da qual o agente foi acusado e admitir o registro seria como considerá-lo culpado.

De acordo com este entendimento, o Supremo Tribunal Federal vem declarando a inconstitucionalidade do art. 170 da lei 8.112/90, por se tratar de violador ao princípio da presunção de inocência e da razoabilidade. A título de exemplo, analise-se o julgado a seguir transcrito.

> Art. 170 da Lei 8.112/1990: registro de infração prescrita e presunção de inocência. *O art. 170 da Lei 8.112/1990 ("Extinta a punibilidade pela prescrição, a autoridade julgadora determinará o registro do fato nos assentamentos individuais do servidor") é inconstitucional. Essa a conclusão do Plenário ao conceder mandado de segurança para cassar decisão do Presidente da República que, embora reconhecendo a prescrição da pretensão punitiva de infração disciplinar praticada pelo impetrante, determinara a anotação dos fatos apurados em assentamento funcional. O Tribunal asseverou que, em virtude do reconhecimento da extinção da punibilidade pela prescrição, obstar-se-ia a imposição de punição administrativo-disciplinar, tendo em conta que a pretensão punitiva da Administração estaria comprometida de modo direto e imediato. Assim, afirmou que a anotação dessa ocorrência em ficha funcional violaria o princípio da presunção de inocência. Em consequência, a Corte, por maioria, declarou a inconstitucionalidade incidental do art. 170 da Lei 8.112/1990. O Ministro Dias Toffoli (relator) aduziu que o mencionado dispositivo remontaria prática surgida, em especial, na Formulação 36 do extinto Departamento de Administração do Serviço Público – DASP ("Se a prescrição for posterior à instauração do inquérito, deve-se registrar nos assentamentos do funcionário a prática da infração apenada"). O Ministro Luiz Fux salientou que o registro, em si, seria uma punição, que acarretaria efeitos deletérios na carreira do servidor, em ofensa também ao princípio da razoabilidade. O Ministro Marco Aurélio realçou, de igual forma, que o aludido artigo discreparia da Constituição sob o ângulo da razoabilidade. Por sua vez, o Ministro Ricardo Lewandowski acrescentou que o preceito em questão atentaria contra a imagem funcional do servidor. Vencido o Ministro Teori Zavascki, que não reputava o art. 170 da Lei 8.112/1990 inconstitucional. Consignava que a incompatibilidade dependeria da interpretação conferida ao dispositivo. Aduzia não conflitar com a Constituição o entendimento de que se trataria de documentação de um fato, ou seja, de que o servidor respondera a um processo e que a ele não fora aplicada pena em razão da prescrição. MS 23262/DF, rel. Min. Dias Toffoli, 23.4.2014. (MS-23262)*

5.6.12. Resumo de sanções disciplinares e suas relações com os deveres e proibições do servidor

INFRAÇÃO	SANÇÃO
Desrespeito a obrigação.	Em regra, advertência.
ausentar-se do serviço durante o expediente, sem prévia autorização do chefe imediato;	Advertência
retirar, sem prévia anuência da autoridade competente, qualquer documento ou objeto da repartição;	Advertência

INFRAÇÃO	SANÇÃO
recusar fé a documentos públicos;	Advertência
opor resistência injustificada ao andamento de documento e processo ou execução de serviço;	Advertência
promover manifestação de apreço ou desapreço no recinto da repartição;	Advertência
cometer a pessoa estranha à repartição, fora dos casos previstos em lei, o desempenho de atribuição que seja de sua responsabilidade ou de seu subordinado;	Advertência
coagir ou aliciar subordinados no sentido de filiarem-se a associação profissional ou sindical, ou a partido político;	Advertência
manter sob sua chefia imediata, em cargo ou função de confiança, cônjuge, companheiro ou parente até o segundo grau civil;	Advertência
valer-se do cargo para lograr proveito pessoal ou de outrem, em detrimento da dignidade da função pública;	Demissão – proibição de retorno ao serviço federal por 5 anos.
participar de gerência ou administração de sociedade privada, personificada ou não personificada, exercer o comércio, exceto na qualidade de acionista, cotista ou comanditário;	Demissão.
atuar, como procurador ou intermediário, junto a repartições públicas, salvo quando se tratar de benefícios previdenciários ou assistenciais de parentes até o segundo grau, e de cônjuge ou companheiro;	Demissão – proibição de retorno ao serviço federal por 5 anos.
receber propina, comissão, presente ou vantagem de qualquer espécie, em razão de suas atribuições;	Demissão.
aceitar comissão, emprego ou pensão de estado estrangeiro;	Demissão.
praticar usura sob qualquer de suas formas;	Demissão.
proceder de forma desidiosa;	Demissão.
utilizar pessoal ou recursos materiais da repartição em serviços ou atividades particulares;	Demissão.
cometer a outro servidor atribuições estranhas ao cargo que ocupa, exceto em situações de emergência e transitórias;	Suspensão.
exercer quaisquer atividades que sejam incompatíveis com o exercício do cargo ou função e com o horário de trabalho;	Suspensão.
recusar-se a atualizar seus dados cadastrais quando solicitado;	Advertência.
crime contra a administração pública;	Demissão – proibição de retorno ao serviço federa – demissão a bem do serviço público.

INFRAÇÃO	SANÇÃO
abandono de cargo;	Demissão.
inassiduidade habitual;	Demissão.
improbidade administrativa;	Demissão – proibição de retorno ao serviço federa – demissão a bem do serviço público.
incontinência pública e conduta escandalosa, na repartição;	Demissão.
insubordinação grave em serviço;	Demissão.
ofensa física, em serviço, a servidor ou a particular, salvo em legítima defesa própria ou de outrem;	Demissão.
aplicação irregular de dinheiros públicos;	Demissão – proibição de retorno ao serviço federa – demissão a bem do serviço público.
revelação de segredo do qual se apropriou em razão do cargo;	Demissão.
lesão aos cofres públicos e dilapidação do patrimônio nacional;	Demissão – proibição de retorno ao serviço federa – demissão a bem do serviço público.
corrupção;	Demissão – proibição de retorno ao serviço federa – demissão a bem do serviço público.
acumulação ilegal de cargos, empregos ou funções públicas;	Demissão.

Capítulo 6

PROCESSO DISCIPLINAR

TÍTULO V
DO PROCESSO ADMINISTRATIVO DISCIPLINAR

CAPÍTULO I
DISPOSIÇÕES GERAIS

Art. 143. A autoridade que tiver ciência de irregularidade no serviço público é obrigada a promover a sua apuração imediata, mediante sindicância ou processo administrativo disciplinar, assegurada ao acusado ampla defesa.

§ 1º (Revogado pela Lei nº 11.204, de 2005)

§ 2º (Revogado pela Lei nº 11.204, de 2005)

§ 3º A apuração de que trata o *caput*, por solicitação da autoridade a que se refere, poderá ser promovida por autoridade de órgão ou entidade diverso daquele em que tenha ocorrido a irregularidade, mediante competência específica para tal finalidade, delegada em caráter permanente ou temporário pelo Presidente da República, pelos presidentes das Casas do Poder Legislativo e dos Tribunais Federais e pelo Procurador-Geral da República, no âmbito do respectivo Poder, órgão ou entidade, preservadas as competências para o julgamento que se seguir à apuração. (Incluído pela Lei nº 9.527, de 10.12.97)

Art. 144. As denúncias sobre irregularidades serão objeto de apuração, desde que contenham a identificação e o endereço do denunciante e sejam formuladas por escrito, confirmada a autenticidade.

Parágrafo único. Quando o fato narrado não configurar evidente infração disciplinar ou ilícito penal, a denúncia será arquivada, por falta de objeto.

Comentários

O processo disciplinar é medida que visa garantir a ampla defesa e o contraditório para todo servidor que é acusado do cometimento de infração.

Não há possibilidade de se aplicar qualquer sanção, por mais leve que seja, sem antes o respeito ao devido processo legal.

Antes da CF/88, havia dois institutos muito aplicados no âmbito disciplinar, a verdade sabida e o termo de declarações. A primeira ocorria quando a infração era praticada na presença da autoridade competente para punir e que aplicava a sanção imediatamente. A segunda surgia de uma confissão do servidor. Ambas não possuem mais aplicação, em virtude do devido processo legal, necessário para sancionamento de qualquer infração.

Por outro lado, o poder disciplinar é a capacidade que tem a Administração de investigar e punir, na forma da lei, aqueles que estão submetidos a sua disciplina interna, como ocorre com os servidores públicos. Apesar de se tratar de uma atividade discricionária, essa discricionariedade não se encontra na liberdade da autoridade de fiscalizar ou não fiscalizar, punir ou não punir, mas sim na medida da pena a ser aplicada e ainda na utilização de conceitos jurídicos indeterminados para definir infrações.

Assim, se a autoridade tomar conhecimento de infração cometida, é obrigada a realizar a sua imediata investigação. Essa investigação, inclusive, pode ser realizada por autoridade de outro órgão federal, desde que assim solicitado e haja delegação nesse sentido. A competência para aplicar sanção nesse caso continua sendo a mesma prevista no art. 141 do estatuto.

O procedimento disciplinar pode ser instaurado de ofício ou mediante denúncia. A denúncia deve trazer a completa qualificação do denunciante, não se admitindo a denúncia anônima no serviço federal. Essa medida serve como uma barreira àqueles que pretendem prejudicar deliberadamente um servidor, através de acusações falsas. O STJ tem permitido que a denúncia anônima sirva de base para a instauração de Processo Administrativo Disciplinar (PAD), desde que devidamente motivada e com amparo em investigação ou sindicância, em face do poder-dever de autotutela imposto à Administração (Súmula 611 STJ).

Além do processo sumário, que foi visto no art. 133 do estatuto, há dois outros procedimentos disciplinares: a sindicância e o processo administrativo disciplinar.

6.1. SINDICÂNCIA

Art. 145. **Da sindicância poderá resultar:**

I – arquivamento do processo;

II – aplicação de penalidade de advertência ou suspensão de até 30 (trinta) dias;

III – instauração de processo disciplinar.

Parágrafo único. O prazo para conclusão da sindicância não excederá 30 (trinta) dias, podendo ser prorrogado por igual período, a critério da autoridade superior.

Art. 146. Sempre que o ilícito praticado pelo servidor ensejar a imposição de penalidade de suspensão por mais de 30 (trinta) dias, de demissão, cassação de aposentadoria ou disponibilidade, ou destituição de cargo em comissão, será obrigatória a instauração de processo disciplinar.

Comentários

A sindicância é processo administrativo simplificado, suficiente e adequado para aplicação das penalidades de **advertência** ou **suspensão por até 30 dias**, não se admitindo este procedimento, quando do cometimento de infrações mais graves.

A sindicância deverá ser finalizada no prazo máximo de 30 dias, prorrogáveis por mais 30 dias. Ocorre que, assim como os demais prazos de duração dos processos administrativos, definidos em lei, tal prazo é impróprio, ou seja, a sua inobservância pela administração pública não causa nulidade do processo.

A lei estipula que, da sindicância, podem decorrer três situações:

1. **Arquivamento do processo**: ocorrerá quando não for apurada nenhuma infração ou se o servidor não foi o autor da irregularidade.
2. **Aplicação de penalidade**: havendo a infração e sendo o servidor o seu causador. Frise-se que somente podem ser aplicadas, *in casu*, as penalidades disciplinares de advertência ou de suspensão por até 30 dias.
3. **Instauração do PAD**: no caso de se apurar, no bojo da sindicância, infração mais grave, praticada pelo servidor público, e sendo necessária a aplicação de penalidade mais severa do que as mencionadas no tópico anterior.

A sindicância não é indispensável para instauração do Processo Administrativo Disciplinar (PAD), bem como a instauração do PAD não é necessária, se na sindicância for apurada infração penalizada com advertência ou suspensão de até 30 dias.

A ampla defesa na sindicância só deverá ocorrer quando através dela é aplicada sanção. Se o resultado da sindicância for o arquivamento ou a instauração de processo administrativo disciplinar, não haverá defesa. No primeiro caso porque não resultou qualquer malefício ao servidor. No segundo, porque a ampla defesa e o contraditório serão exercidos no processo administrativo disciplinar posteriormente instaurado. Nesse sentido:

> EMENTA: MANDADO DE SEGURANÇA. SINDICÂNCIA. ALEGAÇÃO DOS IMPETRANTES DE NÃO TEREM SIDO OUVIDOS NESTA FASE. PROCEDIMENTO DESTINADO À SIMPLES VERIFICAÇÃO DE IRREGULARIDADES. EQUIPARAÇÃO AO INQUÉRITO POLICIAL. DISCUSSÃO QUANTO À APLICAÇÃO DE PENA NO ÂMBITO DE SINDICÂNCIA. AMPLA DEFESA NO PROCESSO ADMINISTRATIVO DISCIPLINAR. PORTARIA. PUBLICAÇÃO NO BOLETIM DE SERVIÇO. VALIDADE. PRECEDENTE. EXCESSO DE PRAZO NÃO IMPLICA NULIDADE DO PROCESSO. § 1º DO ART. 169 DA LEI 8.112. CONTROVÉRSIA ACERCA DOS FATOS. MATÉRIA NÃO SUPORTÁVEL NA VIA DO MANDADO DE SEGURANÇA. Segurança indeferida. (**MS 22888 / PR – PARANÁ; MANDADO DE SEGURANÇA; Relator(a): Min. NELSON JOBIM; Julgamento: 18/02/1998; Órgão Julgador: Tribunal Pleno.**)

A sindicância deverá ser concluída no prazo de 30 dias, podendo ser prorrogado por mais 30 dias.

6.2. PROCESSO ADMINISTRATIVO DISCIPLINAR

6.2.1. Afastamento Preventivo

> **Capítulo II**
> **Do Afastamento Preventivo**
>
> **Art. 147. Como medida cautelar e a fim de que o servidor não venha a influir na apuração da irregularidade, a autoridade instauradora do processo disciplinar poderá determinar o seu afastamento do exercício do cargo, pelo prazo de até 60 (sessenta) dias, sem prejuízo da remuneração.**
>
> **Parágrafo único. O afastamento poderá ser prorrogado por igual prazo, findo o qual cessarão os seus efeitos, ainda que não concluído o processo.**

Comentários

O afastamento preventivo é medida que visa acautelar a coleta de provas no processo disciplinar. Dessa forma, não pode ser confundido com a suspensão, que é pena. Exatamente por isso é que o afastamento preventivo é remunerado em todo seu período.

O afastamento só será determinado quando houver risco do investigado interferir na coleta de provas. Se isso vier a ocorrer ficará afastado o servidor de suas funções pelo prazo de 60 dias, podendo ocorrer prorrogação por mais 60 dias. Se ao final deste prazo, o processo disciplinar instaurado não estiver concluído, o servidor retornará ao serviço, ainda que a apuração não tenha chegado ao seu final.

6.2.2. Fases do Processo disciplinar

CAPÍTULO III
DO PROCESSO DISCIPLINAR

Art. 148. O processo disciplinar é o instrumento destinado a apurar responsabilidade de servidor por infração praticada no exercício de suas atribuições, ou que tenha relação com as atribuições do cargo em que se encontre investido.

Art. 149. O processo disciplinar será conduzido por comissão composta de três servidores estáveis designados pela autoridade competente, observado o disposto no § 3º do art. 143, que indicará, dentre eles, o seu presidente, que deverá ser ocupante de cargo efetivo superior ou de mesmo nível, ou ter nível de escolaridade igual ou superior ao do indiciado. (Redação dada pela Lei nº 9.527, de 10.12.97)

§ 1º A Comissão terá como secretário servidor designado pelo seu presidente, podendo a indicação recair em um de seus membros.

§ 2º Não poderá participar de comissão de sindicância ou de inquérito, cônjuge, companheiro ou parente do acusado, consanguíneo ou afim, em linha reta ou colateral, até o terceiro grau.

Art. 150. A Comissão exercerá suas atividades com independência e imparcialidade, assegurado o sigilo necessário à elucidação do fato ou exigido pelo interesse da administração.

Parágrafo único. As reuniões e as audiências das comissões terão caráter reservado.

Art. 151. O processo disciplinar se desenvolve nas seguintes fases:

I – instauração, com a publicação do ato que constituir a comissão;

II – inquérito administrativo, que compreende instrução, defesa e relatório;

III – julgamento.

Art. 152. O prazo para a conclusão do processo disciplinar não excederá 60 (sessenta) dias, contados da data de publicação do ato que constituir a comissão, admitida a sua prorrogação por igual prazo, quando as circunstâncias o exigirem.

§ 1º Sempre que necessário, a comissão dedicará tempo integral aos seus trabalhos, ficando seus membros dispensados do ponto, até a entrega do relatório final.

§ 2º As reuniões da comissão serão registradas em atas que deverão detalhar as deliberações adotadas.

SEÇÃO I
DO INQUÉRITO

Art. 153. O inquérito administrativo obedecerá ao princípio do contraditório, assegurada ao acusado ampla defesa, com a utilização dos meios e recursos admitidos em direito.

Art. 154. Os autos da sindicância integrarão o processo disciplinar, como peça informativa da instrução.

Parágrafo único. Na hipótese de o relatório da sindicância concluir que a infração está capitulada como ilícito penal, a autoridade competente encaminhará cópia dos autos ao Ministério Público, independentemente da imediata instauração do processo disciplinar.

Art. 155. Na fase do inquérito, a comissão promoverá a tomada de depoimentos, acareações, investigações e diligências cabíveis, objetivando a coleta de prova, recorrendo, quando necessário, a técnicos e peritos, de modo a permitir a completa elucidação dos fatos.

Art. 156. É assegurado ao servidor o direito de acompanhar o processo pessoalmente ou por intermédio de procurador, arrolar e reinquirir testemunhas, produzir provas e contraprovas e formular quesitos, quando se tratar de prova pericial.

§ 1º O presidente da comissão poderá denegar pedidos considerados impertinentes, meramente protelatórios, ou de nenhum interesse para o esclarecimento dos fatos.

§ 2º Será indeferido o pedido de prova pericial, quando a comprovação do fato independer de conhecimento especial de perito.

Art. 157. As testemunhas serão intimadas a depor mediante mandado expedido pelo presidente da comissão, devendo a segunda via, com o ciente do interessado, ser anexado aos autos.

Parágrafo único. Se a testemunha for servidor público, a expedição do mandado será imediatamente comunicada ao chefe da repartição onde serve, com a indicação do dia e hora marcados para inquirição.

Art. 158. O depoimento será prestado oralmente e reduzido a termo, não sendo lícito à testemunha trazê-lo por escrito.

§ 1º As testemunhas serão inquiridas separadamente.

§ 2º Na hipótese de depoimentos contraditórios ou que se infirmem, proceder-se-á à acareação entre os depoentes.

Art. 159. Concluída a inquirição das testemunhas, a comissão promoverá o interrogatório do acusado, observados os procedimentos previstos nos arts. 157 e 158.

§ 1º No caso de mais de um acusado, cada um deles será ouvido separadamente, e sempre que divergirem em suas declarações sobre fatos ou circunstâncias, será promovida a acareação entre eles.

§ 2º O procurador do acusado poderá assistir ao interrogatório, bem como à inquirição das testemunhas, sendo-lhe vedado interferir nas perguntas e respostas, facultando-se-lhe, porém, reinquiri-las, por intermédio do presidente da comissão.

Art. 160. Quando houver dúvida sobre a sanidade mental do acusado, a comissão proporá à autoridade competente que ele seja submetido a exame por junta médica oficial, da qual participe pelo menos um médico psiquiatra.

Parágrafo único. O incidente de sanidade mental será processado em auto apartado e apenso ao processo principal, após a expedição do laudo pericial.

Art. 161. Tipificada a infração disciplinar, será formulada a indiciação do servidor, com a especificação dos fatos a ele imputados e das respectivas provas.

§ 1º O indiciado será citado por mandado expedido pelo presidente da comissão para apresentar defesa escrita, no prazo de 10 (dez) dias, assegurando-se-lhe vista do processo na repartição.

§ 2º Havendo dois ou mais indiciados, o prazo será comum e de 20 (vinte) dias.

§ 3º O prazo de defesa poderá ser prorrogado pelo dobro, para diligências reputadas indispensáveis.

§ 4º No caso de recusa do indiciado em apor o ciente na cópia da citação, o prazo para defesa contar-se-á da data declarada, em termo próprio, pelo membro da comissão que fez a citação, com a assinatura de (2) duas testemunhas.

Art. 162. O indiciado que mudar de residência fica obrigado a comunicar à comissão o lugar onde poderá ser encontrado.

Art. 163. Achando-se o indiciado em lugar incerto e não sabido, será citado por edital, publicado no Diário Oficial da União e em jornal de grande circulação na localidade do último domicílio conhecido, para apresentar defesa.

Parágrafo único. Na hipótese deste artigo, o prazo para defesa será de 15 (quinze) dias a partir da última publicação do edital.

Art. 164. Considerar-se-á revel o indiciado que, regularmente citado, não apresentar defesa no prazo legal.

§ 1º A revelia será declarada, por termo, nos autos do processo e devolverá o prazo para a defesa.

§ 2º Para defender o indiciado revel, a autoridade instauradora do processo designará um servidor como defensor dativo, que deverá ser ocupante de cargo efetivo superior ou de mesmo nível, ou ter nível de escolaridade igual ou superior ao do indiciado. (Redação dada pela Lei nº 9.527, de 10.12.97)

Art. 165. Apreciada a defesa, a comissão elaborará relatório minucioso, onde resumirá as peças principais dos autos e mencionará as provas em que se baseou para formar a sua convicção.

§ 1º O relatório será sempre conclusivo quanto à inocência ou à responsabilidade do servidor.

§ 2º Reconhecida a responsabilidade do servidor, a comissão indicará o dispositivo legal ou regulamentar transgredido, bem como as circunstâncias agravantes ou atenuantes.

Art. 166. O processo disciplinar, com o relatório da comissão, será remetido à autoridade que determinou a sua instauração, para julgamento.

SEÇÃO II
DO JULGAMENTO

Art. 167. No prazo de 20 (vinte) dias, contados do recebimento do processo, a autoridade julgadora proferirá a sua decisão.

§ 1º Se a penalidade a ser aplicada exceder a alçada da autoridade instauradora do processo, este será encaminhado à autoridade competente, que decidirá em igual prazo.

§ 2º Havendo mais de um indiciado e diversidade de sanções, o julgamento caberá à autoridade competente para a imposição da pena mais grave.

§ 3º Se a penalidade prevista for a demissão ou cassação de aposentadoria ou disponibilidade, o julgamento caberá às autoridades de que trata o inciso I do art. 141.

§ 4º Reconhecida pela comissão a inocência do servidor, a autoridade instauradora do processo determinará o seu arquivamento, salvo se flagrantemente contrária à prova dos autos. (Incluído pela Lei nº 9.527, de 10.12.97)

Art. 168. O julgamento acatará o relatório da comissão, salvo quando contrário às provas dos autos.

Parágrafo único. Quando o relatório da comissão contrariar as provas dos autos, a autoridade julgadora poderá, motivadamente, agravar a penalidade proposta, abrandá-la ou isentar o servidor de responsabilidade.

Art. 169. Verificada a ocorrência de vício insanável, a autoridade que determinou a instauração do processo ou outra de hierarquia superior declarará a sua nulidade, total ou parcial, e ordenará, no mesmo ato, a constituição de outra comissão para instauração de novo processo. (Redação dada pela Lei nº 9.527, de 10.12.97)

§ 1º O julgamento fora do prazo legal não implica nulidade do processo.

§ 2º A autoridade julgadora que der causa à prescrição de que trata o art. 142, § 2º, será responsabilizada na forma do Capítulo IV do Título IV.

Art. 170. Extinta a punibilidade pela prescrição, a autoridade julgadora determinará o registro do fato nos assentamentos individuais do servidor.

Art. 171. Quando a infração estiver capitulada como crime, o processo disciplinar será remetido ao Ministério Público para instauração da ação penal, ficando trasladado na repartição.

Art. 172. O servidor que responder a processo disciplinar só poderá ser exonerado a pedido, ou aposentado voluntariamente, após a conclusão do processo e o cumprimento da penalidade, acaso aplicada.

Parágrafo único. Ocorrida a exoneração de que trata o parágrafo único, inciso I do art. 34, o ato será convertido em demissão, se for o caso.

Art. 173. Serão assegurados transporte e diárias:

I – ao servidor convocado para prestar depoimento fora da sede de sua repartição, na condição de testemunha, denunciado ou indiciado;

II – aos membros da comissão e ao secretário, quando obrigados a se deslocarem da sede dos trabalhos para a realização de missão essencial ao esclarecimento dos fatos.

Comentários

O processo administrativo disciplinar, assim como todos os processos, se configura uma série concatenada de atos, respeitando um procedimento previamente estipulado na lei e visando alcançar uma finalidade específica que, no caso, é a de apurar a infração cometida e definir a sanção mais correta a ser aplicada. Nesse sentido, o PAD se desenvolve em três fases.

A) Instauração:

A instauração se dá com a designação da comissão processante. A comissão deverá ser composta obrigatoriamente por 3(três) servidores estáveis que não sejam cônjuges ou parentes até o terceiro grau civil do acusado.

A autoridade competente indicará, dentre esses três, um membro para ser o presidente da comissão. Além dos requisitos mencionados, o presidente da comissão deverá ser detentor de cargo ou ter nível de escolaridade igual ou superior ao do acusado (art. 149).

O Superior Tribunal de Justiça firmou o entendimento de que, para que seja membro da comissão disciplinar, o servidor deverá ser estável no serviço público, não sendo imprescindível a estabilidade na carreira em que ele esteja exercendo suas funções. Com efeito, imagine-se um servidor público, Técnico Judiciário do TRT, que já havia adquirido estabilidade e, posteriormente, foi aprovado em concurso para Analista Judiciário do TRE. Se, no primeiro ano em que exerce as atividades de analista, for convocado para compor comissão disciplinar neste órgão, não haverá qualquer irregularidade, uma vez que já havia adquirido a estabilidade no serviço público, na função de técnico judiciário.

B) Inquérito administrativo:

O inquérito administrativo é a segunda fase do Processo Administrativo Disciplinar, que abarca toda a ideia de contraditório e ampla defesa. O inquérito se divide em três momentos diferentes: instrução probatória, citação do acusado com abertura de prazo e oportunização de defesa e elaboração do relatório. Ressalte-se que a apresentação de defesa pode ser feita pelo próprio acusado, nao se exigindo a representação por advogado.

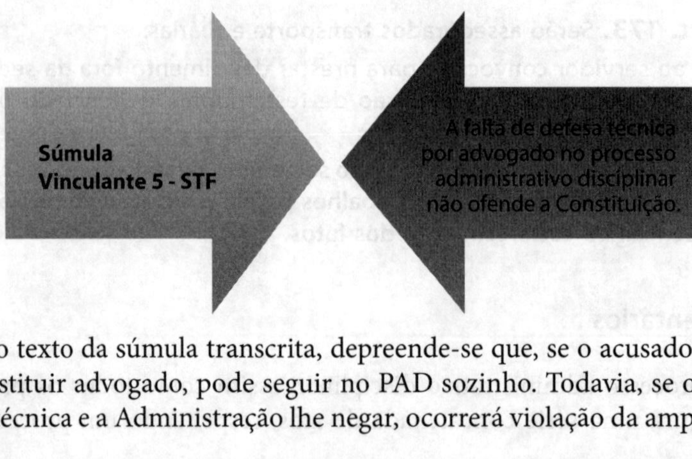

Do texto da súmula transcrita, depreende-se que, se o acusado não quiser constituir advogado, pode seguir no PAD sozinho. Todavia, se optar pela defesa técnica e a Administração lhe negar, ocorrerá violação da ampla defesa.

No inquérito administrativo ocorrem a instrução, a defesa e o relatório.

i) A instrução probatória é ampla, uma vez que a lei admite, no bojo do processo administrativo, todos os meios de prova admitidos em direito; ou seja, todas as provas produzidas licitamente são admitidas.

OBSERVAÇÃO

Determinado servidor estava respondendo a processo judicial e, ao mesmo tempo, a processo administrativo disciplinar. No bojo do processo judicial, foi determinada licitamente a interceptação telefônica. É possível que esta prova seja emprestada ao processo administrativo, levando-se em consideração que foi regularmente realizada na esfera judicial? Em processo administrativo, não se admite interceptação telefônica, mas não há óbice para a prova emprestada, desde que tenha sido produzida regularmente no processo judicial.

Neste sentido, apresenta-se recente julgado do Superior Tribunal de Justiça, abaixo transcrito, *in litteris:*

> *[...] 4. Ademais, é firme o entendimento deste Tribunal de que, respeitado o contraditório e a ampla defesa em ambas as esferas, é admitida a utilização no processo administrativo de "prova emprestada" devidamente autorizada na esfera criminal. Precedentes: MS 10128/DF, Rel. Ministro Og Fernandes, Terceira Seção, DJe 22/02/2010, MS 13.986/DF, Rel. Ministro Napoleão Nunes Maia Filho, Terceira Seção, DJe 12/02/2010, MS 13.501/DF, Rel. Ministro Felix Fischer, Terceira Seção, DJe 09/02/2009, MS 12.536/DF, Rel. Ministra Laurita Vaz, Terceira Seção, DJe 26/09/2008, MS 10.292/DF, Rel. Ministro Paulo Gallotti, Terceira Seção, DJ 11/10/2007.*
>
> *5. Na espécie, a referida prova foi produzida em estrita observância aos preceitos legais, cujo traslado para o procedimento disciplinar foi precedido de requerimento formulado pela Comissão Processante do PAD perante o Juízo Criminal Federal (1ª Vara Federal de Campos dos Goytacazes), devidamente deferido e submetido ao contraditório e ampla defesa em ambas as esferas.*
>
> *6. Tendo sido a interceptação telefônica concretizada nos exatos termos da Lei 9.296/96, haja vista que o impetrante também responde criminalmente por sua conduta, não há que se falar em ilegalidade do uso desta prova para instruir o PAD.*
>
> *7. Acrescenta-se que a condenação do impetrante não se deu unicamente com base nas gravações produzidas na esfera penal, tendo havido farto material probatório, como análise documental, oitiva de testemunhas, dentre outras provas, capaz de comprovar a autoria e materialidade das infrações disciplinares.*
>
> *8. Também não se pode esquecer que a nulidade do PAD está diretamente ligada à ocorrência de prejuízo à defesa do servidor acusado, observando-se o princípio do "pas de nullité sans grief", o que não foi demonstrado nos autos.*
>
> *9. Da análise dos autos, verifica-se que inexistem quaisquer nulidades no aludido PAD, já que, durante todo o seu trâmite, foram devidamente observados os princípios da legalidade, da ampla defesa e do contraditório, tendo sido o*

> *impetrante regularmente notificado da instauração do processo administrativo (fls. 218) e para o ato do interrogatório (fls. 383), sendo certo que apresentou defesa, regular e oportunamente (fls. 464/484).*
>
> *10. Segurança denegada.* (MS 15.207/DF, Rel. Ministro BENEDITO GONÇALVES, PRIMEIRA SEÇÃO, julgado em 08/09/2010, DJe 14/09/2010).

Esse entendimento agora encontra-se enunciado na Súmula 591 do STJ, segundo a qual é permitida a prova emprestada no processo administrativo disciplinar, desde que devidamente autorizada pelo juízo competente e respeitados o contraditório e a ampla defesa.

ii) Produzidas as provas, o réu terá o prazo de **10 dias** para apresentação de **defesa**, ressalvadas as seguintes situações:

- se o acusado não for encontrado e a citação ocorrer por edital, o prazo para apresentação de defesa será de **15 dias**.
- havendo dois ou mais acusados no mesmo processo, o prazo de defesa será de **20 dias** (prazo comum).

Caso o réu não apresente defesa, no prazo legal, ocorre a **revelia**. Ressalte-se que o conceito de revelia é exatamente a ausência de contestação e, nos processos administrativos, a revelia não enseja a presunção de veracidade dos fatos alegados pela parte contrária, como ocorre em processos civis, haja vista a impossibilidade de o processo seguir seu curso sem a apresentação de defesa.

Inclusive, o concurso da Defensoria do Distrito Federal no ano de 2013 questionou acerca da necessidade do PAD para a dispensa de servidor em estágio probatório e da possibilidade de utilização de prova emprestada, temas analisados neste capítulo. Vejamos.

COMO FOI COBRADO NA 2ª FASE DO CONCURSO
(CESPE – Defensor Público – DF/2013) Posicione-se a respeito da possibilidade de abertura de processo administrativo disciplinar e de aplicação de demissão em face de servidor público em estágio probatório, e esclareça, com base no entendimento do STJ, se é possível a utilização, em processo administrativo disciplinar, de prova emprestada produzida em processo criminal.

Efeito da revelia: no processo administrativo, o único efeito decorrente da revelia é a designação do defensor dativo, já que não se pode seguir o Processo Administrativo Disciplinar sem a apresentação de defesa. Isso porque incide no processo administrativo o princípio da verdade real, o que significa que o importante é verificar o que de fato ocorreu. Exatamente por isso é que não há na revelia o efeito de considerar as afirmativas acusatórias lançadas pela Administração como verdadeiras.

O defensor dativo não precisa ser, necessariamente, advogado, todavia a sua escolha deve seguir a mesma regra utilizada para a escolha do presidente da comissão, ou seja, deve ter cargo ou nível de escolaridade igual ou superior ao acusado. Veja-se, a desnecessidade de advogado reitera o conteúdo da Súmula Vinculante n. 5 do Supremo Tribunal Federal, já devidamente comentada alhures.

iii) Apresentada a defesa, seja pelo acusado, seja pelo defensor dativo, a comissão elaborará um **relatório conclusivo**. Ressalte-se que o relatório tem natureza jurídica de um parecer, não se restringindo a relatar os acontecimentos do processo, devendo emitir opinião sobre qual deve ser a decisão a ser tomada pela autoridade competente.

Questiona-se se o relatório vincula a autoridade julgadora, ou seja, se o julgador está adstrito à conclusão do relatório ou se pode julgar contrário a ele. A Lei 8.112/90 estabelece que o julgamento deverá seguir a conclusão do relatório, salvo se comprovadamente contrária à prova dos autos administrativos.

Da leitura do dispositivo no art. 168 do estatuto, o Supremo Tribunal Federal manifestou entendimento recente de que o relatório da comissão não é vinculante. Isso porque, segundo a Corte Suprema, parecer vinculante é aquele que, em nenhuma hipótese, pode ser contrariado.

Logo, haja vista a Lei 8.112/90 estipular que a conclusão deve ser seguida, **salvo se contrária à prova dos autos**. Entende-se que a expressão "deve" trazida pelo dispositivo configura mera orientação da lei e o relatório não tem, de fato, natureza vinculante. Mas qualquer contrariedade ao mesmo deve ser fundamentada com base em contradição às provas constantes dos autos.

Apresentado o relatório, o parecer segue para julgamento pela autoridade competente, que decidirá pela aplicação da penalidade ou arquivamento do processo. A autoridade competente já foi tratada no tópico anterior deste capítulo e varia de acordo com a penalidade a ser aplicada, consoante disposto no art. 141 da Lei 8.112/90.

O **prazo de duração do PAD** é de 60 dias, prorrogáveis por mais 60 dias, até elaboração do relatório, depois a autoridade terá mais 20 dias para que seja proferido o julgamento (+ 20 dias), tratando-se de prazos impróprios. De qualquer maneira, o julgamento do processo fora do prazo não implica em sua nulidade. De acordo com a Súmula 592 do STJ: O excesso de prazo para a conclusão do processo administrativo disciplinar só causa nulidade se houver demonstração de prejuízo à defesa.

ATENÇÃO: É da soma destes prazos que decorre o entendimento jurisprudencial de que a interrupção da prescrição dura 140 dias contados da instauração do PAD. Logo, chega-se à conclusão que, após os prazos máximos previstos em lei, não tendo sido finalizado o processo administrativo, reiniciará a contagem do prazo de prescrição, o que tornaria admissível a figura da prescrição intercorrente na esfera administrativa.

Prescrição intercorrente no PAD – entendimento do STJ: passados os 140 dias de interrupção da prescrição, o prazo volta a correr, do início, no bojo do processo, gerando a possibilidade de ocorrência de prescrição intercorrente, como já afirmado nos comentários ao art. 142 do estatuto.

C) Julgamento

Após a elaboração do relatório, o processo é enviado à autoridade que determinou a instauração do processo. Caso a autoridade instauradora não tenha competência para o julgamento, o processo vai ser remetido para quem a possui, nos termos do art. 141 do estatuto. Caso haja mais de um acusado e diversidade de sanções, o processo será remetido para a autoridade com compe6encia para aplicar a sanção mais grave. A autoridade julgadora deverá proferir o julgamento, no processo administrativo, em um prazo máximo de 20 (vinte) dias, concluindo pelo arquivamento do processo ou aplicação da penalidade.

Contra tal decisão caberá a apresentação de pedido de reconsideração e, quando negado, recurso hierárquico, no prazo de 30 dias, como visto no capítulo referente ao direito de petição.

Pelo exposto, pode-se observar que o procedimento do Processo Administrativo Disciplinar pode ser assim disposto:

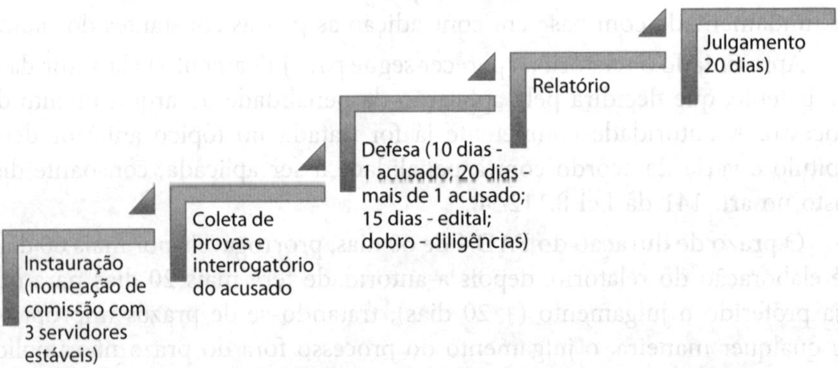

6.3. REVISÃO DO PROCESSO

SEÇÃO III
DA REVISÃO DO PROCESSO

Art. 174. **O processo disciplinar poderá ser revisto, a qualquer tempo, a pedido ou de ofício, quando se aduzirem fatos novos**

ou circunstâncias suscetíveis de justificar a inocência do punido ou a inadequação da penalidade aplicada.

§ 1º Em caso de falecimento, ausência ou desaparecimento do servidor, qualquer pessoa da família poderá requerer a revisão do processo.

§ 2º No caso de incapacidade mental do servidor, a revisão será requerida pelo respectivo curador.

Art. 175. No processo revisional, o ônus da prova cabe ao requerente.

Art. 176. A simples alegação de injustiça da penalidade não constitui fundamento para a revisão, que requer elementos novos, ainda não apreciados no processo originário.

Art. 177. O requerimento de revisão do processo será dirigido ao Ministro de Estado ou autoridade equivalente, que, se autorizar a revisão, encaminhará o pedido ao dirigente do órgão ou entidade onde se originou o processo disciplinar.

Parágrafo único. Deferida a petição, a autoridade competente providenciará a constituição de comissão, na forma do art. 149.

Art. 178. A revisão correrá em apenso ao processo originário.

Parágrafo único. Na petição inicial, o requerente pedirá dia e hora para a produção de provas e inquirição das testemunhas que arrolar.

Art. 179. A comissão revisora terá 60 (sessenta) dias para a conclusão dos trabalhos.

Art. 180. Aplicam-se aos trabalhos da comissão revisora, no que couber, as normas e procedimentos próprios da comissão do processo disciplinar.

Art. 181. O julgamento caberá à autoridade que aplicou a penalidade, nos termos do art. 141.

Parágrafo único. O prazo para julgamento será de 20 (vinte) dias, contados do recebimento do processo, no curso do qual a autoridade julgadora poderá determinar diligências.

Art. 182. Julgada procedente a revisão, será declarada sem efeito a penalidade aplicada, restabelecendo-se todos os direitos do servidor, exceto em relação à destituição do cargo em comissão, que será convertida em exoneração.

Parágrafo único. Da revisão do processo não poderá resultar agravamento de penalidade.

Comentários

A Revisão não tem prazo, logo, o pedido pode ser feito a qualquer tempo, desde que haja a alegação de **fatos novos** por parte do servidor público, que possam influenciar na decisão proferida no processo original. Dessa forma, só é cabível a revisão não for mais possível a interposição de pedido de reconsideração ou recurso hierárquico.

O procedimento pode ser instaurado de ofício ou mediante representação do servidor. Entende-se que essa representação é personalíssima, podendo ser feita apenas pelo servidor e por sua família, apenas em caso de falecimento ou incapacidade. A autoridade que julgou o Processo Administrativo Disciplinar será competente para julgamento da Revisão, desta vez, diante de fatos novos que não foram considerados para embasar a decisão anterior, não bastando a mera alegação de injustiça da decisão.

Importante salientar que a lei expressamente determina que, do julgamento da Revisão, NÃO pode haver agravamento da penalidade que o servidor havia sofrido no processo originário. Nesta situação, a lei veda a *reformatio in pejus*, ao contrário do que ocorre em relação ao recurso hierárquico, que permite o agravamento da pena.

Caso julgada procedente, a revisão trará efeitos retroativos.

Capítulo 7

PREVIDÊNCIA SOCIAL DO SERVIDOR

TÍTULO VI
DA SEGURIDADE SOCIAL DO SERVIDOR

CAPÍTULO I
DISPOSIÇÕES GERAIS

Art. 183. A União manterá Plano de Seguridade Social para o servidor e sua família.

§ 1º O servidor ocupante de cargo em comissão que não seja, simultaneamente, ocupante de cargo ou emprego efetivo na administração pública direta, autárquica e fundacional não terá direito aos benefícios do Plano de Seguridade Social, com exceção da assistência à saúde. (Redação dada pela Lei nº 10.667, de 14.5.2003)

§ 2º O servidor afastado ou licenciado do cargo efetivo, sem direito à remuneração, inclusive para servir em organismo oficial internacional do qual o Brasil seja membro efetivo ou com o qual coopere, ainda que contribua para regime de previdência social no exterior, terá suspenso o seu vínculo com o regime do Plano de Seguridade Social do Servidor Público enquanto durar o afastamento ou a licença, não lhes assistindo, neste período, os benefícios do mencionado regime de previdência. (Incluído pela Lei nº 10.667, de 14.5.2003)

§ 3º Será assegurada ao servidor licenciado ou afastado sem remuneração a manutenção da vinculação ao regime do Plano de Seguridade Social do Servidor Público, mediante o recolhimento mensal da respectiva contribuição, no mesmo percentual devido pelos servidores em atividade, incidente sobre a remuneração total do cargo a que faz jus no exercício de suas atribuições, computando-se, para esse efeito, inclusive, as vantagens pessoais. (Incluído pela Lei nº 10.667, de 14.5.2003)

§ 4º O recolhimento de que trata o § 3º deve ser efetuado até o segundo dia útil após a data do pagamento das remunerações dos servidores públicos, aplicando-se os procedimentos de cobrança e execução dos tributos federais quando não recolhidas na data de vencimento. (Incluído pela Lei nº 10.667, de 14.5.2003)

Art. 184. O Plano de Seguridade Social visa a dar cobertura aos riscos a que estão sujeitos o servidor e sua família, e compreende um conjunto de benefícios e ações que atendam às seguintes finalidades:

I – garantir meios de subsistência nos eventos de doença, invalidez, velhice, acidente em serviço, inatividade, falecimento e reclusão;

II – proteção à maternidade, à adoção e à paternidade;

III – assistência à saúde.

Parágrafo único. Os benefícios serão concedidos nos termos e condições definidos em regulamento, observadas as disposições desta Lei.

Art. 185. Os benefícios do Plano de Seguridade Social do servidor compreendem:

I – quanto ao servidor:

a) aposentadoria;

b) auxílio-natalidade;

c) salário-família;

d) licença para tratamento de saúde;

e) licença à gestante, à adotante e licença-paternidade;

f) licença por acidente em serviço;

g) assistência à saúde;

h) garantia de condições individuais e ambientais de trabalho satisfatórias;

II – quanto ao dependente:

a) pensão vitalícia e temporária;

b) auxílio-funeral;

c) auxílio-reclusão;

d) assistência à saúde.

§ 1º As aposentadorias e pensões serão concedidas e mantidas pelos órgãos ou entidades aos quais se encontram vinculados os servidores, observado o disposto nos arts. 189 e 224.

§ 2º O recebimento indevido de benefícios havidos por fraude, dolo ou má-fé, implicará devolução ao erário do total auferido, sem prejuízo da ação penal cabível.

Comentários

A aposentadoria é garantia definida pelo texto constitucional a todos aqueles que exercem atividades remuneradas de, após um determinado tempo de exercício da atividade, e mediante o cumprimento de alguns requisitos previamente estipulados, fazerem jus ao recebimento de uma remuneração – designada como provento – mesmo sem a necessidade de se manter na execução de sua atividade original.

A aposentadoria é ato administrativo complexo e, para sua perfeição, depende da manifestação de vontade do órgão ao qual o servidor público esteja vinculado e mais a aprovação pelo respectivo Tribunal de Contas. Sendo assim, enquanto não emanada a manifestação de conformidade, expedida pelo referido tribunal, o ato de aposentadoria não estará perfeito.

A Constituição Federal de 1988, em seu art. 40, regulamenta todas as regras a serem aplicadas à aposentadoria dos servidores públicos estatutários. Todas as normas decorrem de modificações estabelecidas por duas reformas previdenciárias, vigentes, no Brasil, em razão das Emendas Constitucionais n. 20/98 e n. 41/03, além de alterações posteriores.

Feitas as considerações preliminares, seguimos ao estudo da matéria propriamente dito.

7.1. REGIMES DE PREVIDÊNCIA

No Brasil, existem dois regimes obrigatórios de previdência social, além dos regimes privados e complementares: (i) regime geral da previdência social e (ii) regime próprio de previdência social. A regra é que todos aqueles que exercem atividade remunerada, necessariamente, deverão contribuir para algum dos dois regimes, sendo ainda possível a contribuição para o regime geral aqueles que, mesmo não exercendo qualquer atividade remunerada, visam a uma garantia futura, chamados de contribuintes facultativos.

Regime geral de Previdência Social (RGPS)

Trata-se da matéria de estudo do direito previdenciário, não sendo afeta à análise dos estudiosos de Direito Administrativo. O RGPS é regulamentado pelo art. 201 e seguintes do texto constitucional e deve ser aplicado a todas as pessoas que atuam no exercício de qualquer função, mediante pagamento, sem estar vinculado a algum regime próprio. Com efeito, todos aqueles que não têm regime próprio e exercem atividade remunerada, necessariamente, contribuem para o Regime Geral de Previdência Social.

O Instituto Nacional do Seguro Social – INSS é responsável pela gestão do regime geral de previdência, juntamente com o Ministério da Previdência Social.

Estão sujeitos ao RGPS, além dos empregados em geral, aqueles contratados sob o regime da Consolidação das Leis do Trabalho para prestação de serviços em entidades da Administração Indireta de Direito Privado, como as empresas públicas e sociedades de economia mista, sejam elas prestadoras de serviço público ou exploradoras de atividade econômica. Da mesma forma, os servidores detentores de cargo temporário, nos moldes definidos pelo art. 37, IX da Constituição da República, são vinculados ao Regime Geral de Previdência.

Ademais, consoante já analisado nesta obra, o servidor estatutário pode ser comissionado e não detentor de cargo efetivo e, neste caso, em que não tenha cargo efetivo, sendo somente detentor de cargo em comissão, estará vinculado ao regime geral. Neste sentido, o art. 40, §13º da Carta Magna dispõe que "*Ao servidor ocupante, exclusivamente, de cargo em comissão declarado em lei de livre nomeação e exoneração bem como de outro cargo temporário ou de emprego público, aplica-se o regime geral de previdência social*". A matéria já foi objeto de controle de constitucionalidade, por meio da ADI 2024 e declarada constitucional pelo Supremo Tribunal Federal, razão pela qual, não há mais discussões a esse respeito[1].

---

1. Veja-se o julgado proferido pelo STF, em sede de ADI:
EMENTA: I. Ação direta de inconstitucionalidade: seu cabimento – sedimentado na jurisprudência do Tribunal – para questionar a compatibilidade de emenda constitucional com os limites formais ou materiais impostos pela Constituição ao poder constituinte derivado: precedentes. II. Previdência social (CF, art. 40, § 13, cf. EC 20/98): submissão dos ocupantes exclusivamente de cargos em comissão, assim como os de outro cargo temporário ou de emprego público ao regime geral da previdência social: argüição de inconstitucionalidade do preceito por tendente a abolir a "forma federativa do Estado" (CF, art. 60, § 4º, I): improcedência. 1. A "forma federativa de Estado" – elevado a princípio intangível por todas as Constituições da República – não pode ser conceituada a partir de um modelo ideal e apriorístico de Federação, mas, sim, daquele que o constituinte originário concretamente adotou e, como o adotou, erigiu em limite material imposto às futuras emendas à Constituição; de resto as limitações materiais ao poder constituinte de reforma, que o art. 60, § 4º, da Lei Fundamental enumera, não significam a intangibilidade literal da respectiva disciplina na Constituição originária, mas apenas a proteção do núcleo essencial dos princípios e institutos cuja preservação nelas se protege. 2. À vista do modelo ainda acentuadamente centralizado do federalismo adotado pela versão originária da Constituição de 1988, o preceito questionado da EC 20/98 nem tende a aboli-lo, nem sequer a afetá-lo. 3. Já assentou o Tribunal (MS 23047-MC, Pertence), que no novo art. 40 e seus parágrafos da Constituição (cf. EC 20/98), nela, pouco inovou "sob a perspectiva da Federação, a explicitação de que aos servidores efetivos dos Estados, do Distrito Federal e dos Municípios, "é assegurado regime de previdência de caráter contributivo, observados critérios que preservem o equilíbrio financeiro e atuarial", assim como as normas relativas às respectivas aposentadorias e pensões, objeto dos seus numerosos parágrafos: afinal, toda a disciplina constitucional originária do regime dos servidores públicos – inclusive a do seu regime previdenciário – já abrangia os três níveis da organização federativa,

O Regime Geral de Previdência Social ainda será aplicado aos servidores detentores de cargos efetivos vinculados a entes federativos que não instituíram regime próprio para os seus servidores estatutários.

Regime próprio (RPPS)

Trata-se de regime destinado ao servidor estatutário, detentor de **cargo efetivo** de ente federativo que tenha instituído e regulamentado a previdência. Com efeito, conforme mencionado, é necessário que o ente a que o servidor presta serviços tenha criado regime próprio de previdência para seu pessoal. Caso contrário, seus servidores seguirão o Regime Geral. O RPPS também se aplica aos detentores de **cargos vitalícios**.

Em relação aos **servidores militares**, há regulamentação específica para aqueles que ingressam na atividade, mediante a reserva remunerada ou a reforma. Não se trata de aposentadoria, propriamente dita e, neste sentido, não segue as normas aplicáveis aos servidores civis em geral, mas sim um sistema custeado integralmente pelo poder público.

7.2. REGIME PRÓPRIO DE PREVIDÊNCIA SOCIAL (RPPS)

Conforme explicitado, a matéria de nosso estudo é somente o Regime Próprio de Previdência Social, atualmente, regulamentado, na Constituição Federal, em seu art. 40, que lhe define todos os contornos e limites. O Regime Geral de Previdência Social não será analisado nesta obra por se tratar de objeto de estudo do direito previdenciário.

---

impondo-se à observância de todas as unidades federadas, ainda quando – com base no art. 149, parág. único – que a proposta não altera – organizem sistema previdenciário próprio para os seus servidores": análise da evolução do tema, do texto constitucional de 1988, passando pela EC 3/93, até a recente reforma previdenciária. 4. A matéria da disposição discutida é previdenciária e, por sua natureza, comporta norma geral de âmbito nacional de validade, que à União se facultava editar, sem prejuízo da legislação estadual suplementar ou plena, na falta de lei federal (CF 88, arts. 24, XII, e 40, § 2º): se já o podia ter feito a lei federal, com base nos preceitos recordados do texto constitucional originário, obviamente não afeta ou, menos ainda, tende a abolir a autonomia dos Estados-membros que assim agora tenha prescrito diretamente a norma constitucional sobrevinda. 5. É da jurisprudência do Supremo Tribunal que o princípio da imunidade tributária recíproca (CF, art. 150, VI, a) – ainda que se discuta a sua aplicabilidade a outros tributos, que não os impostos – não pode ser invocado na hipótese de contribuições previdenciárias. 6. A auto aplicabilidade do novo art. 40, § 13 é questão estranha à constitucionalidade do preceito e, portanto, ao âmbito próprio da ação direta.

ADI 2024 / DF – DISTRITO FEDERAL AÇÃO DIRETA DE INCONSTITUCIONALIDADE Relator(a): Min. SEPÚLVEDA PERTENCE Julgamento: 03/05/2007 Órgão Julgador: Tribunal Pleno

7.2.1. *Breve histórico constitucional*

Originariamente, o texto constitucional de 1988 definia o tempo de serviço como único requisito para concessão de aposentadoria a servidores efetivos, vinculados ao Regime Próprio de Previdência, sendo garantida, a todos os servidores da inatividade, a paridade com os servidores em atividade no exercício de funções similares, bem como a integralidade, ou seja, a garantia de se aposentar com proventos idênticos ao valor da última remuneração percebida na atividade, sem importar os outros salários de contribuição.

Com a edição da **Emenda Constitucional n. 20/98**, o tempo de serviço, que figurava como requisito único, deixa de ser relevante para a concessão da aposentadoria. No novo texto, os pressupostos necessários à concessão da aposentadoria do servidor público passam a ser o **tempo de contribuição** e a **idade**. Neste momento, foram inseridas algumas regras de transição àqueles que já haviam ingressado no serviço público no momento da edição da emenda, e foram mantidas as garantias dos que já haviam cumprido todos os requisitos para se aposentarem, por gozarem de prerrogativa de direito adquirido.

A referida emenda ainda criou o abono de permanência aos servidores que se mantivessem no serviço público mesmo já tendo cumprido todos os requisitos para o gozo de aposentadoria voluntária integral, com a intenção de evitar a debandada geral dos quadros da Administração Pública de servidores preocupados com as alterações constitucionais.

Posteriormente, foi editada a **Emenda Constitucional n. 41/03**, incluindo expressamente no texto constitucional o princípio da solidariedade do regime público de previdência, com a definição de que o segurado não contribui para o seu benefício especificamente e sim para a manutenção do sistema ao qual está vinculado.

A emenda ainda foi responsável pelo término das garantias da integralidade e paridade. Sendo assim, o cálculo de aposentadoria passou a seguir as regras do regime geral de previdência, por meio de cálculo aritmético dos salários de contribuição do sujeito, não havendo mais a garantia de manter-se vinculado à remuneração dos servidores que estejam em atividade.

A reforma previdenciária ainda acrescentou, entre outras coisas, a contribuição dos servidores inativos, sejam eles aposentados ou pensionistas e determinou a introdução do teto de proventos do regime geral de previdência aos servidores do regime próprio, dependendo, entretanto, esta norma da criação, mediante lei, de um regime complementar de previdência público para os servidores estatutários.

Da mesma forma, as alterações não atingiram aqueles que já haviam cumprido os requisitos para fins de aposentadoria e foram definidas regras de transição a serem aplicadas aos servidores já em atividade.

Por fim, a **Emenda Constitucional n. 47/05** foi aprovada, definindo novas regras de transição para aqueles ingressos no serviço público antes de 2003, além da criação de aposentadoria especial para servidores portadores de deficiência, que exerçam atividades de risco ou atividades prejudiciais à saúde, desde que as normas sejam estipuladas por meio de lei complementar.

7.2.2. Características do RPPS

Após todas as alterações constitucionais, o regime próprio de previdência dos servidores ganhou contornos definidos e seguem algumas características básicas a serem analisadas.

Caráter contributivo do regime: desde a edição da EC 20/98, não interessa, para fins de cálculo e de concessão da aposentadoria, o tempo de serviço público, passando a ser relevante apenas o tempo de contribuição do agente. O que já tinha sido computado como tempo de serviço, até então, foi automaticamente transformado em tempo de contribuição e, a partir de 1998. Somente aquilo que foi efetivamente contribuído será utilizado como critério para a concessão da aposentadoria do agente público.

Em razão disso, hoje é proibida qualquer espécie de contagem de tempo fictício de contribuição, como, por exemplo, o tempo de tiro de guerra, que a lei 8.112/90 determina que seja contado em dobro, ou ainda a licença prêmio não gozada, definida em alguns estatutos como garantia de contagem dobrada de tempo de serviço. Tal vedação está estipulada no texto constitucional, em seu art. 40, §10º, a fim de não quebrar o caráter contributivo do sistema.

Repita-se, no entanto, que aqueles servidores cuja contagem de tempo de serviço havia sido feita antes do advento da EC 20/98, tiveram, automaticamente, todo tempo de serviço convertido em tempo de contribuição.

Contagem recíproca de tempo de contribuição: todo tempo que o agente público contribuiu em qualquer dos regimes de previdência, a qualquer tempo, poderá ser contado como tempo de contribuição para fins de aposentadoria no regime próprio de previdência.

> Suponha, a título de exemplo, que Marcelo, aos 18 anos, começou a dar aula de inglês, contribuindo para o regime geral de previdência por 2 (dois) anos. Posteriormente, aprovado para o cargo público de técnico do Ministério Público da União, ficou 1 (um) ano contribuindo como para o regime próprio da União. Depois, após aprovação mediante concurso público, contribuiu por 2 (dois) anos para o regime próprio de determinado estado, como Procurador do Estado. Em 2007, assumiu, mediante concurso público, o cargo de Procurador da Fazenda Nacional, passando a contribuir para o regime próprio da União. Ocorre que, a partir de 2007, ao mesmo tempo em que contribui para o regime próprio, exerce atividade privada compatível com o horário de trabalho, professor em universidade privada e, como tal, contribui para o regime geral de previdência social.

Nesta situação, todo tempo de contribuição, no RGPS e nos diversos regimes próprios poderá ser contado no momento da aposentadoria final, entretanto, exceto os tempos de contribuição em que simultaneamente exerce a atividade privada de professor e exerce o cargo público.

Isso porque a contagem simultânea de tempo não é admitida, mas tão somente a contagem recíproca, já que reduziria o tempo de contribuição efetivo. Logo, se, por exemplo, por 20 anos, determinado cidadão contribui, simultaneamente, para o RPPS e para o RGPS, não poderá aproveitar todo este tempo de contribuição para sua aposentadoria no RPPS. Poderá, todavia, se cumpridos os requisitos legais, acumular aposentadoria de dois regimes.

Caráter solidário: a solidariedade decorre do fato de que, no regime público de previdência, diferentemente do que ocorre no regime de previdência privada, não se aplica o sistema de capitalização, ou seja, o sujeito não contribui para seu benefício especificamente, ficando o dinheiro em uma conta vinculada, aguardando o momento de recebimento do prêmio. No sistema público, os servidores contribuem para a manutenção do sistema, não havendo uma correlação lógica entre o valor efetivamente pago e aquilo que será percebido a título de benefício pelo agente público, tratando-se de regra básica de repartição simples.

7.2.3. Hipóteses de aposentadoria

CAPÍTULO II
DOS BENEFÍCIOS

SEÇÃO I
DA APOSENTADORIA

Art. 186. O servidor será aposentado: (Vide art. 40 da Constituição)

I – por invalidez permanente, sendo os proventos integrais quando decorrente de acidente em serviço, moléstia profissional ou doença grave, contagiosa ou incurável, especificada em lei, e proporcionais nos demais casos;

II – compulsoriamente, aos setenta anos de idade, com proventos proporcionais ao tempo de serviço;

III – voluntariamente:

a) aos 35 (trinta e cinco) anos de serviço, se homem, e aos 30 (trinta) se mulher, com proventos integrais;

b) aos 30 (trinta) anos de efetivo exercício em funções de magistério se professor, e 25 (vinte e cinco) se professora, com proventos integrais;

c) aos 30 (trinta) anos de serviço, se homem, e aos 25 (vinte e cinco) se mulher, com proventos proporcionais a esse tempo;

d) aos 65 (sessenta e cinco) anos de idade, se homem, e aos 60 (sessenta) se mulher, com proventos proporcionais ao tempo de serviço.

§ 1º Consideram-se doenças graves, contagiosas ou incuráveis, a que se refere o inciso I deste artigo, tuberculose ativa, alienação mental, esclerose múltipla, neoplasia maligna, cegueira posterior ao ingresso no serviço público, hanseníase, cardiopatia grave, doença de Parkinson, paralisia irreversível e incapacitante, espondiloartrose anquilosante, nefropatia grave, estados avançados do mal de Paget (osteíte deformante), Síndrome de Imunodeficiência Adquirida – AIDS, e outras que a lei indicar, com base na medicina especializada.

§ 2º Nos casos de exercício de atividades consideradas insalubres ou perigosas, bem como nas hipóteses previstas no art. 71, a aposentadoria de que trata o inciso III, "a" e "c", observará o disposto em lei específica.

§ 3º Na hipótese do inciso I o servidor será submetido à junta médica oficial, que atestará a invalidez quando caracterizada a incapacidade para o desempenho das atribuições do cargo ou a impossibilidade de se aplicar o disposto no art. 24. (Incluído pela Lei nº 9.527, de 10.12.97)

Art. 187. A aposentadoria compulsória será automática, e declarada por ato, com vigência a partir do dia imediato àquele em que o servidor atingir a idade-limite de permanência no serviço ativo.

Art. 188. A aposentadoria voluntária ou por invalidez vigorará a partir da data da publicação do respectivo ato.

§ 1º A aposentadoria por invalidez será precedida de licença para tratamento de saúde, por período não excedente a 24 (vinte e quatro) meses.

§ 2º Expirado o período de licença e não estando em condições de reassumir o cargo ou de ser readaptado, o servidor será aposentado.

§ 3º O lapso de tempo compreendido entre o término da licença e a publicação do ato da aposentadoria será considerado como de prorrogação da licença.

§ 4º Para os fins do disposto no § 1º deste artigo, serão consideradas apenas as licenças motivadas pela enfermidade ensejadora da invalidez ou doenças correlacionadas. (Incluído pela Lei nº 11.907, de 2009)

§ 5º A critério da Administração, o servidor em licença para tratamento de saúde ou aposentado por invalidez poderá ser

convocado a qualquer momento, para avaliação das condições que ensejaram o afastamento ou a aposentadoria. (Incluído pela Lei nº 11.907, de 2009)

Art. 189. O provento da aposentadoria será calculado com observância do disposto no § 3º do art. 41, e revisto na mesma data e proporção, sempre que se modificar a remuneração dos servidores em atividade.

Parágrafo único. São estendidos aos inativos quaisquer benefícios ou vantagens posteriormente concedidas aos servidores em atividade, inclusive quando decorrentes de transformação ou reclassificação do cargo ou função em que se deu a aposentadoria.

Art. 190. O servidor aposentado com provento proporcional ao tempo de serviço se acometido de qualquer das moléstias especificadas no § 1º do art. 186 desta Lei e, por esse motivo, for considerado inválido por junta médica oficial passará a perceber provento integral, calculado com base no fundamento legal de concessão da aposentadoria. (Redação dada pela Lei nº 11.907, de 2009)

Art. 191. Quando proporcional ao tempo de serviço, o provento não será inferior a 1/3 (um terço) da remuneração da atividade.

Art. 192. (Revogado pela Lei nº 9.527, de 10.12.97)

Art. 193. (Revogado pela Lei nº 9.527, de 10.12.97)

Art. 194. Ao servidor aposentado será paga a gratificação natalina, até o dia vinte do mês de dezembro, em valor equivalente ao respectivo provento, deduzido o adiantamento recebido.

Art. 195. Ao ex-combatente que tenha efetivamente participado de operações bélicas, durante a Segunda Guerra Mundial, nos termos da Lei nº 5.315, de 12 de setembro de 1967, será concedida aposentadoria com provento integral, aos 25 (vinte e cinco) anos de serviço efetivo.

Comentários

Com já visto, é importante salientar que a Lei 8.112/90, na parte que trata acerca da aposentadoria do servidor, acabou por receber sucessivas revogações tácitas, em virtude algumas emendas constitucionais que acabaram por modificar o art. 40 da Constituição Federal.

Cumpre, então, trazer o estudo atualizado das modalidades de aposentação, como visto abaixo.

A) Aposentadoria por invalidez

Sempre que caracterizada a invalidez permanente, por laudo médico oficial, demonstrando a incapacidade do sujeito para a prestação do serviço público, será concedida aposentadoria, com proventos proporcionais ao tempo de contribuição do agente.

Contudo, a própria Constituição Federal aponta algumas exceções. São hipóteses nas quais a aposentadoria por invalidez se dará com proventos integrais, independentemente do tempo de contribuição (art. 40, I, CF/88), quando:

a) decorrer de acidente de serviço, casos em que a invalidez decorreu da própria atividade pública, razão pela qual o ente estatal ficará responsável pelo pagamento de proventos integrais, independentemente do tempo de contribuição do sujeito;

b) decorrer de doença profissional, que no mesmo sentido tem base nas funções do cargo, como é o exemplo da lesão por esforço repetitivo – LER;

c) doença grave, incurável ou contagiosa, na forma da lei, observando-se que, no âmbito do serviço público federal, a regulamentação destas enfermidades é feita por meio da Lei 8.112/90, em seu art. 186, §1º.

As hipóteses que são consideradas como doenças graves, contagiosas ou incuráveis para fins de pagamento de proventos integrais na invalidez estão previstas no art. 186 da Lei 8.112/90. Para a Suprema Corte, aquele rol é taxativo ou *numerus clausus*. Isso significa que somente a lei pode definir o que se entende por doença grave, contagiosa ou incurável.

Nesses termos:

> "EMENTA: CONSTITUCIONAL. ADMINISTRATIVO. SERVIDOR PÚBLICO. APOSENTADORIA POR INVALIDEZ COM PROVENTOS INTEGRAIS. ART. 40, § 1º, I, DA CF. SUBMISSÃO AO DISPOSTO EM LEI ORDINÁRIA.
>
> 1. O art. 40, § 1º, I, da Constituição Federal assegura aos servidores públicos abrangidos pelo regime de previdência nele estabelecido o direito a aposentadoria por invalidez com proventos proporcionais ao tempo de contribuição. O benefício será devido com proventos integrais quando a invalidez for decorrente de acidente em serviço, moléstia profissional ou doença grave, contagiosa ou incurável, "na forma da lei".
>
> 2. Pertence, portanto, ao domínio normativo ordinário a definição das doenças e moléstias que ensejam aposentadoria por invalidez com proventos integrais, cujo rol, segundo a jurisprudência assentada pelo STF, tem natureza taxativa.
>
> 3. Recurso extraordinário a que se dá provimento." (RECURSO EXTRAORDINÁRIO 656.860 MATO GROSSO; rel. MIN. TEORI ZAVASCKI , publicado em 18/09/2014)

B) Aposentadoria compulsória

Acontece aos 75 (setenta e cinco) anos de idade, tanto para o homem quanto para a mulher servidora pública, consoante disposto no art. 40, II, da Constituição Federal e no art. 2º da LC 152/2015 e será paga com proventos proporcionais ao tempo de contribuição ou integral, caso o servidor tenha contribuído todo o tempo necessário para a concessão de aposentadoria com proventos integrais.

É relevante que se ressalte que, ao completar a idade máxima de 75 (setenta e cinco) anos, o servidor público, detentor de cargo efetivo ou vitalício, estará automaticamente aposentado, sendo o ato administrativo que define esta aposentadoria meramente declaratório, retroagindo a esta data.

Enfim, aos 75 (setenta e cinco) anos de idade, a Constituição Federal presume, de forma absoluta, a incapacidade de exercer a atividade estatal, não sendo possível que o agente demonstre o contrário, mesmo tendo condições de se manter nas atribuições do cargo.

C) Aposentadoria voluntária

A aposentadoria voluntária pode ser concedida com proventos integrais ou proporcionais ao tempo de contribuição, sendo que, em ambos os casos, o servidor deverá comprovar haver completado 10 (dez) anos no serviço público, somado ao fato de estar, há 5 (cinco) anos, no cargo em que será concedida a aposentadoria.

Aposentadoria voluntária integral

Além de demonstrar que conta com dez anos de serviço público, sendo os últimos cinco, no cargo em que está se dando a aposentadoria, o servidor deve comprovar o cumprimento de mais dois requisitos, a saber:

- homem: deve ter 60 anos de idade + 35 anos de contribuição.
- mulher: deve ter 55 anos de idade + 30 anos de contribuição.

Se não conseguir cumprir o tempo de contribuição e já tiver idade avançada, o servidor poderá aposentar-se proporcionalmente, desde que observe a regra dos 10 (dez) anos no serviço público + 5(cinco) anos no cargo em que se está aposentando. Nestes casos, o tempo de contribuição será utilizado para fins de calcular o valor dos proventos, sendo requisito para a aposentadoria somente a idade do servidor estatal.

Aposentadoria voluntária proporcional

- homem: 65 anos de idade.
- mulher: 60 anos de idade.

Se o servidor cumprir TODOS os requisitos necessários à concessão da aposentadoria voluntária integral e **não quiser aposentar**, passa a fazer jus ao recebimento de **abono de permanência**. Esse abono será recebido, pelo servidor, mensalmente, enquanto puder aposentar com proventos integrais e não o quiser, mantendo-se em atividade. O abono é pago em valor correspondente ao da contribuição previdenciária desse servidor.

É importante salientar que esse servidor NÃO deixa de contribuir para o regime de previdência, ele continua contribuindo, mas recebe de volta o valor pago, mediante o recebimento de abono de permanência.

Servidores que exercem atividades de magistério

O próprio texto constitucional (art. 40, §8º) criou um benefício para os servidores que exercem atividades de magistério, desde que comprovem o cumprimento de dois requisitos cumulativos, quais sejam:

> I. comprovem que todo tempo de contribuição se deu em sala de aula, ou melhor, em atividade educacional, uma vez que a jurisprudência do Supremo Tribunal Federal vem relativizando a aplicação da súmula 726[2]. Sendo assim, não obstante a súmula defina a obrigatoriedade de estar, durante todo o tempo de contribuição, em sala de aula, na verdade, a jurisprudência da Corte vem admitindo tempo de atividades vinculadas ao magistério como direção de escola ou orientação pedagógica, entre outros.

Nesse sentido, observe-se o julgado da ADI 3772, já consolidado na jurisprudência da Suprema Corte.

> EMENTA: AÇÃO DIRETA DE INCONSTITUCIONALIDADE MANEJADA CONTRA O ART. 1º DA LEI FEDERAL 11.301/2006, QUE ACRESCENTOU O § 2º AO ART. 67 DA LEI 9.394/1996. CARREIRA DE MAGISTÉRIO. APOSENTADORIA ESPECIAL PARA OS EXERCENTES DE FUNÇÕES DE DIREÇÃO, COORDENAÇÃO E ASSESSORAMENTO PEDAGÓGICO. ALEGADA OFENSA AOS ARTS. 40, § 5º, E 201, § 8º, DA CONSTITUIÇÃO FEDERAL. INOCORRÊNCIA. AÇÃO JULGADA PARCIALMENTE PROCEDENTE, COM INTERPRETAÇÃO CONFORME. I – A função de magistério não se circunscreve apenas ao trabalho em sala de aula, abrangendo também a preparação de aulas, a correção de provas, o atendimento aos pais e alunos, a coordenação e o assessoramento pedagógico e, ainda, a direção de unidade escolar. II – **As funções de direção, coordenação e assessoramento pedagógico integram a carreira do magistério, desde que exercidos, em**

2 "Para efeito de aposentadoria especial de professores, não se computa o tempo de serviço prestado fora da sala de aula."

> **estabelecimentos de ensino básico**, por professores de carreira, excluídos os especialistas em educação, fazendo jus aqueles que as desempenham ao regime especial de aposentadoria estabelecido nos arts. 40, § 5º, e 201, § 8º, da Constituição Federal. III – Ação direta julgada parcialmente procedente, com interpretação conforme, nos termos supra. (ADI 3772 / DF – DISTRITO FEDERAL AÇÃO DIRETA DE INCONSTITUCIONALIDADE Relator(a): Min. CARLOS BRITTO Relator(a) p/ Acórdão: Min. RICARDO LEWANDOWSKI Julgamento: 29/10/2008 Órgão Julgador: Tribunal Pleno).
>
> II. que todo o tempo prestado foi no ensino de educação infantil, ensino fundamental ou médio. Logo, estará excluído do benefício, nos moldes do texto constitucional o professor universitário ou de pós graduação em geral.

Esses servidores, desde que comprovem os dois requisitos, têm direito à redução de 5 (cinco) anos na contagem de tempo de contribuição bem como na idade, somente para fins de aposentadoria voluntária integral. Nesta situação, a aposentadoria dependeria dos seguintes requisitos: homem deve ter 55 anos de idade + 30 anos de contribuição e a mulher deve ter 50 anos de idade + 25 anos de contribuição.

Critérios diferenciados

Os critérios para a concessão de aposentadoria estão, desta forma, definidos no texto da Constituição Federal, sendo vedada, expressamente, a utilização de qualquer critério diferenciado para concessão do benefício, ressalvando situações específicas, nas quais, mediante Lei Complementar poderá haver a criação de critérios diferenciados. Com efeito, o texto constitucional define que:

> "Art. 40. § 4º É vedada a adoção de requisitos e critérios diferenciados para a concessão de aposentadoria aos abrangidos pelo regime de que trata este artigo, ressalvados, nos termos definidos em leis complementares, os casos de servidores: (Redação dada pela Emenda Constitucional n. 47, de 2005)
>
> I – **portadores de deficiência**; (Incluído pela Emenda Constitucional n. 47, de 2005)
>
> II – **que exerçam atividades de risco**; (Incluído pela Emenda Constitucional n. 47 de 2005)
>
> III – **cujas atividades sejam exercidas sob condições especiais que prejudiquem a saúde ou a integridade física**. (Incluído pela Emenda Constitucional n. 47, de 2005)".

Verifica-se tratar-se de norma de eficácia limitada, uma vez que a concessão do critério diferenciado não está regulamentada na Carta Magna que atribui essa tarefa a Lei Complementar. Em virtude da ausência de regulamentação, a omissão constitucional se configura inconstitucionalidade, discutível mediante Mandado de Injunção.

No que tange a esta matéria, já foram analisados diversos remédios constitucionais pelo Supremo Tribunal Federal, considerando que a edição da lei é garantia dos servidores que estejam em uma das situações previstas no dispositivo constitucional.

No que tange à hipótese no inciso III, em 24 de abril de 2014, o Supremo Tribunal Federal editou a Súmula Vinculante n. 33, conferindo aos servidores que exercem atividade prejudicial à saúde o direito à aposentadoria especial, mesmo que não haja lei específica tratando da matéria. Nestes casos, a Corte Suprema determina que sejam aplicadas as regras definidas no Regime Geral de Previdência Social para empregados em situação similar.

Eis o teor da referida Súmula:

> *"**Súmula vinculante 33** – Aplicam-se ao servidor público, no que couber, as regras do regime geral da previdência social sobre aposentadoria especial de que trata o artigo 40, § 4º, inciso III da Constituição Federal, até a edição de lei complementar específica."*

Dessa forma, o STF tenta suprir a omissão legislativa e garantir o exercício do direito constitucional destes servidores por meio da utilização de lei análoga. Por se tratar de súmula com caráter vinculante, não pode ser desrespeitada por nenhuma entidade da Administração Pública, estando temporariamente garantida a aposentadoria especial a estes agentes.

7.2.4. Valor da contribuição

No regime próprio de previdência social do servidor público, a alíquota de contribuição será sempre de **11%**, consoante a regulamentação da lei 10.887/04 que trata da matéria, em seu art. 4º, não importando o valor da remuneração.

Desde a edição da EC 41/03, o **servidor inativo** também contribui e a alíquota é a mesma do servidor em atividade, ou seja 11%. O que muda para o servidor inativo é a base de cálculo para incidência da contribuição previdenciária.

Isso porque o servidor inativo que ganhar acima do teto do regime geral de previdência social contribuirá sobre tudo aquilo que seu provento de aposentadoria ou pensão ultrapassar o referido teto. Dessa forma, os aposentados e pensionistas que recebem proventos que não ultrapassam o valor do teto do regime geral de previdência não estão sujeitos à contribuição.

A constitucionalidade da medida foi analisada pelo Supremo Tribunal Federal que fundamenta esta cobrança em virtude do princípio de solidariedade aplicado ao regime público de previdência. Com efeito, não importa se o servidor inativo poderá ou não gozar de novo benefício, haja vista o fato de estar contribuindo para a manutenção do sistema e não para a capitalização dos valores pagos, para fins de pagamento posterior.

De fato, o julgamento da ADI 3105 sepultou a discussão, por meio da declaração de constitucionalidade da cobrança destes valores. No julgado o STF se pronunciou definindo que:

> *"No ordenamento jurídico vigente, não há norma, expressa nem sistemática, que atribua à condição jurídico-subjetiva da aposentadoria de servidor público o efeito de lhe gerar direito subjetivo como poder de subtrair ad aeternum a percepção dos respectivos proventos e pensões à incidência de lei tributária que, anterior ou ulterior, os submeta à incidência de contribuição previdencial. Noutras palavras, não há, em nosso ordenamento, nenhuma norma jurídica válida que, como efeito específico do fato jurídico da aposentadoria, lhe imunize os proventos e as pensões, de modo absoluto, à tributação de ordem constitucional, qualquer que seja a modalidade do tributo eleito, donde não haver, a respeito, direito adquirido com o aposentamento"*[3].

A Emenda Constitucional n. 47/05 acrescentou o § 21 ao art. 40, que estabelece que, caso o servidor inativo sofra de doença incapacitante, só contribuirá sobre aquilo que os proventos de sua aposentadoria ultrapassar o dobro do valor definido como teto para os sujeitos ao regime geral de previdência.

7.2.5. Teto do regime próprio

A redação da Emenda Constitucional n. 41/03 deixava claro que, enquanto o poder público não implementar um regime complementar público ao regime próprio, a aposentadoria dos servidores públicos não se submeterá ao teto e estes continuarão aposentando-se sobre o valor total de sua remuneração e contribuindo sobre este mesmo valor. Isso porque a incidência do teto do regime geral de previdência social é prevista constitucionalmente para o regime próprio de previdência, dependendo, entretanto, sua efetivação de uma lei criadora de um regime que complemente o público. Esta é a redação do art. 40, §14º que dispõe:

> *"A União, os Estados, o Distrito Federal e os Municípios, desde que instituam regime de previdência complementar para os seus respectivos servidores*

3. Trata-se de trecho do julgado da **ADI 3105 / DF – DISTRITO FEDERAL. AÇÃO DIRETA DE INCONSTITUCIONALIDADE Relator(a): Min. ELLEN GRACIE; Relator(a) p/ Acórdão: Min. CEZAR PELUSO; Julgamento: 18/08/2004; Órgão Julgador: Tribunal Pleno.**

titulares de cargo efetivo, poderão fixar, para o valor das aposentadorias e pensões a serem concedidas pelo regime de que trata este artigo, o limite máximo estabelecido para os benefícios do regime geral de previdência social de que trata o art. 201".

Em 2012, foi editada a Lei 12.618, que institui o regime de previdência complementar para os servidores públicos federais titulares de cargo efetivo, inclusive os membros dos órgãos que menciona; fixa o limite máximo para a concessão de aposentadorias e pensões pelo regime de previdência de que trata o art. 40 da Constituição Federal.

A lei foi regulamentada pela edição do Decreto 7.808/12 que cria a FUNPRESP, no âmbito do Poder Executivo. É importante ressaltar que todos aqueles servidores que ingressaram no serviço público antes da regulamentação do regime complementar de previdência não se submetem às normas definidas de adequação ao teto de proventos do regime próprio de previdência, salvo se for de seu interesse.

No entanto, aqueles que ingressarem posteriormente terão seus proventos de aposentadoria limitados ao teto estipulado para os benefícios pagos aos segurados do regime geral de previdência social, sendo possível complementar esses valores, caso optem por aderir ao regime complementar criado com essa finalidade.

Não obstante tratar-se de matéria afeta ao direito previdenciário a análise acerca do novo regime complementar, é importante salientar que os planos de benefícios da Funpresp-Exe, da Funpresp-Leg e da Funpresp-Jud serão estruturados na modalidade de contribuição definida, nos termos da regulamentação estabelecida pelo órgão regulador das entidades fechadas de previdência complementar, e a distribuição das contribuições nos planos de benefícios e nos planos de custeio será revista sempre que necessário, para manter o equilíbrio permanente dos planos de benefícios.

Neste sentido, o valor do benefício programado será calculado de acordo com o montante do saldo da conta acumulado pelo participante, devendo o valor do benefício estar permanentemente ajustado ao referido saldo.

Ademais, os benefícios não programados serão definidos nos regulamentos dos planos, devendo ser assegurados, pelo menos, os benefícios decorrentes dos eventos invalidez e morte e, se for o caso, a cobertura de outros riscos atuariais, sendo que a concessão dos benefícios de que trata o § 3º aos participantes ou assistidos pela entidade fechada de previdência social é condicionada à concessão do benefício pelo regime próprio de previdência social, haja vista tratar-se de regime com caráter meramente "complementar".

Ressalte-se que os servidores que ingressaram antes da criação do regime complementar de previdência mantêm, se assim quiserem, as regras aplicadas anteriormente, sem a sujeição ao teto de benefícios do regime geral de previdência.

Por sua vez, aqueles que ingressaram no serviço público após a criação da FUNPRESP terão proventos de aposentadoria e pensão limitados ao valor máximo pago aos segurados do regime geral. Nestes casos, poderão optar por aderirem ao regime complementar de previdência para fins de recebimento de valores acima do teto.

7.2.6. Paridade e Integralidade

O art. 189 da Lei 8.112/90 estabelecia duas regras que deixaram de existir com a edição da EC 41/03, quais sejam a integralidade e a paridade.

A **integralidade** era uma garantia de que o servidor receberia, a título de proventos de aposentadoria, o valor integral da última remuneração. Dessa forma, caso o servidor público contribuísse, em toda a sua vida laboral com valores muito baixos e, nos últimos cinco anos, por exemplo, em virtude de aprovação em novo concurso passasse a contribuir sob remuneração muito alta, receberia proventos no valor desta última remuneração.

A situação causava grandes transtornos ao regime de previdência que, muitas vezes, precisava arcar com o pagamento de proventos altos para um agente que não havia contribuído em montante tão relevante.

Atualmente, o cálculo é feito nos mesmos moldes definidos para o regime geral de previdência, qual seja, mediante cálculo da média aritmética dos salários de contribuição do servidor público, ao longo de sua vida, atualizados monetariamente, consoante art. 40, §3º da Constituição Federal.

Por sua vez, a **Paridade** com o servidor da ativa era prerrogativa de que gozava o inativo: qualquer reajuste dado ao servidor em atividade gerava direito subjetivo de reajuste no mesmo índice e na mesma proporção aos respectivos inativos. A intenção era garantir um reajuste real àqueles que não exercem atividade pública e, por isso, não possuem poder de negociação com o Estado para evitarem a defasagem de seus pagamentos.

Com o fim da paridade, criou-se uma revisão geral anual, no texto constitucional, não vinculada ao reajuste dos servidores em atividade, conforme se transcreve abaixo:

> "Art. 40. (...) §8º: É assegurado o reajustamento dos benefícios para preservar-lhes, em caráter permanente, o valor real, conforme critérios estabelecidos em lei".

Sendo assim, os inativos têm a garantia constitucional de revisão geral anual dos proventos, no entanto essa prerrogativa não está atrelada ao aumento concedido aos servidores que estão na atividade.

7.3. NATUREZA JURÍDICA DO ATO DE APOSENTADORIA

Aposentadoria é um **ato complexo**, para maioria da doutrina e da jurisprudência, porque se perfaz pela conjunção das manifestações de dois órgãos, quais sejam, a manifestação do órgão em que o servidor exerce suas atividades e a aprovação do ato de aposentadoria pelo Tribunal de Contas.

Sendo assim, no momento em que o órgão "aposenta" o servidor, o ato emanado ainda não foi efetivado, porque depende da manifestação do Tribunal de Contas. Se o referido tribunal não aprovar a concessão inicial, não precisa respeitar o contraditório e a ampla defesa, porque não se trata de anulação de ato ampliativo, mas tão-somente a não perfeição deste ato que ainda se encontrava em formação. Por isso, até mesmo o prazo decadencial para impetração de Mandado de Segurança começar a correr apenas com o ato do Tribunal de Contas, pois só aí a aposentação estará completa.

Em virtude deste entendimento, o Supremo Tribunal Federal define que o ato que nega a aposentadoria pelo Tribunal de Contas não depende de garantia de contraditório ou ampla defesa, haja vista não configurar a restrição de um direito já efetivado.

Esta é a redação da Súmula Vinculante 3, que dispõe:

> *"Nos processos perante o Tribunal de Contas da União asseguram-se o contraditório e a ampla defesa quando da decisão puder resultar anulação ou revogação de ato administrativo que beneficie o interessado, excetuada a apreciação da legalidade do ato de concessão inicial de aposentadoria, reforma e pensão".*

7.4. REGRAS DE TRANSIÇÃO DAS REFORMAS PREVIDENCIÁRIAS

Estas regras têm a intenção de resguardar alguns direitos aos servidores que, não obstante não possuam direito adquirido no regime anterior, haja vista não terem cumprido os requisitos para a aposentadoria, se encontravam no serviço público quando foram expedidas as novas normas. Sendo assim, temos regras de transição para aqueles que ingressaram antes da edição da EC n. 20/98 e outra para os que estavam no serviço público depois desta emenda, mas anteriormente à edição da EC n. 41/03.

É importante ressaltar que aqueles que, no momento de publicação das emendas, já haviam cumprido os pressupostos necessários à aposentadoria, nas regras anteriores, tinham direito adquirido e, portanto, não foram atingidos pelas novas regras.

Regras para quem ingressou no serviço público antes da EC n. 20/98

Para aqueles que estavam no serviço público antes da publicação da EC n. 20/98, mas não haviam cumprido os requisitos para fazerem jus à aposentadoria, poderão se aposentar antes de completarem a idade mínima definida na Carta Magna.

Com efeito, o HOMEM se aposentará com 53 anos de idade e 35 anos de contribuição. Caso seja MULHER, a aposentadoria poderá se dar com 48 anos de idade e 30 anos de contribuição, somados a um período de tempo de contribuição de 20% a mais do que faltaria para completar a idade mínima, que era conhecido como pedágio. Por exemplo, se o homem aposentar com 53 anos de idade, deverá contribuir ainda durante 1,6 anos – correspondente a 20% dos 8 (oito) anos restantes para que completasse 60 anos de idade.

Nesses casos, o servidor se aposenta sem as prerrogativas da paridade ou da integralidade, sendo os proventos de aposentadoria calculados com base na média aritmética atualizada dos salários de contribuição de toda a vida funcional do sujeito, consoante regra do RGPS, sendo ainda garantida a correção anual, nos moldes do art. 40, §8º da CF, sem estar vinculado à remuneração dos servidores em atividade.

Ademais, caso seja feita a opção de se aposentar com idade menor, o servidor sofrerá uma redução de remuneração de 3,5%, para cada ano que faltava para completar a idade mínima de aposentadoria do novo regime, sendo que, a partir de 2006, o redutor passa a ser de 5%. Imaginemos que o servidor se aposentou em 1999 com 55 anos de idade. Desta forma, faltam 5 anos para completar os 60 anos, necessários à aposentadoria nos moldes da nova regra. Como a aposentadoria se deu em 1999, ele deverá sofrer uma redução de 5 X 3,5% dos seus proventos, como forma de incentivar sua manutenção no serviço público.

Posteriormente, a EC n 47/05 definiu novas regras de transição para aqueles que ingressaram no serviço público antes de 1998, sem excluir as regras anteriores.

Dessa forma, aqueles que ingressaram antes da edição da EC n. 20/98 que contarem com 25 anos de serviço público, 15 anos de carreira e 5 anos no cargo se poderão aposentar, subtraindo da idade cada ano de contribuição que tenham acima do necessário à aposentadoria, nos moldes da nova regra. Assim, o homem que tiver 38 anos de contribuição, poderá aposentar-se com 3 anos de idade a menos do que 60 anos, haja vista a compensação permitida entre o tempo de idade e o tempo de contribuição.

Neste caso, será mantida a integralidade e a paridade ao servidor público aposentado, nos moldes desta regra. Observe-se o art. 3º da EC n. 47/05.

> "Ressalvado o direito de opção à aposentadoria pelas normas estabelecidas pelo art. 40 da Constituição Federal ou pelas regras estabelecidas pelos arts. 2º e 6º da Emenda Constitucional nº 41, de 2003, o servidor da União, dos

Estados, do Distrito Federal e dos Municípios, incluídas suas autarquias e fundações, que tenha ingressado no serviço público até 16 de dezembro de 1998 poderá aposentar-se com proventos integrais, desde que preencha, cumulativamente, as seguintes condições:

I – trinta e cinco anos de contribuição, se homem, e trinta anos de contribuição, se mulher;

II – vinte e cinco anos de efetivo exercício no serviço público, quinze anos de carreira e cinco anos no cargo em que se der a aposentadoria;

III – idade mínima resultante da redução, relativamente aos limites do art. 40, § 1º, inciso III, alínea "a", da Constituição Federal, de um ano de idade para cada ano de contribuição que exceder a condição prevista no inciso I do caput deste artigo.

Parágrafo único. Aplica-se ao valor dos proventos de aposentadorias concedidas com base neste artigo o disposto no art. 7º da Emenda Constitucional n. 41, de 2003, observando-se igual critério de revisão às pensões derivadas dos proventos de servidores falecidos que tenham se aposentado em conformidade com este artigo".

Regras para quem ingressou no serviço público antes da EC n. 41/03

Para aqueles servidores que ingressaram no serviço público antes da EC n. 41/03 e ainda não haviam completado o tempo necessário para a aposentadoria, podem manter seus proventos com as prerrogativas de paridade e integralidade, desde que cumpram os seguintes requisitos:

I. HOMEM – 20 anos de efetivo exercício no serviço público; 10 anos de carreira e 5 anos no cargo, somados aos 60 anos de idade e 35 anos de contribuição.

II. MULHER – 20 anos de efetivo exercício no serviço público; 10 anos de carreira e 5 anos no cargo, somados aos 55 anos de idade e 30 anos de contribuição.

7.5. DEMAIS BENEFÍCIOS PREVIDENCIÁRIOS

Além do benefício previdenciário, a lei regulamenta outros benefícios aos servidores públicos e aos seus dependentes, em razão do regime de seguridade definido no estatuto dos servidores públicos federais. Saliente-se que alguns benefícios são direcionados ao próprio segurado, como ocorre com a licença por motivo de saúde e o salário família, por exemplo, contudo, outros benefícios se dirigem aos dependentes do segurado, como é o caso da pensão por morte, do auxílio reclusão e do auxílio funeral.

Analise-se cada um dos benefícios separadamente, de modo a entender suas peculiaridades e requisitos para gozo.

7.5.1. Benefícios dos segurados

Estes benefícios são prerrogativas dos servidores ativos ou inativos que figurem na qualidade de segurado direto.

7.5.1.1. Auxílio-natalidade

SEÇÃO II
DO AUXÍLIO-NATALIDADE

Art. 196. O auxílio-natalidade é devido à servidora por motivo de nascimento de filho, em quantia equivalente ao menor vencimento do serviço público, inclusive no caso de natimorto.

§ 1º Na hipótese de parto múltiplo, o valor será acrescido de 50% (cinquenta por cento), por nascituro.

§ 2º O auxílio será pago ao cônjuge ou companheiro servidor público, quando a parturiente não for servidora.

Comentários

O auxílio-natalidade é devido à servidora por motivo de nascimento de filho, em quantia equivalente ao menor vencimento do serviço público, ou seja, um salário mínimo, sendo devido, inclusive, no caso de natimorto.

Na hipótese de parto múltiplo, ou seja, quando ocorrer o nascimento de gêmeos, ou trigêmeos, por exemplo, o valor será acrescido de 50% (cinquenta por cento), por nascituro, além do primeiro. Dessa forma, em caso de parto de gêmeos, o auxílio natalidade pago ao servidor corresponderá a 1,5 salários mínimos.

Por fim, a lei determina que o benefício seja pago ao cônjuge ou companheiro servidor público, quando a parturiente não for servidora.

7.5.1.2. Salário-família

SEÇÃO III
DO SALÁRIO-FAMÍLIA

Art. 197. O salário-família é devido ao servidor ativo ou ao inativo, por dependente econômico.

Parágrafo único. Consideram-se dependentes econômicos para efeito de percepção do salário-família:

I – o cônjuge ou companheiro e os filhos, inclusive os enteados até 21 (vinte e um) anos de idade ou, se estudante, até 24 (vinte e quatro) anos ou, se inválido, de qualquer idade;

II – o menor de 21 (vinte e um) anos que, mediante autorização judicial, viver na companhia e às expensas do servidor, ou do inativo;

III – a mãe e o pai sem economia própria.

Art. 198. **Não se configura a dependência econômica quando o beneficiário do salário-família perceber rendimento do trabalho ou de qualquer outra fonte, inclusive pensão ou provento da aposentadoria, em valor igual ou superior ao salário-mínimo.**

Art. 199. **Quando o pai e mãe forem servidores públicos e viverem em comum, o salário-família será pago a um deles; quando separados, será pago a um e outro, de acordo com a distribuição dos dependentes.**

Parágrafo único. Ao pai e à mãe equiparam-se o padrasto, a madrasta e, na falta destes, os representantes legais dos incapazes.

Art. 200. **O salário-família não está sujeito a qualquer tributo, nem servirá de base para qualquer contribuição, inclusive para a Previdência Social.**

Art. 201. **O afastamento do cargo efetivo, sem remuneração, não acarreta a suspensão do pagamento do salário-família.**

Comentários

O salário-família é devido ao servidor ativo ou ao inativo, de baixa renda, por dependente econômico, para auxiliar nos gastos com este dependente.

No âmbito da seguridade do servidor público, são considerados dependentes para efeito de percepção do benefício, o cônjuge ou companheiro e os filhos, inclusive os enteados até 21 (vinte e um) anos de idade ou, se estudante, até 24 (vinte e quatro) anos ou, se inválido, de qualquer idade, o menor de 21 (vinte e um) anos que, mediante autorização judicial, viver na companhia e às expensas do servidor, ou do inativo, assim como a mãe e o pai desde que não tenham economia própria.

O salário-família não está sujeito a qualquer tributo, nem servirá de base para qualquer contribuição, inclusive para a contribuição da Previdência Social. Ademais, a lei dispõe que o afastamento do cargo efetivo, ainda que sem remuneração, não acarreta a suspensão do pagamento do salário-família.

O salário-família será pago, em quotas mensais, em razão dos dependentes do segurado de baixa renda nos termos da lei de cada ente. (Art. 53 da Orientação Normativa MPS/SPS No 02/2009)

Até que a lei discipline o acesso ao salário-família para os servidores, segurados e seus dependentes, esse benefício será concedido apenas àqueles que recebam remuneração, subsídio ou provento mensal igual ou inferior ao valor limite definido no âmbito do RGPS. (Art. 53, parágrafo único, da Orientação Normativa MPS/SPS No 02/2009)

7.5.1.3. Licença para tratamento de saúde

SEÇÃO IV
DA LICENÇA PARA TRATAMENTO DE SAÚDE

Art. 202. Será concedida ao servidor licença para tratamento de saúde, a pedido ou de ofício, com base em perícia médica, sem prejuízo da remuneração a que fizer jus.

Art. 203. A licença de que trata o art. 202 desta Lei será concedida com base em perícia oficial. (Redação dada pela Lei nº 11.907, de 2009)

§ 1º Sempre que necessário, a inspeção médica será realizada na residência do servidor ou no estabelecimento hospitalar onde se encontrar internado.

§ 2º Inexistindo médico no órgão ou entidade no local onde se encontra ou tenha exercício em caráter permanente o servidor, e não se configurando as hipóteses previstas nos parágrafos do art. 230, será aceito atestado passado por médico particular. (Redação dada pela Lei nº 9.527, de 10.12.97)

§ 3º No caso do § 2º deste artigo, o atestado somente produzirá efeitos depois de recepcionado pela unidade de recursos humanos do órgão ou entidade. (Redação dada pela Lei nº 11.907, de 2009)

§ 4º A licença que exceder o prazo de 120 (cento e vinte) dias no período de 12 (doze) meses a contar do primeiro dia de afastamento será concedida mediante avaliação por junta médica oficial. (Redação dada pela Lei nº 11.907, de 2009)

§ 5º A perícia oficial para concessão da licença de que trata o caput deste artigo, bem como nos demais casos de perícia oficial previstos nesta Lei, será efetuada por cirurgiões-dentistas, nas hipóteses em que abranger o campo de atuação da odontologia. (Incluído pela Lei nº 11.907, de 2009)

Art. 204. A licença para tratamento de saúde inferior a 15 (quinze) dias, dentro de 1 (um) ano, poderá ser dispensada de perícia oficial, na forma definida em regulamento. (Redação dada pela Lei nº 11.907, de 2009)

Art. 205. O atestado e o laudo da junta médica não se referirão ao nome ou natureza da doença, salvo quando se tratar de lesões produzidas por acidente em serviço, doença profissional ou qualquer das doenças especificadas no art. 186, § 1º.

Art. 206. O servidor que apresentar indícios de lesões orgânicas ou funcionais será submetido a inspeção médica.

Art. 206-A. O servidor será submetido a exames médicos periódicos, nos termos e condições definidos em regulamento. (Incluído pela Lei nº 11.907, de 2009) .

Parágrafo único. Para os fins do disposto no caput, a União e suas entidades autárquicas e fundacionais poderão: (Incluído pela Lei nº 12.998, de 2014)

I – prestar os exames médicos periódicos diretamente pelo órgão ou entidade à qual se encontra vinculado o servidor; (Incluído pela Lei nº 12.998, de 2014)

II – celebrar convênio ou instrumento de cooperação ou parceria com os órgãos e entidades da administração direta, suas autarquias e fundações; (Incluído pela Lei nº 12.998, de 2014)

III – celebrar convênios com operadoras de plano de assistência à saúde, organizadas na modalidade de autogestão, que possuam autorização de funcionamento do órgão regulador, na forma do art. 230; ou (Incluído pela Lei nº 12.998, de 2014)

IV – prestar os exames médicos periódicos mediante contrato administrativo, observado o disposto na Lei nº 8.666, de 21 de junho de 1993, e demais normas pertinentes. (Incluído pela Lei nº 12.998, de 2014)

Comentários

A licença será concedida, mediante perícia médica oficial, ao servidor que tiver necessidade de se ausentar da prestação do serviço público por motivo de saúde, sendo dispensado este laudo médico para licenças inferiores a 15 (quinze) dias dentro do período de um ano. Dessa forma, a regra é a seguinte:

a) Licença por até 15 dias, dentro de 1 (um) ano, poderá ser dispensada de perícia oficial, sendo que o atestado médico particular será recepcionado pelo setor de recursos humanos do órgão;

b) Licença por mais de 15 (quinze) dias, mas inferior a 120 (cento e vinte dias), o laudo médico será proferido pelo médico do órgão ao qual o servidor público se encontra vinculado diretamente;

c) Licença por mais de 120 (cento e vinte) dias, no período de 12 (doze) meses a contar do primeiro dia de afastamento, será concedida somente mediante avaliação por junta médica oficial.

Após a concessão da licença, o servidor será submetido a exames médicos periódicos, podendo ser convocado, a qualquer tempo, para analisar a permanência das condições que deram ensejo ao seu afastamento.

7.5.1.4. Licença-gestante, adotante e paternidade

SEÇÃO V
DA LICENÇA À GESTANTE, À ADOTANTE E DA LICENÇA-PATERNIDADE

Art. 207. Será concedida licença à servidora gestante por 120 (cento e vinte) dias consecutivos, sem prejuízo da remuneração.

§ 1º A licença poderá ter início no primeiro dia do nono mês de gestação, salvo antecipação por prescrição médica.

§ 2º No caso de nascimento prematuro, a licença terá início a partir do parto.

§ 3º No caso de natimorto, decorridos 30 (trinta) dias do evento, a servidora será submetida a exame médico, e se julgada apta, reassumirá o exercício.

§ 4º No caso de aborto atestado por médico oficial, a servidora terá direito a 30 (trinta) dias de repouso remunerado.

Art. 208. Pelo nascimento ou adoção de filhos, o servidor terá direito à licença-paternidade de 5 (cinco) dias consecutivos.

Art. 209. Para amamentar o próprio filho, até a idade de seis meses, a servidora lactante terá direito, durante a jornada de trabalho, a uma hora de descanso, que poderá ser parcelada em dois períodos de meia hora.

Art. 210. À servidora que adotar ou obtiver guarda judicial de criança até 1 (um) ano de idade, serão concedidos 90 (noventa) dias de licença remunerada.

Parágrafo único. No caso de adoção ou guarda judicial de criança com mais de 1 (um) ano de idade, o prazo de que trata este artigo será de 30 (trinta) dias.

Comentários

Será concedida licença à servidora gestante por 120 (cento e vinte) dias consecutivos, sem prejuízo da remuneração, iniciado no nono mês de gestação, sendo que esse prazo será prorrogado por mais 60 dias, nos moldes do Decreto 6.690/2008 desde que o servidor requeira esta prorrogação até, no máximo, 30 dias após o parto. Ademais, após o parto, para amamentar o próprio filho, até a idade de seis meses, a servidora lactante terá direito, durante a jornada de trabalho, a uma hora de descanso, que poderá ser parcelada em dois períodos de meia hora.

No caso de natimorto, decorridos 30 (trinta) dias do evento, a servidora será submetida a exame médico, e se julgada apta, reassumirá o exercício. Da mesma forma, em caso de aborto atestado por médico oficial, a servidora terá direito a 30 (trinta) dias de repouso remunerado.

O art. 210 da Lei 8.112/90 estabelece o prazo para licença adotante, observando-se que aquele é modificado de acordo com a idade da criança adotada. A mesma discriminação faz o Decreto 6.690/2008. Ocorre, no entanto, que o STF, em tema de repercussão geral acabou por entender ser o aludido art. 210 inconstitucional, por trazer discriminação ilegítima entre filhos naturais e adotados. Por conta disso, a licença a adotante deverá ser de 120 dias, prorrogados por mais 60 dias, como ocorre com a licença a gestante, independentemente da idade da criança. Nesses termos:

> DIREITO CONSTITUCIONAL. RECURSO EXTRAORDINÁRIO. REPERCUSSÃO GERAL. EQUIPARAÇÃO DO PRAZO DA LICENÇA-ADOTANTE AO PRAZO DE LICENÇA-GESTANTE.
>
> 1. A licença maternidade prevista no artigo 7º, XVIII, da Constituição abrange tanto a licença gestante quanto a licença adotante, ambas asseguradas pelo prazo mínimo de 120 dias. Interpretação sistemática da Constituição à luz da dignidade da pessoa humana, da igualdade entre filhos biológicos e adotados, da doutrina da proteção integral, do princípio da prioridade e do interesse superior do menor.
>
> 2. As crianças adotadas constituem grupo vulnerável e fragilizado. Demandam esforço adicional da família para sua adaptação, para a criação de laços de afeto e para a superação de traumas. Impossibilidade de se lhes conferir proteção inferior àquela dispensada aos filhos biológicos, que se encontram em condição menos gravosa. Violação do princípio da proporcionalidade como vedação à proteção deficiente.
>
> 3. Quanto mais velha a criança e quanto maior o tempo de internação compulsória em instituições, maior tende a ser a dificuldade de adaptação à família adotiva. Maior é, ainda, a dificuldade de viabilizar sua adoção, já que predomina no imaginário das famílias adotantes o desejo de reproduzir a paternidade biológica e adotar bebês. Impossibilidade de conferir proteção inferior às crianças mais velhas. Violação do princípio da proporcionalidade como vedação à proteção deficiente. 4. Tutela da dignidade e da autonomia da mulher para eleger seus projetos de vida. Dever reforçado do Estado de assegurar-lhe condições para compatibilizar maternidade e profissão, em

especial quando a realização da maternidade ocorre pela via da adoção, possibilitando o resgate da convivência familiar em favor de menor carente. Dívida moral do Estado para com menores vítimas da inepta política estatal de institucionalização precoce. Ônus assumido pelas famílias adotantes, que devem ser encorajadas.

5. Mutação constitucional. Alteração da realidade social e nova compreensão do alcance dos direitos do menor adotado. Avanço do significado atribuído à licença parental e à igualdade entre filhos, previstas na Constituição. Superação de antigo entendimento do STF.

6. Declaração da inconstitucionalidade do art. 210 da Lei nº 8.112/1990 e dos parágrafos 1º e 2º do artigo 3º da Resolução CJF no 30/2008.

7. Provimento do recurso extraordinário, de forma a deferir à recorrente prazo remanescente de licença parental, a fim de que o tempo total de fruição do benefício, computado o período já gozado, corresponda a 180 dias de afastamento remunerado, correspondentes aos 120 dias de licença previstos no art. 7º, XVIII, CF, acrescidos de 60 dias de prorrogação, tal como estabelecido pela legislação em favor da mãe gestante.

8. Tese da repercussão geral: "Os prazos da licença adotante não podem ser inferiores aos prazos da licença gestante, o mesmo valendo para as respectivas prorrogações. Em relação à licença adotante, não é possível fixar prazos diversos em função da idade da criança adotada". (RECURSO EXTRAORDINÁRIO 778.889 PERNAMBUCO; rel. MIN. ROBERTO BARROSO; publicado EM 01/08/2016.)

Em todos os casos, a **licença paternidade** será de 5 (cinco) dias consecutivos, com a possibilidade de prorrogação por mais 15 dias, desde que haja requerimento pelo servidor.

Com efeito, **o Decreto 8.737/2016** estabelece que será concedida prorrogação da licença paternidade ao servidor público que esteja submetido às normas da lei 8.112/90, desde que requeira o benefício no prazo de dois dias úteis após o nascimento ou a adoção e terá duração de quinze dias, além dos cinco dias concedidos pelo art. 208 da referida Lei.

A regra se aplica também aos servidores que estejam em licença paternidade em razão da adoção de crianças.

7.5.1.5. Licença por acidente em serviço

SEÇÃO VI
DA LICENÇA POR ACIDENTE EM SERVIÇO

Art. 211. Será licenciado, com remuneração integral, o servidor acidentado em serviço.

Art. 212. **Configura acidente em serviço o dano físico ou mental sofrido pelo servidor, que se relacione, mediata ou imediatamente, com as atribuições do cargo exercido.**

Parágrafo único. Equipara-se ao acidente em serviço o dano:

I - decorrente de agressão sofrida e não provocada pelo servidor no exercício do cargo;

II - sofrido no percurso da residência para o trabalho e vice-versa.

Art. 213. **O servidor acidentado em serviço que necessite de tratamento especializado poderá ser tratado em instituição privada, à conta de recursos públicos.**

Parágrafo único. O tratamento recomendado por junta médica oficial constitui medida de exceção e somente será admissível quando inexistirem meios e recursos adequados em instituição pública.

Art. 214. **A prova do acidente será feita no prazo de 10 (dez) dias, prorrogável quando as circunstâncias o exigirem.**

Comentários

Será licenciado, com remuneração integral, o servidor acidentado em serviço, assim considerado o dano físico ou mental sofrido pelo servidor, que se relacione, mediata ou imediatamente, com as atribuições do cargo exercido.

A lei define que se equipara ao acidente em serviço o dano:

a) decorrente de agressão sofrida e não provocada pelo servidor no exercício do cargo;

b) sofrido no percurso da residência para o trabalho e vice-versa.

Outrossim, a lei garante ao servidor acidentado em serviço que necessite de tratamento especializado, o tratamento em instituição privada, à conta de recursos públicos, desde que não haja tratamento desse porte em instituição pública. De qualquer forma, a prova do acidente deverá ser realizada dentro do prazo de 10 dias, podendo esse ser prorrogado quando as circunstâncias o exigirem.

Caso o servidor não se recupere, será hipótese de aposentadoria por invalidez permanente com proventos integrais.

7.5.2. Benefícios dos dependentes

São benefícios garantidos àqueles que vivam às expensas do segurado e estejam definidos como seus dependentes em seu assentamento individual.

A lei 8.112/90 estabeleceu como benefícios dos dependentes do servidor: a) pensão por morte; b) auxílio reclusão; c) auxílio funeral; d) assistência à saúde. Aliás, a assistência a saúde é o único benefício da previdência própria do servidor que pode ser gozado por servidor que só titulariza cargo em comissão. Por outro lado, a assistência à saúde é o único benefício da Lei 8.112/90 que pode ser gozado pelo servidor e por seus dependentes.

7.5.2.1. *Pensão por morte*

SEÇÃO VII
DA PENSÃO

Art. 215. Por morte do servidor, os dependentes, nas hipóteses legais, fazem jus à pensão por morte, observados os limites estabelecidos no inciso XI do *caput* do art. 37 da Constituição e no art. 2º da Lei nº 10.887, de 18 de junho de 2004. (*Artigo com redação dada pela Medida Provisória nº 871, de 18/1/2019*)

Art. 216. (*Revogado pela Lei 13.135, de 17.06.2015.*)

Art. 217. São beneficiários das pensões:

I – o cônjuge; (Redação dada pela Lei 13.135, de 17.06.2015)

a) a e) (*Revogadas pela Lei 13.135, de 17.06.2015*);

II – o cônjuge divorciado ou separado judicialmente ou de fato, com percepção de pensão alimentícia estabelecida judicialmente; (Redação dada pela Lei 13.135, de 17.06.2015.)

a) a d) (*Revogadas pela Lei 13.135, de 17.06.2015*);

III – o companheiro ou companheira que comprove união estável como entidade familiar; (Redação dada pela Lei 13.135, de 17.06.2015)

IV – o filho de qualquer condição que atenda a um dos seguintes requisitos: (Redação dada pela Lei 13.135, de 17.06.2015)

a) seja menor de 21 (vinte e um) anos; (Redação dada pela Lei 13.135, de 17.06.2015.)

b) seja inválido; (Redação dada pela Lei 13.135, de 17.06.2015.)

c) tenha deficiência grave; ou (Redação dada pela Lei 13.135, de 17.06.2015. Vigência: 2 anos a partir da publicação 18.06.2015.)

d) tenha deficiência intelectual ou mental, nos termos do regulamento; (Redação dada pela Lei 13.135, de 17.06.2015.)

V – a mãe e o pai que comprovem dependência econômica do servidor; e (Redação dada pela Lei 13.135, de 17.06.2015.)

VI – o irmão de qualquer condição que comprove dependência econômica do servidor e atenda a um dos requisitos previstos no inciso IV. (Redação dada pela Lei 13.135, de 17.06.2015.)

§ 1º A concessão de pensão aos beneficiários de que tratam os incisos I a IV do *caput* exclui os beneficiários referidos nos incisos V e VI. (Redação dada pela Lei 13.135, de 17.06.2015.)

§ 2º A concessão de pensão aos beneficiários de que trata o inciso V do *caput* exclui o beneficiário referido no inciso VI. (Redação dada pela Lei 13.135, de 17.06.2015.)

§ 3º O enteado e o menor tutelado equiparam-se a filho mediante declaração do servidor e desde que comprovada dependência econômica, na forma estabelecida em regulamento. (Redação dada pela Lei 13.135, de 17.06.2015.)

Art. 218. Ocorrendo habilitação de vários titulares à pensão, o seu valor será distribuído em partes iguais entre os beneficiários habilitados. (Redação dada pela Lei 13.135, de 17.06.2015.)

§§ 1º a 3º (*Revogados pela Lei 13.135, de 17.06.2015*).

Art. 219. A pensão por morte será devida ao conjunto dos dependentes do segurado que falecer, aposentado ou não, a contar da data:

I – do óbito, quando requerida em até cento e oitenta dias após o óbito, para os filhos menores de dezesseis anos, ou em até noventa dias após o óbito, para os demais dependentes;

II – do requerimento, quando requerida após o prazo previsto no inciso I; ou

III – da decisão judicial, na hipótese de morte presumida.

§ 1º A concessão da pensão por morte não será protelada pela falta de habilitação de outro possível dependente e a habilitação posterior que importe em exclusão ou inclusão de dependente só produzirá efeito a partir da data da publicação da portaria de concessão da pensão ao dependente habilitado.

§ 2º Ajuizada a ação judicial para reconhecimento da condição de dependente, este poderá requerer a sua habilitação provisória ao benefício de pensão por morte, exclusivamente para fins de rateio dos valores com outros dependentes, vedado o pagamento da respectiva cota até o trânsito em julgado da decisão judicial que reconhecer a qualidade de dependente do autor da ação.

§ 3º Julgada improcedente a ação prevista no § 2º, o valor retido será corrigido pelos índices legais de reajustamento e será pago de forma proporcional aos demais dependentes, de acordo com as suas cotas e o tempo de duração de seus benefícios.

Art. 220. Perde o direito à pensão por morte: (Redação dada pela Lei 13.135, de 17.06.2015.)

I – após o trânsito em julgado, o beneficiário condenado pela prática de crime de que tenha dolosamente resultado a morte do servidor; (Redação dada pela Lei 13.135, de 17.06.2015.)

II – o cônjuge, o companheiro ou a companheira se comprovada, a qualquer tempo, simulação ou fraude no casamento ou na união estável, ou a formalização desses com o fim exclusivo de constituir benefício previdenciário, apuradas em processo judicial no qual será assegurado o direito ao contraditório e à ampla defesa. (Redação dada pela Lei 13.135, de 17.06.2015.)

Art. 221. Será concedida pensão provisória por morte presumida do servidor, nos seguintes casos:

I - declaração de ausência, pela autoridade judiciária competente;

II - desaparecimento em desabamento, inundação, incêndio ou acidente não caracterizado como em serviço;

III - desaparecimento no desempenho das atribuições do cargo ou em missão de segurança.

Parágrafo único. A pensão provisória será transformada em vitalícia ou temporária, conforme o caso, decorridos 5 (cinco) anos de sua vigência, ressalvado o eventual reaparecimento do servidor, hipótese em que o benefício será automaticamente cancelado.

Art. 222. Acarreta perda da qualidade de beneficiário:

I – o seu falecimento;

II – a anulação do casamento, quando a decisão ocorrer após a concessão da pensão ao cônjuge;

III – a cessação da invalidez, em se tratando de beneficiário inválido, o afastamento da deficiência, em se tratando de beneficiário com deficiência, ou o levantamento da interdição, em se tratando de beneficiário com deficiência intelectual ou mental que o torne absoluta ou relativamente incapaz, respeitados os períodos mínimos decorrentes da aplicação das alíneas "a" e "b" do inciso VII; (Redação dada pela Lei 13.135, de 17.06.2015.)

IV – o implemento da idade de 21 (vinte e um) anos, pelo filho ou irmão; (Redação dada pela Lei 13.135, de 17.06.2015.)

V – a acumulação de pensão na forma do art. 225;

VI – a renúncia expressa; e (Redação dada pela Lei 13.135, de 17.06.2015.)

VII – em relação aos beneficiários de que tratam os incisos I a III do *caput* do art. 217: (Redação dada pela Lei 13.135, de 17.06.2015.)

a) o decurso de 4 (quatro) meses, se o óbito ocorrer sem que o servidor tenha vertido 18 (dezoito) contribuições mensais ou se o casamento ou a união estável tiverem sido iniciados em menos de 2 (dois) anos antes do óbito do servidor; (Redação dada pela Lei 13.135, de 17.06.2015) *b)* o decurso dos seguintes períodos, estabelecidos de acordo com a idade do pensionista na data de óbito do servidor, depois de vertidas 18 (dezoito) contribuições mensais e pelo menos 2 (dois) anos após o início do casamento ou da união estável: (Redação dada pela Lei 13.135, de 17.06.2015)

1) 3 (três) anos, com menos de 21 (vinte e um) anos de idade;

2) 6 (seis) anos, entre 21 (vinte e um) e 26 (vinte e seis) anos de idade;

3) 10 (dez) anos, entre 27 (vinte e sete) e 29 (vinte e nove) anos de idade;

4) 15 (quinze) anos, entre 30 (trinta) e 40 (quarenta) anos de idade;

5) 20 (vinte) anos, entre 41 (quarenta e um) e 43 (quarenta e três) anos de idade;

6) vitalícia, com 44 (quarenta e quatro) ou mais anos de idade.

§ 1º A critério da administração, o beneficiário de pensão cuja preservação seja motivada por invalidez, por incapacidade ou por deficiência poderá ser convocado a qualquer momento para avaliação das referidas condições. (Redação dada pela Lei 13.135, de 17.06.2015.)

§ 2º Serão aplicados, conforme o caso, a regra contida no inciso III ou os prazos previstos na alínea "b" do inciso VII, ambos do *caput*, se o óbito do servidor decorrer de acidente de qualquer natureza ou de doença profissional ou do trabalho, independentemente do recolhimento de 18 (dezoito) contribuições mensais ou da comprovação de 2 (dois) anos de casamento ou de união estável. (Redação dada pela Lei 13.135, de 17.06.2015)

§ 3º Após o transcurso de pelo menos 3 (três) anos e desde que nesse período se verifique o incremento mínimo de um ano inteiro na média nacional única, para ambos os sexos, correspondente à expectativa de sobrevida da população brasileira ao nascer, poderão ser fixadas, em números inteiros, novas idades para os fins previstos na alínea "b" do inciso VII do *caput*, em ato do Ministro de Estado do Planejamento, Orçamento e Gestão, limitado o acréscimo na comparação com as idades anteriores ao referido incremento. (Redação dada pela Lei 13.135, de 17.06.2015.)

§ 4º O tempo de contribuição a Regime Próprio de Previdência Social (RPPS) ou ao Regime Geral de Previdência Social (RGPS) será considerado na contagem das 18 (dezoito) contribuições mensais referidas nas alíneas "a" e "b" do inciso VII do *caput*. (Redação dada pela Lei 13.135, de 17.06.2015.)

§ 5º Na hipótese de o servidor falecido estar, na data de seu falecimento, obrigado por determinação judicial a pagar alimentos

temporários a ex-cônjuge, ex-companheiro ou ex-companheira, a pensão por morte será devida pelo prazo remanescente na data do óbito, caso não incida outra hipótese de cancelamento anterior do benefício. (*Parágrafo acrescido pela Medida Provisória nº 871, de 18/1/2019*)

§ 6º O beneficiário que não atender à convocação de que trata o § 1º terá o benefício suspenso. (*Parágrafo acrescido pela Medida Provisória nº 871, de 18/1/2019*)

Art. 223. Por morte ou perda da qualidade de beneficiário, a respectiva cota reverterá para os cobeneficiários. (Redação dada pela Lei 13.135, de 17.06.2015.)

I e II – (*Revogados pela Lei 13.135, de 17.06.2015*);

Art. 224. As pensões serão automaticamente atualizadas na mesma data e na mesma proporção dos reajustes dos vencimentos dos servidores, aplicando-se o disposto no parágrafo único do art. 189.

Art. 225. Ressalvado o direito de opção, é vedada a percepção cumulativa de pensão deixada por mais de um cônjuge ou companheiro ou companheira e de mais de 2 (duas) pensões. (Redação dada pela Lei 13.135, de 17.06.2015.)

Comentários

O benefício é pago ao depende do servidor, em razão de sua morte, correspondendo a uma pensão mensal a partir da data do óbito, sendo que as pensões costumam ser distinguidas, quanto à natureza, em vitalícias e temporárias. A pensão também será paga aos dependentes do inativo.

Primeiramente, cumpre ressaltar que o art. 40 da Constituição Federal, após alteração pelas emendas, modificou o cálculo do benefício que anteriormente correspondia ao valor da remuneração ou provento do servidor falecido. Dessa forma, o art. 40, §7º, da Carta Magna define que a pensão corresponde ao valor da totalidade da remuneração ou proventos do servidor falecido, até o limite máximo estabelecido para os benefícios do regime geral de previdência social de que trata o art. 201, acrescido de setenta por cento da parcela excedente a este limite, caso aposentado à data do óbito do agente[4]. De qualquer maneira, o valor a ser pago a título de pensão não poderá superar o teto remuneratório previsto no art. 37, XI, da CF.

4. Trata-se de alteração imposta pela Emenda Constitucional n. 41/03.

Com a edição da Lei 13.135, de 17 de junho de 2015, que alterou a lei 8.112/90, algumas mudanças foram efetivadas no regime de pensão dos servidores públicos federais.

Dessa forma, fazem jus à pensão:

a) o cônjuge do falecido,

b) a pessoa separada judicialmente ou divorciada, com percepção de pensão alimentícia definida judicialmente, vale citar que a legislação anterior utilizava a expressão "desquitado" que não é mais adequada para conceituação de estado civil.

c) o companheiro ou companheira designado que comprove união estável como entidade familiar,

d) os filhos, enteados, ou menores tutelados até 21 (vinte e um) anos de idade, ou, se inválidos, enquanto durar a invalidez, ou, ainda, que possua deficiência intelectual/mental na forma do regulamento. Cumpre lembrar que a legislação dispõe que o enteado e o menor tutelado equiparam-se a filho mediante declaração do servidor e desde que comprovada dependência econômica, na forma estabelecida em regulamento.

e) a mãe e o pai que comprovem dependência econômica do servidor e

f) o irmão, até 21 (vinte e um) anos, e o inválido, enquanto durar a invalidez, ou ainda que possua deficiência intelectual ou mental na forma do regulamento, desde que comprovem dependência econômica do servidor.

É importante ressaltar que, com as alterações efetivadas pela Lei 13.135/2015, a pensão não se divide mais em vitalícia e temporária, o que significa que, para fins de cálculo de pensão, os valores serão divididos igualmente entre os beneficiários, não havendo divisão por grupos.

Sendo assim, em caso de morte de um servidor que tenha deixado uma viúva e dois filhos sobreviventes, a pensão será dividida por 3, de forma igualitária, diferente do que ocorria anteriormente, quando então, a viúva faria jus a 50%, deixando o restante para a divisão entre os filhos.

Ademais, diante das inovações, **exclui-se do rol de dependentes** o menor sob guarda, à semelhança do que já havia ocorrido no Regime Geral de Previdência Social no ano de 1996, assim como a pessoa designada, maior de 60 (sessenta) anos e a pessoa portadora de deficiência, que vivam sob a dependência econômica do servidor; a pessoa designada que viva na dependência econômica do servidor, até 21 (vinte e um) anos, ou, se inválida, enquanto durar a invalidez. Em relação à exclusão do menor sob guarda, deve-se aguardar o posicionamento da jurisprudência acerca do tema, haja vista alguns defenderem a inclusão deste em razão do ECA (Estatuto da Criança e do Adolescente).

Tratando-se de invalidez, para que a pensão seja vitalícia, é necessário que a invalidez preexista em relação ao falecimento do instituidor da pensão. É o que entende o TCU na Súmula 271, segundo a qual: a pensão concedida a beneficiário na condição de inválido tem como requisito essencial laudo pericial emitido por junta médica oficial que ateste a invalidez e sua preexistência ao momento do óbito do instituidor.

O direito ao recebimento da pensão é imprescritível. Os dependentes receberão o valor devido retroativamente a contar da data do óbito, se houver requerimento de habilitação até 90 dias do falecimento (esse prazo é estendido para 180 dias quando se trata de filho menor de 16 anos). Se houver demora para o pedido de recebimento do benefício, o pagamento retroativo será apenas a partir do requerimento e não mais do óbito. Essa é a determinação da MP 871, que modificou o art. 219 do Estatuto, mas que, quando da publicação da presente obra não havia sido convertida em lei. A redação anterior do dispositivo determinava que a pensão pode ser requerida a qualquer tempo, mas que prescreveriam as parcelas com mais de 5 anos quando do pedido da pensão, se esse demorasse de ser realizado.

Saliente-se, ainda que, a existência de **cônjuge** do falecido, de **pessoa separada judicialmente ou divorciada**, com percepção de pensão alimentícia definida judicialmente, **de companheiro ou companheira** designado que comprove união estável como entidade familiar, ou de **filhos e enteados** até 21 (vinte e um) anos de idade, ou, se inválidos, enquanto durar a invalidez, excluem a percepção do benefício da mãe e do pai que comprovem dependência econômica do servidor e do irmão órfão, até 21 (vinte e um) anos, e o inválido, enquanto durar a invalidez, que comprovem dependência econômica do servidor.

Em relação à pessoa separada judicialmente ou divorciada à época do óbito, se o recebimento de pensão alimentícia for temporário, a pensão por morte será paga apenas pelo remanescente do período quando do óbito, salvo causa extintiva diversa que ocorra antes.

Outrossim, em caso de concessão do benefício à mãe ou pai do servidor que demonstre dependência econômica, estará excluído o irmão órfão, ainda que comprove a dependência econômica. É a nova disposição do art. 217, §2º da lei 8.112/90, após a edição da Lei 13.135/2015.

A pensão será concedida integralmente ao titular da pensão, exceto se houver mais de um beneficiário, quando então o valor será dividido entre todos, de forme igualitária.

Desta forma, por morte ou perda da qualidade de beneficiário, a respectiva cota reverterá para os cobeneficiários, até que não haja mais nenhum a receber o valor da pensão.

7.5.3. Exclusão da Pensão

O cônjuge, companheiro ou companheira, assim como o cônjuge divorciado ou separado judicialmente ou de fato, com percepção de pensão alimentícia estabelecida judicialmente terão direito ao benefício da pensão por morte, somente durante o período de 4 (quatro) meses, nas hipóteses em que o casamento ou o início da união estável tiver ocorrido há menos de dois anos da data do óbito do instituidor do benefício ou se o óbito ocorrer sem que o servidor tenha vertido 18 (dezoito) contribuições mensais.

Nestes casos, a lei estabelece que não se aplica este prazo, se o óbito do segurado seja decorrente de acidente de qualquer natureza ou de doença profissional ou do trabalho.

Importa ainda ressaltar que não faz jus à pensão o beneficiário condenado pela prática de crime doloso de que tenha resultado a morte do servidor e o cônjuge, o companheiro ou a companheira se comprovada, a qualquer tempo, simulação ou fraude no casamento ou na união estável, ou a formalização desses com o fim exclusivo de constituir benefício previdenciário, apuradas em processo judicial no qual será assegurado o direito ao contraditório e à ampla defesa.

A lei ainda estabelece que, ressalvado o direito de opção, é vedada a percepção cumulativa de pensão deixada por mais de um cônjuge, companheiro ou companheira, e de mais de duas pensões.

7.5.4. Pensão provisória

Outra alteração relevante efetivada na Lei 8.112/90, com a publicação da Lei 13.135/2015, foi o fato de que a pensão por morte no RPPS para cônjuges e companheiros passou a ser temporária ou vitalícia, a depender da idade do dependente a ser aferida no momento do óbito do *de cujus* segurado.

É cediço que, na redação anterior da lei, para os citados dependentes, a pensão por morte era sempre vitalícia.

Desta forma, para que seja definitiva a pensão por morte, é necessário que o dependente, no dia do óbito do segurado, possua, no mínimo, 44 (quarenta e quatro) anos de idade. Caso o dependente, no dia do óbito do segurado, tenha idade inferior a 44 (quarenta e quatro) anos, será concedida a pensão por morte temporária, observada a tabela a seguir apresentada:

IDADE	ANOS DE DURAÇÃO DA PENSÃO POR MORTE
ENTRE 41 E 43 ANOS	20 anos
ENTRE 30 E 40 ANOS	15 anos

IDADE	ANOS DE DURAÇÃO DA PENSÃO POR MORTE
ENTRE 27 E 29 ANOS	10 anos
ENTRE 21 E 26 ANOS	06 anos
MENOS DE 21 ANOS	03 anos

Todavia, a lei prevê uma segunda possibilidade de concessão de pensão por morte vitalícia, caso, independentemente da sua idade, o cônjuge, o companheiro ou a companheira for considerado inválido, com deficiência, inclusive deficiência intelectual ou mental que o torne absoluta ou relativamente incapaz.

Por fim, cumpre ressaltar que, consoante disposto na própria Lei 13.135/2015, as novas regras possuem vigência a partir da publicação da lei, o que ocorreu em 18/06/2015, somente sendo aplicáveis aos falecimentos ocorridos a partir desta data, à luz do Princípio do *Tempus Regit Actum*.

7.5.5. Auxílio Funeral

SEÇÃO VIII
DO AUXÍLIO-FUNERAL

Art. 226. O auxílio-funeral é devido à família do servidor falecido na atividade ou aposentado, em valor equivalente a um mês da remuneração ou provento.

§ 1º No caso de acumulação legal de cargos, o auxílio será pago somente em razão do cargo de maior remuneração.

§ 2º (VETADO).

§ 3º O auxílio será pago no prazo de 48 (quarenta e oito) horas, por meio de procedimento sumaríssimo, à pessoa da família que houver custeado o funeral.

Art. 227. Se o funeral for custeado por terceiro, este será indenizado, observado o disposto no artigo anterior.

Art. 228. Em caso de falecimento de servidor em serviço fora do local de trabalho, inclusive no exterior, as despesas de transporte do corpo correrão à conta de recursos da União, autarquia ou fundação pública.

Comentários

O auxílio-funeral é devido à família do servidor falecido na atividade ou aposentado ou àquele que comprovar ter custeado o funeral, em valor máximo equivalente a um mês da remuneração ou provento. O valor do benefício corresponde às despesas efetivadas com o funeral, definindo a legislação, somente, o valor máximo que poderá ser pago. Ressalte-se, ainda que, em caso de acumulação legal de cargos, o auxílio será pago somente em razão do cargo de maior remuneração.

Outrossim, o auxílio será pago no prazo de 48 (quarenta e oito) horas, por meio de procedimento sumaríssimo, à pessoa da família que houver custeado o funeral.

7.5.6. Auxílio-reclusão

SEÇÃO IX
DO AUXÍLIO-RECLUSÃO

Art. 229. À família do servidor ativo é devido o auxílio-reclusão, nos seguintes valores:

I – dois terços da remuneração, quando afastado por motivo de prisão, em flagrante ou preventiva, determinada pela autoridade competente, enquanto perdurar a prisão;

II – metade da remuneração, durante o afastamento, em virtude de condenação, por sentença definitiva, a pena que não determine a perda de cargo.

§ 1º Nos casos previstos no inciso I deste artigo, o servidor terá direito à integralização da remuneração, desde que absolvido.

§ 2º O pagamento do auxílio-reclusão cessará a partir do dia imediato àquele em que o servidor for posto em liberdade, ainda que condicional.

§ 3º Ressalvado o disposto neste artigo, o auxílio-reclusão será devido, nas mesmas condições da pensão por morte, aos dependentes do segurado recolhido à prisão. (Redação dada pela Lei 13.135, de 17.06.2015.)

Comentários

Trata-se de benefício pago aos dependentes do servidor ativo em casos que esteja sofrendo penalidade de reclusão, nos seguintes valores:

a) dois terços da remuneração, quando afastado por motivo de prisão, em flagrante ou preventiva, determinada pela autoridade competente, enquanto perdurar a prisão, casos em que o servidor terá direito à integralização da remuneração, desde que absolvido ao final da ação penal;

b) metade da remuneração, durante o afastamento, em virtude de condenação, por sentença definitiva, desde que a pena não determine a perda de cargo.

O pagamento do auxílio-reclusão cessará, automaticamente, a partir do dia imediato àquele em que o servidor for posto em liberdade, ainda que condicional.

7.5.7. Assistência à saúde

CAPÍTULOIII
DA ASSISTÊNCIA À SAÚDE

Art. 230. A assistência à saúde do servidor, ativo ou inativo, e de sua família compreende assistência médica, hospitalar, odontológica, psicológica e farmacêutica, terá como diretriz básica o implemento de ações preventivas voltadas para a promoção da saúde e será prestada pelo Sistema Único de Saúde - SUS, diretamente pelo órgão ou entidade ao qual estiver vinculado o servidor, ou mediante convênio ou contrato, ou ainda na forma de auxílio, mediante ressarcimento parcial do valor despendido pelo servidor, ativo ou inativo, e seus dependentes ou pensionistas com planos ou seguros privados de assistência à saúde, na forma estabelecida em regulamento. (Redação dada pela Lei nº 11.302 de 2006)

§ 1º Nas hipóteses previstas nesta Lei em que seja exigida perícia, avaliação ou inspeção médica, na ausência de médico ou junta médica oficial, para a sua realização o órgão ou entidade celebrará, preferencialmente, convênio com unidades de atendimento do sistema público de saúde, entidades sem fins lucrativos declaradas de utilidade pública, ou com o Instituto Nacional do Seguro Social - INSS. (Incluído pela Lei nº 9.527, de 10.12.97)

§ 2º Na impossibilidade, devidamente justificada, da aplicação do disposto no parágrafo anterior, o órgão ou entidade promoverá a contratação da prestação de serviços por pessoa jurídica, que constituirá junta médica especificamente para esses fins, indicando os nomes e especialidades dos seus integrantes, com a comprovação de suas habilitações e de que não estejam respondendo a processo disciplinar junto à entidade fiscalizadora da profissão. (Incluído pela Lei nº 9.527, de 10.12.97)

§ 3º Para os fins do disposto no caput deste artigo, ficam a União e suas entidades autárquicas e fundacionais autorizadas a: (Incluído pela Lei nº 11.302 de 2006)

I – celebrar convênios exclusivamente para a prestação de serviços de assistência à saúde para os seus servidores ou empregados ativos, aposentados, pensionistas, bem como para seus respectivos grupos familiares definidos, com entidades de autogestão por elas patrocinadas por meio de instrumentos jurídicos efetivamente celebrados e publicados até 12 de fevereiro de 2006 e que possuam autorização de funcionamento do órgão regulador, sendo certo que os convênios celebrados depois dessa data somente poderão sê-lo na forma da regulamentação específica sobre patrocínio de autogestões, a ser publicada pelo mesmo órgão regulador, no prazo de 180 (cento e oitenta) dias da vigência desta Lei, normas essas também aplicáveis aos convênios existentes até 12 de fevereiro de 2006; (Incluído pela Lei nº 11.302 de 2006)

II – contratar, mediante licitação, na forma da Lei nº 8.666, de 21 de junho de 1993, operadoras de planos e seguros privados de assistência à saúde que possuam autorização de funcionamento do órgão regulador; (Incluído pela Lei nº 11.302 de 2006)

III – (VETADO) (Incluído pela Lei nº 11.302 de 2006)

§ 4º (VETADO) (Incluído pela Lei nº 11.302 de 2006)

§ 5º O valor do ressarcimento fica limitado ao total despendido pelo servidor ou pensionista civil com plano ou seguro privado de assistência à saúde. (Incluído pela Lei nº 11.302 de 2006)

Comentários

Aos segurados e aos dependentes é assegurada a assistência à saúde compreendida a assistência médica, hospitalar, odontológica, psicológica e farmacêutica que terá como diretriz básica o implemento de ações preventivas voltadas para a promoção da saúde e será prestada pelo Sistema Único de Saúde – SUS, diretamente pelo órgão ou entidade ao qual estiver vinculado o servidor, ou mediante convênio ou contrato, ou ainda na forma de auxílio, mediante ressarcimento parcial do valor despendido pelo servidor, ativo ou inativo, e seus dependentes ou pensionistas com planos ou seguros privados de assistência à saúde, na forma estabelecida em regulamento.

Para garantir esta assistência, o ente da administração pública poderá, mediante licitação, celebrar contratos com planos de saúde privados ou celebrar convênios com entidades que atuem com recursos ou benefícios do poder público. Como já afirmado, a assistência à saúde é benefício gozado também pelo ocupante apenas de cargo em comissão, apesar de não fazer parte do RPPS. Aliás, não é de estranhar essa medida pela lei, uma vez que a proteção à saúde é princípio basilar insculpido pela CF, como medida de proteção à dignidade da pessoa humana.

CAPÍTULO IV
DO CUSTEIO

Art. 231. (*Revogado pela Lei 9.783, de 28.01.1999*)

TÍTULO VII

CAPÍTULO ÚNICO
DA CONTRATAÇÃO TEMPORÁRIA
DE EXCEPCIONAL INTERESSE PÚBLICO

Arts. 232. a 235. (*Revogados pela Lei 8.745, de 09.12.993.*)

Capítulo 8

DISPOSIÇÕES GERAIS

TÍTULO VIII

CAPÍTULO ÚNICO
DAS DISPOSIÇÕES GERAIS

Art. 236. O Dia do Servidor Público será comemorado a vinte e oito de outubro.

Art. 237. Poderão ser instituídos, no âmbito dos Poderes Executivo, Legislativo e Judiciário, os seguintes incentivos funcionais, além daqueles já previstos nos respectivos planos de carreira:

I – prêmios pela apresentação de ideias, inventos ou trabalhos que favoreçam o aumento de produtividade e a redução dos custos operacionais;

II – concessão de medalhas, diplomas de honra ao mérito, condecoração e elogio.

Art. 238. Os prazos previstos nesta Lei serão contados em dias corridos, excluindo-se o dia do começo e incluindo-se o do vencimento, ficando prorrogado, para o primeiro dia útil seguinte, o prazo vencido em dia em que não haja expediente.

Art. 239. Por motivo de crença religiosa ou de convicção filosófica ou política, o servidor não poderá ser privado de quaisquer dos seus direitos, sofrer discriminação em sua vida funcional, nem eximir-se do cumprimento de seus deveres.

Art. 240. Ao servidor público civil é assegurado, nos termos da Constituição Federal, o direito à livre associação sindical e os seguintes direitos, entre outros, dela decorrentes:

a) de ser representado pelo sindicato, inclusive como substituto processual;

b) de inamovibilidade do dirigente sindical, até um ano após o final do mandato, exceto se a pedido;

c) (Revogada pela MP 873)

d) (Revogada pela Lei nº 9.527, de 10.12.97)

e) (Revogada pela Lei nº 9.527, de 10.12.97)

Art. 241. Consideram-se da família do servidor, além do cônjuge e filhos, quaisquer pessoas que vivam às suas expensas e constem do seu assentamento individual.

Parágrafo único. Equipara-se ao cônjuge a companheira ou companheiro, que comprove união estável como entidade familiar.

Art. 242. Para os fins desta Lei, considera-se sede o município onde a repartição estiver instalada e onde o servidor tiver exercício, em caráter permanente.

Comentários

As disposições gerais do estatuto mostram que o dia do servidor deve ser comemorado a 28 de outubro de cada ano, sendo possível, ainda, a instituição de prêmios e medalhas ao servidor, como uma forma de incentivo.

Por outro lado, todos os prazos indicados na lei devem ser contados, expluindo-se o dia de começo e incluindo o dia de vencimento. Aliás, em resumo, pode-se apontar como prazos da lei 8.112/90:

De validade de concurso público	Até 2 anos, prorrogável por igual período.
Para o nomeado tomar posse	30 dias improrrogáveis
Para o servidor entrar em exercício	15 dias improrrogáveis
De estágio probatório	36 meses
Para adquirir estabilidade	3 anos
Para o servidor em débito com o erário, que for demitido, exonerado ou que tiver sua aposentadoria ou disponibilidade cassada, quitar o débito	60 dias
Que se garante à família do servidor que falecer em nova sede ajuda de custo e transporte para localidade de origem	1 ano contado do óbito
Para o servidor restituir a ajuda de custo quando, injustificadamente, não se apresentar na nova sede	30 dias

Para o servidor restituir, integralmente, as diárias que receber e não se afastar da sede por qualquer motivo	5 dias
Para o servidor restituir o excesso de diárias percebidas no caso de o afastamento durar menos que o previsto	5 dias
Para que se considere a licença concedida dentro do término da outra de mesma espécie como prorrogação	60 dias
Máximo de licença por motivo de doença em pessoa da família	150 dias
Para que se conceda licença para tratar de pessoa da família sem prejuízo da remuneração	Até 30 dias, podendo ser prorrogado por até 30 dias
Para que se conceda licença para tratar de pessoa da família com prejuízo da remuneração	Até 90 dias contados do término do segundo período de 30 dias de licença com remuneração
Esquema de licenças concedidas por motivo de doença em pessoa da família	30 dias + 30 dias + 90 dias
Para licença por motivo de afastamento do cônjuge	Por prazo indeterminado e sem remuneração
Para o servidor reassumir o exercício do cargo concluído o serviço militar	Até 30 dias sem remuneração
Para atividade política sem remuneração	Durante o período que mediar entre a sua escolha em convenção partidária, como candidato a cargo eletivo, e a véspera do registro de sua candidatura perante a justiça Eleitoral. Este período não é contado como tempo de serviço.
Para atividade política com a remuneração do cargo efetivo	A partir do registro da candidatura, até o décimo dia seguinte ao da eleição. A remuneração somente será paga pelo período de 3 meses. Caso esse período supere 3 meses o servidor poderá permanecer de licença, porém sem remuneração. Esse período será computado como tempo de serviço para aposentadoria e disponibilidade.
Para que o servidor possa, no interesse da administração (ato discricionário), afastar-se do exercício para curso de capacitação	Após 5 anos, não acumuláveis, de efetivo exercício.
Para a duração da licença para capacitação com a respectiva remuneração	Até 3 meses

Para tratar de assuntos particulares, para o servidor que não esteja em estágio probatório	Até 3 anos, sem remuneração. A licença pode ser interrompida a qualquer tempo, a pedido do servidor ou no interesse da administração. O período não é computado como tempo de serviço para qualquer efeito.
Para desempenho de mandato classista	Duração igual à do mandato, podendo ser prorrogada, no caso de reeleição, por uma única vez. O tempo de licença será computado para todos os efeitos, exceto para promoção por merecimento.
Máximo contínuo de licença para tratamento de saúde	24 meses.
Para a punição do servidor com suspensão, quando, sem justificativa, recusar-se a ser submetido à inspeção médica determinada pela autoridade competente	Até 15 dias
Para licença à servidora gestante	120 dias consecutivos mais 60 dias, sem prejuízo da remuneração
Para o servidor pelo nascimento ou adoção de filhos (licença paternidade)	20 dias consecutivos
Para a servidora que adotar ou obtiver guarda judicial de criança até 1 ano de idade	120 dias consecutivos mais 60 dias, sem prejuízo da remuneração
Com crianças com mais de 1 ano de idade	120 dias consecutivos mais 60 dias, sem prejuízo da remuneração
Para a prova de acidente em serviço	10 dias, prorrogável.
Máximo de ausência do servidor para estudo ou missão no exterior	4 anos. Finda a missão ou estudo, somente decorrido igual período, será permitida nova ausência.
Para o servidor ausentar-se do serviço para doação de sangue	1 dia, sem restrição de ser apenas uma vez ao ano, como estabelece a CLT
Para o servidor ausentar-se do serviço para alistar-se como eleitor	2 dias
Para casamento	8 dias consecutivos
Por falecimento do cônjuge, companheiro, pais, madrasta ou padrasto, filhos, enteados, menor sob guarda ou tutela e irmãos	8 dias consecutivos

Para deslocamento do servidor para nova sede de que trata o Art. 18	Mínimo 10 dias, máximo 30 dias
Para interposição de pedido de reconsideração ou de recurso	30 dias a contar da publicação ou ciência, pelo interessado, da decisão recorrida
De prescrição do direito de requerer. Obs: O prazo de prescrição será contado da data da publicação do ato impugnado ou da data da ciência pelo interessado, quando o ato não for publicado.	Em 5 anos quanto aos atos de demissão e de cassação de aposentadoria ou disponibilidade, ou que afetem interesse patrimonial e créditos resultantes das relações de trabalho. Em 120 dias nos demais casos, salvo quando outro prazo for fixado em Lei
cancelamento de ADVERTÊNCIA do registro de assentamento funcional do servidor	3 Anos de efetivo exercício
cancelamento de SUSPENSÃO do registro de assentamento funcional do servidor	5 Anos de efetivo exercício
Máximo de penalidade de SUSPENSÃO	90 dias sem remuneração
De SUSPENSÃO para o servidor que, injustificadamente, recusar-se a ser submetido a inspeção médica	Até 15 dias
De incompatibilização do ex-servidor para nova investidura em cargo público federal quando valer-se do cargo para lograr proveito pessoal ou de outrem em detrimento da dignidade da função pública (CARTEIRADA) Art. 117, IX	5 anos
De incompatibilização do ex-servidor para nova investidura em cargo público federal quando atuar como procurador ou intermediário, junto a repartições públicas, salvo quando se tratar de benefício previdenciário ou assistencial de parentes até o 2º. Grau e de cônjuge ou companheiro (ADVOCACIA ADMINISTRATIVA) Art. 117, XI	5 anos
PRESCRICIONAL (que a administração tem para punir seus servidores) no caso de ADVERTÊNCIA	180 dias, contados a partir da data em que o fato se tornou conhecido
PRESCRICIONAL (que a administração tem para punir seus servidores) no caso de SUSPENSÃO	2 ANOS, contados a partir da data em que o fato se tornou conhecido
PRESCRICIONAL (que a administração tem para punir seus servidores) no caso de DEMISSÃO	5 ANOS, contados a partir da data em que o fato se tornou conhecido
Da penalidade máxima que pode ser aplicada através de uma sindicância (procedimento sumário)	Suspensão de 30 dias

Prescrição quando se tratar de infração também tipificada como crime.	Prescrição prevista no Código Penal.
Para a conclusão de Sindicância	30 DIAS Prorrogáveis por + 30
Para a conclusão de PAD	60 dias Prorrogáveis por + 60
Para afastamento cautelar do servidor durante a realização do PAD (com remuneração)	60 dias Prorrogáveis por + 60
Para o(s) indiciado(s) através de PAD apresentar(em) defesa escrita	1 indiciado, 10 dias, contados da data de aposição de sua ciência na cópia da citação. Mais de 1 indiciado, prazo comum de 20 dias, contados da data da ciência do último citado. Pode ser prorrogado pelo dobro.
Prazo para a defesa quando a citação for feita por edital	15 dias, contados da data da última publicação do edital.
Para se proferir a decisão, no julgamento do PAD	20 dias, contados do recebimento do processo
Para a conclusão do RITO SUMÁRIO (PAD SUMÁRIO)	30 dias prorrogáveis por + 30
Para o servidor apresentar opção no caso de acumulação de cargos	10 dias, contados da data da ciência da notificação
Para a comissão lavrar termo de indiciação e promover a citação pessoal do servidor no PAD SUMÁRIO	Até 3 dias após a publicação do ato que constituiu a comissão
Para o servidor apresentar defesa escrita no PAD SUMÁRIO	5 dias
Para a autoridade julgadora proferir sua decisão no PAD SUMÁRIO	5 dias, contados do recebimento do processo.
Para a comissão revisora concluir seus trabalhos na REVISÃO DO PROCESSO	60 dias, improrrogáveis
Para o julgamento da REVISÃO DO PROCESSO	20 dias

Por fim, a norma ainda estabelece, tal qual a CF, o direito a livre associação o sindical do servidor, prevendo ainda o direito de ser representado pelo sindicato, inclusive como substituto processual, a inamovibilidade do dirigente sindical até um ano após o término do mandato, salvo a pedido, e descontar em folha o que for fixado como mensalidade sindical, sem qualquer ônus para a entidade de classe.

Com efeito, cabe ressaltar que o direito de sindicalização tem previsão no art. 37, VI da Carta da República e é considerado pela doutrina como norma de eficácia plena, não dependendo, para o seu exercício, de qualquer regulamentação infraconstitucional.

Considera-se família do servidor qualquer pessoa que viva a suas expensas e conste do seu assentamento funcional, além do cônjuge e filhos.

TÍTULO IX

CAPÍTULO ÚNICO

DAS DISPOSIÇÕES TRANSITÓRIAS E FINAIS

Art. 243. Ficam submetidos ao regime jurídico instituído por esta Lei, na qualidade de servidores públicos, os servidores dos Poderes da União, dos ex-Territórios, das autarquias, inclusive as em regime especial, e das fundações públicas, regidos pela Lei n. 1.711, de 28 de outubro de 1952 - Estatuto dos Funcionários Públicos Civis da União, ou pela Consolidação das Leis do Trabalho, aprovada pelo Decreto-Lei n. 5.452, de 1º de maio de 1943, exceto os contratados por prazo determinado, cujos contratos não poderão ser prorrogados após o vencimento do prazo de prorrogação.

§ 1º Os empregos ocupados pelos servidores incluídos no regime instituído por esta Lei ficam transformados em cargos, na data de sua publicação.

§ 2º As funções de confiança exercidas por pessoas não integrantes de tabela permanente do órgão ou entidade onde têm exercício ficam transformadas em cargos em comissão, e mantidas enquanto não for implantado o plano de cargos dos órgãos ou entidades na forma da lei.

§ 3º As Funções de Assessoramento Superior - FAS, exercidas por servidor integrante de quadro ou tabela de pessoal, ficam extintas na data da vigência desta lei.

§ 4º (Vetado.)

§ 5º O regime jurídico desta lei é extensivo aos serventuários da Justiça, remunerados com recursos da União, no que couber.

§ 6º Os empregos dos servidores estrangeiros com estabilidade no serviço público, enquanto não adquirirem a nacionalidade brasileira, passarão a integrar tabela em extinção, do respectivo órgão ou entidade, sem prejuízo dos direitos inerentes aos planos de carreira aos quais se encontrem vinculados os empregos.

§ 7º Os servidores públicos de que trata o *caput* deste artigo, não amparados pelo art. 19 do Ato das Disposições Constitucionais Transitórias, poderão, no interesse da Administração e conforme critérios estabelecidos em regulamento, ser exonerados mediante indenização de um mës de remuneração por ano de efetivo exercício no serviço público federal. (Acrescentado pela Lei 9.527, de 10.12.1997.)

§ 8º Para fins de incidência do imposto de renda na fonte e na declaração de rendimentos, serão considerados como indenizações isentas os pagamentos efetuados a título de indenização prevista no parágrafo anterior. (Acrescentado pela Lei 9.527, de 10.12.1997.)

§ 9º Os cargos vagos em decorrência da aplicação do disposto no § 7º poderão ser extintos pelo Poder Executivo quando considerados desnecessários. (Acrescentado pela Lei 9.527, de 10.12.1997.)

Art. 244. Os adicionais por tempo de serviço, já concedidos aos servidores abrangidos por esta Lei, ficam transformados em anuênio.

Art. 245. A licença especial disciplinada pelo art. 116 da Lei n. 1.711, de 1952, ou por outro diploma legal, fica transformada em licença-prêmio por assiduidade, na forma prevista nos arts. 87 a 90.

Art. 246. (Vetado.)

Art. 247. Para efeito do disposto no Título VI desta lei, haverá ajuste de contas com a Previdência Social, correspondente ao período de contribuição por parte dos servidores celetistas abrangidos pelo art. 243. (Redação dada pela Lei 8.162, de 08.01.1991.)

Art. 248. As pensões estatutárias, concedidas até a vigência desta lei, passam a ser mantidas pelo órgão ou entidade de origem do servidor.

Art. 249. Até a edição da lei prevista no § 1º do art. 231, os servidores abrangidos por esta Lei contribuirão na forma e nos percentuais atualmente estabelecidos para o servidor civil da União conforme regulamento próprio.

Art. 250. O servidor que já tiver satisfeito ou vier a satisfazer, dentro de 1 (um) ano, as condições necessárias para a aposentadoria nos termos do inciso II do art. 184 do antigo Estatuto dos Funcionários Públicos Civis da União, Lei n. 1.711, de 28 de outubro de 1952, aposentar-se-á com a vantagem prevista naquele dispositivo. (Mantido pelo Congresso Nacional.)

Art. 251. (*Revogado pela Lei 9.527, de 10.12.1997.*)

Art. 252. Esta Lei entra em vigor na data de sua publicação, com efeitos financeiros a partir do primeiro dia do mês subsequente.

Art. 253. Ficam revogadas a Lei n. 1.711, de 28 de outubro de 1952, e respectiva legislação complementar, bem como as demais disposições em contrário.

Brasília, 11 de dezembro de 1990;

Fernando Collor

Comentários

Trata-se de disposições que visaram estabelecer parâmetros para situações de servidores que já estavam no exercício de cargos federais antes da vigência da Lei 8.112/90. Servem tais dispositivos para orientação no que tange à aplicação da lei a esses casos específicos.

No entanto, como já há mais de 25 anos contados da publicação da Lei 8.112/90, perde importância o comentário aos citados dispositivos, uma vez que não há mais possibilidade de aplicá-los.

QUESTÕES DE CONCURSOS

01. (FCC -2017) Claudia e Joana são servidoras públicas federais, tendo praticado faltas disciplinares no exercício de suas atribuições. Claudia faltou ao serviço, sem causa justificada, por sessenta dias, interpoladamente, durante o período de doze meses. Joana, de histórico exemplar vez que nunca sofrera qualquer penalidade administrativa, opôs resistência injustificada à execução de determinado serviço. Cumpre salientar que ambas as servidoras ainda não foram processadas administrativamente embora a Administração já tenha conhecimento dos fatos praticados. Nos termos da Lei nº 8.112/1990, as ações disciplinares relativas às infrações praticadas pelas servidoras prescreverão em:

a) 5 anos e 2 anos, respectivamente, contados tais prazos a partir da data em que os fatos se tornaram conhecidos pela Administração.

b) 2 anos e 180 dias, respectivamente, contados tais prazos a partir da data em que os fatos se tornaram conhecidos pela Administração.

c) 5 anos e 180 dias, respectivamente, contados tais prazos a partir da data em que os fatos se tornaram conhecidos pela Administração.

d) 2 anos, contado tal prazo da data em que praticadas as condutas.

e) 5 anos, contado tal prazo da data em que praticadas as condutas.

02. (UFSC – 2019) Com base na Lei nº 8.112/90, analise as afirmativas abaixo e assinale a alternativa correta.

I. O servidor que opera direta e permanentemente com raios X ou substâncias radioativas gozará 20 dias consecutivos de férias por semestre de atividade profissional, proibida em qualquer hipótese a acumulação.

II. O servidor da carreira técnico-administrativa em educação poderá ausentar-se do País para estudo ou missão oficial, sem autorização do Presidente da República, do Presidente dos Órgãos do Poder Legislativo e do Presidente do Supremo Tribunal Federal.

III. Sem qualquer prejuízo, poderá o servidor ausentar-se do serviço por dois dias para doação de sangue.

IV. São deveres do servidor, dentre outros, ser leal à instituição a que servir, observar as normas legais e regulamentares e tratar com urbanidade as pessoas.

V. O servidor responde somente administrativamente pelo exercício irregular de suas atribuições.

a) Somente as afirmativas II, IV e V estão corretas.
b) Somente as afirmativas I, III e V estão corretas.
c) Somente as afirmativas I e II estão corretas.
d) Somente as afirmativas III e IV estão corretas.
e) Somente as afirmativas I e IV estão corretas.

03. (IF/PA – 2019) Com base na Lei nº. 8.112/90 (Regime Disciplinar do Servidor Público) julgue os itens a seguir:

I. O prazo para a interposição de pedido de revisão é de 30(trinta) dias, a contar da publicação ou da ciência pelo interessado, da decisão recorrida.

II. No caso de acumulação ilegal de cargos de cargos públicos, o servidor será notificado para apresentar opção e, se ele permanecer omisso, será instaurado procedimento administrativo disciplinar sumário conduzido por comissão composta por 03(três) servidores estáveis.

III. É vedada a conversão da penalidade de suspensão em multa.

IV. O servidor responde civil, penal e administrativamente pelo exercício irregular de suas atribuições. Contudo, esta última será afastada no caso de absolvição criminal que negue a existência do fato ou sua autoria.

V. Como medida cautelar e a fim de que o servidor não venha a influir na apuração da irregularidade, a autoridade instauradora do processo disciplinar poderá determinar o seu afastamento do exercício do cargo, pelo prazo de até 30(trinta) dias, sem prejuízo da remuneração.

A quantidade de itens <u>CORRETOS</u> é igual a:

a) 1
b) 2
c) 3
d) 4
e) 5

04. (IDECAN – 2019) A respeito do regime disciplinar dos servidores públicos federais, assinale a afirmativa incorreta.

a) A responsabilidade administrativa do servidor público será afastada no caso de absolvição criminal que negue a existência do fato ou sua autoria.
b) Exercer com zelo e dedicação as atribuições do cargo é dever do servidor público.

c) Ao servidor público é proibido manter sob sua chefia imediata, em cargo ou função de confiança, cônjuge, companheiro ou parente de qualquer grau.

d) Ao servidor público é proibido retirar, sem prévia anuência da autoridade competente, qualquer documento ou objeto da repartição.

e) É dever dos servidores públicos representar contra ilegalidade, omissão ou abuso de poder.

05. (CESPE - 2017) Com relação ao Regime Jurídico Único dos Servidores Públicos Civis da União (RJU), assinale a opção correta.

a) A relação jurídica estatutária não tem natureza contratual, tratando-se de relação própria de direito público.

b) A regra que estabelece a nacionalidade brasileira como requisito básico para a investidura em cargo público não comporta exceções.

c) O RJU não é aplicável aos servidores das entidades da administração indireta, mas apenas aos órgãos públicos.

d) Constitui competência comum dos Poderes Executivo e Legislativo a iniciativa de lei que verse sobre o RJU dos servidores da administração direta da União.

e) As diversas categorias de servidores públicos, nelas incluídos os membros da magistratura e da advocacia pública, submetem-se ao regime estatutário previsto na Lei n.º 8.112/1990.

06. (CESPE - 2017) Com relação ao Regime Jurídico Único dos Servidores Públicos Civis da União (RJU), assinale a opção correta.

a) A regra que estabelece a nacionalidade brasileira como requisito básico para a investidura em cargo público não comporta exceções.

b) O RJU não é aplicável aos servidores das entidades da administração indireta, mas apenas aos órgãos públicos.

c) Constitui competência comum dos Poderes Executivo e Legislativo a iniciativa de lei que verse sobre o RJU dos servidores da administração direta da União.

d) As diversas categorias de servidores públicos, nelas incluídos os membros da magistratura e da advocacia pública, submetem-se ao regime estatutário previsto na Lei n.º 8.112/1990.

e) A relação jurídica estatutária não tem natureza contratual, tratando-se de relação própria de direito público.

07. (CESPE - 2017) No que se refere ao Regime Jurídico dos Servidores Públicos Civis da União, assinale a opção correta.

a) A Lei n.º 8.112/1990 reúne as normas aplicáveis aos servidores públicos civis da União, das autarquias e das empresas públicas federais.

b) Tanto os servidores estatutários quanto os celetistas submetem-se ao regime jurídico único da Lei n.º 8.112/1990.

c) Os cargos públicos dos órgãos dos Poderes Legislativo e Judiciário são criados por lei, e os dos órgãos do Poder Executivo, por decreto de iniciativa do presidente da República.

d) O regime estatutário é o regime jurídico próprio das pessoas jurídicas de direito público e dos respectivos órgãos públicos.

e) Consideram-se cargos públicos apenas aqueles para os quais se prevê provimento em caráter efetivo.

08. (CESPE – 2017) Assinale a opção correta acerca dos vencimentos e das remunerações dos servidores públicos.

a) Os acréscimos pecuniários recebidos por servidor público tornam-se vinculativos para o futuro.

b) De regra, é permitida a acumulação remunerada de cargos públicos, ressalvadas as exceções constitucionais.

c) É possível a concessão de equiparação de remuneração de servidores públicos.

d) Os vencimentos dos cargos do Poder Judiciário poderão ser superiores aos pagos pelo Poder Executivo.

e) Como regra, o subsídio e os vencimentos dos ocupantes de cargos e empregos públicos são irredutíveis.

09. (CONSULPLAN – 2017) "Renata, servidora pública federal, com forte engajamento político, decide disputar as eleições para o cargo de Deputada Estadual. Com isso, requer à sua chefia imediata licença de suas funções no órgão em que presta serviço para as atividades políticas necessárias." Sobre o caso, assinale a alternativa correta.

a) Renata terá direito à licença, sem remuneração, caso ocupe cargo de direção, chefia, assessoramento na Administração Pública federal.

b) Renata não terá direito à licença, devendo optar, se eleita, entre o cargo que exerce na Administração Pública Federal e o cargo de Deputada Estadual.

c) Renata não terá direito à licença, tendo em vista a possibilidade de acumulação do cargo na Administração Pública Federal e o cargo de Deputada Estadual.

d) Renata terá direito à licença sem remuneração durante o período entre a sua escolha em convenção partidária e a véspera do registro de sua candidatura perante a Justiça Eleitoral.

10. (FCC – 2017) Joana, servidora pública federal, detentora de cargo efetivo em determinado órgão do Poder Judiciário, será redistribuída para outro

órgão, de acordo com as disposições previstas na Lei nº 8.112/1990. Nesse caso, a redistribuição.

a) seria admissível ainda que Joana não fosse detentora de cargo efetivo, mas sim de cargo em comissão, dada a paridade aplicável às modalidades de cargos.

b) não exige a manutenção da essência das atribuições do cargo.

c) exige apreciação do órgão central do SIPEC, que será prévia à redistribuição ou posterior, dependendo da urgência.

d) deverá ocorrer obrigatoriamente para outro órgão do Poder Judiciário.

e) dar-se-á no interesse da Administração ou do servidor, conforme os demais requisitos aplicáveis ao caso concreto.

11. **(FCC – 2017) Zeus é servidor público titular de cargo efetivo no Tribunal há cinco anos, incluído, nesse lapso temporal, o período de estágio probatório. Zeus pretende afastar-se de seu cargo para a realização de programa de pós-doutorado. Hércules é servidor público titular de cargo efetivo no mesmo Tribunal há três anos e meio, incluído, nesse lapso temporal, o período de estágio probatório e pretende afastar-se de seu cargo para a realização de programa de doutorado. Nos termos da Lei n° 8.112/1990 e, desde que preenchidos os demais requisitos legais, poderão afastar-se, com a respectiva remuneração,**

a) ambos os servidores.

b) apenas Zeus, pois o afastamento pretendido por Hércules exige que o servidor seja titular de cargo efetivo há pelo menos quatro anos, incluído o período de estágio probatório.

c) apenas Hércules, pois o afastamento pretendido por Zeus exige que o servidor seja titular de cargo efetivo há pelo menos seis anos, incluído o período de estágio probatório.

d) nenhum dos servidores.

e) apenas Zeus, pois o afastamento pretendido por Hércules exige que o servidor seja titular de cargo efetivo há pelo menos cinco anos, incluído o período de estágio probatório.

12. **(FCC – 2017) Apolo, Analista do Tribunal, exerceu seu direito de petição em defesa de interesse legítimo, observando os comandos da Lei n° 8.112/1990. Seu requerimento foi indeferido, razão pela qual ingressou com pedido de reconsideração. Sendo provido o pedido de reconsideração, os efeitos dessa decisão.**

a) não retroagem, isto é, os efeitos serão ex tunc; no entanto, será garantida indenização pelos prejuízos eventualmente sofridos.

b) não retroagem, produzindo efeitos *ex nunc*.

c) retroagirão à data da decisão que foi objeto do pedido de reconsideração.

d) retroagirão à data em que exercido o direito de petição.

e) retroagirão à data do ato impugnado.

13. (FCC – 2017) Flora é servidora pública federal e, por preencher os requisitos legais, foi recentemente, promovida. Sua promoção foi concedida em 10 de outubro de 2016 e, um mês depois, ou seja, em 10 de novembro de 2016, ocorreu a publicação do ato de promoção. Nos termos da Lei nº 8.112/1990, a promoção.

a) não interrompe o tempo de exercício, que será contado no novo posicionamento na carreira a partir de 10 de novembro de 2016.

b) interrompe o tempo de exercício, sendo contado no novo posicionamento na carreira a partir de 10 de outubro de 2016.

c) não interrompe o tempo de exercício, que será contado no novo posicionamento na carreira a partir de 10 de outubro de 2016.

d) interrompe o tempo de exercício, sendo contado no novo posicionamento na carreira a partir de 10 de novembro de 2016.

e) interrompe o tempo de exercício, sendo contado no novo posicionamento na carreira a partir de 01 de novembro de 2016, ou seja, no primeiro dia do mês seguinte à promoção.

14. (FCC – 2017) Considere a seguinte situação hipotética: Pedro é servidor público federal há vinte e cinco anos e, em janeiro de 2016, foi nomeado para exercer o cargo de Ministro de Estado, razão pela qual mudou-se, pela primeira vez, da cidade de São Paulo, onde residia, para morar em Brasília com sua companheira Joana. Cumpre salientar que, em dezembro de 2015, a companheira de Pedro adquiriu um imóvel em Brasília com o objetivo de alugá-lo e assim obter uma renda extra, no entanto, o imóvel ainda não foi locado. Nos termos da Lei nº 8.112/1990, Pedro

a) terá direito ao auxílio-moradia se a companheira de Pedro vender o imóvel.

b) não terá direito ao auxílio-moradia, vez que o imóvel de Joana representa impeditivo legal ao aludido benefício.

c) terá direito ao auxílio-moradia, desde que a companheira de Pedro não ocupe imóvel funcional em Brasília.

d) terá direito ao auxílio-moradia, independentemente de qualquer outro requisito legal.

e) não terá direito ao auxílio-moradia, vez que a lei veda tal benefício para o cargo de Ministro de Estado.

15. (FCC – 2017) Joaquim é servidor público federal e está cursando o terceiro ano da faculdade de Direito da sua cidade. Ocorre que Joaquim terá que mudar de sede, no interesse da Administração pública. Nos termos da

Lei nº 8.112/90, desde que preenchidos os demais requisitos legais, será assegurada matrícula em instituição de ensino congênere,

a) apenas no início do próximo ano letivo e desde que exista vaga, arcando a Administração com eventual prejuízo pelo período em que eventualmente fique sem estudar.

b) na localidade da nova residência ou na mais próxima e em qualquer época do ano, independentemente de vaga.

c) exclusivamente na localidade da nova residência, independentemente de vaga.

d) em qualquer época do ano, mas desde que exista vaga, arcando a Administração com eventual prejuízo pelo período em que eventualmente fique sem estudar.

e) apenas no início do próximo ano letivo, independentemente de vaga.

16. (FCC – 2017) Considere:

I. Exercício de cargo ou função de governo ou administração, em qualquer parte do território nacional, por nomeação do Presidente da República.

II. Desempenho de mandato eletivo federal, estadual, municipal ou do Distrito Federal, inclusive para promoção por merecimento.

III. Participação em competição desportiva nacional ou convocação para integrar representação desportiva nacional, no País ou no exterior, conforme disposto em lei específica.

IV. Licença por motivo de acidente em serviço.

Nos termos da Lei nº 8.112/1990, são considerados como de efetivo exercício os afastamentos constantes APENAS em

a) I, II e III.

b) I e III.

c) I, II e IV.

d) I, III e IV.

e) II e IV.

17. (FCC – 2017) Miguel é servidor público federal e pretende licenciar-se do cargo para o desempenho de mandato classista em sindicato representativo da categoria do qual faz parte e que conta com 5.000 associados. Cumpre salientar que o servidor foi eleito para cargo de representação no mencionado sindicato. Nos termos da Lei nº 8.112/1990,

a) o mencionado sindicato comportará até quatro servidores licenciados para o desempenho de mandato classista.

b) a licença perdurará pelo mesmo prazo do mandato, não podendo ser renovada.

c) será assegurado ao servidor o direito à licença sem remuneração para o desempenho do respectivo mandato.

d) não constitui requisito para a mencionada licença que o sindicato seja cadastrado no órgão competente.

e) o mencionado sindicato comportará apenas um servidor licenciado para o desempenho de mandato classista.

18. (CESPE – 2016) Com base nas disposições da Lei n.º 8.112/1990, julgue o item seguinte, a respeito de provimento de vagas no serviço público e direitos e vantagens do servidor público.

Ajuda de custo, diárias, transporte e auxílio-moradia constituem indenizações ao servidor.

( ) Certo

( ) Errado

19. (CESPE – 2016) Com base nas disposições da Lei n.º 8.112/1990, julgue o item seguinte, a respeito de provimento de vagas no serviço público e direitos e vantagens do servidor público.

Nos concursos para provimento de vagas no serviço público, no mínimo, 25% das vagas oferecidas são reservadas às pessoas portadoras de deficiência.

( ) Certo

( ) Errado

20. (CESPE – 2016) Eduardo, servidor público em estágio probatório, frequentemente se ausentava de seu local de trabalho sem justificativa e, quando voltava, se apresentava nitidamente embriagado. Em razão desses fatos, a comissão de ética, tendo apreciado a conduta do servidor, decidiu aplicar a ele a penalidade de advertência. Eduardo foi, então, reprovado no estágio probatório e, por isso, foi demitido, sem que a administração pública tenha observado o contraditório e a ampla defesa.

Considerando essa situação hipotética, julgue o item a seguir.

A atuação da administração pública obedeceu a todos os princípios do processo administrativo.

( ) Certo

( ) Errado

21. (CESPE – 2016) Em conformidade com a Lei n.º 8.112/1990 e suas alterações, julgue o item que se segue.

O valor referente ao pagamento de ajuda de custo, diárias, transporte e auxílio-moradia incorpora-se ao vencimento do servidor público para todos os efeitos.

( ) Certo

( ) Errado

22. **(CESPE – 2016) Em conformidade com a Lei n.º 8.112/1990 e suas alterações, julgue o item que se segue.**

    É lícito ao servidor público requerer licença por motivo de doença do seu enteado, desde que este conste de seu assentamento funcional, mediante comprovação por perícia médica oficial.

    ( ) Certo

    ( ) Errado

23. **(CESPE – 2016) Ainda de acordo com a Lei n.º 8.112/1990 e suas alterações, julgue o item subsequente.**

    Sem qualquer prejuízo, o servidor público poderá se afastar do serviço por oito dias consecutivos em razão de licença gala e licença nojo.

    ( ) Certo

    ( ) Errado

24. **(CESPE – 2016) Ainda de acordo com a Lei n.º 8.112/1990 e suas alterações, julgue o item subsequente.**

    O servidor público, mediante prévia autorização do chefe imediato, pode ausentar-se do serviço durante o expediente.

    ( ) Certo

    ( ) Errado

25. **(CESPE – 2016) Ainda de acordo com a Lei n.º 8.112/1990 e suas alterações, julgue o item subsequente.**

    O servidor público, fora do serviço, poderá emprestar dinheiro a outrem e cobrar-lhe juros superiores a 15% ao ano.

    ( ) Certo

    ( ) Errado

26. **(FCC – 2016) Joana, servidora pública do Tribunal Regional do Trabalho da 20ª Região, é casada com Augusto há cinco anos. Com eles, vive seu sobrinho Gabriel que possui nove anos. Há quinze dias, Gabriel foi acometido por uma grave doença, razão pela qual Joana pretende requerer licença por motivo de doença em pessoa da família. No que concerne à mencionada licença e nos termos da Lei nº 8.112/1990,**

    a) Joana não tem direito à licença, pois a doença deve recair apenas sobre cônjuge ou companheiro, pais ou filhos.

    b) desde que preenchidos os requisitos legais, a licença será deferida ainda que a assistência direta de Joana não seja indispensável, mas se mostre de grande relevância sobretudo para a parte psicológica de Gabriel.

c) Joana tem direito à licença, desde que, dentre outros requisitos, Gabriel viva às suas expensas e conste do seu assentamento funcional, mediante comprovação por perícia médica oficial.

d) ainda que a assistência direta de Joana possa ser prestada simultaneamente com o exercício do cargo ou mediante compensação de horário, isso não inviabiliza o seu direito à licença pretendida, desde que preenchidos os demais requisitos legais.

e) desde que preenchidos os requisitos legais, referida licença poderá ser concedida por até 90 (noventa) dias, consecutivos ou não, mantida a remuneração de Joana.

27. **(FCC – 2016) Júlia é servidora pública federal há cinco anos, no entanto, nos últimos três anos, Júlia esteve em licença para tratar de interesses particulares, tendo retornado ao serviço há um mês. Júlia pretende obter licença para participar de curso de capacitação profissional. Nos termos da Lei nº 8.112/1990, neste momento, Júlia**

a) não tem direito, pois, apenas, a cada triênio de efetivo exercício é que fará jus à licença, licença esta que independe do interesse da Administração.

b) tem direito à licença, que se dará no interesse da Administração e desde que preenchidos os demais requisitos legais.

c) tem direito à licença, independentemente do interesse da Administração, ressaltando-se que, no período da licença, ficará sem remuneração.

d) não tem direito à licença, pois, apenas, a cada quinquênio de efetivo exercício é que fará jus à licença, licença esta que depende do interesse da Administração.

e) tem direito à licença, que independe do interesse da Administração, podendo gozar do afastamento pelo período máximo de dois meses.

28. **(FCC – 2016) Alberto, servidor público federal, foi eleito vereador do Município de Lagarto/SE. O citado vereador pretendia conciliar seu cargo com o cargo eletivo, no entanto, inexiste compatibilidade de horário para tanto, razão pela qual ficará afastado do cargo efetivo. Nos termos da Lei nº 8.112/1990, Alberto**

a) poderá optar pela sua remuneração.

b) poderá ser removido ou redistribuído de ofício para localidade diversa daquela onde exerce o mandato.

c) não deverá contribuir para a seguridade social no período do afastamento.

d) ficaria afastado do cargo efetivo, ainda que houvesse compatibilidade de horário, vez que a lei veda o exercício cumulativo de cargos nessa hipótese.

e) receberá obrigatoriamente a remuneração do cargo eletivo.

29. **(FCC – 2016) Joaquim é Técnico de Enfermagem no Tribunal Regional do Trabalho da 20a Região. Há um ano, Joaquim está afastado de seu cargo por motivo de licença para tratar de assuntos particulares. Nos termos da Lei nº 8.112/1990, a mencionada licença poderá ser**

a) interrompida a qualquer tempo, não se exigindo um prazo mínimo para tanto.

b) renovada, no entanto, não comporta interrupção, devendo transcorrer seu prazo integral, para então ser declarada encerrada

c) interrompida apenas no interesse do serviço e não a pedido do servidor.

d) concedida pelo prazo máximo de dois anos consecutivos.

e) usufruída, mantendo o servidor a sua remuneração.

30. **(FCC – 2016) João é servidor público do Tribunal Regional do Trabalho da 20ª Região e foi cedido para o Estado de Sergipe, a fim de exercer cargo em comissão no Tribunal de Justiça do Estado. Magda é servidora do Tribunal Regional do Trabalho da 20ª Região e foi cedida para autarquia federal, também para exercer cargo em comissão. Nos termos da Lei nº 8.112/1990, o ônus da remuneração será do**

a) Tribunal de Justiça no caso de João e do Tribunal Regional do Trabalho da 20ª Região no caso de Magda.

b) Tribunal de Justiça no caso de João e da autarquia federal no caso de Magda.

c) Tribunal Regional do Trabalho da 20ª Região em ambos os casos.

d) Tribunal Regional do Trabalho da 20ª Região no caso de João e da autarquia federal no caso de Magda.

e) cessionário e do cedente em ambos os casos, ou seja, os entes repartirão as despesas com a remuneração dos servidores.

31. **(CESPE – 2016) Com base no disposto no Decreto n.º 6.029/2007 e na Lei n.º 8.112/1990, julgue o item subsequente, que versam sobre direitos e deveres de servidores públicos.**

É proibido ao servidor público atuar como intermediário junto a repartições públicas, salvo quando se tratar de benefícios previdenciários ou assistenciais de parentes até o segundo grau e de cônjuge ou companheiro.

( ) Certo

( ) Errado

32. **(CESPE – 2016) Considerando que determinado servidor público federal tenha sido removido para outra sede, situada em outro município, para acompanhar sua esposa, que também é servidora pública federal e foi removida no interesse da administração, julgue o item seguinte à luz do disposto na Lei n.º 8.112/1990.**

Ainda que o servidor e sua esposa sejam integrantes de órgãos pertencentes a poderes distintos da União, a remoção do servidor poderia ser concedida.

( ) Certo

( ) Errado

33. **(CESPE – 2016) Considerando que determinado servidor público federal tenha sido removido para outra sede, situada em outro município, para acompanhar sua esposa, que também é servidora pública federal e foi removida no interesse da administração, julgue o item seguinte à luz do disposto na Lei n.º 8.112/1990.**

    É correto inferir que houve interesse da administração na remoção do servidor, pois esse é um dos requisitos para sua concessão.

    ( ) Certo

    ( ) Errado

34. **(CESPE – 2016) Considerando que determinado servidor público federal tenha sido removido para outra sede, situada em outro município, para acompanhar sua esposa, que também é servidora pública federal e foi removida no interesse da administração, julgue o item seguinte à luz do disposto na Lei n.º 8.112/1990.**

    A referida remoção pressupõe o deslocamento do cargo ocupado pelo servidor para outro órgão ou entidade do mesmo poder.

    ( ) Certo

    ( ) Errado

35. **(CESPE – 2016) Considerando que determinado servidor público federal tenha sido removido para outra sede, situada em outro município, para acompanhar sua esposa, que também é servidora pública federal e foi removida no interesse da administração, julgue o item seguinte à luz do disposto na Lei n.º 8.112/1990.**

    O período de afastamento do servidor para o deslocamento e para a retomada do exercício do cargo no novo município, observados os limites legais, é considerado como de efetivo exercício.

    ( ) Certo

    ( ) Errado

36. **(CESPE – 2016) Julgue o item subsecutivo conforme o disposto na Lei n.º 8.112/1990.**

    Como medida que contribui para a melhoria da qualidade de vida do servidor público, é-lhe facultado optar pela acumulação de períodos de

licença-capacitação, caso não seja possível usufruí-los após cada período aquisitivo.

( ) Certo

( ) Errado

37. **(CESPE – 2016) Julgue o item subsecutivo conforme o disposto na Lei n.º 8.112/1990.**

    Em conformidade com a Lei n.º 8.112/1990, o servidor público poderá ser afastado do Brasil para missão oficial por tempo indeterminado.

    ( ) Certo

    ( ) Errado

38. **(FCC – 2016) Segundo a Lei n° 8.112/90, que dispõe sobre o regime jurídico único dos servidores públicos civis da união, autarquias e fundações públicas federais,**

    a) o servidor público deverá se afastar do cargo quando investido, além de outros, nos seguintes mandatos eletivos: deputado federal, governador de estado, deputado estadual, prefeito municipal e vereador.

    b) são, dentre outros, requisitos para a investidura em cargo público, ter idade mínima de 18 anos, estar no gozo dos direitos políticos, ser brasileiro nato e a quitação com obrigações eleitorais.

    c) também são formas de provimento em cargo público: reintegração, promoção, reversão, nomeação e conversão.

    d) a posse em cargo público, que ocorre apenas no provimento por nomeação, pode se dar por procuração específica, desde que o agente justifique o motivo da impossibilidade de comparecimento ao ato.

    e) é direito do servidor público licenciar-se, sem remuneração, para o exercício de mandato em associação de classe de âmbito nacional, computando-se este tempo como de efetivo serviço, exceto para promoção por merecimento.

39. **(FGV – 2016) A posse dar-se-á pela assinatura do respectivo termo, no qual deverão constar as atribuições, os deveres, as responsabilidades e os direitos inerentes ao cargo ocupado. Nesse contexto, a Lei nº 8.112/90 estabelece que:**

    a) a posse ocorre no prazo de dez dias contados da publicação do ato de provimento;

    b) a posse em cargo público independe de prévia inspeção médica oficial para atestar a aptidão física e mental para o exercício do cargo;

    c) o prazo para o servidor empossado em cargo público entrar em exercício é de quinze dias contados da data da posse;

d) o servidor apresenta, no ato da posse, declaração quanto à acumulação de outro cargo público, sendo vedado exigir-lhe declaração de bens de seu patrimônio;

e) o servidor que não entrar em exercício no prazo legal é demitido do cargo para o qual foi nomeado e empossado.

40. (FGV – 2016) João, servidor estável de fundação pública federal, foi aposentado por invalidez. Três meses depois, após criteriosa análise clínica e de exames, a junta médica oficial declarou insubsistentes os motivos de sua aposentadoria. Assim, com base na Lei nº 8.112/90, foi determinado o retorno de João à atividade mediante a:

a) reintegração, que ocorre com ressarcimento de todas as vantagens eventualmente retiradas do servidor;

b) recondução, que se dá no cargo de origem ou em outro de igual ou superior hierarquia;

c) reversão, que se faz no mesmo cargo ou no cargo resultante de sua transformação;

d) disponibilidade, que ocorre com aproveitamento obrigatório em cargo de atribuições e vencimentos compatíveis com o anteriormente ocupado;

e) readaptação, que se perfaz em cargo de atribuições e responsabilidades compatíveis com a limitação que tenha sofrido em sua capacidade física ou mental.

41. (FGV – 2016) Além do vencimento e das vantagens previstas na Lei nº 8.112/90, são deferidos aos servidores diversas retribuições, gratificações e adicionais, como:

a) os adicionais de insalubridade e de periculosidade, que podem ser recebidos cumulativamente pelo servidor que fizer jus e que cessam com a eliminação das condições ou dos riscos que deram causa a sua concessão;

b) o adicional por serviço extraordinário, que é remunerado com acréscimo de 50% (cinquenta por cento) em relação à hora normal de trabalho e somente é permitido para atender a situações excepcionais e temporárias;

c) o adicional noturno, que é devido ao servidor que prestar serviço em horário compreendido entre 24 (vinte e quatro) horas de um dia e 6 (seis) horas do dia seguinte e terá o valor-hora acrescido de 50% (cinquenta por cento);

d) a gratificação por encargo de curso ou concurso, que é devida ao servidor que, em caráter permanente, atuar como instrutor em curso de formação ou de treinamento instituído no âmbito da administração pública federal;

e) a gratificação natalina, que corresponde a 1/12 (um doze avos) da remuneração a que o servidor fizer jus no mês de dezembro, por mês de exercício no respectivo ano e é considerada para cálculo de todas as vantagens pecuniárias.

42. (FGV – 2016) Em relação à licença por motivo de doença em pessoa da família, a Lei nº 8.112/90 dispõe que:

a) será concedida ao servidor por motivo de doença de dependente que viva a suas expensas, independentemente de constar do seu assentamento funcional, mediante comprovação por perícia médica oficial;

b) poderá ser concedida, incluídas as prorrogações, a cada período de doze meses por até 60 (sessenta) dias, consecutivos ou não, mantida a remuneração do servidor e por até 90 (noventa) dias, consecutivos ou não, sem remuneração;

c) será concedida, incluídas as prorrogações, a cada período de doze meses por até 90 (noventa) dias, consecutivos ou não, mantida a remuneração do servidor e mediante comprovação a ser renovada mensalmente por perícia médica oficial;

d) poderá ser concedida, incluídas as prorrogações, a cada período de doze meses por até 60 (sessenta) dias, consecutivos ou não, sem remuneração e somente será deferida se a assistência do servidor for indispensável e não puder ser prestada junto com o exercício do cargo;

e) será concedida ao servidor por motivo de doença de parente até o segundo grau civil, que conste do seu assentamento funcional, independentemente de comprovação por perícia médica oficial que só é exigível quando se tratar de licença para tratamento da saúde do próprio servidor.

43. (FGV – 2016) Ricardo, servidor estável de fundação pública federal, valendo-se de sua excelente fama como administrador na cidade onde nasceu, conseguiu eleger-se Prefeito nas últimas eleições municipais. De acordo com os ditames da Lei nº 8.112/90, Ricardo:

a) poderá acumular o exercício do cargo efetivo com o cargo eletivo, se houver compatibilidade de horário, auferindo ambas as remunerações;

b) poderá acumular o exercício do cargo efetivo com o cargo eletivo, se houver compatibilidade de horário, mas optará por uma das remunerações;

c) não poderá acumular o exercício de ambos os cargos, se não houver compatibilidade de horário, e receberá o subsídio do Prefeito somadas as vantagens pessoais do cargo efetivo;

d) será afastado do cargo efetivo, sendo-lhe facultado optar pela sua remuneração do cargo efetivo ou do cargo eletivo;

e) será afastado do cargo efetivo, sendo-lhe obrigatório auferir o subsídio e as respectivas vantagens do cargo eletivo.

44. (FGV – 2016) Em matéria de regime disciplinar, a Lei nº 8.112/90 estabelece que ao servidor é proibido:

a) manter sob sua chefia imediata, em cargo ou função de confiança, parente de terceiro grau civil;

b) participar, na qualidade de acionista, cotista ou comanditário, de sociedade privada;

c) cometer a outro servidor atribuições estranhas ao cargo que ocupa, exceto em situações de emergência e transitórias;

d) atuar, como procurador ou intermediário, junto a repartições públicas, para tratar de benefícios previdenciários ou assistenciais de seu cônjuge;

e) retirar, independentemente de prévia anuência da autoridade competente, qualquer documento ou objeto da repartição.

45. (FGV – 2016) Em relação à aplicação de penalidades disciplinares, a Lei nº 8.112/90 dispõe que:

a) a aplicação das sanções considerará a natureza e a gravidade da infração cometida, bem como as circunstâncias agravantes ou atenuantes e os antecedentes funcionais, desconsiderados os danos que da infração provierem para o serviço público;

b) a advertência será aplicada verbalmente e de forma reservada, nos casos de violação leve de dever funcional previstos em lei, regulamentação ou norma interna, que não justifique imposição de penalidade mais grave;

c) as penalidades de advertência e de suspensão terão seus registros cancelados, após o decurso de 3 (três) e 5 (cinco) anos de efetivo exercício, respectivamente, se o servidor não houver, nesse período, praticado nova infração disciplinar;

d) a suspensão de até 30 (trinta) dias será aplicada ao servidor que, injustificadamente, recusar-se a ser submetido a inspeção médica determinada pela autoridade competente, mantidos os efeitos da penalidade uma vez cumprida a determinação;

e) a suspensão será aplicada em caso de reincidência das faltas punidas com censura e de violação das demais proibições que não tipifiquem infração sujeita a penalidade de demissão, não podendo exceder de 60 (sessenta) dias.

46. (FGV – 2016) Renato, servidor estável de fundação pública federal, praticou incontinência pública e conduta escandalosa, na repartição onde está lotado. Após regular processo administrativo disciplinar, instruído com vídeo que registrou o episódio, de acordo com a Lei nº 8.112/90, Renato está sujeito, em tese, à sanção disciplinar de:

a) demissão, que prescreve em 5 (cinco) anos;

b) exoneração, que prescreve em 3 (três) anos;

c) suspensão por 90 (noventa) dias, que prescreve em 3 (três) anos;

d) suspensão por 30 (trinta) dias, que prescreve em 2 (dois) anos;

e) advertência, que prescreve em 180 (cento e oitenta) dias.

47. (FGV – 2016) A autoridade que tiver ciência de irregularidade no serviço público é obrigada a promover a sua apuração imediata. Consoante dispõe a Lei nº 8.112/90, a sindicância:

a) pode resultar em aplicação de penalidade de advertência ou suspensão de até 30 (trinta) dias;
b) é procedimento sumário que apura falta funcional leve e prescinde da ampla defesa ao investigado;
c) pode ensejar aplicação direta de penalidade de demissão, desde que observados o contraditório e a ampla defesa;
d) tem prazo para conclusão de até 60 (sessenta) dias, podendo ser prorrogado por igual período, a critério da autoridade superior;
e) segue procedimento sumário, suprimindo a fase de instauração e passando direto para alegações finais quando o fato narrado não configurar evidente infração disciplinar.

48. (FGV – 2016) Em matéria de processos administrativos disciplinares, especificamente quanto ao regime jurídico de suas comissões, a Lei nº 8.112/90 estabelece que:

a) o processo disciplinar será conduzido por comissão composta de cinco servidores estáveis designados pela autoridade competente;
b) o presidente da comissão deverá ser ocupante de cargo efetivo superior ou de mesmo nível, ou ter nível de escolaridade igual ou superior ao do indiciado;
c) as reuniões e as audiências das comissões serão públicas e agendadas com antecedência de no mínimo 3 (três) dias, vedado terem caráter reservado;
d) o prazo para a conclusão do processo disciplinar não excederá 90 (noventa) dias, contados da data de publicação do ato que constituir a comissão, permitida uma prorrogação;
e) os membros da comissão dedicarão parcialmente seu tempo aos trabalhos disciplinares, sem prejuízo das funções de seus cargos originais, vedada a dispensa do ponto em qualquer caso.

49. (FGV – 2016) O inquérito administrativo, fase do processo disciplinar, obedece ao princípio do contraditório, assegurada ao acusado a ampla defesa, com a utilização dos meios e recursos admitidos em direito. Nesse contexto, a Lei nº 8.112/90 dispõe que:

a) os autos da sindicância não poderão integrar o processo disciplinar, como peça informativa da instrução, diante do princípio da instrumentalidade das formas, e todas as provas produzidas anteriormente deverão ser repetidas, em respeito ao princípio da ampla defesa;
b) na hipótese de o relatório da sindicância concluir que a infração está capitulada como ilícito penal, a autoridade competente encaminhará cópia dos autos à Defensoria Pública, para as providências cabíveis no âmbito da persecução penal;

c) na fase do inquérito, a comissão promoverá a tomada de depoimentos, acareações, investigações e diligências cabíveis, objetivando a coleta de prova, recorrendo, quando necessário, a técnicos e peritos, de modo a permitir a completa elucidação dos fatos;

d) ao servidor é vedado o direito de acompanhar o processo pessoalmente, mas poderá fazê-lo por intermédio de seu advogado, que pode arrolar e reinquirir testemunhas, produzir provas e contraprovas e formular quesitos, quando se tratar de prova pericial;

e) a comissão promoverá o interrogatório do acusado antes da inquirição das testemunhas, cujo depoimento será prestado oralmente e reduzido a termo, sendo lícito à testemunha trazê-lo por escrito, a fim de não se esquecer de detalhes imprescindíveis à total elucidação dos fatos apurados.

50. (FGV – 2016) A Lei nº 8.112/90 prevê que, quando se aduzirem fatos novos ou circunstâncias suscetíveis de justificar a inocência do punido ou a inadequação da penalidade aplicada, o processo disciplinar poderá ser revisto. Nesse contexto, o citado diploma legal estabelece que a revisão do processo disciplinar:

a) pode ser requerida no prazo máximo de 5 (cinco) anos, contados da data da publicação da aplicação da sanção disciplinar objeto da revisão, e não poderá resultar agravamento de penalidade;

b) é requerida pelo respectivo curador, no caso de incapacidade mental do servidor, vedada a revisão após o falecimento, a declaração de ausência ou o desaparecimento do servidor;

c) pode ser iniciada por alegação formal de injustiça da penalidade, que constitui fundamento para a revisão das provas não apreciadas corretamente no processo originário;

d) tem seu julgamento feito por autoridade de igual ou superior nível hierárquico e diversa daquela que aplicou originalmente a penalidade objeto da revisão, para garantir a imparcialidade do órgão julgador;

e) julgada procedente acarreta a declaração de "sem efeito" à penalidade aplicada, restabelecendo-se todos os direitos do servidor, exceto em relação à destituição do cargo em comissão, que será convertida em exoneração.

51. (FGV – 2016) Michele, servidora pública de autarquia federal há 5 anos, requer sua aposentadoria. Anteriormente, Michele ocupou, por 6 anos, cargo na Administração Pública Direta da União. Antes de ingressar na Administração Pública, foi funcionária registrada em empresa de gestão de recursos humanos. Michele possui idade suficiente para requerer a aposentadoria voluntária. Nesse caso, Michele:

a) não poderá se aposentar do serviço público antes de cumprir 10 anos de efetivo exercício no mesmo cargo;

b) deverá aguardar pela aposentadoria compulsória, que se dá em qualquer caso, com proventos integrais do cargo em que se encontra o servidor;

c) poderá se aposentar, uma vez que é contabilizado, para efeito de aposentadoria, o tempo de serviço em atividade privada, vinculada à Previdência Social;

d) caso tenha ingressado posteriormente a 2003, fará jus à aposentadoria integral;

e) deverá se aposentar necessariamente pelo Regime Geral de Previdência Social, por ter atuado por mais tempo no setor privado.

52. (FGV – 2016) Em relação à licença para capacitação, à licença para tratar de interesses particulares e à licença para o desempenho de mandato classista, considerando (V) para a(s) verdadeira(s) e (F) para a(s) falsa(s), analise as afirmativas a seguir:

( ) A licença para capacitação e a licença para tratar de interesses particulares são cedidas pelo prazo de até 3 (três) anos consecutivos, sem remuneração.

( ) A licença para desempenho de mandato classista é assegurada, sem remuneração, ao servidor público, para o desempenho de mandato em confederação, federação, associação de classe de âmbito nacional, sindicato representativo da categoria ou entidade fiscalizadora da profissão.

( ) Um dos requisitos para concessão da licença para capacitação é que o servidor não tenha se afastado para tratar de assuntos particulares nos 2 (dois) anos anteriores à data da solicitação de afastamento para a capacitação.

( ) A licença para tratar de assuntos particulares é cedida com remuneração, haja vista o princípio de irredutibilidade remuneratória do servidor público.

A sequência correta é:

a) F, V, V, F;

b) F, F, V, V;

c) V, V, V, F;

d) F, V, F, F;

e) V, V, F, V.

53. (FGV – 2016) Leandro, servidor estável de fundação pública federal, durante suas férias, ao realizar um voo radical de parapente, sofreu um acidente que causou limitação em sua capacidade física, conforme verificado em inspeção médica oficial. De acordo com a Lei nº 8.112/90, Leandro será:

a) exonerado, pois não existe nexo de causalidade entre o acidente que lhe causou as limitações e o exercício das funções afetas ao cargo público de que é titular;

b) reintegrado ao cargo anteriormente ocupado, ou no cargo resultante de sua transformação, e exercerá suas funções, respeitada sua nova condição, com vencimentos não inferiores aos anteriormente auferidos;

c) reconduzido em cargo de atribuições e vencimentos compatíveis com o anteriormente ocupado, com redução da jornada de trabalho, de acordo com a natureza das limitações que sofreu;

d) readaptado em cargo de atribuições e responsabilidades compatíveis com a limitação que sofreu, respeitada a habilitação exigida, o nível de escolaridade e a equivalência de vencimentos;

e) aproveitado em vaga que vier a ocorrer nos órgãos ou entidades da Administração Pública Federal, com redução proporcional da jornada de trabalho e de seus vencimentos, respeitada a limitação que sofreu.

54. (FGV – 2016) Em relação à indenização na modalidade ajuda de custo a um servidor de fundação pública federal, a Lei nº 8.112/90 estabelece que:

a) não será concedida na hipótese de remoção a pedido do servidor para outra localidade, independentemente do interesse da Administração;

b) não será concedida àquele que, não sendo servidor da União, for nomeado para cargo em comissão, com mudança de domicílio;

c) terá como teto o valor correspondente a cinco vezes a remuneração do servidor;

d) será concedida ao servidor que se afastar do cargo, ou reassumi-lo, em virtude de mandato eletivo;

e) ficará o servidor obrigado a restituí-la quando não se apresentar na nova sede no prazo de 5 (cinco) dias.

55. (FGV – 2016) João, servidor público civil estável de fundação pública federal, revelou segredo do qual se apropriou em razão do cargo, por meio de ampla divulgação em redes sociais. De acordo com os ditames da Lei nº 8.112/90, após regular processo administrativo disciplinar, João está sujeito à:

a) advertência administrativa e multa civil;

b) retratação civil e multa administrativa;

c) retratação civil e suspensão administrativa;

d) sanção disciplinar de suspensão;

e) sanção disciplinar de demissão.

56. (FGV – 2016) Consoante dispõe a Lei nº 8.112/90, sem qualquer prejuízo, poderá um servidor civil de fundação pública federal ausentar-se do serviço:

a) por 3 (três) dias, para alistamento ou recadastramento eleitoral fora da sede onde está lotado;

b) por 15 (quinze) dias, em razão de falecimento de parente até o segundo grau;

c) por 3 (três) dias, para manifestação sindical de greve;

d) por 5 (cinco) dias consecutivos, em razão de casamento;

e) por 1 (um) dia, para doação de sangue.

57. (FCC – 2016) Arnaldo é servidor público estatutário há cerca de dez anos, classificado no setor de transportes da secretaria da educação e responsável pela logística das peruas que fazem o deslocamento dos alunos no trajeto casa-escola, escola-casa.

No último mês, a diretoria da escola e a delegacia de ensino local começaram a receber diversas criticas sobre falhas no serviço de transporte das crianças, a ponto de terem sido narrados episódios de alunos que não foram incluídos no rol de atendimento, não obstante regularmente inscritos para tanto.

Diante da recorrência, foi instaurada sindicância para apuração do ocorrido e identificado que Arnaldo não vinha realizando as programações de itinerário corretamente, comparecendo em repartições diversas para trabalhar, não no local correto.

Instaurado processo administrativo disciplinar, a comissão disciplinar, no curso do inquérito administrativo, de acordo com o que dispõe a Lei n° 8.112/1990,

a) deverá providenciar a realização de perícia judicial, para atestar as condições de sanidade mental do acusado antes do prosseguimento do processo.

b) poderá denegar pedidos de vista dos autos na fase de instrução, inclusive do acusado, tendo em vista que a oportunidade de defesa e contraditório se exerce na fase de defesa.

c) poderá, com base nos elementos constantes da sindicância, propor que o acusado seja submetido a exame por junta médica oficial, caso exista dúvida sobre a sanidade mental do acusado.

d) deverá requerer que a sindicância, excepcionalmente, integre os autos do processo administrativo quando houver indícios de insanidade mental, para evitar a repetição de provas e possibilitar que o perito judicial designado administrativamente possa opinar sobre os fatos lá apurados.

e) poderá processar nos mesmos autos o incidente de sanidade mental, aproveitando a instrução do inquérito, para decidir pela conversão de sanção administrativa por medida de segurança.

58. (FCC – 2016) O descumprimento de deveres e obrigações pode dar ensejo à aplicação de penalidades, devendo ser respeitada a relação entre a natureza e especificidade da sanção e a competência para sua imposição, tal como prevista na Lei n° 8.112/1990, do que é exemplo a penalidade de

a) suspensão superior a 30 dias, cuja competência para aplicação é privativa da autoridade máxima do ente ao qual esteja vinculado o servidor, qual seja, por exemplo, o Presidente do Tribunal Federal em questão.

b) suspensão, seja qual for o prazo, em razão da gravidade, privativa da autoridade de hierarquia imediatamente inferior à autoridade máxima do ente ao qual esteja vinculado o servidor, ou seja, por exemplo, Ministro de Estado.

c) demissão, privativa da autoridade máxima do órgão do ente ao qual esteja vinculado o servidor, ou seja, por exemplo, Ministro de Estado ou Presidente de Tribunal Federal.

d) cassação de aposentadoria, a ser aplicada pela autoridade máxima do ente ao qual esteja vinculado o servidor, como, por exemplo, o Presidente da República.

e) cassação de aposentadoria ou suspensão por prazo superior a 30 dias, cuja aplicação é competência privativa da autoridade máxima do ente ao qual esteja vinculado o servidor, ou seja, por exemplo, Ministro de Estado ou Presidente de Tribunal Federal.

59. (FCC – 2016) Sobre o provimento de cargos públicos com base na Lei n° 8.112/1990 considere:

I. A subscrição do termo de posse pelo servidor ocupante de cargo em comissão dá início a contagem do prazo para o efetivo exercício, que não pode exceder 30 dias, hipótese em que esse período já pode ser considerado para fins remuneratórios.

II. Os cargos de provimento por nomeação ensejam posse por parte do servidor público, que se exerce mediante subscrição do respectivo termo, do qual constam os direitos e as responsabilidades inerentes ao cargo, bem como eventuais alterações nos deveres que sejam unilateralmente impostas pela Administração pública.

III. Os cargos públicos que dependem de nomeação sujeitam o servidor ao empossamento, cujo prazo não se confunde com o legalmente fixado para o início do exercício, que se dá com o efetivo desempenho das atribuições daquele cargo.

Está correto o que consta em

a) I, II e III.

b) II e III, apenas.

c) I, apenas.

d) III, apenas.

e) II, apenas.

60. (FCC – 2016) Dentre as vantagens expressamente previstas na Lei n° 8.112/1990 para os servidores, além dos vencimentos já previstos para remuneração,

a) a gratificação natalina é a única vantagem que integra os vencimentos para fins de cálculo de outras vantagens e adicionais.

b) o fato gerador do adicional de insalubridade, em razão de sua distinção, não elide que o servidor perceba também o adicional de periculosidade, mas somente este último pode integrar a remuneração dos servidores.

c) tanto o adicional de insalubridade, quando o adicional de periculosidade integram a remuneração dos servidores quando configurada habitualidade por tempo superior ao previsto para o estágio probatório definido para o cargo ocupado.

d) o adicional por serviço extraordinário é obrigatoriamente remunerado com acréscimo em relação à hora normal de trabalho, não admitindo integração à remuneração, em razão de sua natureza indenizatória.

e) a gratificação natalina não é considerada para fins de cálculo de outras vantagens pecuniárias, mas não afasta o pagamento do adicional de insalubridade ou de periculosidade, cabendo ao servidor, entretanto, optar por um dentre esses últimos.

61. (FCC – 2016) Mario é Analista do Tribunal Regional Federal da 3ª Região, ainda em estágio probatório, e pretende licenciar-se para tratar de interesses particulares. Já Alessandra, também Analista do Tribunal Regional Federal da 3ª Região, obteve licença para tratar de interesses particulares há um ano e pretende que sua licença perdure por mais três anos. Nos termos da Lei nº 8.112/1990, Mario

a) não tem direito à mencionada licença e Alessandra poderá licenciar-se pelo prazo máximo de três anos consecutivos

b) faz jus à mencionada licença, desde que preenchidos os demais requisitos legais, e Alessandra poderá licenciar-se pelo prazo máximo de dois anos consecutivos.

c) não tem direito à mencionada licença e Alessandra poderá licenciar-se pelo prazo máximo de cinco anos, consecutivos ou não.

d) faz jus à mencionada licença, desde que preenchidos os demais requisitos legais e Alessandra poderá licenciar-se pelo prazo máximo de cinco anos consecutivos.

e) não faz jus à mencionada licença e Alessandra poderá licenciar-se pelo prazo máximo de dois anos consecutivos.

62. (FCC – 2016) Aristides, Analista do Tribunal Regional Federal da 3ª Região, foi cedido ao Tribunal de Justiça do Estado de São Paulo, para o exercício de cargo em comissão. No caso narrado, nos termos da Lei n°8.112/1990, o ônus da remuneração será

a) compartilhado por ambos os Tribunais; no entanto, o Tribunal de Justiça arcará com um terço da remuneração e o Tribunal Regional Federal com o restante.

b) do Tribunal Regional Federal da 3a Região.

c) compartilhado por ambos os Tribunais, arcando cada um com metade da remuneração.

d) compartilhado por ambos os Tribunais; no entanto, o Tribunal de Justiça arcará com dois terços da remuneração e o Tribunal Regional Federal com o restante.

e) do Tribunal de Justiça do Estado de São Paulo.

63. (FCC – 2016) Joaquina, servidora pública do Tribunal Regional Federal da 3ª Região, ausentou-se do serviço durante o expediente, sem prévia autorização do seu chefe imediato. Já Josefa, também servidora pública do Tribunal Regional Federal da 3ª Região, retirou sem prévia autorização da autoridade competente, determinado documento da repartição pública. Cumpre salientar que ambas as servidoras tinham histórico exemplar, sem nunca terem sofrido qualquer penalidade administrativa. Nos termos da Lei nº 8.112/1990,

a) apenas Joaquina está sujeita a determinada penalidade administrativa, sendo que a ação disciplinar para a penalidade cabível prescreverá em dois anos.

b) ambas servidoras estão sujeitas a determinada penalidade administrativa, sendo que a ação disciplinar para a penalidade cabível prescreverá em 180 dias.

c) nenhuma das servidoras está sujeita a qualquer penalidade, sendo apenas avisadas para que tais condutas não se repitam mais.

d) apenas Josefa está sujeita a determinada penalidade administrativa, sendo que a ação disciplinar para a penalidade cabível prescreverá em dois anos.

e) ambas servidoras estão sujeitas a determinada penalidade administrativa, sendo que a ação disciplinar para a penalidade cabível prescreverá em dois anos.

64. (FCC – 2016) Francisco é servidor público do Tribunal Regional Federal da 3ª Região, tendo sido processado administrativamente em razão da prática de conduta sujeita à penalidade de suspensão. No curso do processo disciplinar, Francisco preencheu os requisitos legais para sua aposentadoria. Em razão disso, pleiteou à autoridade competente a extinção do processo disciplinar e a concessão da aposentadoria. Nos termos da Lei nº 8.112/1990,

a) Francisco somente poderá ser aposentado voluntariamente após a conclusão do processo e o cumprimento da penalidade, acaso aplicada.

b) deve ser imediatamente concedida a aposentadoria voluntária de Francisco; no entanto, o processo deverá prosseguir até seu desfecho final e, se concluída pela falta, a sanção será convertida em multa pecuniária.

c) o processo deverá ser extinto, em razão do preenchimento dos requisitos para a aposentadoria voluntária.

d) Francisco somente poderá ser aposentado voluntariamente após a conclusão do processo, não sendo necessário que se aguarde o cumprimento da penalidade, pois poderá cumpri-la de outra forma, ou seja, mediante o pagamento de multa.

e) a instauração do processo disciplinar suspende os requisitos para a aposentadoria voluntária, isto é, Francisco somente preencherá os requisitos para aposentar-se após o trânsito em julgado do processo disciplinar.

65. **(FCC – 2016) João, servidor público federal, foi convocado para o serviço militar, razão pela qual lhe foi concedida licença, na forma e condições previstas na legislação específica. Nos termos da Lei nº 8.112/1990, concluído o serviço militar, João**

a) terá quinze dias com remuneração para reassumir o exercício do cargo.

b) deverá imediatamente reassumir o exercício do cargo.

c) terá somente quinze dias sem remuneração para reassumir o exercício do cargo.

d) terá quarenta e cinco dias sem remuneração para reassumir o exercício do cargo.

e) terá até trinta dias sem remuneração para reassumir o exercício do cargo.

66. **(FCC - 2016) Considere três situações:**

I. Claudio, servidor público federal, afastou-se da sua sede de trabalho, em caráter eventual e transitório, para outro ponto do território nacional, entretanto, o mencionado deslocamento não exige pernoite fora da sede.

II. Já Manoela, também servidora pública federal, afastou-se da sua sede de trabalho, em caráter eventual e transitório, para o exterior.

III. Por fim, Rômulo, também servidor público federal, afastou-se da sua sede de trabalho, em caráter eventual e transitório, sendo o mencionado deslocamento dentro da mesma região metropolitana e não exigindo pernoite fora da sede. Nos termos da Lei nº 8.112/1990, as diárias são devidas

a) em nenhum dos casos narrados.

b) apenas nos itens II e III, sendo em ambos os casos devidas integralmente.

c) nos itens I, II e III, sendo em todos os casos devidas integralmente.

d) apenas nos itens I e III, sendo no item III, devidas pela metade.

e) apenas nos itens I e II, sendo no item I, devidas pela metade.

67. **(FCC - 2016) Ricardo, servidor público do Tribunal Regional Federal da 3ª Região, foi condenado administrativamente à penalidade de demissão. Já seu colega Bernardo, também servidor público do Tribunal Regional**

Federal da 3ª Região e ocupante de cargo em comissão, foi condenado administrativamente à penalidade de destituição do cargo em comissão. Nos termos da Lei n° 8.112/1990, as mencionadas penalidades disciplinares foram aplicadas

a) pelo Presidente do Tribunal Regional Federal da 3ª Região e pela autoridade que nomeou Bernardo para o cargo em comissão, respectivamente.

b) pelo Presidente do Tribunal Regional Federal da 3ª Região em ambos os casos, não importando, na segunda hipótese, qual autoridade nomeou Bernardo para o cargo em comissão.

c) pela autoridade administrativa de hierarquia imediatamente inferior à do Presidente do Tribunal Regional Federal da 3ª Região em ambos os casos, não importando, na segunda hipótese, qual autoridade nomeou Bernardo para o cargo em comissão.

d) pela autoridade administrativa de hierarquia imediatamente inferior à do Presidente do Tribunal Regional Federal da 3ª Região e pela autoridade que nomeou Bernardo para o cargo em comissão, respectivamente.

e) pela autoridade administrativa de hierarquia imediatamente inferior à do Presidente do Tribunal Regional Federal da 3ª Região e pelo Presidente do Tribunal Regional Federal da 3ª Região, respectivamente.

68. (FCC – 2016) O processo disciplinar será conduzido por comissão composta de servidores estáveis, designados pela autoridade competente. A propósito do tema, considere:

I. O processo disciplinar será conduzido por comissão composta de cinco servidores estáveis.

II. A comissão terá como secretário servidor designado pelo seu presidente, não podendo a indicação recair em um de seus membros.

III. Poderá participar de comissão de sindicância ou de inquérito, parente do acusado, em linha colateral, de terceiro grau.

IV. As audiências das comissões terão caráter reservado.

Nos termos da Lei n° 8.112/1990, está correto o que consta APENAS em

a) I, II e III.

b) IV.

c) I e II.

d) II.

e) I, III e IV.

69. (FCC – 2016) Débora, servidora pública do Tribunal Regional Federal da 3ª Região, solicitou remoção para outra localidade, para acompanhar seu cônjuge, também servidor público federal, que foi deslocado no interesse da Administração. Nos termos da Lei n° 8.112/1990, a remoção de Débora

a) ocorre sempre de ofício, isto é, não se dá a pedido do servidor.
b) pode se dar no âmbito do mesmo quadro de servidores ou em quadro diverso.
c) independe do interesse da Administração.
d) ocorre a critério da Administração.
e) ocorre, obrigatoriamente, sem mudança de sede.

70. **(CESPE – 2016) Após denúncia anônima contendo documentos que permitiram a determinada autarquia federal conhecer indícios de infração administrativa cometida por servidor público a ela vinculado, instaurou-se, no âmbito da entidade, processo administrativo disciplinar (PAD). Para compor a comissão responsável pelo PAD foi designado, entre outros membros, parente de quarto grau em linha colateral do servidor processado. A instrução processual foi ampla e houve necessidade de se prorrogar o prazo para a conclusão dos trabalhos. Ao final, o servidor, que optou por apresentar defesa pessoalmente, dispensando assistência técnica de advogado, foi indiciado.**

Superado o prazo para a conclusão do processo, sobreveio decisão proferida pela autoridade competente em que foi reconhecida a prescrição da pretensão punitiva da administração pública e a extinção da punibilidade. Ainda assim, em atendimento ao princípio da publicidade, foi promovido o registro do PAD e do seu resultado nos assentamentos funcionais do servidor.

Com base no disposto na Lei n.º 8.112/1990 e considerando a doutrina e a jurisprudência, é correto afirmar que, na situação apresentada, houve irregularidade decorrente

a) do fato de a comissão ter sido integrada pelo parente do servidor.
b) do registro nos assentamentos funcionais do servidor.
c) do excesso de prazo para conclusão do processo.
d) da ausência de defesa técnica por advogado.
e) do fato de a denúncia que deu origem à instauração do PAD ser anônima.

71. **(CESPE – 2016) Com base no disposto na Lei n.º 8.112/1990, assinale a opção correta acerca da acumulação de cargos.**

a) O servidor ocupante de cargo em comissão pode exercer interinamente cargo em comissão diverso, sem prejuízo das atribuições do cargo por ele regularmente ocupado.
b) O servidor ocupante de cargo em comissão não poderá perceber, adicionalmente, remuneração por eventual participação em conselhos de administração de empresa pública.
c) O servidor que acumular licitamente dois cargos efetivos poderá ser investido em um terceiro cargo, em comissão, se houver compatibilidade de horários.

d) A proibição de acumular cargos não alcança cargos dos quadros de entidades da administração indireta.
e) Proventos de aposentadoria de emprego público não podem ser cumulados com o exercício de cargo temporário.

72. (CESPE – 2016) A respeito da responsabilidade do servidor, assinale a opção correta à luz da Lei n.º 8.112/1990.

a) A denúncia feita pelo servidor à autoridade competente a respeito da suspeita de envolvimento de seu superior em ato de improbidade acarreta a sua responsabilidade, se posteriormente verificada a inexistência de infração.
b) A responsabilidade regressiva do servidor por dano praticado contra terceiro no exercício de suas funções é objetiva.
c) A responsabilidade criminal do servidor alcança contravenções eventualmente por ele praticadas no exercício de suas funções.
d) A responsabilidade regressiva do servidor por dano praticado contra terceiro é personalíssima, não se estendendo a seus herdeiros e sucessores.
e) Eventual decisão que absolva servidor público na esfera penal não interfere nas esferas civil e administrativa.

73. (CESPE – 2016) Conforme a Lei n.º 8.112/1990, o servidor que sofrer acidente que limite sua capacidade física de forma a inviabilizar o exercício pleno das atribuições do cargo por ele ocupado deverá

a) ser mantido no mesmo cargo que ocupa, com eliminação das atribuições para as quais não mais tiver capacidade.
b) ser exonerado de ofício.
c) ser revertido por invalidez.
d) ser posto em disponibilidade.
e) desempenhar suas funções como excedente em cargo de atribuições afins, com mesmo nível de escolaridade e equivalência de vencimentos, até a ocorrência de vaga disponível.

74. (CESPE – 2016) Conforme a Lei n.º 8.112/1990, o deslocamento de cargo de provimento efetivo, ocupado ou vago, no âmbito do quadro geral de pessoal para outro órgão ou entidade do mesmo poder denomina-se

a) redistribuição.
b) remoção.
c) reintegração.
d) transferência.
e) substituição.

75. (CESPE – 2016) De acordo com a Lei n.º 8.112/1990, que trata do regime jurídico dos servidores públicos federais, a reversão

a) não se aplica ao servidor aposentado que já tiver completado setenta anos de idade.
b) ocorrerá quando a demissão do servidor for anulada por decisão administrativa ou judicial.
c) ocorre quando o servidor estável retorna ao cargo anterior, em decorrência de inabilitação em estágio probatório relativo a outro cargo.
d) pode ocorrer no interesse do requerente aposentado, desde que haja solicitação nos últimos cinco anos.
e) poderá ser aplicada quando o servidor aposentado por invalidez ou por tempo de contribuição tiver a sua aposentadoria anulada por decisão judicial.

76. (CESPE – 2016) Com base no disposto na Lei n.º 8.112/1990, assinale a opção correta acerca da acumulação de cargos.

a) A proibição de acumular cargos não alcança cargos dos quadros de entidades da administração indireta.
b) Proventos de aposentadoria de emprego público não podem ser cumulados com o exercício de cargo temporário.
c) O servidor ocupante de cargo em comissão pode exercer interinamente cargo em comissão diverso, sem prejuízo das atribuições do cargo por ele regularmente ocupado.
d) O servidor ocupante de cargo em comissão não poderá perceber, adicionalmente, remuneração por eventual participação em conselhos de administração de empresa pública.
e) O servidor que acumular licitamente dois cargos efetivos poderá ser investido em um terceiro cargo, em comissão, se houver compatibilidade de horários.

77. (CESPE – 2016) A respeito da responsabilidade do servidor, assinale a opção correta à luz da Lei n.º 8.112/1990.

a) Eventual decisão que absolva servidor público na esfera penal não interfere nas esferas civil e administrativa.
b) A denúncia feita pelo servidor à autoridade competente a respeito da suspeita de envolvimento de seu superior em ato de improbidade acarreta a sua responsabilidade, se posteriormente verificada a inexistência de infração.
c) A responsabilidade regressiva do servidor por dano praticado contra terceiro no exercício de suas funções é objetiva.
d) A responsabilidade criminal do servidor alcança contravenções eventualmente por ele praticadas no exercício de suas funções.
e) A responsabilidade regressiva do servidor por dano praticado contra terceiro é personalíssima, não se estendendo a seus herdeiros e sucessores.

78. (CESPE – 2016) De acordo com a Lei n.º 8.112/1990, estará sujeito à penalidade de demissão o servidor público que

a) coagir subordinado a filiar-se a partido político.
b) utilizar recurso material da repartição em atividade particular.
c) negar fé a documento público.
d) opor resistência injustificada a processo administrativo.
e) reincidir na retirada de documento da repartição sem prévia autorização da autoridade competente.

79. (CESPE – 2016) Conforme a Lei n.º 8.112/1990, o deslocamento de cargo de provimento efetivo, ocupado ou vago, no âmbito do quadro geral de pessoal para outro órgão ou entidade do mesmo poder denomina-se

a) reintegração.
b) transferência.
c) substituição.
d) redistribuição.
e) remoção.

80. (CESPE – 2016) Conforme a Lei n.º 8.112/1990, o deslocamento de cargo de provimento efetivo, ocupado ou vago, no âmbito do quadro geral de pessoal para outro órgão ou entidade do mesmo poder denomina-se

a) remoção.
b) reintegração.
c) transferência.
d) substituição.
e) redistribuição.

81. (CESPE – 2016) Conforme a Lei n.º 8.112/1990, o servidor que sofrer acidente que limite sua capacidade física de forma a inviabilizar o exercício pleno das atribuições do cargo por ele ocupado deverá

a) desempenhar suas funções como excedente em cargo de atribuições afins, com mesmo nível de escolaridade e equivalência de vencimentos, até a ocorrência de vaga disponível.
b) ser mantido no mesmo cargo que ocupa, com eliminação das atribuições para as quais não mais tiver capacidade.
c) ser exonerado de ofício.
d) ser revertido por invalidez.
e) ser posto em disponibilidade.

82. (CESPE – 2016) Conforme a Lei n.º 8.112/1990, o deslocamento de cargo de provimento efetivo, ocupado ou vago, no âmbito do quadro geral de pessoal para outro órgão ou entidade do mesmo poder denomina-se

a) transferência.
b) substituição.
c) redistribuição.
d) remoção.
e) reintegração.

83. (CESPE – 2016) De acordo com a Lei n.º 8.112/1990, estará sujeito à penalidade de demissão o servidor público que

a) negar fé a documento público.
b) opor resistência injustificada a processo administrativo.
c) reincidir na retirada de documento da repartição sem prévia autorização da autoridade competente.
d) coagir subordinado a filiar-se a partido político.
e) utilizar recurso material da repartição em atividade particular.

84. (CESPE – 2016) Conforme a Lei n.º 8.112/1990, o servidor que sofrer acidente que limite sua capacidade física de forma a inviabilizar o exercício pleno das atribuições do cargo por ele ocupado deverá

a) ser exonerado de ofício.
b) ser revertido por invalidez.
c) ser posto em disponibilidade.
d) desempenhar suas funções como excedente em cargo de atribuições afins, com mesmo nível de escolaridade e equivalência de vencimentos, até a ocorrência de vaga disponível.
e) ser mantido no mesmo cargo que ocupa, com eliminação das atribuições para as quais não mais tiver capacidade.

85. (CESPE – 2016) Após denúncia anônima contendo documentos que permitiram a determinada autarquia federal conhecer indícios de infração administrativa cometida por servidor público a ela vinculado, instaurou-se, no âmbito da entidade, processo administrativo disciplinar (PAD). Para compor a comissão responsável pelo PAD foi designado, entre outros membros, parente de quarto grau em linha colateral do servidor processado. A instrução processual foi ampla e houve necessidade de se prorrogar o prazo para a conclusão dos trabalhos. Ao final, o servidor, que optou por apresentar defesa pessoalmente, dispensando assistência técnica de advogado, foi indiciado.

Superado o prazo para a conclusão do processo, sobreveio decisão proferida pela autoridade competente em que foi reconhecida a prescrição da pretensão punitiva da administração pública e a extinção da punibilidade. Ainda assim, em atendimento ao princípio da publicidade,

foi promovido o registro do PAD e do seu resultado nos assentamentos funcionais do servidor.

Com base no disposto na Lei n.º 8.112/1990 e considerando a doutrina e a jurisprudência, é correto afirmar que, na situação apresentada, houve irregularidade decorrente

a) do fato de a denúncia que deu origem à instauração do PAD ser anônima.

b) do fato de a comissão ter sido integrada pelo parente do servidor.

c) do registro nos assentamentos funcionais do servidor.

d) do excesso de prazo para conclusão do processo.

e) da ausência de defesa técnica por advogado.

86. (CESPE – 2016) Com base no disposto na Lei n.º 8.112/1990, assinale a opção correta acerca da acumulação de cargos.

a) O servidor que acumular licitamente dois cargos efetivos poderá ser investido em um terceiro cargo, em comissão, se houver compatibilidade de horários.

b) A proibição de acumular cargos não alcança cargos dos quadros de entidades da administração indireta.

c) Proventos de aposentadoria de emprego público não podem ser cumulados com o exercício de cargo temporário.

d) O servidor ocupante de cargo em comissão pode exercer interinamente cargo em comissão diverso, sem prejuízo das atribuições do cargo por ele regularmente ocupado.

e) O servidor ocupante de cargo em comissão não poderá perceber, adicionalmente, remuneração por eventual participação em conselhos de administração de empresa pública.

87. (CESPE – 2016) A respeito da responsabilidade do servidor, assinale a opção correta à luz da Lei n.º 8.112/1990.

a) A responsabilidade criminal do servidor alcança contravenções eventualmente por ele praticadas no exercício de suas funções.

b) A responsabilidade regressiva do servidor por dano praticado contra terceiro é personalíssima, não se estendendo a seus herdeiros e sucessores.

c) Eventual decisão que absolva servidor público na esfera penal não interfere nas esferas civil e administrativa.

d) A denúncia feita pelo servidor à autoridade competente a respeito da suspeita de envolvimento de seu superior em ato de improbidade acarreta a sua responsabilidade, se posteriormente verificada a inexistência de infração.

e) A responsabilidade regressiva do servidor por dano praticado contra terceiro no exercício de suas funções é objetiva.

88. (CESPE – 2016) De acordo com a Lei n.º 8.112/1990, estará sujeito à penalidade de demissão o servidor público que

a) reincidir na retirada de documento da repartição sem prévia autorização da autoridade competente.
b) coagir subordinado a filiar-se a partido político.
c) utilizar recurso material da repartição em atividade particular.
d) negar fé a documento público.
e) opor resistência injustificada a processo administrativo.

89. (CESPE – 2016) Conforme a Lei n.º 8.112/1990, o servidor que sofrer acidente que limite sua capacidade física de forma a inviabilizar o exercício pleno das atribuições do cargo por ele ocupado deverá

a) ser posto em disponibilidade.
b) desempenhar suas funções como excedente em cargo de atribuições afins, com mesmo nível de escolaridade e equivalência de vencimentos, até a ocorrência de vaga disponível.
c) ser mantido no mesmo cargo que ocupa, com eliminação das atribuições para as quais não mais tiver capacidade.
d) ser exonerado de ofício.
e) ser revertido por invalidez.

90. (CESPE – 2016) Após denúncia anônima contendo documentos que permitiram a determinada autarquia federal conhecer indícios de infração administrativa cometida por servidor público a ela vinculado, instaurou-se, no âmbito da entidade, processo administrativo disciplinar (PAD). Para compor a comissão responsável pelo PAD foi designado, entre outros membros, parente de quarto grau em linha colateral do servidor processado. A instrução processual foi ampla e houve necessidade de se prorrogar o prazo para a conclusão dos trabalhos. Ao final, o servidor, que optou por apresentar defesa pessoalmente, dispensando assistência técnica de advogado, foi indiciado.

Superado o prazo para a conclusão do processo, sobreveio decisão proferida pela autoridade competente em que foi reconhecida a prescrição da pretensão punitiva da administração pública e a extinção da punibilidade. Ainda assim, em atendimento ao princípio da publicidade, foi promovido o registro do PAD e do seu resultado nos assentamentos funcionais do servidor.

Com base no disposto na Lei n.º 8.112/1990 e considerando a doutrina e a jurisprudência, é correto afirmar que, na situação apresentada, houve irregularidade decorrente

a) do excesso de prazo para conclusão do processo.
b) da ausência de defesa técnica por advogado.

c) do fato de a denúncia que deu origem à instauração do PAD ser anônima.

d) do fato de a comissão ter sido integrada pelo parente do servidor.

e) do registro nos assentamentos funcionais do servidor.

91. (CESPE – 2016) A respeito da responsabilidade do servidor, assinale a opção correta à luz da Lei n.º 8.112/1990.

a) A responsabilidade regressiva do servidor por dano praticado contra terceiro no exercício de suas funções é objetiva.

b) A responsabilidade criminal do servidor alcança contravenções eventualmente por ele praticadas no exercício de suas funções.

c) A responsabilidade regressiva do servidor por dano praticado contra terceiro é personalíssima, não se estendendo a seus herdeiros e sucessores.

d) Eventual decisão que absolva servidor público na esfera penal não interfere nas esferas civil e administrativa.

e) A denúncia feita pelo servidor à autoridade competente a respeito da suspeita de envolvimento de seu superior em ato de improbidade acarreta a sua responsabilidade, se posteriormente verificada a inexistência de infração.

92. (CESPE – 2016) Considerando a Lei n.º 8.112/1990 e a Lei n.º 8.213/1999, assinale a opção que apresenta corretamente a previsão legal de licença, após perícia médica, a servidora pública, mas não a empregada pública.

a) licença para acompanhamento de pessoa da família

b) auxílio-acidente

c) invalidez

d) pensão por morte

e) auxílio-maternidade

93. (CESPE – 2016) Com base no disposto na Lei n.º 8.112/1990, assinale a opção correta acerca da acumulação de cargos.

a) O servidor ocupante de cargo em comissão não poderá perceber, adicionalmente, remuneração por eventual participação em conselhos de administração de empresa pública.

b) O servidor que acumular licitamente dois cargos efetivos poderá ser investido em um terceiro cargo, em comissão, se houver compatibilidade de horários.

c) A proibição de acumular cargos não alcança cargos dos quadros de entidades da administração indireta.

d) Proventos de aposentadoria de emprego público não podem ser cumulados com o exercício de cargo temporário.

e) O servidor ocupante de cargo em comissão pode exercer interinamente cargo em comissão diverso, sem prejuízo das atribuições do cargo por ele regularmente ocupado.

94. (CESPE – 2016) Com relação ao regime disciplinar dos servidores públicos civis da União, assinale a opção correta.

a) A destituição de servidor de cargo em comissão por infração à proibição de se valer do cargo para lograr proveito pessoal ou de outrem em detrimento da dignidade da função pública incompatibiliza o ex-servidor para nova investidura em cargo público federal pelo prazo de cinco anos.

b) O processo administrativo disciplinar pode ser revisto a qualquer tempo na hipótese de se aduzirem fatos novos suscetíveis de justificar inadequação da penalidade aplicada, podendo resultar, inclusive, em agravamento de penalidade.

c) A penalidade de suspensão poderá ser aplicada ao servidor na hipótese de infração disciplinar consistente em insubordinação grave em serviço.

d) A responsabilidade administrativa do servidor deverá ser afastada caso tenha ocorrido absolvição criminal por insuficiência de provas.

e) O processo administrativo disciplinar destinado à apuração da infração disciplinar de acumulação ilegal de cargos, empregos ou funções públicas desenvolve-se em procedimento sumário nas fases de instauração, inquérito administrativo e julgamento.

95. (FCC – 2016) Claudio, servidor público do Tribunal Regional do Trabalho da 14ª Região, ausentou-se do País para missão oficial no exterior. O mencionado afastamento observou todos os trâmites legais e perdurou por quatro anos, tendo Claudio regressado ao Brasil em 2012, assumindo suas atividades. Em 2014, Claudio pleiteou novo afastamento para estudo no exterior. Nos termos da Lei n° 8.112/1990, o afastamento pleiteado

a) não será possível, pois somente decorrido o período de três anos contados do término do anterior afastamento é que se admite a nova ausência.

b) é possível.

c) não será possível, pois somente decorrido o período de quatro anos contados do término do anterior afastamento é que se admite a nova ausência.

d) não é cabível, pois trata-se da mesma espécie de afastamento concedido anteriormente, sendo necessário o transcurso de dez anos para que o servidor tenha direito.

e) não se aplica a servidores que já fizeram jus a benefício semelhante, como é o caso de Claudio.

96. (FCC – 2016) Julia, servidora pública federal e chefe de determinado setor do Tribunal Regional do Trabalho da 14ª Região, cometeu ao servidor Ricardo, atribuições estranhas ao cargo que ocupa, não se tratando de situação emergencial ou mesmo transitória que justificasse tal conduta. Nos termos da Lei nº 8.112/1990, a ação disciplinar quanto à infração praticada por Julia prescreverá em

a) 2 anos.

b) 5 anos.

c) 3 anos.

d) 180 dias.

e) 1 ano.

97. (FCC – 2016) Marlene é servidora pública do Tribunal Regional do Trabalho da 14a Região e pretende doar sangue. Gilberto, também servidor público do Tribunal Regional do Trabalho da 14a Região, irá se casar nos próximos dias. Nos termos da Lei nº 8.112/1990, poderão os citados servidores ausentar-se do serviço, sem qualquer prejuízo, respectivamente, por

a) 1 dia e 10 dias consecutivos.

b) 2 dias e 10 dias consecutivos.

c) 1 dia e 9 dias consecutivos.

d) 2 dias e 7 dias consecutivos.

e) 1 dia e 8 dias consecutivos.

98. (FCC – 2016) No que concerne à licença por motivo de doença em pessoa da família, prevista na Lei n° 8.112/1990, considere:

I. Referida licença é sempre concedida sem prejuízo da remuneração.

II. O prazo máximo de sua concessão, a cada período de doze meses, é de sessenta dias, não podendo, em qualquer hipótese, ultrapassar tal período.

III. Somente será deferida se a assistência direta do servidor for indispensável e não puder ser prestada simultaneamente com o exercício do cargo ou mediante compensação de horário.

IV. Será concedida a cada período de doze meses, sendo o início do interstício dos doze meses contado a partir da data do deferimento da última licença concedida.

Está correto o que se afirma APENAS em

a) I e II.

b) IV.

c) I e III.

d) III.

e) II e IV.

99. (FCC – 2016) Além dos vencimentos ordinariamente pagos aos servidores públicos federais, de acordo com a Lei n° 8.112/1990, podem lhes ser atribuídas algumas vantagens. Dentre elas,

a) distinguem-se as indenizações das gratificações, pois estas podem se incorporar aos vencimentos dos servidores, conforme disposto na lei, assim como os adicionais.

b) equiparam-se os adicionais às gratificações para fins de incorporação aos vencimentos dos servidores, tendo em vista que ambas as vantagens passam a integrar a remuneração ou proventos dos servidores em sua integralidade, para todos os fins.

c) distinguem-se as indenizações das gratificações, pois as primeiras se incorporam à remuneração para todos os fins, enquanto as gratificações perduram apenas enquanto durar o evento que lhes justifica.

d) estão as indenizações, gratificações e adicionais, que se incorporam aos vencimentos dos servidores para todos os fins, sempre que ficar configurada habitualidade no recebimento por prazo superior a um exercício orçamentário.

e) destacam-se as indenizações e os adicionais, que se incorporam aos vencimentos dos servidores e ficam excluídas do teto de remuneração.

100. (FCC – 2016) No que concerne à licença para capacitação profissional, prevista na Lei nº 8.112/1990, considere:

I. Só é admissível, dentre outros requisitos, após cada quinquênio de efetivo exercício.

II. Trata-se de licença concedida no interesse da Administração.

III. Trata-se de licença concedida sem prejuízo da remuneração.

IV. O afastamento do cargo se dará pelo período máximo de dois meses.

Está correto o que consta APENAS em

a) II e IV.

b) I, III e IV.

c) I e III.

d) I, II e III.

e) II, III e IV.

101. (FCC – 2016) No curso de processo administrativo disciplinar movido contra João, servidor público do Tribunal Regional do Trabalho da 23ª Região, foi constatada a ocorrência de vício insanável. Em razão disso, a autoridade que determinou a instauração do processo declarou sua nulidade total. A propósito dos fatos e nos termos da Lei nº 8.112/1990, a

a) autoridade que declarou a nulidade deverá, por meio de decisão autônoma, intimar a mesma comissão já formada para o anterior processo administrativo para que seja instaurado novo processo.

b) nulidade, em razão de vício insanável, nunca é total, mas sempre parcial, sendo aproveitados os atos já praticados em prol do princípio da economia processual.

c) nulidade não pode ser declarada pela autoridade que determinou a instauração do processo, devendo ser declarada por autoridade de hierarquia superior.

d) autoridade que declarou a nulidade ordenará, no mesmo ato, a constituição de outra comissão para instauração de novo processo.

e) nulidade, ainda que total, não exige a abertura de novo processo administrativo, devendo ser aproveitado o mesmo processo, desde que devidamente sanado o vício.

102. (FCC – 2016) Mara, servidora pública federal, pleiteou licença de seu cargo público para acompanhar seu companheiro Mauro, também servidor público federal e que fora deslocado do Mato Grosso para o Estado do Acre. Nos termos da Lei n° 8.112/1990, a licença pleiteada

a) caso concedida, será por prazo determinado e sem remuneração.

b) não é cabível, por ausência de previsão legal.

c) caso concedida, será por prazo indeterminado e sem remuneração.

d) caso concedida, será por prazo determinado e com remuneração.

e) não é cabível, pois só se aplica entre cônjuges.

103. (FCC – 2016) A Administração pública está sujeita a deveres e prerrogativas no seu mais amplo espectro de atuação, que se dá por intermédio de agentes públicos. Os servidores públicos, no exercício de suas funções, também estão sujeitos a deveres e responsabilidades. Considerando o que dispõe a Lei n° 8.112/1990,

a) o servidor está sujeito a responsabilização somente quando agir com dolo, conduta que deverá ser objeto de processo disciplinar, sem prejuízo da apuração dos danos civis causados.

b) o servidor responde diretamente, perante terceiros, pelos danos que a eles causar, não cabendo ação direta contra a Fazenda Pública.

c) a responsabilidade dos servidores, na esfera civil ou administrativa, decorre de condutas comissivas ou omissivas praticadas no exercício do cargo ou da função, dolosa ou culposamente.

d) a responsabilidade por infrações penais deve ser apurada antes da responsabilidade civil ou administrativa, porque as absorve, devido a menor gravidade.

e) as infrações no campo civil, administrativo e penal podem ser processadas em paralelo, mas as sanções não podem se cumular, devendo ser aplicada a sanção mais gravosa.

104. (FGV – 2016) João, servidor público civil da União, valendo-se de sua função de chefe da repartição pública onde está lotado, utilizou os servidores que lhe são hierarquicamente subordinados, bem como recursos materiais da repartição, em atividade particular. Em matéria de penalidades disciplinares, de acordo com a Lei nº 8.112/90, João está sujeito à sanção de:

a) advertência;

b) suspensão por 30 dias;
c) suspensão por 90 dias;
d) demissão;
e) exoneração.

105. (CESPE – 2016) **Com relação aos direitos e vantagens dos servidores públicos federais regidos pela Lei n.º 8.112/1990, assinale a opção correta.**

a) Ao servidor ocupante de cargo efetivo investido em cargo de provimento em comissão é devido o pagamento de gratificação pelo seu exercício.
b) O servidor em débito com o erário que for exonerado e não quitar o débito no prazo de sessenta dias terá seu débito inscrito em dívida ativa.
c) Integram os vencimentos do cargo efetivo as vantagens pecuniárias permanentes estabelecidas em lei.
d) A ajuda de custo tem a finalidade de compensar as despesas de instalação do servidor que, no interesse do serviço, passar a ter exercício em nova sede, excluídas as despesas com bagagem e bens pessoais.
e) Na hipótese de o servidor receber diárias sem se afastar da sede, haverá a obrigatoriedade da restituição integral do valor recebido, salvo se apresentar documentação que comprove a impossibilidade do deslocamento.

106. (CESPE – 2016) **Quanto ao direito de petição, assinale a opção correta nos termos do regime jurídico dos servidores públicos civis da União, das autarquias e das fundações públicas federais.**

a) Assim como ocorre com o recurso tempestivo, o pedido de reconsideração interrompe a prescrição.
b) Caso tenha sido excluída vantagem do contracheque, o requerimento para a defesa do direito deverá ser dirigido à autoridade a que estiver subordinado o servidor.
c) Recurso interposto contra decisão que aplicar penalidade de suspensão ao servidor deverá ser recebido com efeito suspensivo.
d) O recurso será cabível contra ato decisório praticado, sendo inadmissível a sua interposição contra decisão que indeferir o pedido de reconsideração.
e) O prazo para a interposição de pedido de reconsideração de ato que aplicar a penalidade de demissão não poderá ser relevado pela administração.

107. (CESPE – 2016) **Com base no disposto na Lei n.º 8.112/1990, assinale a opção correta acerca do estágio probatório.**

a) Se o servidor não for aprovado no estágio probatório, ele será demitido.
b) O técnico judiciário em estágio probatório poderá acumular seu cargo público com um emprego público no Banco do Brasil, caso haja compatibilidade de horários.

c) Os vencimentos de técnico judiciário em estágio probatório poderão ser reduzidos, caso essa redução seja de interesse público.

d) Se, em razão de doença de genitor, o servidor usufruir de licença durante o período de seu estágio probatório, este ficará suspenso durante a licença e será retomado a partir do término do impedimento.

e) Devido ao fato de ainda não ter adquirido a estabilidade, o técnico judiciário que esteja em estágio probatório não poderá exercer função de chefia, em seu órgão de lotação, durante o estágio.

108. (CESPE – 2016) Com base na Lei n.º 8.112/1990, assinale a opção correta.

a) Em observância ao contraditório e à ampla defesa, a portaria por meio da qual se determina a instauração de processo administrativo disciplinar deve conter descrição minuciosa dos fatos imputados ao servidor e as circunstâncias em que eles ocorreram, além das normas, em tese, violadas.

b) Se o presidente de tribunal aplicar a servidor da respectiva corte sanção menos gravosa que a demissão, será violado o princípio do duplo grau administrativo.

c) O prazo prescricional da pretensão punitiva da administração a ser exercida por ação disciplinar contra servidor começa a contar a partir da data em que autoridade competente para instauração do processo tomou conhecimento da irregularidade para a instauração do processo administrativo disciplinar.

d) A concessão de remoção e a de exercício provisório para o acompanhamento de cônjuge visam à preservação da unidade familiar, sendo extensíveis à hipótese em que a ruptura do convício se dever ao provimento originário de cargo público pelo cônjuge diverso.

e) De acordo com o princípio da moralidade, é autorizado o registro, nos assentamentos funcionais do servidor, do fato que tenha sido objeto de apuração em processo administrativo disciplinar arquivado em razão da prescrição da pretensão punitiva da administração.

109. (CESPE – 2016) Com base nas disposições da Lei n.º 8.112/1990, que trata do regime jurídico dos servidores públicos federais, julgue o item a seguir.

O tempo de serviço público prestado a estado, a município ou ao Distrito Federal será contado, para todos os efeitos, no âmbito federal.

( ) Certo

( ) Errado

110. (CESPE – 2016) Com base nas disposições da Lei n.º 8.112/1990, que trata do regime jurídico dos servidores públicos federais, julgue o item a seguir.

Somente nos casos previstos em lei poderá haver a prestação gratuita de serviços ao poder público.

( ) Certo

( ) Errado

111. **(CESPE – 2016) Ainda com base no disposto na Lei n.º 8.112/1990 e na Constituição Federal de 1988 (CF), julgue o próximo item.**

É permitido o exercício de mais de um cargo em comissão, desde que seja na condição de interino.

( ) Certo

( ) Errado

112. **(CESPE – 2016) Ainda com base no disposto na Lei n.º 8.112/1990 e na Constituição Federal de 1988 (CF), julgue o próximo item.**

O servidor que for nomeado para cargo de provimento efetivo será submetido, após entrar em exercício, a estágio probatório de três anos, no qual será avaliado com base na assiduidade, disciplina, capacidade de iniciativa, produtividade e responsabilidade.

( ) Certo

( ) Errado

113. **(CESPE – 2016) Ainda com base no disposto na Lei n.º 8.112/1990 e na Constituição Federal de 1988 (CF), julgue o próximo item.**

A inassiduidade habitual será apurada mediante procedimento sumário, cabendo, nesse caso, a penalidade de remoção ou de advertência.

( ) Certo

( ) Errado

114. **(CESPE – 2016) Ainda com base no disposto na Lei n.º 8.112/1990 e na Constituição Federal de 1988 (CF), julgue o próximo item.**

Ao servidor público federal que tenha recebido certidão emitida por órgão público estadual para instruir pedido administrativo é lícito exigir o reconhecimento de firma da autoridade estadual.

( ) Certo

( ) Errado

115. **(CESPE – 2016) Considerando o regime jurídico dos servidores públicos e as jurisprudências consolidadas do STF e do STJ, assinale a opção correta.**

a) A portaria de instauração de processo administrativo disciplinar dispensa a descrição minuciosa da imputação contra o servidor público, exigida na fase de indiciamento.

b) Não se admite a aposentadoria especial do servidor público com deficiência.

c) Ao profissional médico é permitida a cumulação de dois cargos públicos na área de saúde, sem limitação quanto à duração da jornada total de trabalho, desde que não haja comprometimento do princípio constitucional da eficiência.

d) A falta de intervenção de advogado, em atos do processo administrativo disciplinar, impõe a nulidade absoluta.

e) A fundamentação por referência (per relationem) no ato decisório que determina a demissão de servidor público é insuficiente para constituir a motivação de ato administrativo.

GABARITO

1 – C	18 – Certo	35 – Certo	52 – A	69 – C	86 – D	103 – C
2 – E	19 – Errado	36 – Errado	53 – D	70 – B	87 – A	104 – D
3 – A	20 – Errado	37 – Errado	54 – A	71 – A	88 – C	105 – B
4 – C	21 – Errado	38 – E	55 – E	72 – C	89 – B	106 – E
5 – A	22 – Certo	39 – C	56 – E	73 – E	90 – E	107 – D
6 – E	23 – Certo	40 – C	57 – C	74 – A	91 – B	108 – B
7 – D	24 – Certo	41 – B	58 – D	75 – A	92 – A	109 – Errado
8 – E	25 – Errado	42 – B	59 – D	76 – C	93 – E	110 – Certo
9 – D	26 – C	43 – D	60 – E	77 – D	94 – A	111 – Certo
10 – D	27 – D	44 – C	61 – A	78 – B	95 – C	112 – Certo
11 – B	28 – A	45 – C	62 – E	79 – D	96 – A	113 – Errado
12 – E	29 – A	46 – A	63 – B	80 – E	97 – E	114 – Errado
13 – A	30 – A	47 – A	64 – A	81 – A	98 – D	115 – A
14 – B	31 – Certo	48 – B	65 – E	82 – C	99 – A	
15 – B	32 – Certo	49 – C	66 – E	83 – E	100 – D	
16 – D	33 – Errado	50 – E	67 – A	84 – D	101 – D	
17 – C	34 – Errado	51 – C	68 – B	85 – C	102 – C	

REFERÊNCIAS BIBLIOGRÁFICAS

ALEXY, Robert. *Teoria dos direitos fundamentais*. 2 ed. São Paulo: Malheiros Editores, 2008.

CARVALHO FILHO, José dos Santos. *Manual de direito administrativo*. 22 ed. Rio de Janeiro: Lumen Juris Editora, 2009.

CRETELLA JÚNIOR, José. *Tratado de direito administrativo, volume 4: o pessoal da administração pública*. 2 ed. Rio de Janeiro: Forense, 2005.

DI PIETRO, Maria Sylvia. *Direito administrativo*. 29 ed. Rio de Janeiro: Editora Forense, 2016.

DINIZ, Paulo de Matos. *Lei 8.112/90 comentada: regime jurídico dos servidores públicos civis da união e legislação complementar*. 10 ed. São Paulo: Método, 2009.

KELSEN, Hans. *Teoria pura do direito;* tradução João Baptista Machado. 8 ed. São Paulo: WMF Martins Fontes, 2009.

LENZA, Pedro. *Direito constitucional esquematizado*. 19 ed. São Paulo: Saraiva, 2015.

LIMA, Ruy Cirne. *Princípios de direito administrativo*. 7 ed. São Paulo: Malheiros Editores, 2007.

MEDAUAR, Odete. Direito administrativo moderno. 10 ed. São Paulo: Revista dos Tribunais, 2006.

MEIRELLES, Hely Lopes. *Direito administrativo brasileiro*. 38 ed. São Paulo: Malheiros Editores, 2012.

MELLO, Celso Antônio Bandeira de. *Curso de direito administrativo*. 29 ed. São Paulo: Malheiros Editores, 2012.

MENDES, Gilmar e BRANCO, Paulo Gustavo Gonet. 10 ed. São Paulo: Saraiva, 2015.

MORAES, Alexandre de. *Direito constitucional administrativo*. São Paulo: Atlas, 2002.

NALINI, José Renato. Ética geral e profissional. 8 ed. São Paulo: Revista dos Tribunais, 2011.

RIGOLIN, Ivan Barbosa. *Comentários ao regime jurídico único dos servidores públicos civis*. 5 ed. São Paulo, Saraiva, 2007.

EDITORA JusPODIVM
www.editorajuspodivm.com.br